本书获国家自然科学基金青年项目（72102044）、福建省自然科学基金青年项目（2021J05117）、国家自然科学基金面上项目（72273031）的资助，以及福建省哲学社会科学重点实验室"数字消费与实体经济发展研究实验室"的支持

21世纪

经济管理新形态教材
营销学系列

数字营销
与商业智能

廖雪华　陈章旺◎主编

清华大学出版社

北京

图书在版编目（CIP）数据

数字营销与商业智能 / 廖雪华, 陈章旺主编. —北京：清华大学出版社, 2024.11
21 世纪经济管理新形态教材. 营销学系列
ISBN 978-7-302-66401-7

Ⅰ. ①数… Ⅱ. ①廖… ②陈… Ⅲ. ①网络营销－高等学校－教材 ②商业信息－数据处理－高等学校－教材 Ⅳ. ①F713.365.2 ②F713.51

中国国家版本馆 CIP 数据核字(2024)第 112190 号

责任编辑：陆浥晨
封面设计：李召霞
责任校对：王荣静
责任印制：刘海龙
出版发行：清华大学出版社
　　　　　网　　　址：https://www.tup.com.cn，https://www.wqxuetang.com
　　　　　地　　　址：北京清华大学学研大厦 A 座　　　　邮　　编：100084
　　　　　社 总 机：010-83470000　　　　　　　　　　　邮　　购：010-62786544
　　　　　投稿与读者服务：010-62776969，c-service@tup.tsinghua.edu.cn
　　　　　质 量 反 馈：010-62772015，zhiliang@tup.tsinghua.edu.cn
　　　　　课 件 下 载：https://www.tup.com.cn，010-83470332
印 装 者：三河市人民印务有限公司
经　　　销：全国新华书店
开　　　本：185mm×260mm　　　　印　　张：18.75　　　字　　数：430 千字
版　　　次：2024 年 11 月第 1 版　　　　　　　　　　印　　次：2024 年 11 月第 1 次印刷
定　　　价：55.00 元

产品编号：100110-01

序

在数字经济时代，数智化转型已经成为众多企业共同的行动。很多企业都试图通过全面数字化和全面智能化来改造现有价值链和商业模式，以数智驱动提升效率，与客户共赢。数智化转型包括研发、制造、员工管理、内部办公协同、营销等各个方面，其中营销的数智化是实现用户直达、生态共创、多方共赢的关键。在这样的背景下，数字营销已经成为当代营销理论与实践最热门、最重要的内容。与此相应，高校工商管理及相关学科中都纷纷开设以数字营销为主题的系列课程。

紧跟时代步伐，福州大学营销团队的陈章旺教授携三位青年学者廖雪华博士、郑磊博士、郑宇婷博士推出数字营销系列丛书，包括《数字营销与商业智能》《数字营销与精准投放》和《数字营销与电商运营》，完整呈现数字营销相关的理论、技术、工具、方法与应用实例，为数字营销的学习者和实践者提供了很好的指南。

数字营销需要将数字技术融入业务发展，以数字化支撑业务模式创新，实现业务数字化、数据业务化，通过数据与算法使企业由经验决策转变为智能决策，使广告投放由"广而告之"向"精准告之"发展，构建消费者全渠道触达、精准互动和关系深化的数字化营销平台。本丛书关注了数字营销的三个重要方面——商业智能决策、广告精准投放、全渠道电商运营，可以帮助读者掌握数字营销的全貌和关键环节。《数字营销与商业智能》围绕商业智能数据化和协同化等特征，论述商业智能技术特征及其对企业数字营销、商业决策、商业模式及商业业态的影响。《数字营销与精准投放》融合了数智时代下的营销策略与数据智能，为读者呈现数字营销与精准投放的理论体系，以及对当前和未来数字营销趋势的洞察和更新。《数字营销与电商运营》从宏观角度讨论了数字营销环境下的电商运营战略、组织构建和人才培养，从微观角度切入电商运营数字化推广、营销流量效果分析，帮助电商降低运营成本、提升受众触达速度，并开展精细化用户运营。

本丛书具有科学性、先进性、实用性的特点，读者通过本丛书能够了解最新的数字营销趋势、新兴技术和最佳实践。本丛书可以作为普通高等院校市场营销、工商管理、数据管理和应用、大数据分析等专业的教材，也可供从事大数据市场分析工作、市场营销工作、市场运营与管理工作的读者参考使用。

陈章旺教授是全国知名的营销学者，福州大学市场营销学科带头人，兼任教育部高校工商管理类专业教学指导委员会委员，获得"中国十大最受欢迎的营销学教授"的称号。三位青年学者廖雪华博士、郑磊博士、郑宇婷博士分别获得中山大学管理学博士、北京大学心理学博士和华中科技大学管理学博士学位，是在教学和科研方面都有成就的青年才俊。他们以研究和教学实践为基础，通力合作、精心打造的数字营销系列丛书是精品之作，值得推荐。

彭泗清（北京大学光华管理学院市场营销学系教授）

2024 年 7 月

前　言

在数字化高速发展的时代，商业环境正经历着前所未有的变革。随着大数据、云计算、人工智能等技术的不断成熟与普及，数字营销和商业智能已成为推动企业转型升级、获取竞争优势的关键力量。本书围绕数字营销与商业智能的理论基础、实践应用及其对企业商业模式、决策机制乃至整个业态的影响展开，体现了技术—应用—影响的内在逻辑，隐含商业智能技术在商业中的应用与渗透将驱动企业数字营销方式、商业模式发生变迁，与此同时，营销与商业模式变革也构成技术应用与数据驱动的价值实现场景的理念。

在内容布局上，本书涵盖理论知识梳理、数字营销前沿技术和方法介绍、商业智能前沿技术与应用介绍、企业数字营销与商业模式变革前沿实践案例分析等，同时，每章均附有检验学习效果及启发思考的题目。本书共分为五个部分。

第一部分为导论，概述商业智能与数字营销的基础理论知识与相关背景，通过经典案例展示了两者在助力企业获取竞争优势中的重要作用。**第二部分为商业智能与商业模式变革**，重点探讨商业智能如何驱动商业模式变革，并研究这些新商业模式下的数字营销策略。**第三部分为数字营销与商业智能决策**，深入探讨商业决策的相关理论知识和关键思维，详细解析商业智能决策的主流方法，同时论述数字营销中商业智能决策的具体实践，以及在数字时代消费者的购物决策特征与购物决策发生机制。**第四部分为数字营销与智能终端**，揭示智能终端在数字营销中的潜力与角色。**第五部分为数字营销与智慧零售**，探讨智慧零售的基础理论知识、发展背景与趋势，通过数字化转型经典案例展示智慧零售场景下数字营销的模式变革、场景布局及创新要点。

本书具有融合市场营销、数据分析、信息技术等多个学科领域基础知识、理论前沿与实践前沿相结合的特点。首先，本书将理论知识、技术方法与真实案例相结合，完整呈现了数字营销与商业智能相关知识框架，有助于读者建立完整的知识体系。其次，本书结合前沿研究，剖析数字营销价值实现与商业智能作用发挥的内在机理、实现模式与前沿实践，能为企业营销创新和模式变革带来新的视角和思维方式。再次，本书通过理论推理与案例分析的方式阐述大数据在数字营销中的核心价值，以及商业智能在数据挖掘中的应用，为企业如何利用数据驱动智慧决策、优化与消费者的互动，进而提升竞争力提供理论基础和指导方向。

本书的相关研究得到国家自然科学基金青年项目"在线互动情境下个体情绪从众效应及其对购买行为影响的研究"（72102044）、福建省自然科学基金青年项目"在线互动情境下消费者从众效应的动态识别与刻画及其演化边界条件研究"（2021J05117）、国家自然科学基金面上项目"数字化时代产业集聚新模式：演进机理与效应评估

（72273031）"的资助，也得到了福建省哲学社会科学重点实验室"数字消费与实体经济发展研究实验室"的支持与帮助。在此，对国家自然科学基金委、福建省科技厅、福建省哲学社会科学重点实验室表示诚挚的感谢！

本书受福州大学教材建设基金资助出版，衷心感谢福州大学对本书出版的支持。感谢清华大学出版社出版社领导及编校团队的支持与帮助。感谢参与本书资料汇编、参考文献整理、文字与清样校对的福州大学经济与管理学院的刘露、胡秀燕、孙婷、李燕静、沈健勇、朱品鑫同学。本书的观点既有作者从事科研教学、企业调研访谈、管理咨询和企业项目实践工作中的研究发现和实践启发，也有国内外学者的相关研究基础和理论支持，涉及的相关文献也尽可能列出并在此致谢。

作者

2024 年 10 月

目录

第一部分　导　论

第二部分　商业智能与商业模式变革篇

第三部分 数字营销与商业智能决策篇

第四部分　数字营销与智能终端篇

第五部分　数字营销与智慧零售篇

第一部分

导　　论

第一章

商业智能概述

2020 年，中央正式发布了第一份关于完善要素市场化配置的文件——《中共中央国务院关于构建更加完善的要素市场化配置体制机制的意见》，文件中首次明确了数据已成为第五大生产要素，此后数据更是被誉为信息时代的"新石油"。企业面对呈指数级增长的数据量，如何有效利用数据驱动发展，并形成数据可复用、反应更敏捷的企业飞轮？在数字化高速发展的时代中抓住机遇，赢得竞争优势，其中商业智能的运用可谓大放异彩。那么什么是商业智能呢？商业智能经历了怎样的发展历程？企业又是如何有效运用商业智能的？这是本章所要讲述的主要内容。

学习目标：①理解商业智能的相关概念及发展商业智能的意义；②了解商业智能的发展历程及未来发展趋势；③掌握企业运用商业智能的应用场景与实例；④通过分析商业智能助力企业竞争优势的案例理解商业智能的作用。

第一节　商业智能相关概念

一、商业智能的定义

商业智能（business intelligence，BI）又称商业智慧或商务智能，指用现代数据仓库技术、线上分析处理技术、数据挖掘和数据展现技术进行数据分析，从而协助商业决策者实现商业价值。商业智能的关键是从许多来自不同的企业运作系统的数据中提取出有用的数据并进行整理，以保证数据的正确性，然后经过抽取（extraction）、转换（transformation）和装载（load）（一般称为 ETL 过程），合并到一个企业级的数据仓库里，从而得到企业数据的一个全局视图。在此基础上利用合适的查询和分析工具、数据挖掘工具、联机分析处理工具等对这些数据进行分析和处理（这时信息变为辅助决策的知识），最后将知识呈现给管理者，为管理者的决策过程提供支持。商业智能只是各项技术的综合运用。由于每个企业面临的数据环境、业务内容和决策需求各异，商业智能更多地被看作一种解决方案——针对每个企业的实际情况规划与构建的数据分析和决策辅助的解决方案。

商业智能的概念最早可以追溯至 20 世纪 50 年代。早在 1958 年，国际商业机器公司（IBM）的一名研究员便将"智能"定义为对事物相互关系的一种理解能力，并依靠这种能力去指导决策，以达到预期的目标。在这期间出现的领导信息系统（executive information system，EIS）和决策支持系统（decision support system，DSS）等应用技术，都可以被视为 BI 的前身。

1989 年，高德纳咨询公司（Gartner Group）的 Howard Dresner 首次提出了商业智能这一术语。它将商业智能作为涵盖数据存储和数据分析这两种活动的统称，以此泛指决策支持系统。1996 年，Gartner Group 正式提出了商业智能的概念：一类由数据仓库、查询报表、数据分析、数据挖掘、数据备份和恢复等部分组成的，以数据为支持、以辅助商业决策为目的的技术及其应用。

随着信息技术的不断革新和进步，商业智能的定义进一步得到丰富与拓展。2013 年，Gartner Group 更新了商业智能的概念，在 business intelligence 一词中加入 analytics，合并成分析与商业智能（analytics and business intelligence，ABI），并且纳入应用、基础设施、工具、最佳实践等多项内容，将其重新定义为：商业智能是一个概括性术语，包含了应用、基础设施、工具，以及能通过访问和分析信息来改进决策、优化性能的最佳实践。

从上述商业智能定义的发展历程可以看出，商业智能为企业提供迅速分析数据的技术和方法，包括收集、管理和分析数据，将原始数据转化为有价值的信息，企业的各级决策者各取所需并做出对企业更有利的决策，减少决策的盲目性，获得竞争优势。

二、商业智能的实现基础：数据、信息与知识

（一）数据

数据（data）是对客观事物的性质、状态及相互关系等进行记载的物理符号或是这些物理符号的组合。它是可识别的、抽象的符号。简单来说，数据就是记录下客观事物的、可鉴别的符号。

数据可以分为数值数据、图形数据、声音数据、视觉数据和模糊数据。数值数据主要表现为数字、字母和其他符号，如 0、1、2、a、b、c 等都属于数值数据。图形数据表现为图形或图片，如一个点、一个三角形。声音数据表现为声音、噪音或音调，如一句吼声。视觉数据主要表现为动画或图片。而模糊数据表现为对某个事物的概括性描述，如高、胖、干净等。数据本身不具有意义和价值，只是作为客观的存在。

（二）信息

信息是关于客观事实的可通信的知识。更直观地说，信息就是经过某种加工处理后的数据，它通常具有某种特定的意义。

信息存在多种分类方法，如按照加工顺序分类，可将信息分为一次信息、二次信息、三次信息等；按照反映形式分类，可将信息分为数字信息、图像信息、声音信息等。如果在管理学情境下，则可以按照管理层次分类，将信息分为战略信息、战术信息、作业信息。除了以上的例子外，信息还有非常多的划分方法，要结合具体的情境才能对信息做出科学的分类。

信息有五大特征，分别是事实性、时效性、不完全性、变换性、价值性。事实性是信息最基本的属性，因为事实是信息的中心价值，不符合事实的信息不仅没有价值，而且可能价值为负，如当一个供应商所获得的下游需求量信息不准确时则容易造成生产量

严重过剩或者严重不足。信息的时效性指从信息产生到利用的时间间隔。时间间隔越短，时效性越强，使用信息越及时，信息使用效率越高。信息存在不完全性是由于客观事实的信息很难全部得到，而且人们对事物的认识也不可能十分全面。实际上，在信息爆炸的时代，我们没有能力也没有必要收集和存储所有信息。信息的变换性表现为同一信息可以按照使用者的要求用不同的载体来载荷、表达、相互转换。这一特征使信息的表现形式更加多样，有利于人们对信息的处理和利用。信息的价值性指信息本身具有价值，能够满足人们的需要。

（三）知识

知识是以某种方式把一个或多个信息关联在一起的信息结构，是客观世界的规律性的总结。知识可以简单分为事实型知识和规则型知识。事实型知识指一种单独出现的、存在于过去和当前的、不具有预测价值并且只能通过观察过程而获得的内容类型。例如，税收是财政的来源。规则型知识指将事实型知识以确定的逻辑关系关联起来的知识。例如，税收减少则是财政预算减少。知识有三大特性，分别是关联的方向性、表示的不唯一性、不完全性。[①]

知识关联是指知识与知识之间以某一中介为纽带，所建立起来的具备参考价值的关联关系。而知识关联的方向性就体现在形成关联关系的两者位置不能互换，如现金是货币、铜具有导电性等就体现了这一特性。知识表示的不唯一性与了解程度、角度、观念、环境等因素有关。例如，在数字技术的背景下，有三种不同的知识表现形式，分别是基于非逻辑的知识表示、基于数理逻辑的知识表示、基于统计学习的分布式知识表示。知识不完全性主要是由于人们的理性是有限的，且受外在环境的复杂性和不确定性的影响，因此所掌握的知识不可能无所不包，也不可能预见一切。例如，天阴闷热且有雷电，则有80%的概率要下雨。因此，知识的不完全性与个人的认知程度等因素相关。

（四）数据、信息和知识的区别和联系

1. 数据、信息与知识的联系

数据、信息、知识三者都是对事实的描述，这三者反映了人们对事实的认识过程。首先，由于认识能力的有限性或者所采用的工具的限制，人们从事实中得到的数据只是对事实的初步认识，可能存在错误；其次，借助人的思维或者信息技术对上述数据进行处理，进一步揭示事实中事物之间的关系，形成信息；最后，在实践中，经过不断处理和反复验证，事实中事物之间的关系被正确揭示，形成知识。值得注意的是，数据、信息和知识之间不存在绝对的界限，从数据到信息再到知识的过程，是一个数据不断变得有序、不断得到验证，并最终揭示事实之中所存在固有逻辑规律的过程。

2. 数据、信息与知识的区别

数据是原始的、彼此分散孤立的、未被加工处理过的记录，它不能回答特定的问题。数据是信息的具体表现形式，信息是数据的含义，数据只有通过解释才能变成信息。而信息和知识都可用于回答问题，两者的区别在于回答的是不同层次的问题。

---

① 黄梯云，李一军. 管理信息系统[M]. 7版. 北京：高等教育出版社，2019：5–6.

通过对数据、信息与知识之间区别与联系的分析，我们可以发现：从数据到信息再到知识，是一个从低级到高级的认识过程，随着层次增高，外延、深度、含义、概念化和价值不断增加。在数据、信息、知识中，低层次是高层次的基础和前提，没有低层次就不可能有高层次，数据是信息的源泉，信息是知识的"子集或基石"。信息是数据与知识的桥梁，而知识反映信息的本质。

三、商业智能的意义

（一）助推数字经济蓬勃发展

为了提高国家的数字经济竞争力，国家出台了一系列政策积极推动数字经济发展。《"十四五"数字经济发展规划》指出，"十四五"时期我国数字经济转向深化应用、规范发展、普惠共享的新阶段，要协同推进数字产业化和产业数字化，赋能传统产业转型升级。商业智能依托一系列数字技术进行数据分析以实现商业价值，它的运用充分体现了数字技术的价值。商业智能主要通过以下两点助推数字经济蓬勃发展。

第一，商业智能的运用能充分发挥数据的价值。数字经济将数据作为新的生产要素，推动数字经济发展的着力点在于通过打造坚实的数字技术基础将数据转化为资产，从数据中挖掘出增长价值。通过使用一系列商业智能技术能够实现对企业内部的结构化、半结构化、非结构化数据及外部海量数据的存储和整合，从技术层面打好数据基础；与此同时，智能数据分析技术的应用有助于企业挖掘数据中隐藏的信息和规律，进而做出正确的决策。从整个供应链或者价值链的角度分析，商业智能的应用能够优化资源配置，提高社会生产活动效率，从而推动数字经济发展。

第二，商业智能的运用能进一步释放数字经济的规模效应。数字经济具有显著的规模效应，市场规模越大、数字经济应用场景越丰富，就越能促进数字经济快速发展。我国拥有市场规模的巨大优势，要进一步释放数字经济的规模效应，需要不断拓宽数字经济的应用场景。在商业领域持续部署商业智能，有利于实施数字化改造、实现数字化转型，推动传统商业模式变革，拓展数字经济的应用场景，从而促成数字经济倍增效应的实现。数字经济时代下的超大规模不经济即规模过大时可能会因信息传递速度慢而造成信息失真，管理混乱等情况。借助商业智能有助于信息全局高效管理，帮助企业解决超大规模不经济的问题。例如，某个制造企业在进行规模扩张时，发现成本不断提高，效益却不断下降。为了解决这个问题，该企业决定采用商业智能来分析问题和制订解决方案。通过对企业的生产和销售数据进行详细的分析，我们发现企业的生产成本过高，原因是原材料的采购和库存管理不够高效。针对这个问题，企业采取了优化采购流程、建立高效的库存管理系统、引入精益生产等一系列解决措施，最后，企业的生产成本得到了有效控制，效益也得到了显著提升。

（二）赋能企业高质量发展

商业智能帮助企业将现有的内外部数据进行有效整合，分析挖掘数据蕴含的知识和信息，为企业提供精准实时的决策依据，进而充分赋能企业做出明智的经营管理决策。具体来看，商业智能主要通过以下几个方面赋能企业高质量发展。

第一，获取高质量数据。高质量数据是有效的营销活动的基础，但企业所收集到的数据并非都是优质的。传统的数据处理方式是先通过实地调研采访获取数据，再借助电脑手工处理数据。这种方式不仅效率十分低下，而且部分数据在真实性和实用性方面存疑。商业智能便很好地弥补了传统的数据处理方式的不足，其不仅能帮助决策者快速获取海量而丰富的数据，还能筛选冗余、无用的数据，更能利用数据清洗、分析等技术挖掘数据价值。

第二，提高决策效率和质量。商业智能最大的作用便是辅助企业的智能决策过程，帮助企业快速做出正确的决策。商业智能以数据代替个人经验驱动决策，通过算法帮助企业从内外部海量、多维度的数据中提取重要真相，并且将其转换为有洞察力的信息，预测行业发展的有利趋势，从而做出质量更高的业务决策。企业所面对的数据高速流转、变化，通过商业智能的高效运作使复杂、庞大、多变的数据能够得到妥善处理，提高了商业决策的速度，实现了决策的实时性。

第三，提升客户满意度。商业智能能够帮助企业精确分析客户的类型、预测客户的行为、预判客户的业务趋势、辨认欺诈行为等。一方面，客户与企业间的互动和沟通质量会影响客户对于企业的看法，消费者可能会因在交易平台、社交平台上的评论和问题未得到及时的回应而产生不满，商业智能则能够帮助企业及时检测消费者所提出的诉求，如在非工作时间内消费者有疑问，企业可以在后台设置一些消费者可能提问的高频问题的答案，借助机器人的方式实时回应消费者的问题。另一方面，客户的多样化、个性化需求如果不能得到及时的满足，可能就会转向其他品牌或者其他平台，商业智能则能够帮助企业预测客户的偏好，依据客户的需求和喜好设计产品、优化服务，提升客户与企业或品牌之间的黏性。因此商业智能有助于提高客户满意度。

第四，帮助企业赢得竞争优势。借助商业智能分析工具，企业能够通过复杂的算法、大量的数据和统计模型了解企业或客户的现在需求并预测未来趋势，发现竞争对手还未发现的潜在信息和规律。比如，通过对销售数据的分析可归纳出各类客户的特征和所购买商品之间的联系，这样企业就可进行更有针对性的促销活动或向客户提供更具个性化的服务等，进而获得直接的经济效益、在竞争中获得优势。

第五，助力企业创新与变革。面对复杂多变的内外部环境，企业必须提高自身的创新、变革能力，保持企业内部活力以便适应新变化、利用新机遇，进而获得持续发展的动力，在商业竞争中立于不败之地。商业智能的运用能够帮助企业实现创新发展，变革企业运作模式。一方面，商业智能技术的运用能够优化企业运作流程，使得组织内部更加灵活协调，从而实现效率驱动创新变革的目的。另一方面，企业需要通过不断创新获得差异化竞争优势，商业智能能够帮助企业预测消费者需求趋势、识别新的市场机会，加速企业战略变革和产品迭代。譬如，数字孪生技术的运用能够迅速精确地分析市场需求、帮助绘制产品原型、将概念转化为生产数据进行小规模生产、记录产品测试遇到的问题、分析问题并改良新产品功能，从而加速产品的研发过程。

（三）优化消费者的消费体验

首先，商业智能的运用能够缩短消费者从下单到收货的时间间隔，并且提升消费者在等待过程中的体验感。一方面，供应链智能技术如物联网、大数据分析和云计算技术的综合应用能够优化生产、物流和配送设置，打通产品或服务提升产品从下单到配送至顾客手中的速度。例如，上下游商家之间系统共享，当消费者下单时，上游生产商及原材料供应商都能够第一时间主动根据消费者的需求进行生产或原材料配备，无须等到下游商家提出相应诉求后再做出反应，这可以极大程度地降低消费者的等待时间。另一方面，借助智能技术，实现供应链端仓储、订单管理、配送、售后服务等各个流程的集成，提升消费者购买体验。例如，购物平台上的库存设置可以让消费者自主地根据库存情况判断是否能下单而无须询问商家是否有货，后台的发货和物流配送系统的集成可以让消费者自助查询商品配送情况，消费者无须频繁咨询商家商品送达时间；售后服务系统的嵌入也极大程度地便利了消费者在收到货物不满意后自主地选择何时退货、何种方式退货等，这一系列的消费者自主体验的达成，都离不开商业智能技术的不断升级和广泛应用。

其次，商业智能技术的应用能够支撑企业精准营销。大数据存储和挖掘技术的广泛应用能够帮助企业更好地对消费者属性、购物、浏览、消费和互动等各类行为数据进行综合分析，进而构建消费者精准画像，以此作为企业针对性营销的依据，为企业满足消费者个性化诉求奠定基础，如购买剃须刀的消费者群体主要包括使用剃须刀的男子本人或者其妻子。不同类型的顾客对剃须刀属性的侧重点或者购买习惯可能存在差异。作为一家售卖剃须刀的商家，借助大数据分析技术和广告推广技术，动态地为不同类型的消费者呈现不同的广告界面。如对男性购买者更强调使用功能的相关属性，对于女性购买者更凸显外观设计等，进而更大程度地吸引消费者的注意力。

最后，商业智能技术的应用能够为消费者提供多元化、便捷化的体验场景。在金融机构、房地产、医疗行业、零售业等领域有越来越多的企业部署了商业智能技术，如金融服务商推出的智能理财推荐系统，可以根据顾客的资金情况、风险偏好情况等智能推荐理财产品，提升顾客的自主体验感。无人超市集成了人工智能卷积神经网络、深度学习、机器视觉及生物识别等人工智能领域前沿技术，可实现顾客扫码进店、直接购物、拿了就走、无须结账的全智能化操作，极大提升了消费者的体验感和便捷度。

（四）商业智能技术赋能企业转型和顾客体验实例

2018年，法国美妆巨头欧莱雅集团宣布全资收购加拿大一家开发定制 AR 美容应用程序的公司 Modiface，这是欧莱雅首次收购科技公司。该公司将帮助欧莱雅向数智美妆公司转型。收购 Modiface 公司之后，欧莱雅集团开发了可侦测脸部特征和颜色的技术，并将它们应用在了 3D 虚拟化妆、颜色和肤质诊断服务等领域，同时也宣布将 Modiface 的技术应用于集团旗下的 36 个国际品牌，基于 Modiface 延伸出来的 20 多项人工智能技术，也全部被欧莱雅应用到了各大品牌上。美妆科技的应用在优化消费者体验的同时也为欧莱雅带来了经济收益，2019年，欧莱雅集团与腾讯微信合作将 Modiface 技术引入中国市场，在"阿玛尼美妆官方精品商城"小程序上线 AR 动态试妆功能之后，同时段内带动阿玛尼的线上销量增加了 38%。

欧莱雅越来越看重利用数字化手段提升消费者体验，想要与消费者产生全域化的、个性化的互动，进一步增强品牌的竞争力，除了在技术方面不断探索突破外，欧莱雅更是建立了完善的客户数据平台。一方面，平台内导入了大量电商的销售数据，还通过销售时点信息（POS 机）系统将全国门店的销售数据全部收集起来并统一录入数据中台。另一方面，欧莱雅在得到用户授权后通过导购人工记录消费者的年龄、肤质、喜好等客户属性，与线上的会员信息共同录入数据中台，为每个用户建立起独立的档案来记录他们的行为习惯和偏好，就构成了独一无二的用户资产。欧莱雅更是通过数据中台内消费者的唯一 ID 实现了销售数据与用户画像的匹配。这样一来，欧莱雅得到的就不单单是货盘的销售趋势，还实现了对消费者行为习惯更深层次的洞察，最终得以指导个性化的销售活动。

第二节　商业智能的发展历程

一、商业智能的发展历程

商业智能自出现后便经历了渐进而复杂的发展过程，大致可以分为以下三个阶段：以报表使用为特征的传统商业智能阶段、以数据分析为特征的大数据商业智能阶段和以数据挖掘为特征的人工智能（artificial intelligence，AI）商业智能阶段[①]。三代商业智能之间并不是互相替代的关系，而是面向不同应用场景不断演化、长期共存的关系。针对企业的不同需求，目前商业智能正处于这三个阶段相关的技术并行应用的时期。

（一）传统商业智能阶段

商业智能的第一个阶段是传统商业智能阶段。传统的商业智能是应用 ETL、数据仓库（data warehouse，DW）和联机分析处理（online analysis processing，OLAP）等技术，在搜集、整理并存储企业内部各业务单元数据（通常为结构化数据）的基础上，进行分析和可视化展现（通常为各类定制化的报表）的解决方案。ETL 技术为收集和整理各业务单元数据，并将其存入数据仓库提供了良好的解决方案。通过数据抽取、数据清洗、数据转换和数据加载四个过程，ETL 可以将零散分布于组织各业务单元的数据汇聚在数据仓库中。

数据仓库技术是数据库技术的延伸。20 世纪 70 年代，关系型数据库技术得到推广，用户可以通过 SQL 查询语言灵活方便地访问数据。而到 20 世纪 80 年代中后期，随着数据收集、存储和计算机设备的发展，数据库技术逐渐演化出两大应用：联机事务处理（online transaction processing，OLTP）和联机分析处理（OLAP）。OLTP 系统用于分析细节性数据，支持日常事务运作，其数据可更新，实时性高，普通用户数量大。而 OLAP

---

① 宋丹，黄旭. 信息科技视角下商业智能的发展现状、趋势及创新应用[J]. 科技创新与应用，2016，171（23）：3–5.

系统多用于分析综合性的、面向主题的历史数据，以支持决策分析，其数据不可修改，对实时性要求不高，但处理量较大。数据仓库就是 OLAP 应用的主要场景，可以为企业高层和决策分析人员提供全面的、多维度的数据存储、查询和分析方案。

从实践来看，大型的数据库企业（如甲骨文公司、SAP、IBM 和东软集团等）就是典型的数据仓库产品和商业智能产品提供商。该阶段初期的数据存储和分析技术更多的是用于记录数据和文本，以及完成一些复杂的计算。计算机的应用实现了数字化办公和企业内部的数据整合，如用 Excel 记录和计算能够为决策者提供数据支持。随着技术的发展，企业逐渐用可视化图表代替了 Excel 报表，但这种以报表自动化展现为主的商业智能只是简单地呈现数据，属于商业智能的低端实现，不能为决策者提供数据以外的其他信息。用户基于该系统提供的固定报告或报表进行业务情况分析及决策，并能够基于新的报告数据判断业务决策是否有效。该阶段的商业智能系统主要用户是企业的数据或 IT 的管理员。

传统商业智能阶段的技术运用以 IT 为主导，是为数据操作人员设计的，技术相对复杂，具有一定的使用门槛，而对于业务人员来说比较难以掌握该系统的操作。因此如果业务人员有分析需求，需要向 IT 人员提出协助请求，这一定程度上限制了该阶段商业智能技术的广泛应用。随着技术的不断改进，数据的操作方法和系统界面变得相对简单和标准，商业智能作为一种分析工具开始被更多的业务人员接受，以有一定 IT 能力的业务人员为中心的自助式数据分析平台开始盛行，企业的 IT 部门及各业务部门协同进行 IT 系统的研发和优化，由 IT 部门牵头进行后台技术架构的搭建，各业务部门结合业务需要及操作习惯提出相应的系统界面设计诉求。由此，平台逐渐转向半业务主导，部分业务人员也可以直接利用商业智能系统进行业务数据的分析，从而支持业务决策。

沃尔玛是目前世界上最大的连锁零售商，它如今璀璨的成绩离不开它对于信息化的敏锐捕捉和使用。早在 1969 年沃尔玛就购买了第一台计算机用于支持日常业务。这台计算机刚开始只是用来记录销售、进货等数据；同年开始使用存货管理系统。那时计算机还没有接入网络，主要解决的是日常关键作业数据的记录和盘算。随着计算机接入网络，商业智能开始发挥更大作用，不仅能实时记录销售数据，还能分析业务数据的规律及多种数据之间的关系，辅助管理者进行进货、库存、营销销售、财务现金流等决策，解放员工双手的同时提高了决策准确性。

综上，传统阶段的商业智能以数据仓库为核心，利用 ETL 和 OLAP 工具进行整合分析，并以报表和数据驾驶舱等形式进行展示，该阶段的商业智能可以为管理层和决策制定者提供定量化的数据支撑。传统的商业智能存在数据多、信息少，数据分析角度单一难以交互，数据价值挖掘层次比较浅，数据口径不统一、存在大量数据孤岛等不足。随着企业所面对的数据量的不断增加和协同性要求的不断增长，传统的商业智能难以满足企业发展的需求。因此，企业期待能够解决数据孤岛问题，出现分析功能更强大，更易操作的商业智能。

（二）大数据商业智能阶段

商业智能的第二个阶段是大数据商业智能阶段。大数据时代的商业智能与传统商业智能的区别主要体现在数据类型的多样化和分析技术的多样化两个方面。通过应用先进的分析技术，大数据时代的商业智能解决方案可以涵盖更广阔的信息源，提供更多元化分析结论，数据分析的质和量都有显著提升。

从所涉及的数据类型来看，这一时期的商业智能所分析的数据不仅包括结构化数据，还涵盖了半结构化数据、非结构化数据和流数据。结构化数据被组织成二维表形式，通常受到较严格限制（如数据类型、字符数和可选项等）并被用于关系型数据库系统。非结构化数据是缺乏预定义数据模型或没有被组织成预定义形式的数据类型，通常无法被程序快速识别和应用，主要涉及文本和多媒体等资源（如图像、视频、网页和电子邮件等）。半结构化数据介于结构化数据和非结构化数据之间，是通过对非结构化数据进行一定程度的加工和组织，形成可以在一定程度上被程序分析和处理的数据，如应用标签进行信息组织的 XML 文件等。流数据指代一组顺序、大量、快速、连续到达的数据序列，一般情况下可被视为随时间延续而无限增长的动态数据集合，如传感器数据、监控数据和金融交易数据等。

从分析技术来看，传统商业智能中的数据库和数据仓库技术主要用于结构化数据的分析，而在大数据时代的商业智能中，以 Hadoop 生态系统为代表的大数据技术可用于处理非结构化和半结构化数据，而以 Storm 和 Spark 平台为代表的实时分析技术可用于处理流数据。通过将这三大类数据分析技术相结合，形成了大数据时代的商业智能分析体系和整体解决方案（图 1-1）。

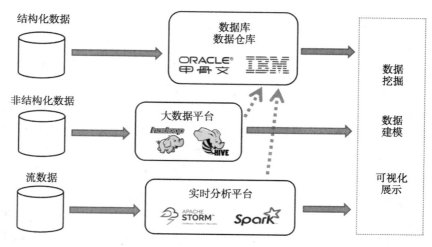

图 1-1　大数据时代的商业智能解决方案

大数据商业智能时代的商业智能产品侧重于对非结构化数据和半结构化数据的分析，通过应用各类大数据技术，为企业提供不同行业应用场景下（如用户行为分析、征信分析，以及广告和营销策略推荐等）的决策支撑，如依托大数据技术手段，企业可以对获取的各类数据进行实时采集和清洗，建立多层次的数学模型分析体系，如进行描述性统计分析、关联分析等，探寻数据背后的原因。比如，通过收集和分析用户的浏览记录、购买记录、社交媒体数据、调查问卷等来源的数据，进而挖掘用户的行为和心理特征，最后形成精准的用户画像。用户画像是勾勒目标用户、联系用户诉求与设计方向的有效工具。用户画像越接近用户的真实情况,就越能准确地预测用户的需求与行为动机,进而辅助企业制定出更有效的营销策略与措施。

在初期,商业智能时代的大数据产品前端的可视化展示大多采取预先设定的建模方式来呈现,具有一定的可视化程度,但主体上还是以 IT 驱动,在交互式分析上还有待进一步强化。随着技术的不断发展,面向业务人员的可视化分析工具也在不断推出,可以让零基础的业务人员也能自主完成对数据的挖掘、洞察与分析,企业或组织中的每位知识工作者都能更有效地利用数据来提高他们的商业绩效,让数据真正结合业务,助力业务决策,推动业务增长,帮助企业实现降本增效。

(三)AI 商业智能阶段

商业智能的第三个阶段是 AI 商业智能阶段,这一阶段的商业智能的核心特征是数据驱动或者业务驱动。AI 商业智能解决方案,是对大数据时代商业智能解决方案的延伸,两者的差异主要体现在提供服务的思路上。传统商业智能和大数据时代的商业智能解决方案通常都很倚重 IT 部门,IT 部门通过集中管控来构建项目框架、设计模式并实施。这个相对集中而僵化的体系,导致了业务部门在提出新的分析需求时,IT 部门很难及时反馈,缺乏敏捷性和灵活性。在实践中发现,如果把 IT 部门从数据分析的具体事务中分离出来,构建现代的商业智能,将数据分析的权力交给一线的业务人员,那整个流程就会变得更加敏捷。企业也更容易通过持续的反馈,来满足自身对商业智能项目的需求。

在经营环境日益复杂、竞争日益激烈的情形下,企业希望摒弃事前对分析模式的设定,将灵活分析的权力交给业务人员,即希望借助业务主导型、高性能、具备大数据处理分析能力的现代商业智能平台来解决企业的问题。于是,通过将平台建模层与业务层分离,技术部门将更多的精力用于构建完善的、高度友好的一站式商业智能分析平台,如负责基础数据架构的整理,以及数据接口的开放和维护等。业务层面的用户将通过简单拖曳和勾选等操作方式,实现诸如预测和统计建模等功能,从而达到深度数据分析的效果。通过这种探索式分析方法,直面需求,充分释放数据的价值。在实际部署上,这类商业智能既可以应用于本地硬件,也可以运行于云端。

在 AI 商业智能阶段,ABC(artificial intelligence,big data,cloud)技术的爆发将助推商业智能的发展:一方面,这个阶段的商业智能可以运用机器学习、自然语言处理、智能语音交互等人工智能核心技术分析数据、解释原因并对未来业务进行预测分析;另一方面,数据分析无缝嵌入各个业务流程中成为规范,动态数据仓库为企业提供信息和决策支持,在日常业务运行中可以实现事件自动触发决策。

网站中所采用的交互式客户关系管理(customer relationship management,CRM)便是一个实现个性化产品供应、定价和内容推送的客户关系优化决策过程。得益于 AI 商业智能的运用,这一复杂的过程能够在无人介入的情况下自动发生。如某位用户在浏览器中浏览了一个音响的商品介绍,网站捕捉到该信息后便自动向用户推荐其可能需要的各种音响。又比如,蚂蚁财富 App 会根据消费者的个人资产情况、消费水平、购买理财产品的历史行为等判断客户的投资偏好,为客户推荐定制型的理财产品。这种精准化营销推荐的产品收益率和风险往往契合客户的个人偏好,能有效刺激客户的购买行为。

世界质量管理大师爱德华兹·戴明(Edwards Deming)曾说过:除了上帝,其他人请用数据说话。如今,几乎所有企业都在运用商业智能。如何依靠分析获取具备竞争优势的数据洞察力是所有企业的共同挑战,也是对商业智能的期待。商业智能的发展在过去短短几十年里经历了"三重浪",其挖掘分析数据的广度和深度不断扩展,使用人群的覆盖范围不断扩大,每步入一个新阶段都为企业带来了不可磨灭的影响。随着 5G 时代的到来,万物物联迎来发展新浪潮。在这样肥沃的土壤中,未来将如何进一步释放商业智能的潜力,商业智能又将如何开枝散叶,或许会超出我们的想象与认知,但是我们可以展望商业智能的发展趋势,期待它在可预见的未来中持续为商界带来精彩表现。

二、商业智能发展趋势

下一代商业智能将朝着智慧商业智能方向发展,随着信息化、数字化建设不断成长,数据将真正成为能被大多数人所利用并且产生价值的数据资产,商业智能作为当下崛起的数据类技术解决方案,未来将对整个社会起到更加深远的影响。未来商业智能发展趋势如下。

(一)操作流程简化、移动化

在最初的商业智能阶段,数据处理和调用商业智能技术的工作都是由专业人员来完成。随着科技水平不断发展升级,商业智能逐渐简化操作流程,使用门槛降低,操作不再局限于专业的 IT 人员,这使得业务人员不需要 IT 技术部门的辅助便能够独自完成数据可视化报表的制作。同时,商业智能也逐渐转为业务主导,根据业务的需要设计系统,将业务数据实时转化为可用的价值信息,这也是商业智能想要获得好口碑及实现市场需求高增长的关键。在未来,商业智能还会继续解决业务人员、管理人员难以使用商业智能的问题,继续简化操作流程,降低使用门槛,让商业智能的适用性变得更广阔,成为企业的基础性建设,使每位员工通过运用商业智能都能提升工作效率,提高决策质量。

移动化办公已经成为一种常态化的需求。要想实现用户可以随时随地查看企业经营数据、进行决策分析,提升办公效率的目标,商业智能技术移动化势在必行。如今中国已经进入了 5G 时代,信息终端应用正在全面推进融合。它使融合了计算机技术、通信技术、互联网技术的移动设备成为个人办公必备的信息终端,在此载体上实现的移动商业智能协同应用将成为管理运营的巨大亮点。员工可以通过智能手机提交数据并获取分析报告,也可以直接调动关联的数据库查看所需的数据分析报告,实现无处不在、无时不在的实时动态管理,这个功能特性将使传统商业智能技术实现巨大的飞跃。如今,我国商业智能已经有一些新的移动化发展趋势,如通过将商业智能展示集成到企业微信、钉钉、移动 OA 系统中去,员工可以轻轻松松从这些平台进入智能数据可视化分析界面,获取所需的业务信息和全面的数据分析结果,从而做出业务决策,更好地发挥商业智能的协作性以支撑企业的运营、管理流程。因此企业应积极利用现代手机移动技术,充分发挥 5G 技术在商业智能应用的支撑性作用,让商业智能移动办公、无线掌控。

（二）数据可视化

随着物联网、5G、云计算、大数据等数字技术家族的诞生和发展壮大，企业所能获取的数据量呈指数级增长，数据变得越来越丰富和复杂，如何有效地分析和理解这些数据已经成为急需解决的问题。对于处理数据的人员而言，仅凭肉眼观察无法从这些庞大的数据中发现有用信息，只有把复杂的数据和数据间的关系转化为直观易懂的图表，才能帮助人们读懂数据；对于决策者而言，要做出高效的决策离不开数据的支撑，而利用数据的前提首先是能读懂、理解数据，因此越来越多的企业决策者需要借助可视化数据进行快速决策，未来商业智能的发展趋势也将朝着数据可视化不断前进。

数据可视化是将数据通过视觉手段呈现出来的过程，有助于探究数据之间的联系和趋势。通俗来讲，数据可视化就是一种简化，让原先复杂的数据理解过程变成看颜色、辨长短、分高低这种简单直观的过程，将大量数据高效地传达给人们，大大降低了人们读取数据的难度，并缩短了人们理解数字信息所需的时间。数据可视化可以用图表、热图、地图等各种不同的方式来展现，通过图表可以更加直观地向业务人员传达流程详情、业务完成情况。决策者可以更容易地发现数据之间的关系和规律，从而做出更加准确的预测和决策。

譬如，Power BI 是微软公司于 2015 年发布的一款可视化自助式 BI 工具，其核心理念是：用户不需要强大的技术背景，只需要掌握类似 Excel 这样的基本操作就可以快速上手的专业的数据分析和数据可视化。它整合了 Power Query、Power Point、Power View 和 Power Map 等一系列工具的功能，可以快速连接数据，并对数据进行建模和分析。Power BI 可以从数百个本地和基于云的数据源（如 SQL、Excel 和 SharePoint 等）访问数据，用户可以根据需要与他人共享数据，还能根据自己在项目中的角色或所在团队的工作性质，从不同方面查看报表数据（图 1-2）。例如，负责处理数据和生成业务报表的人员可能主要使用 Power BI Desktop 来创建报表；负责销售的人员可能主要使用 Power BI Mobile 来监视销售配额的进度，深入了解新的潜在顾客的详细信息。

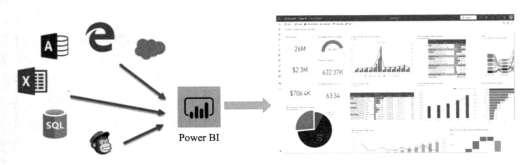

图 1-2　Power BI 数据处理流程示意图

（三）嵌入式分析

企业原先的数据分析技术都是独立部署的，有着非常清晰的使用界限，即数据分析独立于企业的商业流程和商业运作活动。在每个活动、流程完成之后才能采集数据进行分析，与业务活动是相互独立和分离的，技术人员必须登录专门的系统进行相关的操作才能获取信息，而这种分析模式难以形成系统性，限制了不同业务环节间的协同性。随着数据驱动趋势的强化，业务人员随时随地调用分析数据辅助决策的需求在不断强化，这就要求打破数据收集、数据分析和数据调用之间的壁垒，在业务进行过程中能够嵌入式地实现数据的交互式分析。如在业务部门开会提及两类商品之间是否存在此消彼长或者周期性的内在关联，以及预测未来走向关系时，既可以一键式点击往期销售数据并采用图表的形式直观地呈现二者间的关系，还可以输入未来环境、企业当前运行相关的参数结合往期数据，选定分析模型，输出未来的销量预测等，同时还可以假设多种情境，进行相关的模拟，即未来的商业智能具有嵌入式分析的趋势。

嵌入式商业智能是将商业智能系统的实时数据报告、交互式数据分析、数据可视化及高级分析等功能直接集成到其他业务系统或者企业内部使用的应用程序中（如 OA、ERP、CRM 等），用户可以在业务系统中便捷地利用这些数据分析的功能或结果。嵌入式分析是一种基于数字化工作场所的功能，其中数据分析发生在用户的自然工作流程中，无须切换到另一个应用程序。此外，嵌入式分析往往围绕特定流程进行部署，如营销活动优化、销售线索转换、库存需求计划和财务预算。这种嵌入式商业智能可以：①增强业务系统对数据处理、数据分析及可视化的能力；②提高数据决策效率，缩短决策响应时间，减少多个系统间来回切换的操作，实现业务系统内的数据决策流程闭环；③释放开发资源，提高开发效率，让开发人员无须或较少关注数据分析、可视化功能模块开发，从而更加专注于业务系统开发。

例如，山东金麒麟股份有限公司是一家以制动摩擦材料及其制品为主导产品的高新技术企业。该企业选用 Wyn Enterprise——一款专业的嵌入式商业智能和报表软件，来搭建适合自身企业发展的综合数据可视化分析平台，将来自 ERP、BPM 和 MES 不同系统的数据进行了关联整合建模，同时利用报表和仪表板对数据进行了可视化展示。在数据展示的基础上，此平台也对数据进行了深入的分析，实现了企业决策者对数据的实时掌握，从而帮助其以此为参考做出即时性的经营决策。为便于 BI 分析平台的使用，金麒麟也将 BI 分析平台、企业 Windows 域控及企业微信进行集成，员工可以直接通过域账户登录电脑查看数据，实现了用户及权限的统一管控；与企业微信集成后，员工可以在移动端进行 ERP、BPM 业务流程处理的同时查看报表，更加及时便捷地了解业务情况。

第三节　商业智能的企业应用场景与实例

商业智能具有广泛的企业应用场景，广泛应用于研发生产（如医药研发、智能生产等），营销决策（如广告投放、业务分析等），售后服务（如智能客户服务、客户关系管理等）及风险管理（如市场风险管理、信用风险管理等）等环节。以下选取其中几个应用场景，辅之实例加以介绍。

一、场景一：智能生产

现今，诸多大型制造企业开始推行智能制造。智能制造的本质是应用最新工业工程及数字网络技术（移动互联网、边缘计算、大数据、人工智能、物联网等），重新审视企业现有流程与生产组织方式，实现企业在供应、营销、设计及制造等领域的经营创新，全面推动企业向生产智能、管理智能、运营智能方向转型，以满足客户敏捷、个性、服务化需求。企业智能制造可以分为四个阶段：自动化产线与生产设备、设备互联与数据采集、数据的打通与直接应用、数据智能决策与控制执行。这四个阶段并不是严格按顺序进行的，也不是孤立的，是可能跨越多个阶段的。

随着数字技术 5G、大数据、边缘计算、云计算、人工智能、物联网等技术快速发展，以及工业 4.0、数字中国建设规划的深度推进，打造"数字化工厂"成了很多企业实现智能制造、赢取竞争优势的重要战略目标。数字化工厂（digital factory，DF）是运用数字技术、大数据、人工智能、物联网等先进技术，将生产线和生产设备连接起来，实现高效、自动化、智能化、自适应的一种先进的制造模式。这种制造模式以数字化工厂为核心，在设计、生产、质量、物流、环保等领域，实现数据的实时感知、存储、分析、决策和控制，提高生产效率、降低生产成本、提高产品质量、提升客户满意度和创造核心价值。数字化工厂是智能制造的核心，是未来工业生产的一种新趋势和新模式。

数字化工厂的主要环节包括：设计、生产、物流、售后等。关键技术包括：人工智能、大数据、物联网、边缘计算、智能制造系统等。包含数字化建模、虚拟仿真、虚拟现实/增强现实（VR/AR）等技术。数字化工厂提供了全面的制造过程管理，生产实际产品前，在计算机模拟的环境中完成虚拟生产全部过程，生成经过"数字化工厂"验证过的、实际生产所需的各种工艺数据和文档。在产品研发设计环节利用数值仿真、虚拟现实等技术，对产品在各种条件下的性能进行模拟和测试可以大大缩短设计周期、提高设计质量、快速响应市场需求和完成定制化生产。在生产环节通过数字化建模和仿真技术，既可以提前预测生产执行过程中可能出现的问题，也可以优化和验证生产方案的可行性。在生产执行环节采用数字化技术和工具，实时监测生产设备和生产过程中的参数和指标，并提供实时反馈，可以帮助企业及时调整、优化生产。在仓储物流环节利用数字化技术和设备，对仓储管理进行优化升级，可以实现更精准的库存管理、更高效的物流运输和更快速的订单处理，有效降低仓储成本和提高工作效率。

从应用层面看，数字化工厂核心是产品生命周期管理（product lifecycle management，PLM）、企业资源计划系统（enterprise resource planning，ERP）、制造运营管理系统（manufacturing operations management，MOM）、仓库管理系统（warehouse management system，WMS）、生产现场控制系统（distributed control system，DCS）五大系统的全面集成、打通和融合，并以 MOM/MES（制造运营系统）为中枢核心，形成智能制造创新平台。

德国工业巨头西门子公司旗下的安贝格电子制造工厂创建于 1989 年，经过 35 年的数字化发展，不仅实现了从管理、产品设计、研发、生产到物流配送的全过程数字化，还能通过先进的信息技术与美国研发中心进行实时的数据互联，被视为全球最接近"智能工厂"概念的数字化示范工厂。

安贝格工厂每天都需收集并处理大量的信息。为了准确地收集数据，工厂内超过 3 亿个元器件都有自己的"身份证"，这些基础识别信息包括：哪条生产线生产的、用什么材质、用什么样的螺丝钉等。当一个元件进入烘箱时，机器会判断该用什么温度及时间长短，还可以判断出下一个进入烘箱的元件是哪一种，适时调节生产参数。在此过程中，Simatic IT 生产执行系统每天将生成并储存约 5000 万条生产过程信息。工人可以通过显示器查阅当天的生产过程信息，并找出生产环节中的短板，如哪个部件出现问题的概率比较高。经过进一步的相关性分析，又可以让生产者对整个生产过程中的相关变量有更深刻的理解，从而降低产品的缺陷率。依靠 Simatic 设备的高度自动化，安贝格工厂在 24 小时内就可为面向全球约 6 万名用户的产品做好交付准备。

自成立以来，安贝格工厂内部向着工业 4.0 方向进行的自我进化从未停止过，如今，该工厂的自动化运作程度已达到 75% 左右，产能较刚成立时提高了 8 倍。不仅如此，安贝格工厂坚持严格把控产品质量，创新性地提出了 dpm-A（百万出错率）的指标，从 1989 年百万出错率的 560 到 2014 年下降至 11.5，即在生产每百万次电子产品中仅出错 11.5 次，相当于质量水平达到了 99.9989%，生产质量提高了 40 倍。在安贝格工厂中，真实工厂与虚拟工厂同步运行，真实工厂生产时的数据参数、生产环境等都会通过虚拟工厂反映出来，只需通过虚拟工厂就可以对真实工厂进行把控。建厂至今三十多年来，得益于数字化建设，安贝格工厂始终保持 1200 人左右的员工，他们主要从事计算机操作和生产流程的监控。过去是以中心控制指挥系统每一分钟对机器发出指令，而现在商业智能的运用则是由商品所附带的信息告诉机器需要什么样的生产过程，以制造出符合客户要求的产品。

二、场景二：广告智能投放

随着经济数字化的快速发展，互联网广告在赋能商家营销、帮助消费者高效了解商品和服务，以及商业平台的变现等方面扮演着越来越重要的角色。互联网广告生态中，广告主通过付费在媒体上对目标用户进行营销信息传达来完成营销过程。其中，广告主通常希望在有限的资源投入下得到最大化营销效果。然而，由于流量环境的复杂性，以及广告投放策略中出价、目标人群、资源位、投放时间等变量的巨大组合复杂度，使得最优广告投放策略的计算与执行充满了挑战。

点击付费广告（pay per click，PPC）研究网站发布了一份的 2022 年全球 PPC 最新状况报告。其中有来自全球 500 多名 PPC 专家的意见，调查结果涵盖了营销人员最关心的一些问题。在对谷歌广告中自动化的使用率的调查过程中发现，其中有两个指标非常高。一个是使用自适应搜索广告的受访者人数占到了 97%，另一个是使用目标转化出价（tCPA）的受访者人数占到了 95%。最令人惊讶的是，竟有高达 78% 的受访者使用了自动化应用推荐。虽然自动化广告的使用率很高，但是对营销人员的满意度却参差不齐。其中有 83% 的受访者表示他们对自动应用的推荐功能不满意。63% 的受访者对推荐标签感觉很不满意。受访者表示，对该功能主要的不满意点在于"一刀切"的方法、明显的智能推动、智能竞价大范围匹配和预算的增加。

广告投放极大地依赖于数据分析，是一项以技术为支撑的工作。商业智能在广告投放场景中的应用起到提高分析效率、优化投放方案的作用。例如，某食品企业有牛肉和鸡肉两个主推小食，企业对其做了一波广告投放，用同样的资源触达目标受众，结果牛肉小食的产品线转化率远低于鸡肉小食的产品线。在传统单一的转化衡量方式下，尽管是以转化为导向，但容易产生一刀切的优化方式。如果优化后效果仍不明显，企业会停掉牛肉线广告或者更换到效果好的鸡肉线广告进行投放。显然，企业只能简单地根据广告投放最终呈现的效果进行决策，却很难挖掘出广告投放效果差异背后的原因，既然牛肉线的效果不好，那么到底问题出在哪里？腾讯广告 RACE 曝光归因模型（以下简称 RACE 模型）则可以很好地帮助广告主了解到相关情况。利用 RACE 模型，结合后链路的人群数据后，企业有了"打开黑箱"般的发现：两个产品的人群重合度很低，只有 2%。问题很快便暴露出来——企业投放的这波广告并没有对牛肉和鸡肉产品的人群进行区分，而是统一覆盖了同一组人群。那么鸡肉产品的广告效果更好可能只是因为覆盖的这组人群刚好对鸡肉产品更感兴趣，但并不意味着牛肉产品的广告不够好，或者牛肉产品在市场中缺乏竞争力。那么该如何将牛肉产品的广告精准投放到对应人群呢？RACE 模型将后链路数据作为正样本，用之前高频触达牛肉广告但仍未转化的人群作为负样本，以机器学习的方式，不断优化人群的匹配，就有机会大幅度提升投放的效果。在这个案例中，优化后牛肉线的广告下单转化率对比历史同类投放增加了 43%，高消费人群的转化率更比历史同类投放增加了 52%。

三、场景三：智能客服服务

在互联网背景下，消费者对产品及服务提出了更高的要求。智能客服能够助力企业解决传统人工客服的痛点问题，助力企业数字化转型、实现智能化运营。从目前来看，智能客服正在不断渗透至多元应用场景，帮助企业拓宽业务边界，洞察用户诉求，通过智能引擎提供智能服务，实现营销服务一体化。从实践应用的角度来看，如图 1-3 所示，智能客服经历了从网页在线客服到软件运营服务（software as a service，SaaS）在线客服再到智能客服的演化过程。

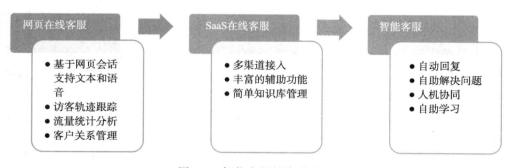

图 1-3　智能客服的演进过程

近年来，越来越多的企业启用了智能客服。一项关于企业采用智能客服的原因的调查显示，提升客户体验、提升品牌差异化、改善客服人员体验、降低成本及增加收入是企业采用智能客服的核心原因，同时，领先企业和非领先企业之间在采用智能客服的原因占比上存在一定的差异，详见图 1-4。

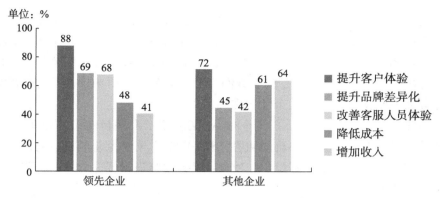

图 1-4　企业采用智能客服的原因

　　在不同的场景中，智能客服的功能侧重有所差异。例如，在售前场景，可以满足用户在应用、使用产品时遇到的问题咨询，以及满足购买会员下单前的信息咨询诉求。在销售场景中，可以满足用户对开发票等业务问题的咨询。在售后场景，可以解决会员投诉、要求退款等情形。售前和售中场景主要发生在用户和商家或平台之间，在售后场景中往往涉及客服座席、运营等方面问题，需要多方协同解决。比如，客户使用过程中遇到功能操作类的问题，需要客服协助指导；在办公场景中往往涉及 IT、人力资源、财务、法务等咨询，产品对销售顾问的答疑，以及销售顾问对商家的答疑等。以下就具体领域的应用场景中智能客服的核心功能和示例展开阐述。

　　在金融领域，智能客服会基于金融知识与专业词汇的完备知识图谱，通过对话问答系统对客户的问题进行高效解答，对敏感词汇进行实时预警，建立严格的客户信息审查与保护机制，提供低成本且稳定的语音外呼系统与智能搜索服务，提升客户满意度。例如，安信证券于 2016 年搭建的自研客服平台——"问问小安"互联网客服平台，是其迈出服务数字化转型的第一步。上线第一年，平台共受理逾 110 万次客户咨询，"问问小安"平台不仅平均响应时间仅为 0.8 秒，且智能客服准确率可达 90%以上，成为人工的重要辅助工具。同时，"问问小安"平台紧紧围绕降低操作复杂度及丰富服务内容两个方面拓展服务深度。一方面，平台支持超 130 项业务的咨询直达办理，得到业务办理方法回复的同时可一键直达办理页面；另一方面，公司开发了智能投资服务功能，可提供个股诊断、个股财务指标、盘面解读等 50 种智能投资服务卡片，为适合的客户提供简捷、易懂的专业咨询信息。

　　在教育领域，智能客服会基于课程咨询体系的知识库与交互问答功能，辅助人工回答用户咨询有关课程购买的问题。通过语音识别技术，智能客服系统可完成客户问题自动记录，并借助自动工单分配流程精准分发至不同业务部门进行后续对接工作。例如，新东方的培训学校从不同地域的 Web 官网到各分校的微信公众号每日都有大量的咨询，内容包含了从课程信息、报名收费到投诉、转班、退班等五花八门的问题。面对这样庞大复杂的业务，环信在线客服系统为 30 余所新东方培训学校提供了高效的智能机器人服务，降低人力成本的同时提升了客户的服务体验。首先，环信为智能客服机器人配置知识库，通过机器人回答高频出现的简单问题，在使用过程中仍然不断地优化知识库，依赖机器人的自学习能力将无答案的问题补充到知识库中，结合半人工审核和数据标注，逐步提高机器人的准确率。其次，环信将客户常见问题，如选课报名、校区地址、近期优惠等编成导航菜单，在客户咨询时作为欢迎语或相关答案推送给客户，能够起到很好的引导作用，提升自服务的体验。最后，智能客服机器人通过对接自有的其他后台系统，针对报名查询、课表查询、班级查询等复杂的多轮会话场景，经过访客意图识别和参数收集后，给出千人千面的个性化准确信息。

在电商领域，智能客服系统可 24 小时不间断服务，利用自然语言处理、知识图谱、语音合成等技术快速匹配答案并自动回答，不仅能减少人工重复的机械劳动，还能针对不同消费者建立用户画像及偏好设定，对商品服务内容进行智能分发，辅助客服人员进行精准营销。例如，企点客服是腾讯企点旗下的一款产品，其致力于为企业的客服/运营团队提供一站式服务营销一体化解决方案。企点客服从界面上分为面向企业管理员的账户中心后台网站，主要用于管理接待配置、员工监控及数据分析；以及主要面向一线客服的客户端（工作台），主要用于客户接待。企点客服机器人上线确保 7×24 全通路秒级响应，能解决 85% 的简单咨询，形成了智能高效的人机协作方式。此外，企点客服利用独一无二的微信 + QQ 双通路、双接待能力全渠道覆盖、全方位连接客户。同时腾讯企点后台动态会更新每一位潜在客户的跟进状态，让潜在客户的转化或流失都有迹可循，根据腾讯企点客户库储存的、丰富的客户信息和跟进状态，适时地针对不同客户执行最优的二次营销方案，不遗漏任何销售机会。

四、场景四：市场风险管理

金融领域由于行业性质的特殊，对市场风险管理环节更为敏感，其中存在着诸多挑战。金融风控领域对商业智能技术的应用需求更为显著。近年来，越来越多的金融机构与科技公司加强合作，借助科技的力量增强自身风控实力。

利用人工智能技术快速、自动化分析数据及数据挖掘工具，企业能够实现精细化管理和更加有效的风险控制，从而有效降低市场风险，具体表现在以下方面。①构建和训练机器学习模型，提供更加准确、快速的市场风险识别和监测服务，还可辅以自然语言处理技术，对欺诈信息进行识别和拦截并设置风险提示。②运用大数据技术，通过高频的数据分析，金融机构可以获取包括交易记录、价格、订单等在内的海量数据。使用智能算法可以实现快速解决市场波动问题，识别隐藏在这些数据背后的潜在风险因素，并进行实时分析和调整。③利用自然语言处理技术分析金融机构的报告、新闻文章及社交媒体等信息，及时掌握市场动态、识别市场预期情况和评估企业绩效等，帮助金融机构进行风险管理。④利用深度学习模型和大数据平台构建风险评价模型，通过整合多个来源的数据来预测借款人的信用状况，从而提高金融机构贷款决策的准确性和效率。⑤借助生物识别技术事先识别客户身份，降低盗刷风险，借助知识图谱汇聚不同类型的数据，整合分析复杂业务关系中的潜在风险。

如 2017 年，中信证券专门成立人工智能团队，致力于打造集成人工智能应用研发、部署、运行于一体的云平台，以期借助智能云平台，打造行业领先的人工智能金融科技产品。目前，中信证券的智能云平台已经在智能投资、智能投顾、智能算法交易、智能客服、智能舆情、智能风控等领域发挥作用。具体来看，在智能客服方面，中信证券的智能外呼系统实现了拟人化的机器人外呼功能，可大幅度降低人工座席的回访、外呼工作量。根据中信证券 2019 年的数据分析结果，智能外呼系统的应用降低了约 76% 的人工外呼工作量。就智能外呼机器人的使用顺畅度方面，智能外呼机器人在服务过程中采用云平台图形处理器服务资源，可确保个性化语音合成声音效果的准确性和与固定播报话术的连贯性，经实际上线验证，合成效果几乎没有机器人的痕迹。

第四节　商业智能助力企业获取竞争优势的经典案例

　　本章阐释了商业智能的相关概念及发展商业智能的意义，回顾了商业智能的发展历程并展望未来的发展趋势，然后介绍了商业智能的企业一些应用场景与实例，最后提供了商业智能助力企业竞争优势的案例。

　　1. 商业智能的定义是什么？
　　2. 数据、信息和知识三者有什么联系和区别？
　　3. 商业智能的发展趋势是什么？
　　4. 请列举两个商业智能的应用场景实例。

自学自测　　扫描此码

第二章

数字营销概述

随着互联网技术的广泛普及、数字经济的快速发展，人们的生活方式、企业的经营方式等发生了巨大的变化。例如，在互联网和计算机技术广泛普及的背景下，消费者开始从线下购物转为在线购物，充分依赖社交媒体进行信息获取和沟通交流。如今随着移动设备的普及，我们在线的时间越来越长，你有没有发现，在刷朋友圈的时候，经常会收到感兴趣的产品广告。这是因为随着技术发展和消费者消费方式的变化，企业深刻变革营销手段，开始利用移动互联网技术、大数据分析等技术，获取大量有关消费者偏好、行为和兴趣的数据，进行精确的目标市场分析，并提供个性化的营销内容和推荐，从而增强与消费者的互动、提升营销效率。以上这些功能的实现，都得益于企业强大的数字化营销能力。那么，究竟什么是数字营销，数字营销经历了怎样的发展历程，这是本章所要阐述的核心内容。

学习目标：①了解数字营销的发展背景；②充分理解数字营销的定义、掌握数字营销的特征和主要形式；③掌握实现数字营销的技术有哪些；④能够清晰地回顾数字营销的发展历程；⑤能够从数字营销相关理论视角对经典案例进行解读。

第一节　数字营销背景介绍

20世纪90年代至21世纪初，计算机逐渐普及、性能大幅提升，互联网开始兴起、发展，并逐渐成为全球范围内信息传输和交流的主要平台。依托计算机和互联网技术，消费者可以更加便利地接入网络，通过电子邮件、在线聊天工具、网站等方式进行在线沟通交流和获取信息。随着计算机和互联网技术的发展，一些早期的在线商店也开始出现，如1994年成立的亚马逊和易贝等平台为消费者提供了在线购物和拍卖服务。此后，越来越多的消费者转向线上消费，电子商务平台不断兴起。电子商务打破了地域限制，使得商家可以轻松进入全球市场，消费者可以从世界各地购买商品。这个时期，互联网的使用率和用户数量迅速增长，根据国际电信联盟（ITU）的数据显示，全球互联网用户数量在1990年约为300万人，但到了1999年，全球互联网用户数量就已经突破了5亿人。庞大的互联网用户规模创造了一个巨大的在线市场，吸引企业将传统营销活动转移到数字平台上，开始部署线上销售渠道，使用电子邮件、网站、在线社交媒体等工具进行广告宣传和市场营销。

21世纪初，随着搜索引擎的普及，用户越来越依赖搜索引擎功能，如脸书、推特、照片墙等社交媒体平台的迅速崛起改变了人们的社交行为和信息传播方式，消费者越来越依赖线上多种渠道来获取信息。如今，在线渠道已经成了消费者决策的重要信息来源。市场营销顾问公司 Kapios 和全球性创意广告公司 We Are Social 共同发布的《2023 年度中国数字化研究报告》显示，61.9%的受访者表示每周都会进行网上购物或进行线上服务消费；41.9%的中国互联网用户在做出购买决策之前都会上网搜索产品、服务和品牌的相关信息，使用小红书、微博、问答类社交媒体；当被问到通过什么渠道了解特定的产品、服务和品牌时，中国消费者最倾向的渠道是亲朋好友推荐（23.3%）、搜索引擎（22.6%）、消费评论（22.4%）。

在此情境下，企业开始将注意力转向社交媒体平台，利用其庞大的用户基础来进行品牌推广和用户互动。企业也开始优化自己的网站以提高在搜索引擎结果页上的排名，并使用付费广告在搜索引擎上进行推广，通过移动应用、短信营销、移动网站等移动营销方式与用户进行互动。在大数据技术的支持下，企业可以收集、分析和利用海量的用户数据，更精确地了解用户需求和行为，选择合适的数字渠道开展个性化的营销活动。近几年，随着人工智能技术的飞速发展，企业又开始利用机器学习、自然语言处理和自动化工具来提高营销的效率和效果，如聊天机器人、个性化推荐和自动化广告投放。此外，虚拟现实和增强现实技术在企业营销中的应用逐渐增多。通过利用 VR 和 AR 技术，品牌可以提供沉浸式的体验，吸引用户参与并增强品牌印象。

随着技术的更迭和用户行为的变化，数字营销已经成了企业最主要的营销方式。据《2023 年度中国数字化研究报告》，中国品牌的线上线下广告支出约为 1961 亿美元，数字广告支出比例更大，占 81.8%，并且数字广告预算增速更快。得益于移动互联网的普及，如今全球互联网在线用户规模庞大，企业已经越来越离不开利用搜索引擎营销、社会化媒体营销、视频营销等数字化手段与客户建立联系。

第二节　数字营销的相关基础知识

一、数字营销的定义

数字营销这一概念最早可追溯到 20 世纪 90 年代，指的是企业借助数字化手段进行广告宣传和推广。数字营销的发展与互联网的商业化应用息息相关，随着互联网的普及与数字技术的不断完善，数字营销被应用到电商购物、社群运营等诸多领域，其内涵和外延都相应地发生着变化，国内外学者及相关组织对数字营销的定义也有着较为丰富的解读。当前关于数字营销的主流定义如下。

2007 年，美国市场营销协会（American Marketing Association，AMA）将数字营销定义为：由数字技术推动的，能够为消费者和其他利益相关者创造、传播、交付价值的活动、机制和过程。[①]Kannan 和 Li（2017）结合过往关于数字营销的相关研究，进一步丰富了数字营销的内涵，将数字营销界定为企业的一个自适应、技术驱动的过程，通过

---

① https://www.ama.org/AboutAMA/Pages/Definition-of-Marketing.aspx.

该过程，企业与顾客和合作伙伴共同创造、沟通、传递和维持所有利益相关者的价值，[①] 在这一定义中，作者强调数字营销的动态变化特征。梳理以往学者给出的定义可知，早期数字营销更多指的是营销渠道的在线化，而现在则强调的是，利用数字技术对市场进行持续的调查与研究，建立并不断优化顾客关系，进而持续提升企业绩效这一综合性动态性过程。菲利普·科特勒等人（2018）曾指出，数字化营销方式将引领营销领域走向一个新的时代，它以数字媒体为核心、计算机为工具、互联网为媒介，将营销信息呈现到消费者的面前。[②]

在 2012 年以后，中国互联网进入快速发展期，数字营销市场迅速扩展，国内学者对数字营销展开了深入的研究。姚曦和秦雪冰（2013）认为，数字营销是以数字化技术为基础，通过数字化手段调动企业资源进行营销活动以实现企业产品和服务的价值过程。[③]简而言之，将其视为使用数字传播渠道来推广产品和服务的营销活动。施德俊（2019）认为数字营销是以数字化技术为手段，以系统化分析为方法，以建立有效连接为指向，以创造和留住顾客为目标的商业管理模式，是一个发现、创造、激发和满足顾客需求的统一过程。[④]

综合以上定义可知，数字营销是由数字化技术驱动的营销，且强调为企业、消费者及相关利益方创造价值。数字营销的含义具有较强的包容性、适应性、可拓展性，随着数字技术的迭代更新，数字营销的涵盖范围也将进一步扩大。

二、数字营销的特征

（一）互动性强

依托数字化工具强大的互动功能，企业在开展数字营销的过程中，可与消费者建立起鲜明的实时、双向的沟通互动。具体表现在以下方面。其一，借助数字工具，如即时消息、语音通话等功能，可以实现企业与消费者的实时沟通互动。例如，在淘宝电商平台，在线客服通过聊天功能就可即时回应用户的需求，用户也可以随时打开聊天框向商家寻求帮助或提出意见和建议。在抖音直播间，观众也可借助聊天功能或连麦功能，即时与主播进行文字交流或语音互动。其二，借助数字工具提供的反馈机制，如评论、点赞、评分等，消费者可以对企业发布的内容或产品给予即时反馈，同时也可以看见其他人的意见和建议并做出回应。例如，全球范围内最受欢迎的共享住宿平台之一爱彼迎（Airbnb），房东可以在爱彼迎提供的平台渠道和移动应用上发布房源，消费者则可以对房源质量、房东服务态度等进行评论和评级。此外，消费者还可在平台渠道和移动应用上分享旅行经历，为其他用户的旅行及预订决策提供有效参考。其三，数字工具可以收集和分析大量的数据，如网站流量、用户行为、市场趋势等。通过对数据的收集和分

① Kannan, P. K., & Li, H. A. Digital marketing: A framework, review and research agenda[J]. International Journal of Research in Marketing, 2017, 34(1): 22–45.

② 菲利普·科特勒，何麻温·卡塔加雅，伊万·塞蒂亚万著. 营销革命 4.0：从传统到数字[M]. 王赛译. 北京：机械工业出版社，2018.

③ 姚曦，秦雪冰. 技术与生存：数字营销的本质[J]. 新闻大学，2013（6）：33，58–63.

④ 施德俊. 数字营销短视症[J]. 清华管理评论，2017（3）：91–95.

析，企业可以更及时准确地了解用户的需求和偏好变化，并根据数据分析反馈调整营销策略和产品优化，以实现更好的互动效果。

（二）服务个性化

依托数字化技术实现数字营销，企业可以更好地确定产品定位，为消费者提供个性化服务。具体而言，企业借助数据分析技术，可收集、处理和分析消费者的相关数据，掌握消费者的消费特征和购买习惯，据此构建精确的用户画像，快速了解用户的核心需求，从而结合企业资源，制定合理的营销策略，为消费者提供个性化服务。

2017 年，蒙牛凭借其"甜小嗨"牛奶包装设计斩获全球食品领域设计大奖。这款包装设计的成功案例，很好地体现了企业在数字营销过程中，利用数据分析技术实现了服务个性化这一典型特征。依托大数据技术分析，蒙牛为 18~29 岁的女性群体量身打造了一款"互联网牛奶"。考虑到这一消费群体对互联网有明显的偏好，追求独立自由，乐于尝试新事物，普遍喜爱"萌"包装和个性的情感传递，"甜小嗨"在包装创意方面特意采用了马卡龙甜蜜配色的萌系包装，并在包装盒上添加笑脸图案，展现喝甜牛奶后愉悦的心情，满足了目标消费者对"萌"元素的喜好和个性化情感传递的需求。同时，在推广策略上，蒙牛针对目标消费群体的特征，选择充满乐观、自嗨和自嘲色彩的创意风格，并推出自主 IP 甜小嗨解忧事务所，与消费者进行更多渠道、更深层次的交流，提出"消化你的小情绪"这一口号，将产品特点与消费洞察完美结合在一起。蒙牛根据大数据调研，依托大数据分析技术，基于互联网活跃人群的特性及清晰的消费者画像，打造出这款年轻女性专属的互联网产品，实现了精准的产品定位和创新产品定制。

（三）集成性高

数字营销包含多种形式和渠道，具有较高的集成性，有助于企业整合多种数字渠道实现多点触达用户，同时可以完成多渠道的数据整合及跨渠道互动，从而实现全方位、个性化营销，与用户建立更紧密的联系。具体表现为以下几点。

第一，多点触达用户。消费者的决策习惯各不相同，有的习惯通过官网获取信息，有的喜欢参考社交平台上其他消费者的意见，数字营销可将网站、社交媒体、电子邮件等不同的数字化渠道加以整合，以面向不同的目标受众群体，实现信息传递的一致性及传播的有效性。瑞幸咖啡便是一个成功运用多渠道宣传的典范。瑞幸开发了自己的移动应用程序，通过应用内广告和个性化推送来提高用户参与度；并通过在微博、小红书等社交媒体平台发布各种有趣、引人注目的内容来吸引用户关注和互动；还会通过短信、微信公众号向用户发送特别优惠和个性化推荐，多点触达消费者。

第二，多渠道数据整合。企业可以整合各个渠道的用户行为数据、广告效果数据等，进行综合分析，了解用户需求和行为模式，从而优化广告投放策略和定向推广。例如，全球知名的电子商务公司亚马逊，在官方网站、移动应用程序及社交媒体等多个渠道上开展数字营销，向用户展示符合其兴趣和需求的产品和服务。并收集用户在这多个渠道上的搜索、点击、购买、评论和评级等行为数据，使用大数据分析技术来处理海量的用户数据，从而产生关于消费者需求和偏好的洞察，挖掘潜在的消费者趋势。

第三，跨渠道互动。在数字营销下，企业打通线上线下各渠道，跨越不同的渠道与消费者进行互动，吸引消费者参与。例如，瑞幸经常组织线下推广活动，如新店开业庆典、免费咖啡赠送和品鉴会，现场引导消费者下载软件和注册账户，进一步引导用户参与和转化。再比如，沃尔玛力拓"在线购物+线下取货"模式，充分实现了线上线下联动，帮助店铺将线上的流量转化成线下流量，增加了门店的客流，节约了配送成本。

三、数字营销的主要形式

数字营销有着丰富的形式，从普通的互联网展示广告到借助搜索引擎关键词竞价排名所产生的搜索引擎营销，从图片广告到视频营销，以及伴随着在线媒体的蓬勃发展所诞生的社会化媒体营销。数字技术的更新迭代，推动着数字营销形式的不断升级，接下来将进一步介绍当前较为主流的数字营销形式。

（一）搜索引擎营销

搜索引擎营销（search engine marketing，SEM）也被称为关键词营销或点击付费广告，指的是企业通过优化网页质量提升自然排名、推出付费搜索广告等形式来提升企业网站在搜索引擎结果页面中的凸显性的营销手段，其目的是吸引目标受众访问企业网站（Telang，2004）。[①]

网页搜索结果主要可分为两种类型，一种是自然排序的自然搜索结果，另一种是付费搜索结果（图 2-1）。自然搜索结果表现为网页的自然排名，是企业通过对网站的标题、

图 2-1　网页搜索的两种结果

---

① 李凯，邓智文，严建援. 搜索引擎营销研究综述及展望[J]. 外国经济与管理，2014，36（10）：13–21.

结构、内容等要素进行合理的布局设计的方式来提升；付费搜索结果是企业借助点击付费广告，通过购买相关关键词来提升自身排名。

搜索引擎营销的特征表现为以下几个方面。①用户主导性。搜索引擎营销是基于用户主动搜索行为展开的，用户通过自主选择关键词来寻找相关信息，使用什么搜索引擎、检索什么信息、从搜索结果中点击哪些网页都基于用户的自主判断，因此，企业可以针对用户输入的关键词所体现的核心需求，进行针对性的推广和广告投放，提高广告的有效性。②高关联性。搜索引擎营销体现了用户搜索行为及其真实意图的高度关联。用户在搜索引擎中输入特定关键词时，往往已经具有明确的需求和意图。品牌可以通过在搜索结果页上显示相关广告，以及优化网站内容和标签等方式，使得品牌信息与用户需求高度匹配，提供有价值的解决方案。③灵活性与市场适应性。在传统的营销方式中，投放出去的广告内容很难更改，而搜索引擎营销允许企业根据市场变化、用户兴趣和搜索习惯等因素实时调整广告的关键词和内容，以便更好地适应市场需求，或快速调整广告策略，以应对竞争对手的变化或其他突发事件，这种灵活性和市场适应性有助于企业在不断变化的市场环境中保持竞争优势。

（二）短视频营销

2018 年以来，我国短视频平台发展势头迅猛，短视频用户迅速增长。《中国网络视听发展研究报告（2023）》显示，2018—2022 年，五年间，短视频用户规模从 6.48 亿人增长至 10.12 亿人，截至 2022 年年底，我国短视频用户规模占网民总量的 94.8%。与此同时，移动设备、宽带网络等技术不断发展完善，各类视频处理软件及技术不断进步，短视频营销快速兴起。

作为一种新兴的营销方式，短视频营销在学术界尚未形成统一清晰的概念界定。结合过往相关研究，可将短视频营销理解为一种利用短视频平台（如抖音、快手、YouTube 等）发布、共享和传播短时长的视频内容，以实现推广产品、品牌和服务等目的的营销方式。短视频营销通过将品牌信息、产品特点或营销信息自然地融入视频内容中，以吸引观众的注意力，起到促进广大受众群体积极参与互动及社交分享的效果。短视频营销凭借其简洁明了、快速传播的优点有助于迅速扩大品牌曝光度，增强品牌影响力，最终提高产品销量。

短视频营销的特征表现为以下几点。①能有效抓住人们的碎片化时间。在当前的社会环境中，生活节奏不断加快，人们往往需要在空闲时间或短暂间隙中处理一些琐碎的事务，如回复邮件、查看社交媒体更新等。相比于需要花费较长时间观看的长视频或大篇幅文章，短视频的时长通常在几秒到几分钟之间，通过简洁明了的叙述方式和重点突出的内容来传递信息，更能够让观众在短时间内理解品牌的核心价值和关键信息。②较低的营销成本。相比于传统的海报、电视广告等宣传方式，短视频营销的准入门槛较低，制作成本低。企业制作电视广告，需要配备专业的制片团队和演员、高质量的拍摄仪器及合适的场地等，常常需要投入大量的制作成本，且一条电视广告的投放费用通常是以百万为单位来计算。而一条高质量的短视频创作仅需一个小团队甚至个人就可以完成，短视频的拍摄和剪辑有时通过一部手机就可以完成，剪辑完成的广告可以通过公司运营的账号发布，推广费用远低于电视广告投放。③强化感官效果，激发情感共鸣。短视频可以同时激活受众的视觉和听觉，通过生动有趣的画面、音乐、剪辑和特效等元素吸引受众的注意力，给受众留下更鲜明、生动的记忆。此外，画面和音频的情感融合，能够更深层次地触动受众的情绪，引发共鸣和情感连接。

世界知名的体育用品品牌耐克所创作的"Just Do It"30周年广告：Dream Crazy 荣获广告界的奥斯卡——2019 年戛纳国际创意节获奖案例。这则 2 分钟的短视频广告以激励人们追求梦想和突破自我为主题。在内容制作过程中，运用了高超的剪辑技巧，通过快速切换镜头和动态画面来营造紧张刺激的氛围，配以激励人心的背景音乐和振奋人心的旁白，陆陆续续闪现在困难和逆境中不屈不挠的运动员画面，引发了观众强烈的情感共鸣。Dream Crazy 一经播出便收获了极佳的营销效果，据报道，凭借这条超燃短片，耐克销售额提高了 31%。

（三）社会化媒体营销

社会化媒体营销是指运用社会化媒体，如博客、微博、社交工具、社会化书签、共享论坛等，来提升企业、品牌、产品、个人或组织的知名度、认可度，以达到直接或间接的营销目的[①]。日趋成熟的数字技术促使企业和消费者之间及消费者和消费者之间可以便利地通过各种渠道进行深入且多方位的交流与互动，这为企业进行社会化媒体营销奠定了基础。社会化媒体营销的优势突出表现为以下两点。

第一，有效激活品牌口碑，节省营销费用。从该媒介的受众特征来看，社交媒体这一媒介中有着一大批具有较高分享欲、高互动性的活跃用户。鉴于社交媒体庞大的用户基础，企业可以将其作为品牌和产品宣传的有效渠道，通过与用户充分互动，产生强大的在线口碑效应，从而实现品牌和产品影响力更广泛的传播。而且，社交媒体营销还可以为企业提供公域流量，即非付费流量，来助推品牌宣传。通过构建有趣、引人入胜的内容，企业可以吸引用户主动参与、分享和传播，甚至激起用户创作和分享自己的内容的欲望。这种用户生成内容（UGC）形式不仅能够增加品牌曝光，塑造真实、动态的品牌形象，还可极大节省企业的营销成本。

第二，精准受众细分，提高信息匹配。社交媒体平台能为企业提供海量的数据信息，包括地域、年龄、性别、兴趣等多方面用户信息。这些信息使得企业在开展网络营销时能相对容易地对目标受众进行筛选和细分；同时，社交媒体平台还能提供帖子的点击率、转化率和受众反馈等互动数据。根据这些数据企业可以实时监测用户行为和反馈，不断优化和调整营销策略。如企业在微博平台开展活动，可以借助数字技术实时跟踪和记录用户对企业开展各种活动时的反应，了解用户的想法和潜在的消费偏好，并及时回应用户的反馈，对活动的传播效果进行直观和准确的评估监测，进而根据分析结果不断调整和优化营销策略。

---

① Gunelius S. 30-minute social media marketing: Step-by-step techniques to spread the word about your business[M]. New York: McGraw Hill, 2011: 3.

第三节　数字营销的实现技术

一、营销技术的发展与变迁

技术的发展为营销行业带来了全新的机遇和挑战。HubSpo 平台生态系统副总裁 Scott Brinker 将营销、技术与管理联系在一起，提出营销技术的概念，即指现代营销领域所运用的技术手段，包括各种数字、社交、移动、搜索等各类工具和平台，帮助企业实现营销目标，提升营销绩效。

根据当时最主流的营销技术的类型，可以将营销技术的发展分为三个阶段。第一阶段是传统媒体技术时代。该阶段的特点是借助报刊、电视、电话等传统媒体技术协助营销。第二阶段是计算机技术时代，计算机技术即用计算机快速、准确的计算能力、逻辑判断能力和人工模拟能力，对系统进行定量计算和分析，为解决复杂系统问题提供手段和工具。该阶段的特点是计算机技术与营销行业结合，计算机技术被视作营销的一个重要工具，帮助企业实现营销自动化和客户关系管理。第三阶段是数字技术时代。数字技术是指利用现代计算机技术，把各种信息资源的传统形式转换成计算机能够识别的二进制编码数字的技术。该阶段的特点是数字技术主导营销，企业的营销实践以"技术+数据"为主要驱动力，在这个阶段，自动化和智能化替代了营销人员的传统手工和信息化操作方式，如图 2-2 所示。

图 2-2　营销技术发展示意图

（一）传统媒体技术时代

传统媒体是一类传播信息的媒介，是通过某种途径定期向社会公众发布信息的媒体，如报刊、广播、电视等传统意义上的媒体，是历史上人们获取信息的主要途径。在传统媒体技术时代，营销人员借助报纸、杂志、电视、广播和户外广告等技术途径和方法，将营销信息推送给广大受众。受众是传播内容的被动接收者，只能选择接受与不接受，缺乏对信息的评价和反馈。

在这一阶段，企业主流的营销技术经历了从纸制品到无线电再到电视等传统媒体的过程。在电波媒体出现之前，广告营销技术主要依靠的是印刷术和造纸术。而后无线电和电视技术投入使用使得信息传播的范围大大延伸，这些技术也协助企业创新了向消费者推销商品的形式。1920 年，美国匹兹堡西屋公司建立了历史上第一座广播电台——KDKA 电台，同年 9 月 29 日，第一个广播广告经 KDKA 电台播出，用于推销收音机。

20 世纪 40 年代，电视广告登上历史舞台，并以声像结合、完整表现产品特性的优势迅速超越其他媒介，成为营销行业持续半个多世纪的"媒介霸主"。以上利用诸多媒体向消费者推销产品的做法，被称作推式营销，即专注于将产品"推"给特定受众的营销策略，与之相对的就是"拉式营销"，但这两种营销方式都离不开传统媒体音像技术的协助。

（二）计算机技术时代

计算机技术是指用计算机快速、准确的计算能力、逻辑判断能力和人工模拟能力，对系统进行定量计算和分析，为解决复杂系统问题提供手段和工具。在计算机技术时代，企业可以在互联网上发布产品信息，在互联网平台中直接与客户保持联系，节省了广告费用和促销费用。在计算机的支持下，互联网营销平台可以设置带有图像、视频、音频、文本和其他文件的产品信息，丰富产品的观看角度。

20 世纪六七十年代，计算机和互联网相继出现，拓展了营销与技术结合的范围。20 世纪 70 年代，计算机已从 ENIAC（世界上第一台计算机）发展到了第四代大规模集成电路计算机，促进了销售系统自动化和客户数据文档的数字化；同时诞生的数据库软件，可用于创建客户数据库和管理数据。20 世纪 80 年代，罗伯特和凯特·凯斯特鲍姆开创了数据库营销，其使用统计建模，收集和分析客户信息，营销人员再根据这些数据制定对其他潜在客户的传播策略，以获得更高的转化率。1987 年，销售人员开始广泛使用客户关系管理（customer relationship management，CRM）软件。自导体软件推出第一款客户关系管理软件 ACT 之后，越来越多不同类型的 CRM 软件诞生，医疗、消费品等行业纷纷开始使用 CRM 软件以提供更好的客户服务。1999 年，Siebel 推出了第一款移动 CRM 产品 Siebel Sales Handheld，随后，PeopleSoft、SAP 和甲骨文公司也推出了移动版本。同年，云 CRM 问世，Salesforce 推出了首个 SaaS CRM 产品。2006—2010 年，基于云的 CRM 产品变得流行。2006 年，Sugar CRM 公司开创了开源企业系统，与内部部署应用程序的成本相比，此款软件所需的费用更低，公司可以以更少的成本使用 CRM 软件。Sugar CRM 公司后来推出了基于云的开源企业系统，该版本的开源企业系统已成为 CRM 行业的标准功能。总体而言，计算机技术与营销的结合推动了营销自动化，强化了客户关系管理，使得营销管理逐步量化和科学化。

（三）数字技术时代

数字技术是一个技术体系，主要包括元宇宙、云计算、物联网、区块链、人工智能、AR、VR 等技术。营销人员通过上述技术手段解决企业的营销问题，对内通过技术管理企业内部的营销资源，如数据库、产品、定价、分销渠道等方式，对外则通过技术手段影响客户的购买决策和供应商等利益相关方的行为。营销人员对数字工具的管理和使用，即让人工智能自动执行任务、制定决策、管理销售线索，以及完成联系客户、渠道分析和归因等工作，促进了营销自动化与品牌营销的数字化转型。

1956 年，达特茅斯会议提出人工智能概念，随着其算法的发展逐渐被应用于营销领域；1990 年，施乐公司推出网络可乐售卖机，成为物联网最早的实践；2008 年，中本聪发表比特币白皮书，第一个区块链应用诞生，人们进入加密货币时代；2006—2009年，云计算的三种主要服务形式：基础设施即服务（IaaS），平台即服务（PaaS）和软件即服务（SaaS）全部出现，几乎满足了企业营销的全部 IT 需求。各技术发展至今，它们塑造的崭新消费场景已为品牌营销开启了全新的表达领域：百事正式上线了首个元宇宙沉浸式数字体验空间；和平精英携手李宁共同打造中国李宁首场游戏虚拟新品大赏；天猫品牌年度会员日联合 3CE 推出春日 AI 花神妆会员专属活动。2023 年 4 月，国内旅游出行服务平台飞猪以"这个五一玩什么"为主题在上海、杭州两大城市地铁投放了一组由 AI 技术创作的风格各异的平面广告，借助 AI 生成这一当下热门话题的势能，以及在城市地铁这一流量高地的助推下，飞猪 AI 海报引发了大众关注，成功实现了其营销目标。

营销环境的演进不断催生着品牌年轻化、数字化表达手段的更迭，依托于元宇宙技术的数字虚拟体验场景为品牌营销创造了更大的发挥空间；AI 技术的飞速发展，也为品牌营销的数字化转型带来了机遇和挑战。伴随着元宇宙体验和人工智能生成内容（AI-generated content，AIGC）广告的持续探索，数字技术将进一步颠覆我们的认知，构建品牌营销新格局。

二、数字营销的实现技术

数字营销的实现技术是数字营销发展的重要工具。企业利用各种数字营销技术手段，可以打通企业的营销触点，通过实时的数据分析形成营销闭环，解决了企业"获客—培育—转化—销售达成—二次传播—品牌推广"整个生命周期中相关工作流程实施层面的问题，大幅度提升各项转化率。

常见的数据营销实现技术有：用户画像、程序化广告、云计算及人工智能等。用户画像技术为品牌精准快速地分析用户行为习惯、消费习惯，为其制订精准营销计划提供坚实的数据和信息基础；程序化广告改变了传统广告模式，优化了效率低下的传统网络广告模式，为营销提供了更高效的广告方式；云计算技术解放了更多的人力、物力，也让营销变得更加精准；人工智能让我们看到了智能机器的重要性，极大地提升了运作效率。这些技术改变了数字营销的场景、思维、模式等，促进了数字营销的发展。由于实现数字营销的技术涵盖范围广泛，因此将在本节中简单介绍用户画像技术、程序化广告、云计算与人工智能四类技术。

（一）用户画像

1. 用户画像的内涵

用户标签是个性化推荐、计算广告、金融征信等众多大数据业务应用的基础，也是原始的用户行为数据和大数据应用之间的桥梁，用户标签的构建方法就是用户画像技术。现代交互设计之父 Alan Cooper 认为，画像是真实用户的虚拟代表，是建立在一系列真实数据之上的目标用户模型，用于产品需求挖掘与交互设计。在早期，通过调研和问卷调查的方式去了解用户，根据他们的目标、行为和观点的差异，将他们分为不同的类型，然后从每种类型中抽取出典型特征，赋予名字、照片、人口统计学要素、场景等描述，这就是所谓的画像。随着时代的发展，用户画像早已不再局限于早期的这些维度，但用户画像的核心依然是真实用户的虚拟化表达。用户画像的核心工作就是给用户打标签，标签通常是人为规定的高度精练的特征标识，如年龄、性别、地域、兴趣等。通过这些标签集合，能抽象出一个用户的信息全貌。

在大数据时代，用户画像尤其重要，它是计算广告、个性化推荐、智能营销等大数据技术的基础。通过给用户的习惯、行为、属性贴上一系列标签，描绘出一个用户的全貌，能够为广告推荐、内容分发、活动营销等诸多互联网业务提供指引。如在互联网环境下，用户与企业间的在线互动和用户的购买行为等诸多行为构成了用户行为日志，但我们难以直接从日志中获取辅助决策的有用信息，而将用户的行为数据标签化以后，我们对用户就有了一个直观的认识，如图 2-3 所示，同时计算机也能够理解用户行为。生成用户画像后的信息能够用于个性化推荐、个性化搜索、广告精准投放和智能营销等领域。有助于企业构建一套分析平台，如产品定位、竞品分析、营收分析等，为产品的方向与决策提供数据支持和事实依据。在产品的运营和优化中，根据用户画像能够深入用户需求，从而设计出更适合用户的产品，提升用户体验。因此，可以说用户画像是大数据业务和技术的基石。

| 用户画像前 | 行为日志 | | 网络日志 | | 服务日志 |

用户ID	年龄	性别	教育程度	兴趣
2124214	27	男	高中	{汽车：0.1，体育：0.3}
2235325	35	女	博士	{科技：0.2，电影：0.7}

图 2-3　用户标签化

比如，小红书根据用户在 App 上分享的不同内容，将用户分类为白领群体（他们来小红书阅读新鲜有趣的购物分享，探索学习高品质的生活方式）、文艺群体（他们来小红书分享精致物品、文艺照片、美食等）、内容创作群体（他们追求高品质生活，在社区中分享自己的生活来获取他人的关注和赞赏）、海外代购群体（他们通过社区分享来增加自己的人气，从而为代购商品引流）。不难看出，用户画像技术通过对用户的分析，猜测用户的真实需求和潜在需求，精细化地定位人群特征，挖掘潜在的用户群体，使媒体网站、广告主、企业及广告公司充分认知用户群体的差异化特征，极大地促进了企业进行个性化推荐和精准营销。

2. 用户画像的用户标签

目前主流的标签体系都是层次化的，即首先将标签分为几个大类，每个大类再进行逐层细分。在构建标签时，只需要构建最下层的标签，就能够映射出上面两级标签。上层标签都是抽象的标签集合，一般没有实用意义，只有统计意义。就营销领域来看，可以构建如图 2-4 所示的用户标签体系。

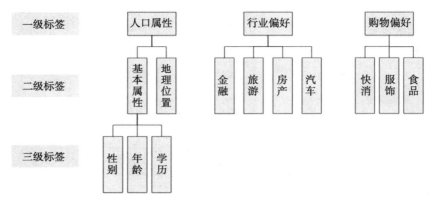

图 2-4　营销领域常用标签体系

用于广告投放和精准营销的一般是底层标签，对于底层标签有两个要求：一个是每个标签只能表示一种含义，避免标签之间的重复和冲突，便于计算机处理；另一个是标签必须有一定的语义，方便相关人员理解每个标签的含义。另外，标签的粒度也是有要求的，标签粒度太粗会没有区分度，粒度过细会导致标签体系太过复杂而不具有通用性。常用的底层标签如表 2-1 所示。

表 2-1　常用的用户底层标签

标签大类	底　层　标　签
人口标签	性别、年龄、地域、教育水平、出生日期、职业、星座
兴趣特征	兴趣爱好、使用 App/网站、浏览/收藏内容、互动内容、品牌偏好、产品偏好
社会特征	婚姻状况、家庭情况、社交/信息渠道偏好
消费特征	收入状况、购买力水平、已购商品、购买渠道偏好、最后购买时间、购买频次

如图 2-5 所示，根据标签的抽象程度，以及用户原始数据抽象程度的高低，可以将标签等级划分为：事实标签、模型标签和高级标签或预测标签。其中事实标签指的是直接从原始数据中提取，如性别、年龄、住址、上网时段等；模型标签需要建立模型进行计算，如美妆总体偏好度；高级标签或预测标签是通过预测算法挖掘出来的标签，如试用了某产品后是否想买正品，即购买意愿或购买潜质等。

3. 用户画像的流程与底层技术

构建用户画像一般可以分为基础数据收集、行为建模、构建画像三个步骤（图 2-6）。

第一步，基础数据收集。用户数据分为静态信息数据和动态信息数据。对于一般公司而言，更多是根据系统自身的需求和用户的需要收集相关的数据。数据收集主要包括用户行为数据、用户偏好数据、用户交易数据。以某跨境电商平台为例，收集用户行为数据包括活跃人数、页面浏览量（page view，PV）、访问时长、浏览路径等；收集用户偏好数据包括登录方式、浏览内容、评论内容、互动内容、品牌偏好等；收集用户交易数据包括客单价、回头率、流失率、转化率和促活率等。收集这些指标性的数据，方便企业对用户进行有针对性、目的性的运营。我们可对收集的数据作分析，使用户信息形成标签，搭建用户账户体系，建立数据仓库，实现平台数据共享或打通用户数据。

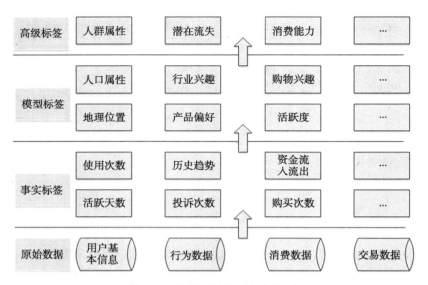

图 2-5　营销领域常用标签体系

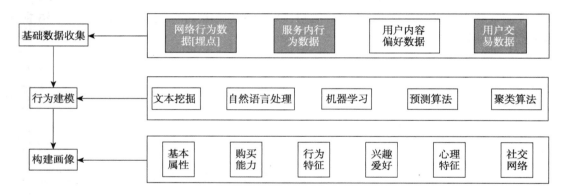

图 2-6　用户画像流程

第二步，行为建模。行为建模就是根据用户行为数据进行建模。企业通过对用户行为数据进行分析和计算，为用户打上标签，可得到用户画像的标签建模，即搭建用户画像标签体系。标签建模主要是企业基于原始数据进行统计、分析和预测，从而得到事实标签、模型标签与预测标签的过程。标签建模的方法来源于阿里巴巴用户画像体系，广泛应用于搜索引擎、推荐引擎、广告投放和智能营销等各种应用领域。以今日头条的文章推荐机制为例，通过机器分析提取用户的关键词，按关键词贴上标签，给文章打上标签，给受众打上标签。接着内容投递冷启动，通过智能算法推荐，将内容标签跟用户标签相匹配，把文章推送给对应的人，实现内容的精准分发。

第三步，构建画像。用户画像包含的内容并不完全固定，不同企业对于用户画像有着不同的理解和需求，主要包括基本属性、购买能力、行为特征、兴趣爱好等内容。用户画像的核心是为用户打标签，即将用户的每个具体信息抽象成标签，利用这些标签将用户形象具体化，从而为用户提供有针对性的服务。用户画像作为一种勾画目标用户、联系用户诉求与设计方向的有效工具，被广泛应用于精准营销、用户分析、数据挖掘、数据分析等方面。

用户画像构建中用到的技术有数据 ETL、机器学习和自然语言处理技术等（图 2-7）。

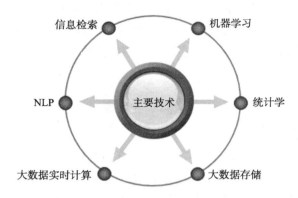

图 2-7　用户画像的构建技术

数据 ETL（extract-transform-load，ETL）技术，即数据清洗，将各上游系统的结构化、半结构化、非结构化数据，采集、清洗、转化为结构化数据。ETL 描述的是将数据从来源端经过抽取（extract）、交互转换（transform）、加载（load）至目的端的过程。用户从数据源中抽取出所需的数据，经过数据清洗，最终按照预先定义好的数据仓库模型，将数据加载到数据仓库中去，为企业的决策提供分析依据。

机器学习技术是一种强大的人工智能技术，其基本原理是从数据中学习模式和规律，然后利用这些模式和规律来进行预测和决策，运用的算法主要有聚类算法、分类算法、决策树等，主要用于预测及标签扩散的场景，它可以帮助人们自动化地从数据中学习模式和规律。

自然语言处理技术（natural language processing，NLP）是以电子计算机为工具，对人类特有的文字信息进行各种类型处理与加工的技术。其工作原理是先接收到通过人类使用演化而来的自然语言，再转译成自然语言，最后再分析自然语言并输出最终结果。

4. 用户画像应用案例

新浪微博是一个由新浪网推出，提供微型博客服务的类推特网站。微博允许用户通过 PC、手机等多种移动终端接入，在微博上，用户可以以文字、图片、视频等多媒体形式实现信息的即时分享、传播和互动。

截至 2023 年，新浪微博月活跃用户达到 5.86 亿人次，这海量的数据后面隐藏着巨大的商业价值。在用户注册的过程中，新浪微博可以通过用户授权获得用户的一部分基础信息，如年龄、地域、性别等，但这些弱关系数据信息还不足以完成一个人或一群人的用户画像，要使用户画像描述更加精确，还需要相应的兴趣图谱。面对海量的数据，新浪微博不可能分析每一条用户微博背后的兴趣倾向。为此新浪微博通过开设"兴趣话题"功能，把对同一话题感兴趣的一类人聚合到一起，参与话题讨论，这样就能获取这类人群的信息，提取该类人群标签，构建人群用户画像。

用户画像分析可以帮助使用者洞察用户的需求，培养用户思维，从而优化产品，提升用户体验。商家、广告商就能借此对该类人群进行微博广告投放，达到精准营销的目的。微博除了能构建不同话题下的用户画像，还能构建不同博主的粉丝画像。在博主粉丝画像中有粉丝质量分析、粉丝基础信息、粉丝偏好分析、粉丝重合博主四大块内容。通过粉丝画像，广告主可以了解到博主粉丝性别分布、年龄构成、粉丝标签及关注、重合博主等数据，并初步判断博主的粉丝群体用户与自身想要获得的用户是否匹配。找到与定位匹配的可投放博主和精准用户之后，就可以根据博主的特色和用户特色进行定向内容输出。

（二）程序化广告

1. 程序化广告的内涵

程序化广告是指利用技术手段进行广告交易和管理的一种广告形态。广告主可以程序化采购媒体资源，并利用算法和技术自动实现精准的目标受众定向，只把广告投放给对的人。媒体可以程序化售卖跨媒体，跨终端（电脑、手机、平板、互联网电视等）的媒体资源，并利用技术实现广告流量的分级，进行差异化定价（如一线城市的价格高于二、三线城市、黄金时段的价格高于其他时间段）。因此，程序化广告具有如下特点：一是以人为本的精准定向；二是可以实现媒体资源的自动化、数字化售卖与采购。在传统环境下，主要依靠人力进行广告投放价格、渠道、时长等内容的洽谈，广告对用户的投放是无差别的。相比之下，程序化广告的最大价值是能够实现营销效率和营销效果的双方面提升（图 2-8）。

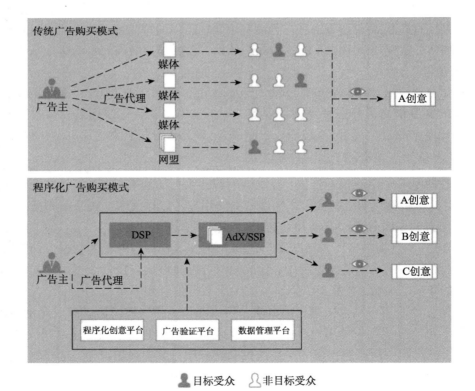

图 2-8　传统广告与程序化广告模式比较[1]

---

[1] 梁丽丽. 程序化广告[M]. 北京：人民邮电出版社，2017.

根据刘亚超的《程序化广告交易模式研究》一文中的解释，大致可以理解为用户们需要什么，广告就会给用户们推荐什么，本质上就是懂得并满足用户的真正需求而不被嫌弃。[①]例如，A 是一名互联网公司的男程序员，30 岁，当他打开今日头条时，发现广告页中显示的是一个与"脱发、增发"相关的广告；B 是一名职场女性，24 岁，同样在打开今日头条时，发现给她推荐的是一款刚出的护肤品广告。所谓程序化广告，便是针对用户的基本信息进行的广告推送。正如上面的例子一样，一名 30 岁的男程序员在工作的高压下很有可能会面临脱发的风险，因此他便是防脱发产品广告主的首选投放对象；而 24 岁的职场女性更加在意自己的外貌打扮，因此广告主认为推荐护肤品给她是一个不错的选择。

2. 程序化广告投放的核心技术

技术驱动是推动程序化广告发展的源动力，在程序化广告投放过程中应用到的核心技术包括受众定向技术、媒体定向技术、投放优化技术。

受众定向技术主要包括以下几个核心基础技术。一是人群定向技术，即通过对用户在互联网上的行为数据进行跟踪收集，并基于其行为进行分类计算后给不同的人群打上不同的标签，找出潜在目标受众共同的行为特征，最终选择适当的媒体将广告投放给具有共同行为特征的受众，从而节省广告成本，提升广告营销效果的技术。二是以人找人，即 look-alike 技术。人群定向技术解决了受众"长什么样"的问题，之后，需要基于受众画像特征，利用技术进行几何倍受众扩散，挖掘出更多相似受众，扩大广告投放的覆盖面。这里所说的 look-alike 技术或相似人群扩散技术是基于广告主提供的现有用户/设备 ID，通过特定的算法评估模型，找到更多拥有潜在关联性的相似人群的技术。三是移动程序化场景营销的 LBS 定向技术，它是通过电信移动运营商的网络，如全球移动通信系统(global system for mobile communication，GSM)网、码分多址(code division multiple access，CDMA)网获取移动终端用户的位置信息（经纬度坐标），在电子地图平台的支持下，为用户提供相应服务的一种增值业务。LBS 技术拥有两个重要特点：首先，确定移动设备或用户所在的地理位置；其次，通过提供的位置查找相关信息服务。而基于 LBS 技术的精准情景广告充分利用了这两个特点，一边满足消费者体验，一边实现广告主的移动营销，为广告主与消费者提供双向的问题解决方案。四是重定向技术，常用于召回流失受众，是一种针对用户的历史浏览行为，进行对应或类似广告的再次推送，以通过这种不断的提醒的方式来强化品牌印象，并最终促成消费行为的广告技术。

对于品牌推广的广告主而言，要充分发挥广告的效果，不仅需要明确目标受众，更要根据产品的特征、适用人群和企业的经济状况选择合适的媒体渠道进行推广，这就需要用到媒体定向技术。媒体定向技术是一种基于程序化投放过程中媒体和广告位环境的复杂性，依据媒体质量、广告位置、广告面积等六大维度设计算法，筛选真实广告位，预测全网展示环境，从而有效评估广告可见性和品牌安全性，为广告主保驾护航的一种技术。

投放优化技术是指程序化广告投放过程要想获得更高的效果，必须根据现实情况做

① 崔亮，王天骄. 影响程序化广告精准投放因素分析[J]. 营销界，2022（6）：170–172.

不断的优化与调整。具体包括以下几种。①频次控制技术，即控制一个用户在指定时间内看到一个广告（或相似广告）次数的技术。比如，广告主可以限制一个用户一天内最多只能看到一个广告三次，那么超过三次就看不到了，当然也可以应用到用户浏览、点击、广告转发和下载等行为上。频次控制技术的应用可以实现在相同的广告预算下增加触达的受众数量、提高点击率和转化率。②动态创意优化技术（dynamic creative optimization，DCO），是指在同样的广告位上，根据触达到的用户的特定属性及用户行为而动态展示出不同的内容和效果，是一种依托大数据的广告精准投放动态优化技术，这种技术能够使广告创意更具针对性和精确性，可以显著增强广告的个性化展现效果。③跨屏投放技术，指的是在多种装置上（手机、平板、PC，甚至智能电视）上识别同一用户的各种属性，做到全局、跨装置的广告投放频次控制和跨平台归因分析的技术。基于大数据技术将不同维度的消费者进行精准洞察，再将手机、平板、PC，甚至智能电视等媒介进行评估匹配，通过数据运算来实现在不同渠道为不同用户群体提供定制化与个性化的推广内容，最终实现"1+1＞2"的营销效果。④实时竞价技术，这是一种利用第三方技术在数以百万计的网站上针对每一个用户展示行为进行评估以及出价的竞价技术。具体运作上，当用户访问一个网站时，供应方平台（synchronous seril port，SSP）向广告交易平台（ad exchange）发送用户访问讯号，随后广告位的具体信息则会经过数据管理平台（data management platform，DMP）分析匹配后发送给需求方平台（digital signal processing，DSP），DSP 将对此进行竞价，价高者会获得这个广告展现机会，并被目标用户看到。从竞价到完成投放，其过程仅需几十毫秒到一百毫秒。⑤头部竞价技术，指在通过实时竞价之前，先挑选优质资源进行自动竞价，广告主可以在这时选择竞价优质资源来进行广告投放的一种技术。

3. 程序化广告技术应用案例

宝洁（Procter & Gamble）创立于 1837 年，是全球的日用消费品公司巨头之一。宝洁旗下品牌飘柔于 1989 年 10 月进入中国洗发水市场，一直占据中国洗发水市场上的主导地位，目前已经成为中国女性洗护的重要产品。2015 年，宝洁在新品"全新橄榄油精华——秋冬柔顺黄金组合"上市后，策划了价格促销活动，希望借助精准营销技术对目标客户进行全覆盖，以促进新品传播，进而提升销量。为此，宝洁对目标受众属性进行了分析，结果如下。

15～40 岁，以女性为主的时尚人士；她们关注自我形象，关注美发。

她们希望头发柔顺、光滑、有光泽。

她们关注健康或是其他生活改善类型的话题。

她们精打细算，购物追求性价比。

她们听从朋友/专家/其他用户的建议，并乐意与他人分享。

她们喜欢在睡前上网，经常在淘宝上购物。

宝洁通过分析网络用户的浏览轨迹及上述结果，选择目标受众聚集的女性媒体圈、亲子媒体圈、时尚媒体圈等，重点锁定高曝光、高互动的媒体，加强目标受众与品牌之间的互动，并且通过频次定向、锁定频次技术，实现科学曝光，提升客户覆盖率；即时监测广告的投放情况，并进行实时优化，利用十二维精准定向技术全程配合，使投入预算预期达到收益最大化。这样程序化广告投放的结果是，其广告投放的综合效果超过预估，其中页面访问量和点击数分别超出预估的60.31%和95.51%。

（三）云计算

1. 云计算的内涵

2006年8月，谷歌首席执行官埃里克·施密特在搜索引擎大会中首次提出"云计算"概念。2009年，美国国家标准与技术研究院（NIST）进一步丰富和完善了云计算的定义和内涵。NIST认为，云计算是一种基于互联网的，只需用最少管理和与服务提供商的交互，就能够便捷、按需地访问共享资源（包括网络、服务器、存储、应用和服务等）的计算模式。通俗地理解，云计算是一种利用网络"云"将大量的计算资源和服务按需提供给用户的分布式计算技术，它可以将复杂的数据计算处理程序分解成多个小程序，再通过计算资源共享池进行高效的搜寻、计算和分析，最后将处理结果回传给用户。

云计算的本质是通过"云"的方式提供"算力"。所谓算力，指的是对信息、数据进行处理和运算的能力，是一种新型的生产力。算力依赖于算力资源，算力资源既包括CPU、内存、硬盘、显卡这类硬件资源，也包括操作系统、数据库、运行库、中间件、应用程序这类软件资源，所以，云计算就是获取这类算力资源的一种新型方式。

云计算在各行各业有着广泛的应用和重要的作用。它可以为企业和个人用户提供强大的计算能力、灵活的资源配置、低廉的成本和高效的服务，从而促进信息化、智能化和数字化的发展，改善用户体验和生活质量。云计算对数字营销最大的影响在于其提供了企业信息化和数字化的整体解决方案，通过云的方式将数据纳入互联网虚拟机中，为数据存储和分析提供便利，加快了移动互联网时代的各类企业数字化转型的脚步，同时促进技术创新和业务增长。

北京研精毕智信息咨询公司的市场调查报告数据显示，2023年云计算市场规模预计将增长到3600亿美元左右，年复合增长率约18%。麦肯锡公司发布的《2022云计算行业报告——云端中国展望2025》显示，预计到2025年，32%的本地IT工作负载将迁入云端（以私有云为主），旅游业、运输业、物流业则有望达到26%，全球云计算市场将保持稳定增长态势。云计算的超大规模、高可靠性、高扩展性为企业处理移动互联网时代的海量数据提供了一把利器，使企业能够真正利用海量数据获得商业价值。基于对海量数据的分析，企业能够掌握用户行为规律，洞察用户需求，制定以用户为核心的切实可行的营销战略和策略，让数字营销进入以消费者为中心的时代，亦是数字营销的云时代。

2. 云计算的类型与特点

根据服务类型可以将云计算划分为：基础设施即服务、平台即服务、软件即服务和功能即服务四种。其中基础设施即服务指的是提供基础的计算资源，如服务器、存储、网络等，用户可以在这些资源上部署任意的软件。平台即服务指的是提供开发、测试、部署、运行和管理应用程序所需的平台，用户不需要管理底层的基础设施。软件即服务指的是提供按需使用的应用程序服务，用户不需要管理底层的基础设施和平台。功能即服务允许用户执行代码以响应事件，而无需通常与构建和启动微服务应用程序相关的复杂基础设施。四种类型的云计算服务模式之间的差异如图 2-9 所示。

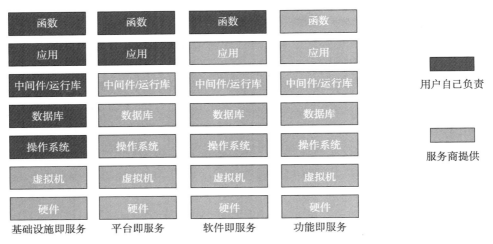

图 2-9　云计算服务模式

云计算的特点包括：资源池化、弹性伸缩、安全可靠三个核心特点。首先，云计算的绝大部分计算资源都是经过池化的资源。所谓的池化就是在物理资源的基础上，通过软件平台，封装成虚拟的计算资源，也就是我们常说的虚拟化。基于池化，企业可以在廉价、低性能的硬件设施基础上构建可靠、稳定、高性能的算力服务。云计算的资源池化特征原理如图 2-10 所示。

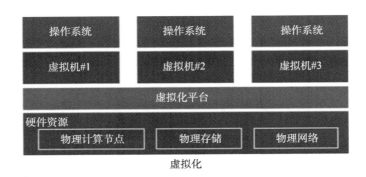

图 2-10　云计算的资源池化特征原理图

其次，云计算具有弹性伸缩的特点，虚拟的池化资源，可以按照用户实际需求进行配置，想用多少就租用多少，按需付费。如果某项业务的负荷下降，企业可以选择弹性收缩，降低配置，节约资金。云计算弹性伸缩的特点避免了硬件的重复购买或过早淘汰，保护了用户投资，云计算弹性伸缩的特点如图 2-11 所示。

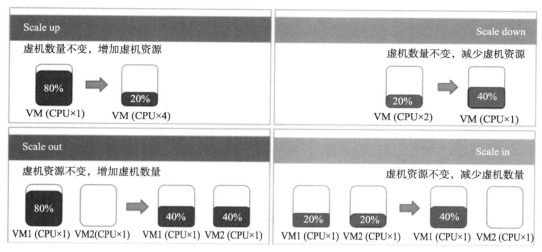

图 2-11　云计算弹性伸缩的特点图例

最后，云计算具有安全可靠的特点。传统计算需要企业自购硬件、自建机房并且自行维护，需要投入很大的资金和人力。而云计算这种算力资源获取方式，将所有的计算资源都汇集在大型互联网数据中心。有专业的运维人员负责软硬件的维护，有严格的安保、抗震条件及安全的供电系统。并且有非常全面的容灾设计和应急方案，因此能够更好地保护计算资源，维持服务的稳定性和可靠性。云计算模式和传统模式之间的差异如表 2-2 所示。

表 2-2　云计算与传统计算模式的比较

比 较 项 目	传 统 模 式	云 服 务 模 式
机房环境投入	自建机房，需考虑土建、租金等因素	无须自建机房，省心省事
设备投入	需要采购、安装、部署、调试，周期长	随需开通，即买即用，快速开通业务
运维	需要专人运维，增加成本	专业厂商运维，降低人力负担
安全	采用传统安全防护措施，漏洞多，风险大	依靠云平台一体化安全体系，安全系数高
可靠性	冗余度小，单点故障业务容易瘫痪	机房环境、设备、组网等都采用了冗余架构
灵活性	无法满足浪涌特性，扩展成本高	需求紧贴业务，用多少，买多少

3. 云计算的应用案例

海底捞成立于 1994 年，是一家主营川味火锅并融合各地火锅特色的大型跨省直营餐饮品牌火锅店，已于 2018 年 9 月上市。海底捞现在全球拥有 363 家门店，注册会员超 3000 万人，每年到店人次超过 1 亿。作为餐饮业的"旗舰"，海底捞正在加速扩张，计划在全球开千家门店，注册会员数量实现从千万到亿级的跨越。

随着海底捞的高速发展，其基于传统架构规划与建设的线下 IT 业务系统，逐渐难以满足业务扩展需求。在此情境下，海底捞决定通过云计算来升级与完善企业的数字化架构，重新规划会员系统，并借此打通前台点餐、收银、个性化服务系统，连接后厨系统，打造一款超级 App。

经过多次对比选型，海底捞最终选择了阿里云的解决方案。通过云上应用架构设计和优化、超级 App 上线割接总策划等系列操作，最终打造了一套适应海底捞业务发展的全新企业架构。这套架构，能够支持亿级会员数量和千万级参与者的营销活动，并将海底捞原有客户关系管理系统性能提升了 18.6 倍。海底捞发起一项针对不同类型会员的权益活动，把规则等写入系统再调试上线以前至少需要 1 天的时间，现在仅需 1 小时。

在 IT 运营维护方面，过去为保证系统的性能和稳定性，海底捞 IT 系统每两年就要重构一次。如今改造优化后的 IT 框架，在满足支撑千家门店需求的同时，还能根据不同业务需求进行弹性扩容。通过阿里云数字化解决方案的赋能，海底捞与消费者的联结增强，运营效率得到提升，顾客体验也得以优化，并进一步丰富了海底捞为顾客服务的场景。

（四）人工智能

1. 人工智能的内涵

人工智能亦称智能机械、机器智能，指由人制造出来的可以表现出智能的机器，通常是指通过普通计算机程序来呈现人类智能的技术。经过近十年的发展，机器学习、深度学习等算法逐步增强，人工智能在计算机视觉、语音识别等技术方面不断突破，其存在感和影响力不断增强。著名咨询公司高德纳于 2017 年公布的《数字营销和广告技术曲线》报告中，第一次出现了营销人工智能，并且给出了 Transformational（带来转型）的重要性程度评价，认为人工智能将从根本上改变营销的运作机制。具体而言，从消费者消费的角度来说，人工智能的深度学习、机器学习等算法能够为消费者提供更有深度的个性化用户体验，如提供语音识别、人脸识别这些新颖而有趣的功能。从企业营销的角度来说，人工智能 + 大数据分析让企业能实现预测性营销，同时提高投资回报率（return on investment，ROI）水平，节约不必要的成本。人工智能通过分析用户的消费数据，可以洞察用户消费偏好，营销人员借此可以制作出具有针对性的广告营销；同时，借助人工智能对市场周期的分析，企业可以及时地调整产品销售战略和周期，预测并尽可能规避市场风险，使企业更好地发展。

2. 人工智能技术类型

目前，人工智能技术包括计算机视觉、语音识别、自然语言处理、机器学习、大数据五大技术，这五大技术是相辅相成、交叉关联的，但不同的应用层面又各有所侧重。

计算机视觉技术指用摄像机和电脑代替人眼对目标进行识别、跟踪和测量，并进一步做图形处理，使电脑处理成为更适合人眼观察或传送给仪器检测的图像的技术。目前计算机视觉主要应用在安防摄像头、交通摄像头、无人驾驶、无人机、金融、医疗等方面。

语音识别技术就是使机器通过识别和理解过程把语音信号转变为相应的文本或命令的高新技术。语音识别技术主要包括特征提取技术、模式匹配准则及模型训练技术三个方面。语音识别是人机交互的基础，主要解决让机器听清楚人说什么的难题。人工智能目前落地最成功的就是语音识别技术。语音识别目前主要应用在车联网、智能翻译、智能家居、自动驾驶等方面。

　　自然语言处理技术包括自然语言理解和自然语言生成两个部分。实现人机间自然语言通信意味着要使计算机既能理解自然语言文本的意义，也能以自然语言文本来表达给定的意图、思想等，前者称为自然语言理解，后者称为自然语言生成。自然语言处理的终极目标是用自然语言与计算机进行通信，使人们可以用自己最习惯的语言来使用计算机，而无须再花大量的时间和精力去学习各种计算机语言。自然语言处理技术的应用包括多语种数据库和专家系统的自然语言接口、各种机器翻译系统、全文信息检索系统、自动文摘系统等。

　　机器学习技术就是让机器具备与人一样学习的能力，专门研究计算机怎样模拟或实现人类的学习行为，以获取新的知识或技能，重新组织已有的知识结构使之不断完善自身的性能，它是人工智能的核心。机器学习已经有了十分广泛的应用，如数据挖掘、计算机视觉、自然语言处理、生物特征识别、搜索引擎、医学诊断、检测信用卡欺诈、证券市场分析、DNA 序列测序、语音和手写识别、战略游戏和机器人运用。

　　从各种各样类型的数据中，可以快速获得有价值信息的能力，就是大数据技术。大数据是 AI 智能化程度升级和进化的基础，拥有大数据，AI 才能够不断地进行模拟演练，不断向着真正的人工智能靠拢。

　　3. 人工智能技术应用案例

　　手机淘宝是阿里国际数字商业集团出品的手机应用软件，整合旗下团购产品天猫、聚划算、淘宝商城为一体，具有搜索比价、订单查询、购买、收藏、管理、导航等功能。阿里的目标是将淘宝打造成全世界最大的人工智能应用。当时的手机淘宝，基本沿袭了PC 端淘宝的开发思路，界面采用的是"传统货架陈列+搜索引擎"的卖货模式，每个消费者进入后看到的页面都是一模一样的，人工智能在这时的淘宝上应用并不多。2014年淘宝开启了智能化升级之旅，其中最重要的举措，就是以算法技术为核心，淘宝也因此成了国内电商中第一个实现千人千面智能信息流推荐的平台。

　　所谓千人千面，最直观的理解就是不同的人进入手机淘宝界面后，展示的商品、推荐的顺序、搜索的结果各不相同。当一个买家登录自己的账号，或是在手淘中搜索某个商品关键词的时候，系统通过算法，将买家的画像标签和商品特征标签进行匹配，优先呈现出匹配度高的产品。换言之，通过人工智能算法技术的引入，系统可以快速获取客户需求及产品特性，从而能第一时间为消费者找寻其最喜欢且有可能下单购买的产品，优先推荐给消费者。基于该特征，研发团队将这个功能贴切地命名为"猜你喜欢"。

　　千人千面引入后的好处显而易见，将原先的单一货架式陈列全面转化为了个性化信息流推荐，大大缩短了买家的浏览检索时间和决策时间，提升了购买率。在 2018 年"双 11"期间，消费者使用 AI 个性化推荐带来的流量已经超过了搜索带来的流量，而"猜你喜欢"功能，也成了广大消费者最喜欢使用的淘宝功能之一。上述成绩同时也展示了机器学习、深度神经网络等技术与商业场景的完美融合能够成为社会进步的重要推动力。

第四节 数字营销的发展历程及其重要性

一、数字营销的发展与变革

数字营销起始于 20 世纪 90 年代，随着数字技术的不断进步，在之后的 20 余年间一直处于快速发展的状态中。自 20 世纪 90 年代初网站的兴起，到社交媒体平台的发展，再到全媒体矩阵的形成，数字技术不断更迭，新的营销工具和手段也不断产生，数字营销逐步升级。根据所应用的标志性数字技术和企业营销形式，可将数字营销的发展历程划分为三个阶段：基于 Web1.0 的单向营销、基于 Web2.0 的互动营销及基于 Web3.0 的全域营销（图 2-12）。

图 2-12 数字营销发展阶段示意图

（一）数字营销 1.0：基于 Web1.0 的单向营销

1. 基于 Web1.0 的单向营销简介

Web1.0 是互联网发展的第一阶段（20 世纪 90 年代至 2003 年），也被人们称为静态互联网阶段。这一阶段的特点主要是报纸、电视的网络化，即把新闻、广告搬到网络上，由网站单向灌输信息给用户。用户能做的就是选择网站，查询自己想要的内容，获得网站响应，接收网站推送的数据。在这个阶段里，各种门户网站、搜索引擎相继出现，如雅虎、搜狐、网易、谷歌等，它们的共同特点是用户利用 Web 浏览器，进入门户网站单向获取内容，主要进行搜索、浏览等操作，各大站点根据点击量获取广告收入。如图 2-13 就是一个非常典型的 Web1.0 架构下的门户站点，其包括但不限于以下元素：用于访问的地址：http://www.sohu.com；用于内容检索的：搜索框；用于交流沟通的：搜狐邮箱；用于消息分类的：分类板块；用于获取收入的：广告框；用于展示新闻的：新闻列表。总而言之，Web1.0 阶段是静止的、单向的，用户只是被动地接受内容，没有多少互动体验。

基于 Web1.0 这一阶段的数字营销 1.0，被我们称为单向营销。在这一阶段，Web1.0 对于用户而言不过是一个更好用的信息收集与检索工具而已。尽管互联网使多媒体信息传播得到有效发展，但用户此时还是处于一个被动的信息接收的过程，一个对互联网不断探索尝试的阶段。此时，互联网未出现与电视、杂志等传播渠道本质上的不同，品牌方在各大网站上进行单向性的内容推广，用户浏览点击后对产品进行购买即视为一次有

图 2-13　搜狐网站页面图

效转化,这时的消费者—企业的关系与电视媒体时代的消费者—企业关系相比并无太大不同。真正让 Web1.0 营销焕发生机的是，脸书在 2006 年首次推出的信息流（feeds）广告。所谓信息流广告，是指在社交媒体用户好友中嵌入资讯媒体和视听媒体内容流中的广告，这种穿插在内容流中的广告，对于用户来说体验感较好，更为重要的是，借助于用户的 Cookie 数据，广告主可利用用户标签进行极为精准的量化投放，这也是数字营销区别于传统营销的核心差异点。正因如此，搜索引擎优化（search engine optimization，SEO）等广告信息投放技术开始崛起，Web1.0 阶段的数字营销也迎来了爆炸式的增长。

2. 基于 Web1.0 的单向营销案例

1994 年 10 月 27 日，美国电话电报公司在 Hot Wired.com 上投放了世界上首个网络广告：黑色背景上用彩色文字写着"你用鼠标点过这儿吗？"一个箭头指向右边"你会的"。正是这个毫不起眼的 468×60 像素的广告，开启了一个新的广告时代。该广告的采买模式按照传统杂志的思路和逻辑来进行，售卖模式为合约形式。这个广告位共展示了 3 个月，花费 3 万美元，投放形式是包段的按天收费（CPD），点击率高达 44%。自此，人们意识到可以把线下广告搬到线上，互联网广告逐渐展露其优势。而在中国，第一个单向商业性网络广告出现于 1997 年 3 月，由英特尔公司和国际商业机器公司共同出资投放于比特网，广告表现形式同样为 468×60 像素的动画横幅广告。英特尔公司和国际商业机器公司因此成为国内最早在互联网上投放广告的广告主,带动中国的广告形式由传统的线下广告逐步向互联网广告转变。

可以看出，在数字营销 1.0 时代，营销活动主要以企业对消费者的价值判断为基础,企业在此基础上向消费者单向传递大量的广告信息。互联网内容创作是由网站主导，用户没有交互权，仅是被动接受网站上的营销信息。营销方式主要运用展示类横幅广告等，营销的主要目的仅为销售产品。

（二）数字营销 2.0：基于 Web2.0 的互动营销

1. 基于 Web2.0 的互动营销简介

Web2.0 是互联网发展的第二阶段（2004—2020 年），也被人们称为平台互联网阶段。在这一阶段，互联网采取可读写模式，即生成内容由用户主导的互联网产品模式，这是 Web2.0 与单向、静止的 Web1.0 的最大区别。在 Web2.0 时代，用户不仅可以浏览内容，也可以自己创建内容并上传到网络，如在脸书、推特、微博等社交媒体上，用户既是网站内容的浏览者，也是网站内容的创造者，即用户获得了更多参与创作与互动的机会。同时，用户间的信息交互也更加实时，如借助短视频、朋友圈、微博等平台，用户可以实时点赞、评论、转发其他人的信息形成互动。

此外，Web2.0 与 Web1.0 的显著差异还在于从依托浏览器访问转化成主要依托各类 App 访问。此时用户不仅要获取信息，还有大量产生信息的需求，如发布自己的日志、博客等，导致了用户对某些 App 的依赖逐渐上升到无法替代的程度，如微信、淘宝、微博等。同时各类 App 通常会建立各种粉丝群，用来增加用户黏性，基于用户数据推出的广告也更加精准。图 2-14 就是一个非常典型的 Web2.0 架构下的 App，包括但不限于以下元素构成。用于访问的 App：手机 App；用于内容创作的：上传功能；用于即时沟通的：实时信息；用于内容互动的：点评转发；用于获取收入的：精准广告；用于积累用户的：粉丝群。

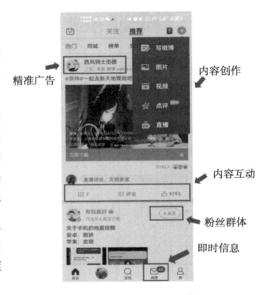

图 2-14　微博 App 页面截图

基于 Web2.0 的数字营销 2.0，被我们称为互动营销，即通过企业与消费者互动的形式以在消费者心中建立鲜活的品牌形象，推广产品。在这一阶段，用户借助于互联网获得了同传统媒体平等的发声权利，可以让社会与市场听见他们的声音，用户拥有了较大的话语权，毕竟稍有不满，他们可以在极短的时间内找到另一个更为优质的替代品。正因如此，与消费者的互动就变得格外重要，品牌方总是会通过各种新奇的方式融入消费者之中，如关键意见领袖（key opinion leader，KOL）、关键意见消费者（key opinion consumer，KOC）带货一类的营销与心智植入模式也正是在这样的环境下发展壮大起来的。

社交网络平台、内容聚合平台、电商交易平台是互动营销的主战场，消费者在这些平台上分享自己的生活，展示自我个性，与企业或品牌互动，也会分享自己对产品或服务的体验。具体而言，社交网络平台是企业品牌传播的优秀阵地，是品牌同大多数活跃用户交流沟通的场所，不仅能吸引大量粉丝和追随者，还能指导中小型企业获取业务线索；各类综合或是垂直的内容聚合平台是品牌与用户互动的天然阵地，品牌可与用户充分地接触，通过原生的资讯、热点事件、原创栏目、原创内容结合社会热点等方式获取用户需求；电商交易平台是用户多维度的生活圈，从曾经的"买买买"平台变成逛、玩、交流、互动、分享平台，演变为呈现电商形态的社区平台，人与商品、品牌之间的互动更加密切。

一方面，在这一阶段，网络应用服务不断增多，程序化广告持续变革，人工智能、大数据技术逐渐发展，互动营销方式也变得越来越丰富，包括微博营销、社会化网络营销、创意广告营销、口碑营销、体验营销、趣味营销、知识营销、整合营销、事件营销等。而另一方面，随着互联网的渗透速度越来越快，使用功能越来越丰富，消费者的所有行为几乎都能在互联网上找到对应的遗留痕迹。这也意味着，量化消费者的一举一动与所见所想，已经从不可能变为了可能。正因为有了数据作为原始驱动力，CRM、客户数据平台（customer data platform，CDP）、社会化客户关系管理（social customer relationship management，SCRM）等 SaaS 分析工具系统才会在几年之内迎来它们的强势增长。

2. 基于 Web.2.0 的互动营销案例

2017 年，抖音联合必胜客推出#DOU 出黑，才够 WOW#跨界整合营销，利用必胜客新品"WOW 烤肉黑比萨"吸引一大批年轻用户。举办年轻不怕黑，就怕不出彩#DOU 出黑，才够 WOW#挑战赛，在年轻人中引发热议，获得数十万次点赞，增加了 28000 多次视频创作量，成为年轻人体现自我态度，自我表达的一种方式，大大拉近了品牌与年轻人之间的距离。同年的"双 11"期间，国内休闲食品公司来伊份考虑到年轻人的游戏消费场景，结合当下最热门的游戏手游大 IP——王者荣耀，邀请拥有超高人气的热门电竞团队 AG 超玩会，联合虎牙直播、一直播、天猫等流量平台，通过年轻人群尤其是年轻的游戏人群喜爱的直播形式，为粉丝送上一场刺激精彩的"王者开黑夜"综艺式游戏直播，引发网友疯狂发送弹幕刷屏，刺激消费，成功助力"双 11"销售额的增长。

可以看出，在数字营销 2.0 时代，营销活动主要以获取用户的互动为主要目的，品牌方需要不断创造高度个性化的内容，获取用户的关注，增强用户对品牌的黏性，并利用互动性因素让消费者参与进来，让消费者成为品牌内容的生产者、传播者，最终促进产品销售。

（三）数字营销 3.0：基于 Web3.0 的全域营销

1. 基于 Web.3.0 的全域营销简介

Web3.0 是互联网发展的第三阶段（2021 年至今），它专注于去中心化和用户所有权模式，其概念在 2021 年起被广泛使用。虽然直至今日，关于 Web3.0 是否真正形成的问题各界还有所争论，但可以确定的是，它已经开始渗透到我们的生活中。简而言之，Web3.0 是把本属于用户的价值（在互联网创造的内容、行为，数据信息等）归还给用户的互联网新形态。每个人都可以在计算、存储、资产等各领域享受去中心化的服务，成为自己信息数据的拥有者、掌控者、管理者。用户数据就是用户自己的，不再受平台限制，数据一旦发布后就会多备份存在，即使平台消失，数据依旧存在且属于用户，相当于用户的身份认证通行于所有平台，以此确保用户利益不受平台绑架，实现去中心化。

Web3.0 更多的是集中在虚拟层面，由此衍生出庞大的虚拟经济，而元宇宙、非同质化通证（non-fungible token，NFT）、数字人都是建立在虚拟经济之上的。这些相当于 Web3.0 的基础设施，数字人是 Web3.0 中的交互虚拟化身；NFT 是一种可在区块链上记录和处理多维、复杂属性的数据对象，是 Web3.0 中的交易载体；元宇宙相当于 Web3.0 中的开放空间，这三个要素刚好对应现实世界的"人、货、场"。当"人、货、场"的基建逐渐完备时，有很多互联网大厂开始跃跃欲试，与品牌方一起尝试 Web3.0 营销。一方面是投资，另一方面是亲自下场。然而，Web3.0 目前还处于萌芽期，全球的 Web3.0 用户不到 1 亿人。在未来相当长一段时间内，Web3.0 并不会也没有必要取代 Web2.0，而是与之平行存在的互联网体系。

基于 Web3.0 的数字营销 3.0，被称为全域营销。全域营销目前尚无准确的定义，业内专家对"全域营销"的解读主要集中在媒介接触和传播渠道两个层面：一方面，是指企业的营销推广行为能够通过融媒体的多触点覆盖到更广泛的人群，渗透进入消费者的融媒体生活圈；另一方面，是指企业的营销推广能够实现对线上入口和线下终端的完整覆盖，打通整合营销传播链条，实现对消费全过程的持续影响，起到营销聚合和促销收网作用，从而形成一个在新零售体系下以消费者运营为核心，以数据为能源，整合各类可触达的消费者的渠道资源，实现全链路、全媒体、全数据、全渠道的智能营销方式。

作为全域营销的开创者之一，阿里巴巴借助技术手段，使传统营销链路上看不见的用户和用户决策路径变得可视化、可触达，使用户的行为可以被分析、追溯，实现全域营销。其全域营销的"四全"体现在，全链路：覆盖认知、兴趣、购买到忠诚的整个营销关系链路，用户在阿里巴巴任何平台的所有行为，都将留下痕迹，这使阿里巴巴能够全面了解用户的行为和诉求；全媒体：阿里巴巴拥有覆盖娱乐、购物、社交、移动出行等各个重要用户触点的全媒体矩阵及合作媒体资源，可以实现无缝对接全域营销产品；全数据：拥有用户唯一身份识别体系，阿里可以打通生态系统中所有的行为数据，积累用户的触达价值；全渠道：通过线上、线下的配合，建造服务打通、产品打通、商品打通、会员打通系统，借助全数据实现全渠道运营。

2. 基于 Web.3.0 的全域营销案例

泡泡玛特（POP MART）是成立于 2010 年的潮流文化娱乐品牌。发展十余年来，泡泡玛特围绕全球艺术家挖掘、IP 孵化运营、消费者触达、潮玩文化推广、创新业务孵化与投资五个领域，构建了覆盖潮流玩具全产业链的综合运营平台。在其 3 月底发布的 2021 年财报里，披露了一系列关于私域的数据，其中最亮眼的一个是：泡泡玛特抽盒机小程序在 2021 年营收 8.98 亿元，年同比增长 92.6%，近乎翻倍，通过在线抽盒、会员购等玩法，单一小程序贡献了接近一半的线上收入。此外，截至 2021 年年末，泡泡玛特注册会员量达到 1958 万人，新增注册会员 1218 万人。

泡泡玛特小程序构筑了"会员+O2O"交易模型，连接其 295 家零售店、1611 台机器人商店，提供会员运营、小程序支付、O2O 自提配送等核心工具场景。其中，触达效率最高的还是"小程序+公众号"的私域组合，小程序合并会员数已超过1500万人。这背后，离不开全域营销的助力。2019年，泡泡玛特开始了全域链路打通的布局。目前，已经实现了线下渠道、天猫平台及小程序的跨平台的会员等级、积分打通。在渠道运营方面，2021年，泡泡玛特在京东渠道有296%的业绩增长；连续三年"双11"期间在天猫渠道的大玩具行业类目中销售排名第一。目前，全域会员体系的搭建与技术支持，都是由泡泡玛特内部团队闭环完成的。而关于会员运营，泡泡玛特也更多的是从全域运营角度思考，结合平台特色，为全域会员制定差异化的权益跟玩法，但很少用补贴打折的逻辑做会员运营。围绕着会员服务，泡泡玛特专注两件事：一是通过玩法创新提升会员购物的趣味性；二是通过高品质内容与产品创新，提升用户的审美与IP认同，如现有的小程序会员体系中划分了V1～V4四个层级。在会员权益、尖货抢购、会员日、奇遇活动中，高层级会员可以获得一定的优先权，但也不是百分百能够抢到。在内容层面，高层级的V4会员每个季度可领取专属的PLAYGROUND纸质会员内刊，里面包括了艺术家的独家手稿、专访、潮玩资讯及独家的新品情报等，从内容层面为会员提供差异化的供给。

全域营销是帮助品牌商以消费者为中心进行品牌建设的方法论。通过数字化地管理消费者关系，分析消费者行为，把消费者与品牌的关系用数据表现出来。在这种营销方式下，所有与品牌产生过关联的消费者都可以当成这个品牌的资产储备，商家以此为基础提供全渠道融合的产品或服务，从而实现消费者和品牌关系全链路的精细化运营。虽然全域营销的本质还是营销，但是基于数据赋能，营销的运用不再断层，变得可视化、可优化、可量化，这就是全域营销核心突破和最大变革。

需要指出的是，数字营销的三个发展阶段并非后者替代前者，而是叠加式升级。也就是说，当数字营销迈入一个新阶段时，前一阶段的数字营销方式并未消失，而是与后者相互补充，共同存在。

二、数字营销的重要性

（一）数字营销为用户提供服务，促进消费升级

中国互联网络信息中心公布的第50次《中国互联网络发展状况统计报告》显示，截至2022年6月底，全国互联网用户规模已达10.51亿人，较10年前增长87.5%，人均每周上网时间增加了9个小时，达到了29.5个小时。《即时零售开放平台模式研究白皮书》指出，自2016年以来，O2O整体市场规模迅速增长，截至2021年已超过3.3万亿元。在移动互联网时代，视频、直播、电商、社交、新资讯等线上平台及服务的持续发展，吸引了居民以网络用户的身份加快融入日益重要的线上生活和线上+线下融合场景，从而创造了大量的流量红利。数字营销趋势符合消费者主权的浪潮，注重满足用户的"兴趣""个性""社交"等需求。从早期的网络广告投放转变为更具互动性的用户运营、内容运营、站内运营和私域运营，将海量流量资源转化为更准确、更有商业价值的"注意力"资源，同时还深化了用户体验，使其更为沉浸在消费、体验、交往、求知等

丰富的数字化场景中，帮助居民更好地适应生活方式变革。

（二）数字营销服务企业，促进企业变革

营销不仅是所有企业的重要组成部分，更是中小企业生存和发展的关键。数字营销在疫情加速线上线下深度融合的新阶段中扮演着重要的角色，因为它能切中企业最需要的注意力资源及与生存效益直接关联的数字化营销环节，这也使数字营销成为企业最愿意投入、产出效果最直接的数字化领域。数字营销不仅能为中小企业数字化转型带来优秀的切口，而且能够激励有实力、有魄力的企业通过数字营销优化增长品牌、人才等营销资源配置，进而催生以用户为导向、数据为驱动、价值为根基的商业理念和企业战略变革。如果企业不积极跟上数字营销变革和商业战略变革的趋势，它就有可能在生存发展中失去竞争优势且这种可能性也越来越大。营销数字化成为企业数字化程度最深的领域，也成为企业数字化的开拓者与指南针。《2022 中国企业数字化营销成熟度报告》显示，有 14.14% 的首席执行官把数字营销列为首要目标，有 34.34% 的首席执行官同等重视实施数字营销与传统营销，这两部分首席执行官占比加起来达到了 48.5%。在企业采购数字营销工具及服务的过程中，SEO/SEM 搜索引擎优化、视频和直播类工具，以及客户关系管理是首要选择。在广告投放中，线索获客、用户运营及内容营销是数字化营销中应用程度最高的领域。

随着数据、用户、营销三者之间的关系紧密度的不断提升，营销成为企业数据广泛且深入应用的具体场景。尤其是近年来，诸多企业以营销为核心，搭建数据中台，不断赋能各项业务的顺利开展。具体地，第一，以营销作为中台的数字化建设可以通过对大量节点数据的反复采集、筛选和处理，积累丰富的数据集，实现数据中台的智能化升级，进而提升营销中台的基础能力。第二，以营销作为中台的数字化建设，可以构成企业决策的引擎，帮助前台实现更高质量和更高效率的业务决策。因为数据中台的本质在于通过优化配置实现业务响应速度的提升，进而有效赋能包括研发、物流、销售管理等各项业务。第三，以营销作为中台的数字化建设，可以实现前台和后台之间的深入联动，真正实现企业内部前、中、后台之间的紧密协同作战，甚至可以倒逼企业其他领域的数字化升级，促进企业快速实现全面数字化。

（三）数字营销促进产业发展，推动现代产业格局的变革

数字营销是重要的产业力量，在数字经济和"注意力"经济新形态中发展迅速，由于拥有用户服务和企业服务的双重属性，其市场需求规模已经突破了万亿。《2022 中国互联网广告数据报告》显示，2022 年，我国互联网广告与营销市场规模合计达到 11238 亿元。数字营销具有数量级巨大、线索更精准、时空不受限的优势，成了备受瞩目的"注意力"资源。它可以快速地重塑产品服务需求的量级和速度，改变地区的区位劣势，帮助优质产品触达主力市场客群，提高企业的供需匹配水平，实现蝶变出圈的突破。实践证明，数字营销只需要 3~5 年的时间就可以达到传统模式下 10~20 年才能达到的高度，一些已成熟的品牌，如沃尔沃、百事可乐、劲酒、中国建设银行等

利用此机会焕发新生，并进入新市场，以此增强其生命力和发展潜力。同时，造车新势力、喜茶、完美日记、名创优品等一些新兴产业借助数字营销迅速问世，推动相关产业链不断扩张，它们产生的鲶鱼效应打破了原有的市场局面，为产业结构的变革注入新动能。

（四）数字营销推动技能人才体系的变革

数字营销不仅是一种企业经营活动，更是培训新行业人才的活动。数字营销系统培育了许多新技能人才，并促进了行业人才需求的增长，也推动了新的职业产生，丰富了国家的技能人才职业规范体系。《数字经济就业影响研究报告》和市场统计数据显示，全国数字化人才缺口约为 1100 万，其中数字营销人才缺口超过 500 万。新经济发展所需的电子商务师、互联网营销师、全媒体运营师等新职业已被纳入 2022 年版的《中华人民共和国职业分类大典》，并明确被标识为国家职业技能标准体系中的数字职业类型。网络主播行为规范最新规定：对于需要具备较高专业水平的行业主播，如医疗卫生、财经金融、法律和教育等，必须获得相应的执业资质证书才能担任该领域的主播工作。此外，数字营销还创新了技能人才培育的方式。例如，高职院校的新学科、新学院培养模式和社会力量举办的职业教育模式不断涌现，以填补巨大的不同类型人才缺口。此外，数字产业巨头也创办了一批互联网式的数字营销职教平台，包括淘宝大学、巨量学、快手教育生态合伙人计划及腾讯广告旗下的营销学院等。数字营销不仅创造了大量正式就业岗位，还通过对产业链供应链的细分，使个体化营销、原创视频、内容素材、程序代码等工序外包更加适应灵活就业的形势，催生了 KOL、达人、主播、自媒体等新型就业群体。

（五）数字营销为品牌赋能

中国正处于从制造大国向品牌大国转变的过程中。2017 年，经国务院批准设立的"中国品牌日"，表明我国对品牌的重视程度，推动品牌发展、促进品牌强国建设是一项重要的任务，但从数据显示，中国品牌发展之路仍然任重道远。2021 年，世界品牌实验室发布的本年度世界品牌 500 强排行榜，上榜的中国品牌达到了 44 家，位居第四。

品牌的发展离不开数字营销。数字营销既可以推动全社会的品牌意识，也能在实践中为品牌赋能。第一，相较于传统的营销方式，数字营销运用了大数据、数字平台等互联网技术和服务。数字营销的兴起意味着营销从粗放型走向集约型，能够以更加精准的方式实现品牌和消费者的沟通，在传播环节实现降本增效。第二，数字营销作为企业数字化中台贯穿了品牌企业内部的各个环节，辐射品牌前后端的数字化建设。同时数字营销通过对现有和潜在的消费者大数据进行采集和分析，收集来自市场和消费者的最真实反馈，反哺品牌本身的营销策略制定和产品升级，进而反向促进品牌的升级进化。第三，数字营销使品牌建设的核心重新回归到消费者身上。数字营销离不开对于消费者大数据的运用，除需要足够的技术和工具储备之外，也需要从底层逻辑上要求品牌重视消费者的需求和意见，给予消费者更多的话语权。

第五节　数字营销助力企业发展的经典案例

技术的发展，为营销行业带来了全新的机遇和挑战，在这种背景下，数字营销模式出现，改变了传统的营销方式，数字技术充分赋能营销工作。本章首先介绍了数字营销的发展背景，阐述了数字营销的定义、特征、主要形式等相关基础知识，其次解释了实现所需的数字营销技术，回顾了数字营销的主要形式，最后作者列举出数字营销助力企业发展的经典案例。

1. 数字营销的定义是什么？
2. 数字营销有哪些特征与形式？
3. 实现数字营销依靠什么技术？
4. 数字营销经历了哪些发展阶段？
5. 数字营销的重要性是什么？

自学自测　扫描此码

第二部分

商业智能与
商业模式变革篇

第三章

商业模式概述

随着移动互联网技术的快速发展和深度应用，商业模式变革的浪潮席卷全球，其中滴滴出行（现更名为滴滴出行科技有限公司）的崛起成为互联网时代企业商业模式变革的典型代表。滴滴不仅改变了人们的出行方式，更以其独特的商业模式，重塑了整个出行行业的格局。

2012 年，滴滴创始人程维洞察到移动互联网时代人们对于便捷、高效出行的需求，他毅然决然地踏入这片未知的领域。起初，滴滴专注于出租车叫车服务，通过移动互联网技术解决乘客与出租车司机之间的信息不对称问题，极大地缩短了乘客的等待时间，降低了出租车的空驶率。随着市场的不断扩大和技术的不断成熟，滴滴没有满足现状，开始探索更加多元化的商业模式。滴滴除了整合传统出租车行业的资源，还吸引了大量私家车车主加入平台成为网约车司机，极大地丰富了出行市场的供给。同时，滴滴利用大数据和人工智能技术优化调度算法，实现了乘客与司机之间的快速匹配，提高了出行效率，降低了空驶率。当然，滴滴的商业模式变革远不止于此。它不断拓展服务边界，从最初的出租车、专车服务，逐步扩展到快车、顺风车、代驾、租车等多个领域，涵盖即时出行到预约服务的全出行场景，构建了一个覆盖全出行场景的综合性移动出行平台。这种跨界融合与生态构建，不仅为滴滴自身带来了持续的增长动力，也深刻改变了人们的出行习惯，推动了整个出行行业的转型升级。

滴滴出行的案例，是商业模式变革时代的一个缩影。它展示了在科技驱动下，企业如何通过创新商业模式实现资源的高效整合与优化配置，进而创造巨大的社会价值和经济价值。这一变革浪潮不仅重塑了传统行业，也为新兴产业的崛起提供无限可能。那么究竟何为商业模式？商业模式的构成要素是什么呢？这是本章的主要内容。

学习目标：①熟练掌握商业模式的定义；②理解商业模式的构成要素；③了解互联网环境下的典型商业模式；④能够运用本章所学知识理解企业的商业模式。

第一节　商业模式相关知识

一、商业模式的定义

在实践中，尽管商业模式被公认为管理学重要研究对象之一，并且学术界和实务界都对其进行了广泛的研究和应用，但是由于商业模式这一概念囊括的内容繁多、各领域学者研究的侧重点不同等原因，导致这一重要概念并没有一个真正被大众广泛认可的共识性定义。幸运的是，近年来有部分商业模式的定义开始被人们广泛使用，且正在发展成为一个共识性定义。如有定义提倡将商业模式作为关于一个组织创造、传递及获得价值的基本原理的描述。该定义具有简单、有效、直观、易理解的特点，同时又没有因为过于简化而降低了其描述真实企业运行环境下的复杂情况的能力。而后发展出的商业模式是关于一个组织创造、传递及获得价值的基本原理的描述这一定义得到了世界范围内的诸多组织的认可，如 IBM、爱立信、德勤、加拿大公共服务及政府服务部等。同时我们也不能忽略其他学者提出的关于商业模式的定义，其他学者的定义对于商业模式同样有着深入的阐述，了解这些定义也有助于我们理解商业模式这一概念，我们将在下文就关于商业模式的概念追溯部分展示其他学者的定义。

商业模式这一概念的提出得益于 20 世纪末信息技术迅速发展和全球经济环境变化为商业领域带来的变革。互联网的普及及商业活动的数字化对商业实践产生了巨大影响，面对复杂的环境和激烈的竞争，部分企业开始重新思考价值创造的方式，即商业模式的构建。在此背景下，一些学者和企业家开始研究和探讨商业模式这一概念，并提出了一些相关的理论框架和概念。例如，阿普尔盖特（Applegate）在 2001 年提出商业模式是对复杂商业现实的简化。玛格丽塔（Magretta）在 2002 年提出商业模式就是关于企业如何运作的解释。随着商业环境和技术不断发展，学者们对商业模式的定义也逐渐细化，如 2004 年我国学者翁君奕将商业模式定义为核心界面要素形态的有意义组合，即客户界面、内部构造和伙伴界面的各环节要素的可能组合，并把可能组合中的每一种有意义的形态组合称为商业模式原型。

随着商业模式的实践探索和理论研究的不断深入，商业模式的内涵也开始发生重要变化。过去关于商业模式的定义多局限于呈现企业交易活动的外在表现，缺乏对其内在逻辑和战略定位的反映。随着商业模式不断发展，越来越多的学者对商业模式的定义进行拓展和深化，强调商业模式应该考虑到内在逻辑和战略定位。例如，莫里斯等众多学者在 2003 年提出商业模式是一种简单的陈述，这种简单陈述旨在说明企业如何对战略方向、运营结构和经济逻辑等一系列具有内部关联性的变量进行定位和整合，以便在特定的市场上建立竞争优势。奥斯特瓦德等在 2005 年提出商业模式是一种建立在许多构成要素及其关系之上，用来说明特定企业商业逻辑的概念性工具。这些定义注重从战略层面解析商业模式的核心价值和利润来源，赋予商业模式更多的概念内涵和研究意义。这表明，商业模式的定义已经转向更全面、深入、战略化的方向，这样的定义有助于为企业带来更清晰的战略指引。

学者们发展的愈发细化的商业模式定义一方面使得学界对于商业模式的认识不断的深入，另一方面在一定程度上也阻碍了学界和业界对于商业模式的讨论和探索，因此曾有学者对于多种商业模式定义进行归纳总结，期望得到一个准确统一的定义。莫里斯等学者在 2003 年通过选取 30 多个较有代表性的商业模式定义作为样本，使用关键词分析法从经济、运营和战略三个方面对商业模式进行了界定。其中，经济类定义认为商业模式就是企业的经济模式，即企业盈利的根本原因，重点关注企业盈利的逻辑。从经济视角将收益来源、定价方法、成本结构和利润视为商业模式的主要构成要素。运营视角重点关注企业运营的内部环境，认为商业模式就是企业内部流程及构造，运营视角将产品或服务交付方式、管理流程、资源流及知识管理视为商业模式的主要构成要素。战略类定义认为商业模式就是对于企业的市场定位、组织边界、竞争优势及其可持续性等问题的探讨，其将价值创造形式、差异化、愿景、网络视为商业模式的主要构成要素。

现在主流观点认为，商业模式是关于一个组织创造、传递及获得价值的基本原理的描述。由于这一定义简单、准确地对商业模式进行了总体性的概述，因此被大多数学者和业界人士采纳。以朴朴食品配送平台为例，其商业模式可以通过以下方式解释。①创造价值。朴朴通过建立一个在线平台，将消费者与各种新鲜食材和美味菜品的供应商连接起来，为消费者提供便捷良好的食品购买体验。②传递价值。消费者可以通过朴朴的网站或移动应用程序浏览不同供应商的食品选项，并选择自己喜欢的产品。朴朴负责收集订单，并安排供应商进行食品准备和提供配送服务。③获得价值。朴朴从每个订单中获取一定的佣金或服务费作为收入，并与供应商达成合作关系，以获得折扣或分成。在这个例子中，朴朴的商业模式强调了它通过创造一个连接消费者和供应商的中介平台，为用户提供方便的食品购买渠道，同时从中获取经济利益。通过这种方式，朴朴完成了创造、传递和获得价值的流程，而商业模式就是对组织创造、传递和获得价值的流程中的基本原理和逻辑的描述。

商业模式的创造价值、传递价值及获得价值的定义属于一个整体性的概述，无法对现实中具体的商业模式类型进行准确描述，如我们口头上常说的企业面向企业模式（business to business，B2B）、企业面向消费者模式（business to customer，B2C）、鼠标加水泥模式，如果直接套用该定义则难以对其核心要点、特点等进行区别和分析。为此，商业模式创新学者奥斯特瓦德博士和管理信息系统教授皮尼厄博士通过将一家公司寻求利润的逻辑过程划分为九大模块的方式对商业模式的构成要素进行解析。接下来我们将重点阐述商业模式的构成要素。

二、商业模式的构成要素

商业模式创新学者奥斯特瓦德博士和管理信息系统教授皮尼厄博士在《商业模式新生代》一书中从企业寻求利润的逻辑过程切入，将商业模式定义为客户细分、价值主张、渠道、客户关系、收入来源、核心资源、关键业务、重要合作、成本结构九大模块。该商业模式定义方法将商业模式转变为一幅战略蓝图，并通过组织框架、组织流程及组织系统来实施具体的商业模式，因此这一定义方法也被称为商业画布。

（一）客户细分

客户是商业模式的重要核心，如果没有能带来利润的客户，那么没有哪家公司可以一直存活下去。现代管理学之父德鲁克曾言：客户是企业唯一的利润中心。企业如果没有为满足和留住客户做准备，那一切其他的事情都是无用之谈。在愈发激烈的市场竞争中，企业为了更好地满足客户，往往会按照他们的需求、行为及特征的不同，将客户分成不同的群组，然后企业需要在不同的客户群体中谨慎地选择服务于哪些客户群体，以及忽略哪些客户群体，最后根据对选定客户群体个性化需求的深度理解进行商业模式设计。这就是客户细分工作。

同为知名咖啡品牌的雀巢咖啡和瑞幸咖啡在客户细分领域就有较大差异。雀巢咖啡的目标受众集中于那些追求便捷、质量稳定的消费者，为此，雀巢在对客户群体具有深度理解的基础上，通过完善的供应链和严格的品控推出了多种速溶咖啡，得到了广大消费者的好评。而瑞幸咖啡的目标受众更加偏向年轻一代消费者，尤其是对便捷和高品质的消费体验有较高需求的人群。因此瑞幸通过线上订购和送货服务、智能自助咖啡机等方式，满足了快节奏生活中年轻人对高品质咖啡的需求。雀巢和瑞幸同为咖啡公司，但由于对客户细分的选择不同，提供的产品及服务大相径庭，这充分说明了对于企业而言，确定合理的客户细分，并依据对客户细分的深度理解进行相匹配的商业模式设计是非常重要的。

关于企业如何进行客户群体细分有一套完善的评判条件：①他们的需求催生了新的供给；②需要建立新的分销渠道；③需要建立新的客户关系类型；④他们产生的利润率显著高于其他客户群体；⑤他们愿意为企业在某方面的特殊改进而买单。企业可以根据以上条件进行客户群体细分，从而为我们揭示"谁是我们的重要客户？"这一关键问题的答案。

（二）价值主张

价值主张考虑的是企业如何满足客户需求、解决客户问题，为客户提供独特的、有价值的产品或服务并赢取竞争优势。鞋类电商 Zappos 创始人谢家华曾言：当你与顾客建立联系时，不仅是为了出售产品或服务，还要提供真正的价值。只有这样，他们才会选择你而不是其他人。价值主张是客户选择一家公司而放弃另一家的重要考虑因素。公司的价值主张能够多大程度上解决客户的问题或满足其需求，决定了该公司获得了客户的青睐的可能性。每一个价值主张可以具体表述为一个产品和服务的组合，这一组合迎合了某一客户群体的要求。从这个意义上说，价值主张就是一家公司为客户提供的利益的集合。

在经济和科技飞速发展的时代背景下，企业越来越强调创新性的价值主张。价值主张的创新性体现在企业为客户带来一种新的或革命性的产品或服务，也可以是与既有的产品或服务相似，但在原有价值主张基础上增添了新的特点和属性的产品或服务。通用汽车董事长兼首席执行官巴拉强调了向客户提供超越现有产品的价值主张的重要性。她主张："不仅要满足顾客现有的需求，更要超越他们的期望，提供出色的价值。"在越来越激烈的市场竞争和强调创新的市场环境下，创新性的价值主张将会越来越受顾客青睐。

企业可以通过回答以下问题来确定企业要采用的价值主张。①我们要向客户传递什么样的价值？②我们需要帮助客户解决什么问题？③我们需要满足客户哪些需求？④面向不同的客户群体，我们应该提供怎样的产品和服务的组合？

（三）渠道

渠道是指一家企业如何同它的客户群体达成沟通并建立联系，从而向对方传递自身价值主张的方式或路径。渠道通路在客户体验中扮演着客户触点的重要角色，具体来说，渠道通路的作用包括以下几点。①使客户更加了解公司的产品和服务，如企业可以通过广告和宣传活动向客户展示产品和服务的特点、优势及与价值主张相关的信息。②帮助客户评估一家公司的价值主张，如企业可以通过各种途径（如展览会、演示会、产品体验中心等）向客户提供产品演示和试用的机会。这样，客户能够亲自体验产品，并更好地评估自身需求与公司价值主张的契合度。③使得客户得以便利地购买某项产品和服务，如企业开设的线上店铺可以让顾客随时随地购买到企业的产品和服务。④向客户传递价值主张，如通过企业网站或在线商店，客户可以自由地浏览产品信息、比较和评价不同选择，更好地了解公司的价值主张。⑤向客户提供售后支持，如企业通过客服热线、技术支持等服务，为客户提供必要的售后帮助和支持，加强他们对公司的信任和忠诚度。

企业可以通过回答以下问题来确定公司的渠道通路：①我们的客户希望通过什么渠道与我们建立联系？②我们如何去建立这种联系？③我们的渠道是如何构成的？④哪些渠道最管用？⑤哪些渠道更节约成本？⑥我们如何将这些渠道与日常客户工作整合到一起？

（四）客户关系

客户关系指的是企业与客户之间建立的互动关系及维护这种关系的方式和策略。不同的客户关系类型将对不同的客户体验产生深刻的影响，最终影响企业的利润，因此企业必须明确，针对不同客户群体要建立哪种关系类型，才能实现开发新客户、留住原有客户和增加销售量的目标。例如，小米借助"小米社区"这一社区型客户关系为用户提供了专业的技术支持与解决方案，从而提高了客户的认可度，并通过用户互动和反馈机制辅助小米新产品的设计和研发。良好的社区型客户关系帮助小米在短短七年之内从一个籍籍无名的初创企业发展成为世界上最大的智能手机制造商之一，收入达到150亿美元。小米的例子表明，恰当的客户关系能为企业发展带来重要助益，而在实践中，我们一般把客户关系分为私人服务、专属私人服务、自助服务、自动化服务、社区服务、共同创造六大类型（表3-1）。

表 3-1　客户关系类型表

客户关系类型	定　义	实　例
私人服务	客户可以与客户代表进行交流并在销售过程中及购买完成之后获得相应的帮助	当客户咨询与健身房会员相关的信息时，健身房往往会指派客户代表与客户交流，让客户了解会员套餐的具体内容、价格和优惠政策等。同时客户代表可以协助客户根据自身需求选择适合的会员套餐，并解答客户疑问
专属私人服务	要求企业为每一个客户指定一个固定的客户经理，由客户经理负责为客户提供个性化的支持和帮助	银行往往会为高净值客户指定专门的银行经理，由专门的银行经理为客户提供个性化的投资方案
自助服务	在这种客户关系中，用户可以自主进行操作和处理事务，而无须其他人的帮助或干预	Keep等在线健身应用程序会为用户提供个性化的训练计划和指导。用户可以根据自己的健康目标、时间安排和喜好，在应用程序中选择适合自己的训练计划

客户关系类型	定　义	实　例
自动化服务	将相对复杂的客户自助服务形式与自动化流程相结合，通过个人在线资料来识别客户身份和特点，并提供符合客户需求的个性化服务，甚至模仿人际关系交往的服务	淘宝可以通过对用户的浏览购买历史进行分析，从而向用户提供特定的推荐商品和促销优惠，以满足用户的个性化需求
社区服务	企业通过建立在线社区，鼓励用户之间相互交流、分享知识并解决问题，从而加深企业对用户需求的理解	小米用户可以在小米社区中交流、分享经验和操作技巧，还可以向小米官方提供反馈意见和建议，同时也是用户获取官方支持和服务的重要渠道
共同创造	企业超越传统的买卖关系，与客户合作共同创造价值，通过邀请用户参与产品设计、征集用户生成内容等方式，实现与客户的紧密合作与互动	YouTube 等用户生成内容平台向用户征集内容再向公众发放，以此为用户提供了一个展示自己的舞台，并促进了 YouTube 自身的发展

（五）收入来源

收入来源指的是企业从每一个客户群体获得收益的方式。如果说，客户构成一个商业模式的心脏，那么收益来源便是该商业模式的动脉。企业需要考虑每一个客户群体愿意买单的出发点究竟是什么，回答该问题可以帮助企业明确在选定的客户群体中可以获得什么样的收益来源。在实践中，收入来源的类型包括资产销售、使用费、会员费、租赁、许可使用费、经纪人佣金、广告费（表 3-2）。

表 3-2　收入来源类型表

收入来源类型	定　义	实　例
资产销售	企业以出售资产所有权的形式获得的报酬	亚马逊通过销售图书、音乐、消费类电子产品等商品取得收入
使用费	企业按照顾客对企业产品或服务的使用量或使用频率收取的费用	电信运营商根据用户使用电话的时长收费
会员费	用户为了能够持续使用企业产品或服务而向企业支付的费用	网络游戏魔兽世界的联机游戏用户每月要缴纳一定的会费以获取联机游戏资格
租赁	企业将某一特定资产在某一个时期专门供给用户使用并依此向用户收取的费用	酒店将某一个房间租给客户使用一段时间并依此收取一定的费用
许可使用费	企业向用户授予某种受保护的知识产权的使用权，依此向用户收取许可使用费	微软向顾客出售使用操作系统（如 Windows）和办公软件（如 Microsoft Office）的许可权，用户需要购买许可证来合法使用这些产品
经纪人佣金	企业或个人在用户与其他主体的买卖、交易或服务过程中发挥调和或促成交易的作用，并从每个成功的交易中收取一定百分比或固定金额的费用	房产中介因为成功地促成了用户与房地产公司之间的交易而获得佣金
广告费	企业为用户的产品、服务或品牌提供推广服务而收取的费用	脸书通过允许广告主在脸书平台上创建并展示广告，并依此向广告主收取费用

（六）核心资源

核心资源指的是组织或企业所拥有的独特的、难以替代的且具有重要价值的资源，这些资源在实现组织竞争优势和业务成功方面起到关键作用。不同类型的商业模式需要不同的核心资源，如一个微芯片制造商需要的是自动化的生产设备，而微芯片的设计公司则更聚焦于人力资源。组织核心资源有多种形态，包括实物资源、金融资源、知识性资源及人力资源。

实物资源包括实物资产，如生产设备、房屋、车辆、机器、系统、销售点管理系统及分销渠道。例如，原油和天然气等资源是石油化工行业的核心资源。知识性资源包括品牌、专营权、专利权、版权、合作关系及客户数据库。例如，无线通信技术公司高通专注于设计和制造移动宽带设备芯片，它们在微芯片设计领域积累了众多先进专利作为核心资源，并依靠这些专利组合为客户提供行业领先的无线通信解决方案，从而成为全球领先的无线通信技术公司。人力资源是指组织或企业中的员工、员工团队及具备相关的知识、技能、经验和能力等方面的人员。每一家企业都需要人力资源，但是不同企业对于人力资源的需求不同，如在科技行业中，掌握高新技术的人力资源往往被视为最核心的人力资源。诸多国际知名制药公司的商业模式都是围绕掌握先进技术的科学家团队打造的。而在纺织业中，企业更关注掌握一定纺织技能的中低技能水平劳动力。金融资源是指组织或企业在经济活动中所拥有和利用的资金和财务工具，包括现金、信用额度或股票期权池等。保险公司通过向客户提供保险产品，承担风险并提供赔偿来获取利润，它们依靠自身的金融资源来管理和覆盖各种风险，并为客户提供财产保护和风险管理服务。

（七）关键业务

关键业务是指一家企业在实现其使命和战略目标时，不可或缺且具有重要影响的核心业务活动。这些业务通常是组织所擅长的、能够为其创造差异化竞争优势并支持其价值主张的核心运营活动。每个企业采取的商业模式各不相同，关键业务也因不同的商业模式类型而异。对于软件商微软而言，关键业务是软件开发。对于个人电脑生产商戴尔而言，关键业务是供应链管理。对于咨询公司麦肯锡而言，关键业务主要包括解决方案的提供。

一个企业的关键业务大致可以分为生产类、解决方案类、平台类。生产类型的关键业务表现为企业进行的产品设计、制造及分销。这一类型关键业务在制造企业中占据支配地位，如冶炼厂以冶炼金属矿物、制造各种金属和合金为关键业务。解决方案类关键业务表现为企业为客户的问题提供针对性的解决方案。咨询公司的核心业务就是在对顾客的问题进行深入剖析的基础上，提出针对性的解决策略。平台型关键业务是指企业以网络平台为核心，通过整合资源、提供服务和建立网络生态系统等方式来满足用户需求的重要业务活动。例如，淘宝就是通过整合卖家和买家资源，为用户提供了一个在线购物的平台，其核心业务是匹配商家的供给和消费者需求。

（八）重要合作

重要合作指的是为保证企业商业模式顺利运行所需的合作伙伴网络。合作对于企业而言具有重要的意义，它不仅可以帮助企业实现资源整合、创新和市场拓展，还能够为企业分摊风险、降低成本，提高品牌价值与声誉。因此，积极寻求合作机会是企业成功发展的重要策略之一，而重要合作就是企业合作中最基础和最关键的合作。企业要实行重要合作，首先要区别重要合作与非重要合作。这可以通过四个问题来辨别。①谁是我们的关键合作伙伴？②谁是我们的关键供应商？③我们从合作伙伴那里获得了哪些核心资源？④我们的合作伙伴参与了哪些关键业务？

当企业选择建立合作伙伴关系时，往往需要确定建立合作伙伴关系的动机，一般包括优化资源配置和降低风险。优化资源配置是企业建立合作伙伴关系的重要目标之一。在复杂的产品生产过程中，企业往往无法拥有全部所需资源并自行完成所有环节，而是专注于某个具体环节，利用关键资源开展关键业务以获得超额利润。为了降低生产成本，在企业不占据优势的产品生产环节，企业可以通过外包或基础设施共享等方式与其他企业合作，从而实现资源的优化配置。例如，苹果公司在产品设计和营销方面具备强大的能力，但对于生产操作和组装等环节并不占有优势。因此，苹果公司将这些环节外包给了如富士康等代工厂商，自身则专注于创新和品牌建设，同时借助代工厂商的规模经济和制造专长，实现了高效的生产和成本控制。此外，寻求合作伙伴共担风险以应对环境的不确定性也是企业建立合作伙伴关系的重要动机。例如，企业通过与合作伙伴共享供应链资源、品牌渠道和市场机会等降低企业依赖单一资源带来的风险。

（九）成本结构

成本结构是指企业在生产和经营过程中所需承担的各种成本的组织结构和分布方式，它描述了企业的成本来源、成本项目及其相对重要性，以及这些成本将如何分配到不同的业务活动或产品上。一个企业的成本结构通常由多个成本项目组成，包括直接成本和间接成本。直接成本是与具体产品或服务直接相关的成本，如原材料采购成本、劳动力成本和制造成本等。间接成本则是与多个产品或整体运营有关的共享成本，如管理费用、销售费用和研发费用等。成本结构的定义还可以涵盖不同类型的成本，如固定成本和变动成本。固定成本是不随产量或销售额变化而变化的成本，如租金、设备折旧和管理人员工资等。变动成本是随着产量或销售额的增加或减少而发生变化的成本，如原材料成本、直接人工成本和包装费用等。

第二节　互联网环境下的典型商业模式

商业模式是企业战略方向和经营方式的集中表达，回答了企业创造什么价值、为谁创造价值、如何盈利、拥有何种竞争力等一系列问题。市场环境及消费者需求的变化是影响商业模式发展的底层因素，数字技术的应用是商业模式发展的原动力。实体世界数据化特征日益显著，主体间连接紧密性加强，各个行业都在不断创新商业模式设计，构建独特的价值主张，优化企业的盈利模式，以赢取新的发展机遇。以下，介绍几种互联网环境下典型的商业模式，以期为数字化时代的企业商业模式创新提供有意义的参考。

一、长尾商业模式

（一）内涵

长尾这一概念最早在 2004 年 10 月由《连线》杂志主编 Anderson 在《长尾理论》一书中提出，用来描述诸如亚马逊和奈飞之类的电子商务网站的商业和经济模式。在传统商业领域，有一个著名的二八定律，即 80%生意来自 20%的头部客户，剩下 80%的客户只能带来 20%的生意。而长尾理论认为：20%生意的长尾的那个部分，尾巴非常长，如果全部加起来，所带来的市场份额，有可能比 50%还多，这就是长尾商业模式的逻辑。如图 3-1 所示，长尾商业模式指的是通过销售大量不太受大众欢迎、需求量小的小众商品的商业模式，长尾式商业模式的核心在于多样少量，这种商业模式专注于为利基市场提供大量产品，而每种产品的销量较小。利基产品销售总额可以与凭借少量畅销产品产生绝大多数销售额的传统模式相媲美。更具体而言，只要产品的存储和流通的渠道足够大，需求不旺或销量不佳的产品所共同占据的市场份额可以和那些少数热销产品所占据的市场份额相匹敌甚至更大，即众多小市场汇聚成可产生与主流相当的市场能量。[①]

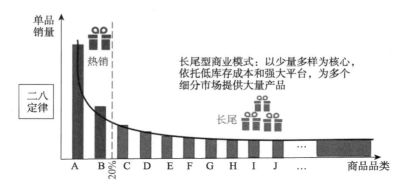

图 3-1　长尾商业模式逻辑图

长尾商业模式有诸多优点，一是区别于企业以往提供少种类大批量产品从而满足消费者对主流产品的需求，采取长尾商业模式的企业能够满足消费者独特的需求；二是能够提高企业利润，尽管每个长尾产品的销量可能不大，但所有的长尾产品加起来的销量和利润很高；三是构建忠诚的客户群，当商家能满足消费者的个性化需求时，消费者会更加忠诚于商家。当然，长尾商业模式的成功实现是需要一定条件的，核心条件包括低库存成本和强大的平台。一方面，较低的库存成本能够保证该利基产品对于兴趣买家来说容易获得；另一方面，强大的平台有助于将利基产品最大可能地在潜在消费者面前曝光。

---

① 克里斯·安德森. 长尾理论[M]. 北京：中信出版社，2007：2-4.

（二）构成要素分析

从客户细分角度出发分析，长尾企业的客户细分聚焦于小众客户和小众内容提供者。长尾企业有大量小众客户才有可能销售大量小众产品，而长尾效应的实质是长尾企业销售的尾部产品相加的总数量很大，因此可以创造出惊人的价值，由此可见，一方面，只有大量小众客户才可以为企业带来长尾效应，因此小众客户也就是企业客户细分的核心。另一方面，长尾企业要实现长尾效应就必须能够提供大量个性化小众产品，但是企业出于效率性和经济性考虑一般不会自主生产所有小众产品，而是通过与小众产品供应商和小众内容提供者达成合作来实现获取大量小众产品的能力，这反映了长尾企业的另外一个客户细分核心就是小众内容提供者。长尾企业往往会通过建立平台的方式同时为小众内容提供者和小众客户服务，平台通过为小众内容提供者提供创造支持和以现金激励的方式刺激更多的小众内容产出，吸引更多小众客户通过平台进行消费。同时，平台通过丰富的小众产品吸引大量小众客户，提升了平台知名度，进一步吸引更多的小众内容提供者加入平台，从而达成平台双向服务小众客户和小众内容提供者的双向正循环。

从价值主张角度出发分析，长尾企业的价值主张聚焦于提供大范围的小众产品及产品的生产工具。长尾企业的价值主张与其客户细分是息息相关的，因为长尾企业的客户细分聚焦于小众客户和小众内容提供者，长尾企业基于小众客户的小众产品需求提供了大范围多种类的小众产品，而对于小众内容提供者的创作支持需求，长尾企业则是提供了产品的生产工具。从渠道通路角度出发分析，长尾企业的渠道通路侧重于互联网。相较于传统的销售渠道，互联网渠道可以降低供需双方在沟通、互动、链接和交易方面的成本，这种低成本的沟通渠道是长尾商业模式成功的关键。长尾商业模式的成功实现依赖于长尾企业能够为小众客户提供符合其个性化需求的小众产品，从而达成大量销售小众产品形成长尾效应的目的，小众客户需求的多样化和小众产品的多样性特征导致长尾企业在销售产品时必然面临着频繁的沟通和互动，因此一种低成本的沟通互动方式就是长尾商业模式成功的保证，互联网渠道固有的低沟通成本优势就为长尾企业提供了低成本保证，因此互联网渠道成为了长尾商业模式的渠道通路中最核心的部分。

从核心资源角度出发分析，长尾企业的核心资源就是平台。从前面所分析的内容出发，长尾商业模式需要一种能够通过互联网渠道链接小众客户和小众内容提供者，并为小众客户提供多种小众产品，为小众内容提供者提供产品生产工具的运行模式。这种运作模式就反映为诸多长尾企业采取的平台模式，平台模式能够帮助企业通过互联网连接生产者和消费者，从而撮合供需双方的交易。同时作为中间平台的企业还能为供需双方提供所需的服务和管理，这完美符合了长尾商业模式对于运行模式的需求，因此平台就成了长尾企业业务的外在表现，也是长尾企业的核心资源。

从关键业务角度出发分析，长尾企业的关键业务就是维护运营平台，为小众内容提供者服务。因为长尾企业通过平台完成链接供需双方，达到销售长尾产品的目标。因此对平台的管理和对平台的升级就是长尾企业能否完成销售大量长尾产品，实现长尾效应的关键。另外，长尾产品的生产依赖于小众内容提供者的创造，因此为小众内容提供者提供良好的创作支持和创作服务，以帮助小众内容提供者产出更多、更优秀的小众产品也是长尾企业的另一个关键业务。从重要合作对象出发分析，长尾企业的重要合作对象聚焦于小众产品提供者。长尾商业模式要求长尾企业能够为消费者提供多种小众产品从而发挥长尾效应，但是长尾企业受限于资源和效率，往往不可能自己生产所有小众产品再提供给消费者。因此众多长尾企业就需要通过与小众产品提供者建立合作关系来解决多种小众产品的供给问题，而小众产品的提供商可以是第三方自有品牌供应商，也可以是由用户创作产品的小众内容提供者。

从成本结构角度出发分析，长尾企业的成本结构主要侧重于平台的运营管理和开发创新。因为平台是长尾企业运营最直接、最主要的工具和核心资源，因此保证平台的创新性和有效性是长尾企业面临的重大问题。长尾企业要实现平台的创新性和有效性的目标就必须投入大量资金用于平台的开发和管理，这些费用也构成了长尾企业的最主要成本。从收入来源角度出发分析，长尾企业的收入来源集中于多种少量的小众产品的销售。由于长尾企业的运营模式是平台模式，长尾企业更多的是充当买卖双方的中间调节角色，因此长尾企业的收入主要来源于企业促成交易所收取的服务费，长尾商业模式多种少量的销售模式带来的长尾效应保证了巨额交易量的达成，也保证了长尾企业的收入足够与销售头部商品的企业相媲美。

（三）长尾商业模式企业实例

传统的广告业是一个以大企业为中心的行业，高昂的广告投放成本决定了大商家的核心地位。媒体依赖那些有大量广告预算的大商家为他们带来收入，如通用汽车、可口可乐等。这些处于行业头部的企业往往能为媒体带来大额收益，因此媒体会专门建立销售队伍向这些头部企业推销他们的广告武器。这种做法带来了一个不易觉察的潜在成本：只有最大和最富有的客户才会得到重视。换句话说，这一做法导致媒体推销员仅仅关注处于行业头部的企业而忽略了数量巨大的中尾部小公司。虽然这些小公司也存在投放广告的需求，但是媒体推销员考虑到较大的推销成本和小公司带来的较少收入，往往会倾向于忽略这些小公司。

20 世纪初，广告业一直按照传统商业模式运作。2001 年，刚成立两年的谷歌开始探索全新的媒体广告商业模式。谷歌借鉴了 Overture 公司创始人 Bill Gross 在 1998 年首创的按点击付费模式，成功地创建了史上最高效的长尾广告机制。谷歌的广告模式体现了长尾特征。

一方面，谷歌基于关键词搜索机制为客户创造了大量独特的广告机会，体现了满足小众客户独特需求的价值主张。谷歌的工作基础是搜索关键词，而搜索关键词的组合几乎是无限的。谷歌意识到，每个独特的关键词组合都代表着一个独特的广告机会。数以千万计的关键词组合相当于消费者兴趣和意愿的数以千万计的表达。如果广告设置完全是由网页级别算法决定的，那么每一次表达都可以转化成一个具有高度针对性的广告机会。

另一方面，谷歌通过加强平台管理，大幅降低接触市场的成本，优化了其成本结构。谷歌创新地使用了一个简单且非常廉价的自助服务模式来降低接触市场的成本，成功卖掉数以千万计的独特广告。在自助服务模式下，任何人只需要在谷歌提供的自动拍卖程序中购买一个关键词，就可以成为谷歌的广告商。拍卖的报价可能低至每次点击 0.05 美元。这种自助服务模式不仅降低了谷歌和广告商的成本，而且增强了广告效果。谷歌提供广告自定义和检验工具，旨在帮助广告商实现最高的点进率（即消费者点击广告并进入广告商网站的比例）。经常有广告商反复调整关键词和广告文案，直到他们满意为止。这种模式已经将谷歌的广告业务扩展到了长尾市场的深处。如今，谷歌有很多从未在其他地方做过广告的小型广告商。自助服务模式、可衡量的效果、低进入成本以及不断改进广告内容的能力，吸引了成千上万的广告商进入这个新市场。

据谷歌母公司 Alphabet 2022 年财报显示，Alphatbet 2022 年总收入 2828 亿美元，其中谷歌广告贡献营收 2245 亿美元，占总收入的 80%。我们可以看到，长尾商业模式为谷歌带来了巨大的收益，也为其他公司带来了启发。尽管大部分收入来自头部产品或服务，但大多数的顾客或需求则分布在长尾部分。这意味着长尾部分将成为未来的主要增长动力。在互联网时代下，长尾商业模式还有许多空间可以挖掘，未来可能会衍生出更多的商业机会。[①]

二、平台型商业模式

（一）内涵

平台型商业模式一般也被称为平台经济，是指作为虚拟或真实交易场所的平台本身不生产产品，但可以促成双方或多方之间的交易，并在促成的交易中适当收取费用或赚取差价而获得收益的一种商业模式。淘宝等在线购物平台为消费者和商家提供商品交易平台就是平台型商业模式的一种表现。

平台模式的本质是企业通过对流量的占有来创造价值，并形成市场中的"马太效应"。庞大的用户数量，是平台型企业的核心资产，也是其能够不断创新商业模式、冲击甚至颠覆其他产业的根本保障。平台商业模式的核心竞争思维是黏住用户、抢占流量，平台的参与者越多，平台创造的价值就越大；而平台的价值越大，就越能够吸引更多的参与者。例如，百度通过搜索引擎占据了信息入口；腾讯通过 QQ、微信等平台占据了社交入口；阿里巴巴通过淘宝、天猫、支付宝等，占据了交易入口。平台模式很容易形成一家独大的局面，如微软在 PC 操作系统中占据了高达 95% 的市场份额；起点中文网吸引了 43.8% 的中国网络文学读者；携程在线旅游占据了在线旅行服务行业 63.9% 的流量。

平台商业模式是一种基于价值创造、价值传递与价值实现的商业逻辑。这种商业逻辑具体体现为：首先，平台企业为平台的两边（即供应商和终端顾客）提供各种服务，这是平台模式价值创造的过程；其次，平台企业还担负着为供应商传递产品/服务给终

---

① 克里斯·安德森. 长尾理论[M]. 乔江涛译. 北京：中信出版社，2012.

端顾客的任务，这一过程就是价值传递的过程，也体现了平台商业模式的重要功能；最后，平台企业对来自终端顾客的货币支付以某种契约形式与供应商进行分成，这一过程就是价值分配与价值实现的过程。

（二）特点

1. 依赖用户的高度参与

实现平台经济高效运行的首要条件就是有大量用户使用该平台，如谷歌将进行搜索的用户作为广告投放的目标，向这些用户展示与其搜索信息相关的广告，从而提高广告的精准度和效果。平台还能充分调动用户参与生产，并对用户产生巨大影响，如优步（Uber）看准用户的交通需求，充分调度私人汽车向用户提供交通服务。乐观派们强调，以优步为代表的平台能够释放未被充分使用的个人资产的商业价值，从而真正促成共享经济。平台经济的收入来源于促成双方或多方的交易从而收取的差价或手续费等，那么自然要有大量的用户高度参与，才能产生大量的交易量，从而为平台提供收入。

2. 供求双方的信息精确匹配

在市场上，如何撮合潜在买家和卖家达成交易至关重要，平台效率也集中体现为撮合效率。平台经济能够连接一切，其虚拟空间特征能打破买卖双方在交易过程中所受的时间及空间限制。企业因此得以突破物理空间限制，进而拓宽企业业务范围至全国乃至于全球大市场，也能将市场从针对存量的"头部"发展到拓展增量的"长尾"，推动技术从人工操作为主发展到工具为主的技术替代，进而提升生产力效率。换而言之，平台连接了上下游、供需端，并为交易双方或多方提供第三方或第四方服务，通过降低交易费用、分享价值增值收益等方式促进交易量增加，以实现自身的收入增加。[①]

3. 双边网络外部性

双边网络外部性意味着已经加入该平台的买家越多，卖家加入该平台就可以接触到越多的客源，则卖家加入该平台的潜在收益也越高。同时，加入该平台的卖家越多，买家在该平台中就可以有更多的商品选择，则买家的潜在收益也越高。平台经济固有的双边网络外部性表明了买家和卖家是否加入该平台，是一种双向正反馈的过程。而对平台而言，流量是达到正反馈的基础，因此如何持续获取流量是打造平台生态圈的关键。

4. 大规模跨界

随着资源共享范围越来越广、程度越来越深，企业内部的边界越来越模糊，企业通过平台实现的跨界融合现象也愈加频繁。平台型企业能够充当连接、整合的角色，能够连接多边群体，整合多方资源，满足多边群体的需求。通过平台企业能减少不必要的中间环节，创造更多价值连接，提高效率，带来增值。此外，企业还能通过协同上下游伙伴，甚至同业竞争者，一起设计新格局、新规则，为供应方及需求方带来更大增值。[②]

---

① 陈禹，杨培芳，姜奇平，等. 互联网时代的经济学革命[J]. 财经问题研究，2018（5）：3-20.
② 王生金. 平台模式的本质及其特殊性[J]. 商业研究，2014（6）：27-31.

（三）平台型商业模式应用实例

爱彼迎是全球最大的房屋短租平台。它在房屋短租领域开创了一种共享经济的商业模式，它的成功实际上是平台型商业模式在房屋短租领域的一次成功实践。与传统酒店提供的高度同质化的短租服务不同，爱彼迎的特点在于为消费者提供富有当地特色的房屋短租服务，如在意大利，爱彼迎可以为顾客提供庄园豪宅的短租服务，让消费者体验意大利人文气息。在塞尔维亚，爱彼迎为顾客提供了船屋的短租服务，让消费者体验塞尔维亚的水乡景色。时至今日，爱彼迎仍然在不断扩大服务区域和增加短租房屋种类，目前，爱彼迎的房源覆盖192个国家的2.6万个城市，为消费者提供了50种以上贴合当地风格的短租房屋。

爱彼迎为什么能够打破传统酒店的限制，在为消费者提供丰富的房源的基础上还能得以迅猛发展呢？实际上，这是爱彼迎与传统经济型酒店采取了不同商业模式的结果。传统酒店强调为消费者提供标准的高质量产品，以保持产品质量稳定的方式保证消费者对酒店品牌的深刻认知和信任，从而提高消费者对酒店品牌的消费黏性，保证传统酒店拥有较为稳定的客流量，如汉庭酒店、速八酒店等知名酒店品牌都采用了这种经营模式。但是传统酒店的经营模式也有其弊病所在，一方面，传统酒店强调产品质量稳定，导致传统酒店提供的产品出现了严重的同质化现象，不利于酒店吸引那些对于当地特色文化感兴趣的游客等。另一方面，传统酒店需要自行建造房屋或租用房产为消费者提供产品，带来了高昂的房屋买断成本、改造成本和清理成本，致使传统酒店提供的产品的价格偏高，不利于酒店吸引那些有高性价比居住服务需求的客户。

爱彼迎采用了平台型商业模式打破了传统酒店面临的产品同质化程度和价格双高的困境。具体来说，爱彼迎并不像传统酒店一样自己为消费者提供产品，而是为旅游人士和有空房可供出租的房主提供了一个空房短租的平台。消费者只需要定位自己需要短租服务的城市，爱彼迎就会为消费者提供该城市的房间列表，然后消费者可以直接在线上定下房间。而想要出租空房的房东则需要在爱彼迎上创建账号，然后发表房屋出租的帖子，并提供房屋照片和相关信息，就可以完成发表，等待租客询问。爱彼迎在租客和房东的交易中担任了监督者和中间人的角色，它为租客和房东提供了交易和展示的平台，并通过建立房东评价机制、房东保障计划等机制保证了租客和房东的权益。

尽管爱彼迎采取的这种平台型商业模式看起来非常简单，但是却能有效地突破传统酒店面临的困境。一方面，在爱彼迎上出租的房间由当地居民提供，因此房间天然地具备当地特色，而且与酒店房间相比更加精致、富有生活气息，同时租客与当地居民也更容易建立社交联系。这不仅为租客提供了一种带有当地文化的房屋居住服务，同时也为租客提供了一种新奇的用户体验。另一方面，在爱彼迎上提供房屋短租服务的低门槛也导致了房屋短租服务的低价格，房东在爱彼迎上提供的房屋短租服务，并不要求对空房进行改造以符合特定标准，这导致爱彼迎上的房东在提供短租服务时往往只收取较少的费用，从而为消费者提供了低成本和房屋短租服务，而房东也获得了一个轻松的外快来源。这些优势帮助爱彼迎打开了线上房屋短租平台的市场，并吸引了大量旅游人士、房东使用爱彼迎进行线上房屋短租交易。爱彼迎也因此获得了成功，财报显示，爱彼迎在 2022 年营收达 83.99 亿美元，同比增长 40%，净利润达 18.93 亿美元。[①]

三、共享商业模式

（一）内涵

共享商业模式又称为共享经济商业模式，是一种企业以共享经济平台为载体，给消费者提供产品或服务的使用权，以此获取一定经济利益的商业模式。互联网技术的不断推广、网络生态的日益完善及移动终端、物联网和云计算的迭代发展，为共享商业模式的创新与广泛应用提供了广阔的发展前景。目前，已经诞生了优步、滴滴出行、爱彼迎、共享单车等一系列成功的共享平台，共享经济的对象也广泛分布在出行、住宿、医疗、资金等多个领域。

共享商业模式的本质是资源的优化配置。共享渠道能够使商品、服务、数据等资源的价值得到更充分的挖掘和利用，供应方对所拥有资源的使用权的短暂让渡，有效降低了交易成本，刺激了需求。在互联网环境下，共享商业模式主要以移动互联网为载体，借助互联网这一系统平台，企业可直接向消费者提供产品或服务，还可借助共享平台更精准快速地寻找到大量对口的需求方。由此，一方面，互联网平台连接起了供给端和需求端，整合了供给端分散的闲置资源，极大提高了这些资源的流动性与使用效率；另一方面，为供需双方架起直接沟通的桥梁，能够有效满足需求者的个性化和定制化需求。此外，闲置资源的有效利用，也有利于实现社会的绿色可持续发展。

（二）模式创新分析

1. 价值创造创新

在共享模式下，价值创造的创新突出体现在共享资源上。共享平台不仅能实现供需双方精确、快速的匹配，更高效地达成交易，还可借助强大的数据搜集及数据分析技术加强供需资源的对接和匹配，深入洞察顾客的个性化需求，由此，平台可以更有针对性地制定更加完善的营销策略，发现目标顾客并挖掘其潜在需求。

2. 价值传递创新

在共享模式下，价值传递的创新突出体现在互动关系上。其一，移动互联网的快速发展为主体间的互动关系从单一链式到网络式的创新发展提供了条件，企业内及企业间互动、企业与消费者互动形成价值共创网络，共同为顾客提供功能齐全、个性化定制的优质服务。其二，共享模式充分利用在移动互联网环境下信息能够高效共享的便利性条件，将以数据和信息为载体的能量流在不同主体间完成转移，使价值创造主体在实现网络化和链接化互动的同时，能够以低交易成本实现交互和协同创造价值。

3. 价值获取创新

在共享模式下，价值获取的创新突出表现在盈利模式上。共享平台创造可以连接供

---

① 南方都市报. 爱彼迎创始人：3 个青年的逆袭之路[EB/OL]. 2017[2023.3].

给和需求两端的共享市场，整合供需两端的资源，双向借力。平台须创造市场增量，盘活存量，实现客户倍增、销售倍增，依靠更大的共享强度和共享范围实现盈利。平台借助共享营销技术，可从底层系统上进行资源重构和价值链重构。此外，共享平台可通过构建多功能模块进行多元化的付费模式探索，如会员制付费、用户打赏、垂直内容付费，还可扩大合作范围，开发平台内业务推送、用户偏好服务推荐，为合作伙伴提供数据提取、用户画像等多种增值业务。

（三）共享商业模式企业实例

滴滴出行成立于 2012 年，于 2015 年年底着手实施共享模式，是我国较早发展共享经济的企业，其价值主张是"让出行更美好"，欲通过缩短用户出行时间和降低金钱成本为用户提供便捷化服务。滴滴出行通过搭建互联网平台，将出租车信息与乘客信息进行匹配整合，实现供需两端的直接对接，解决了传统出行模式中车主与乘客的信息不对称问题。当前，滴滴出行已成为中国最大的移动出行平台，也是全球最大的共享出行平台之一。

展开来说，滴滴利用移动互联网技术，相继推出快车、出租车、顺风车、代驾等多种服务模式，将数以万计的空闲车车主和乘客连接在一起，为相关顾客提供了一站式便捷服务，这能够有效降低交易成本，提高交易效率。例如，滴滴在 2015 年 6 月上线了滴滴顺风车服务，在这一服务板块中，平台通过算法智能匹配，可以让路程相近的乘客和私家车主拼车出行，极大地提高了车辆利用率，并且减少了能源消耗，为减少空气污染做出了有益贡献。此外，滴滴还积极与美团、携程等优质第三方平台合作，合作双方可以实现用户共享与流量互动，并加强对用户数据的深度分析和整合利用，这有助于为用户提供更加便捷和高质量的出行、外卖及旅游服务，由此，助力合作伙伴之间的共赢，实现价值链增值。此外，滴滴在 2016 年就开始组建自动驾驶研发团队，2023 年，滴滴自动驾驶座位网约车出行服务已在上海和广州开启运营服务，预计于 2025 年将自动驾驶座位网约车出行服务全面接入滴滴共享出行网络，实现全天候、规模化的混合派单。未来，滴滴将不断探索共享出行产品智能化升级和商业模式创新，让出行更美好，为激活消费市场、带动扩大就业贡献共享平台经济的力量。

滴滴出行打破了传统出租车行业提供服务同质化严重的局面。滴滴根据顾客的多样化需求推出了有针对性的产品服务，如针对高端需求群体推出的滴滴专车，针对绿色环保、节约型消费用户推出的滴滴顺风车，针对临时不便驾驶用户推出的滴滴代驾等，滴滴出行通过提供差异化产品服务，提高客户满意度，增强竞争力。此外，滴滴出行将线上线下服务相结合，乘客和车主通过线上平台获取信息，实现供需匹配，完成线下出行。在行程结束后，双方可以在平台上进行互评，加强信用体系的构建，平台利用这些信息，可制定下一次的服务标准，由此实现闭环链条式服务创新。

滴滴出行作为共享出行平台，存在监管缺失、资质审查漏洞等问题，共享模式在突破安全技术瓶颈方面还任重道远。滴滴应积极建立和完善平台准入机制、评价机制、惩罚机制，配合政府监管创新需求，在数据共享、公平竞争、安全保障、标准体系、诚信体系建设等方面加强与政府的合作，推动协同治理新局面的实现。

第三节　商业模式变革案例

本章主要介绍了以下几个方面的内容：①商业模式的定义；②商业模式的构成要素；③互联网环境下的典型商业模式；④商业模式变革案例。

在商业模式定义部分着重介绍了商业模式的定义和商业模式这一概念的发展历史。在商业模式的构成要素部分介绍了：①客户细分；②价值主张；③渠道；④盈利模式；⑤客户关系；⑥收入来源；⑦核心资源；⑧关键业务；⑨重要合作共九种商业模式构成要素。在互联网环境下的典型商业模式部分通过介绍长尾商业模式、平台商业模式、共享商业模式这三种经典的商业模式让学生进一步感知商业模式是如何运作的。最后在商业模式变革案例这部分，介绍了小米从 B2C 模式到平台型商业模式的变革。

1. 谈谈你对商业模式这一概念的认识。

2. 商业模式包含哪些构成要素？

3. 商业模式的构成要素之间有什么关系？

4. 从文中提及互联网环境下的典型商业模式中选一种，通过图书馆、互联网等方法查阅相关资料，谈谈你对这种商业模式的认识。

自学自测　扫描此码

第四章

商业智能驱动商业模式变革

商业智能是当今数字经济时代的重要组成部分，它将大数据分析、人工智能、机器学习等技术与商业运营紧密结合，为企业的决策和管理提供了全新的思路和工具。在商业智能的驱动下，商业模式也在不断地变革和创新，传统的商业模式已经不能满足数字经济时代的需求和挑战，企业需要重新审视自身的商业模式，通过对商业智能的应用，实现商业模式的升级和转型。那么，商业智能是如何驱动新商业模式变革的？有哪些新商业模式是由商业智能驱动的？又是如何驱动？本章主要内容如下。

学习目标：①熟练掌握商业智能驱动新商业模式变革的原理和逻辑；②理解并掌握C2B模式的定义、特点和商业智能驱动C2B模式高效运作的原理；③掌握S2B2C模式的定义、特点和商业智能驱动S2B2C模式高效运作的原理；④掌握B2K2C模式的定义、特点和商业智能驱动B2K2C模式高效运作的原理；⑤能够运用本章的理论知识在实际情境下分析商业智能如何驱动企业的新商业模式变革。

第一节　商业智能驱动新商业模式变革的原理和逻辑

随着智能技术在商业领域的不断发展和运用，商业模式发生了巨大的变化。商业智能技术的运用可以帮助企业更好地理解市场和消费者，并通过增强企业市场敏感度和协助企业挖掘商业价值，来创造新的商业模式，从而提高企业竞争力。那么商业智能到底是如何驱动商业模式的变革的呢？我们发现商业智能驱动商业模式变革主要体现在商业智能对以下几个方面的影响：①市场细分；②客户关系；③价值主张；④销售渠道；⑤现金流结构；⑥关键资源能力。

一、商业智能助力企业市场细分

市场细分是按照消费者在市场需求、购买动机、购买行为和购买能力等方面的差异，运用系统方法将整体市场即全部顾客和潜在顾客划分为数个不同的消费者群（子市场），以便选择确定自己的目标市场。在传统阶段，企业所做的更多是基于统计学人口特征进行客户细分的，如年龄性别、家庭人口、家庭生命周期收入、职业、教育、宗教、种族、国籍等，把市场分制成群体。人口细分有效的基础在于产品因为人口变量而异。因为即便是年龄、性别、收入等信息一致的消费者，也会对产品产生不同的偏好。

市场细分的基础是购买者对产品需求的差异性。但是，这种差异性一般很难直接度量，故常用其他比较容易度量的、与需求密切相关的变量来对市场进行细分。这些变量包括地理、人口统计学属性、行为及消费心态等变量。市场细分既可以按照以上变量进行单维度细分，也可以组合以上维度进行多重标准细分，同时按照多重标准可以将消费者分为比较小的、同质性更高的群体。市场细分减少了统计学人口平均值等信息偏差，如图 4-1 所示，市场细分一般可以从三个维度入手，即用户特征、用户行为、用户动机来进行市场细化。

图 4-1　市场细分的衡量标准图

不同于传统的市场细分，商业智能技术可以在以下方面起到更为重要的作用。第一，如顾客关系管理系统、智能终端等商业智能的应用能够更加全面和及时地采集到顾客的各类数据，包括个人属性、线上行为轨迹、购买行为等特征的数据，为后续顾客深入分析、行为预测、建模等提供重要支撑。第二，用大数据算法进行细分模型建模，可以吸纳更多的细分维度，从而可以细分出更小、同质性更高的细分群体。第三，数据更新更快，计算速度更快，市场细分模型更新速度更快，更能及时反映用户需求的变化，从而可以做出更准确、更及时的细分模型。第四，市场细分可以和营销渠道、营销活动进行实时关联和调优，通过大数据算法判定的细分群体可以实时地进行最有效营销活动推荐，并可以用大数据计算最为有效的推广渠道来触达这些细分群体。

综上分析，借助商业智能工具，企业能够实现数据化驱动的营销战略，进而解决以下问题：针对不同用户动机，提供不同产品。即便是客户有共同的产品需求，但动机不一样，也可定制好市场。例如，买跑鞋的人，有穿跑鞋参加激烈运动的人，他们每周会更换鞋子。也有买跑鞋散步的人，可能三到五年才更换一次。弱化简单的标志（例如年龄）带来的信息偏差，错失市场机会。例如，年轻人喜欢竞技运动，老年人喜欢打太极。

借助各类数据采集工具、数据分析技术，企业可以对用户勾勒出一幅“数字剪影”，为具有相似特征的用户组提供精确服务满足用户需求，甚至为每个客户量身定制。这一变革将大大缩减企业产品与最终用户的沟通成本。例如，一家航空公司对从未乘过飞机的人很感兴趣（细分标准是顾客的体验）。而从未乘过飞机的人又可以细分为害怕飞机的人，对乘飞机无所谓的人及对乘飞机持肯定态度的人（细分标准是态度）。在持肯定态度的人中，又包括高收入且有能力乘飞机的人（细分标准是收入能力）。于是这家航空公司就把力量集中在开拓那些对乘飞机持肯定态度，只是还没有乘过飞机的高收入群体。通过对这些人进行量身定制、精准营销，最终取得了很好的效果。

二、商业智能改变客户关系管理方式

商业智能工具的应用让客户贯穿企业经营全流程，支撑企业能够以客户需求为导向进行经营。以客户为中心指的是把眼光聚焦在客户身上，一切以客户的切身需求为企业出发点，通过产品和服务帮助客户解决问题，以实现客户的价值为己任。"以客户为中心"是商业成功的底层密码，数字化时代的到来赋予了其更深层次的含义。在数字经济时代，企业跟客户之间会有更多新的关系存在，这个新的关系，可以是渠道、营销、服务，甚至是商业模式。因此，在数字化的时代，企业必须重新思考企业跟客户之间的关系，通过企业与顾客关系重塑，倒逼企业内部运营的改造升级，乃至整个组织的调整。

如何以客户为核心，提升客户全生命周期体验，构建一套以客户运营为中心的技术体系，将是数字化、智慧化组织必须考虑的重要问题。以客户为中心不再是简单地收集客户反馈，持续提升自身服务，而是更加全面地挖掘客户深层次的需求，创造性地拓展服务领域和服务方式，实现与客户的共同成长。从市场洞察、品牌管理、材料采购、研发设计、生产制造、营销、渠道、零售到商流的最终端客户，服务与运营都将基于数据的需求洞察全面展开，体现出数据驱动各环节紧密结合带来的突出价值（图4-2）。

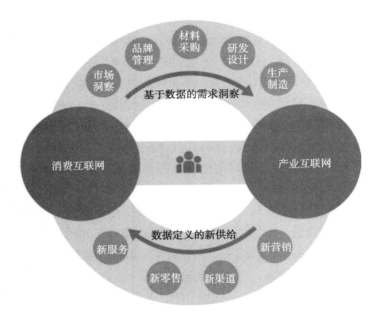

图 4-2　以顾客为中心的企业运营

要构建以客户为中心的顾客关系，就需要让客户贯穿企业市场、研发、生产、销售、服务全流程，以客户需求为导向进行经营。但客户的需求往往是动态变化的过程，这也就意味着企业需要不断的自我变革、动态管理、持续改进，以便能够跟上客户变化的需求。而围绕客户运转的组织和流程，需要企业借助数字化手段升级客户关系管理模式依托先进的信息技术集成各种功能模块，如客户信息管理、销售机会跟进、营销活动管理、客户服务支持等，对客户全生命周期的全面管理，实现对客户信息进行收集、整理和分析，帮助企业进行客户数据的集中存储、快速查询和共享，提高客户信息的准确性和完整性，有效分析潜在客户群和预测市场发展需求，助力企业更高效地寻找目标客户、及时把握商机和占领更多的市场份额。

三、价值主张

在数字化时代，组织拥有两种竞争战略，一是数字化价值主张战略，即通过数字技术，建立差异化的产品服务价值主张；二是数字化运营效益战略，即通过数字技术，建立更加高效的运营管理系统。早期价值主张体现企业向客户单向提供可交付价值，价值主张的构建没有客户的直接参与。数字化转型下价值主张主要基于服务生态系统思想，将服务体验作为价值主张的一部分，强调用户不再是价值消耗者，而是作为价值共创者参与企业的研发设计等价值创造各环节。企业通过利用大数据深度分析能力识别，挖掘出潜在的动态用户并明确价值主张，从而优化其盈利和运营模式来协调和满足生态系统中所有利益相关者的价值诉求。

在数字经济时代，企业价值创造参与者认识到彼此间是资源互补，协同共生的关系，因而更加强调互惠互利，呈现数据驱动的多主体利益，相关方互动动态更新的价值主张。数字化时代，数字技术大大降低了信息获取难度，众多在线平台为企业提供了内外高度协同的实时交互渠道，企业不仅可以从多个渠道收集大量的与市场环境、消费者和社会环境密切相关的信息，还可以借助非结构化数据的处理和分析，实时洞察目标消费人群，及时捕捉消费者偏好，并收集与自身产品和服务市场反馈相关的数据，从而不断地更新价值主张，及时匹配外部需求，促使企业实现持续的竞争优势。

传统企业的价值创造、价值传递和价值实现是通过供应商—生产商—批发商—零售商这种单向垂直供应的结构进行。这种以生产效率和生产力为核心的价值工业模式存在协同效率差的弊端。随着互联网的发展，消费者对产品供应速度的要求越来越高，这对企业敏捷生产和及时响应客户需求提出了新的要求。数字技术监控分析和调节从需求生产到产品设计，再到采购制造订单物流及协同全过程实现了企业间整体数据的信息可视化，以及管理决策的柔性化，为企业价值渠道再设计带来了机遇和挑战。[①]

人工智能、大数据等商业智能技术能够通过以下方式辅助企业不断更新价值主张，并持续保持竞争优势。第一，人工智能等新兴技术能够帮助企业深入洞察消费者行为，为消费者提供个性化体验的服务。第二，商业智能时代各类新兴技术支撑企业打造数字化员工团队。通过数字化技术，优化员工选拔流程、精准薪酬福利谈判、多维学习培训及建立灵活的知识流动。第三，商业智能相关技术和工具能够帮助企业打造极速柔性的运营系统。利用数字化技术，改造或优化组织价值链中存在的痛点环节，使其变得简单、标准化。第四，商业智能相关技术和工具能够帮助企业建立数字化时代互联互通的新价值网络。在新的数字化时代，应当建立以用户价值为中心，成员企业利用核心资源和能力互补，共同创造和传递一致的价值主张。

四、销售渠道

一项调查报告清晰地论证了企业构建全渠道的价值——一天中，有90%的用户从一

---

① 孙新波，张媛，王永霞，等. 数字价值创造：研究框架与展望[J]. 外国经济与管理，2021，43（10）：35-49.

个屏幕转移到另一个屏幕；在一个主要的零售商的用户中，73%的用户使用了多个渠道作为他们购物体验的一部分。跟只在实体店里消费相比，兼顾实体店和网店的消费者远大于其比例的50%；当消费者进行重大采购的时候，80%的用户会在网上研究，然后在店内购买。48%的用户研究来自搜索引擎，33%来自品牌网站，26%来自 App 中；89%的媒体消费来自移动应用。90%的用户在设备之间移动以达成一个目标；全渠道客户花费多于客户在线直销，比例是93%。全渠道客户花费多于仅在店内购物的客户208%；品牌通过全渠道策略获得的留存率是89%。85%的零售商表示，全渠道是他们的首要任务。

通过以上数据可以发现：如今消费者的购买旅程是全渠道的。以化妆品为例：消费者在微博上了解品牌发布的新款，在线下体验后决定购买，并在天猫上下单，在收到商品后使用商品附赠的优惠券到商城再次下单复购。为此，企业应建立完善的全渠道体系，实现在线上、线下全触点和消费者的连接，对应消费者的购买流程（用户洞察、营销策划、用户触达、用户转化、用户运营）实施有针对性的营销策略，最终影响消费者的购买决策。

商业智能技术的深入应用能够帮助企业链接全渠道数据，打造数字化新零售平台，如入驻第三方电商平台、直播带货、微信群营销、上线小程序商城，实体零售商加快布局线上业务和到家业务。传统的用户洞察是由市场调研机构主导，以访谈、问卷调查等形式了解用户需求。全渠道趋势下，用户触点增多且分散，使用传统调研方式，企业越来越难以把握用户画像。同时，全渠道带来的数据分散、割裂问题，导致企业难以形成统一的用户画像，从而影响企业营销策略的制定和营销活动开展。

针对这些问题，企业可以通过大数据整合线上、线下自有用户数据，将用户的基本属性特征、生活方式、消费习惯、兴趣爱好、消费行为、活跃渠道等信息集中起来，形成统一用户画像，为企业开展更加主动的、效果转化更强的、更具有针对性的营销策略提供底层的数据支撑，如图 4-3 所示。

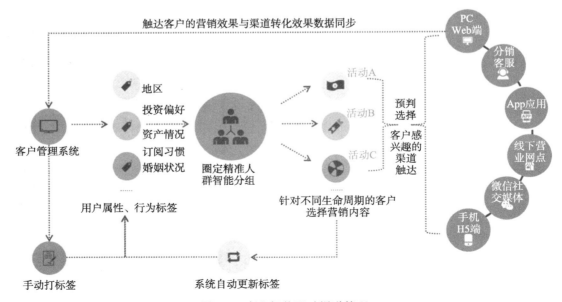

图 4-3　商业智能驱动渠道管理

五、现金流结构

在运营中，企业会因为生产和贸易的原因，形成存货、预付款项或应收款项等众多资金沉淀。小微企业融资难和融资贵一直是世界性难题，相对应的是金融机构面对小微企业时不敢贷、不愿贷。究其原因，主要来自三个方面：第一，小微企业平均存续时间只有 2～3 年，导致金融服务的风险非常高；第二，小微企业多数是轻资产运营，缺乏可靠的贷款抵押物；第三，小微企业缺乏可信的经营数据，造成银企信息不对称，服务成本高。2019 年 8 月 22 日，中国人民银行印发《金融科技（FinTech）发展规划（2019—2021 年）》，提出要增强金融业科技应用能力，实现金融与科技深度融合、协调发展，增强人民群众对数字化、网络化、智能化金融产品和服务的满意度，推动我国金融科技发展居于国际领先水平。

供应链金融是一种适应新的生产组织体系的全方位金融服务。它不是单纯依赖客户企业的基本资信状况来判断是否为其提供服务，而是依据供应链整体运作情况，从企业真实的贸易背景入手，来判断流动性较差资产未来的变现能力和收益性。通过融入供应链管理理念，可以更加客观地判断客户企业的抗风险能力和运营能力。

供应链金融服务运作过程中涉及渠道或供应链内的多个交易主体，服务提供者可以获得渠道或供应链内的大量客户群的相关信息，为此可以根据不同企业、渠道或供应链的具体需求，定制个性化的服务方案，提供全面金融服务。供应链内的小企业，尤其是处于成长阶段的中小企业往往是供应链金融的主要服务对象，借助供应链金融服务，这些企业的资金流得到优化，经营管理能力得到提高。

传统供应链金融服务主要依赖于供应链上的核心企业，因为只有核心企业才掌握着产业链上下游的贸易流、物流和信息流等关键数据，核心企业以此向金融机构推荐供应商或客户并为它们提供担保，金融机构根据这些关键数据评估供应链上下游企业信用水平并进行风险定价、提供信贷服务。但核心企业的数据和信用穿透往往只涉及供应链的第一圈层，大量第二圈层及以下的小微企业因缺乏必要、可信的数据，无法通过核心企业的评估得到金融机构的服务。

随着垂直化的产业供应链管理平台逐步发展成熟，它们在整个链条中发挥的作用也越来越关键，并将成熟的平台模式和供应链管理经验与垂直产业深度融合，打造出数字化、线上化和协同化的产业供应链生态。这类生态圈搭建者是相对独立的第三方，其流程管控主要是维护生态圈的秩序，树立相关的交易规则，其交易数据的沉淀超出传统供应链核心企业的覆盖范围，不仅覆盖面更广、涉及产业链更多圈层小微企业，各类交易数据采集也更有深度，更全面地解决信息不对称问题，人、货、场的连接广度和深度得到进一步提升，为供应链金融生态的信用体系的建设搭建起必要的基础设施。

数字经济时代，伴随着一系列商业智能技术的广泛应用，数字化金融服务体系在不断完善，各类金融机构都要不断利用新技术、围绕产业供应链向小微企业提供数字化、网络化、智能化的金融产品和服务，更好地满足供应链上小微企业的融资需求，也推动着我国供应链金融生态走向 4.0 智能化时代，业务模式趋向去中心、实时、定制、小额，产品和解决方案则以数据为底层支撑，借助于各类综合技术手段，实现供应链和营销链全程信息集成共享，进而提升服务能力和效率。

从 2022 年发布的《中共中央国务院关于加快建设全国统一大市场的意见》《关于开展"携手行动"促进大中小企业融通创新（2022—2025 年）的通知》，到 2023 年中共中央、国务院印发《质量强国建设纲要》，都先后提及了发展供应链金融、创新产业链供应链金融服务方式等意见。《2022 中国金融科技企业首席洞察报告》指出，数字化供应链金融成为最受金融科技企业看好的蓝海应用领域，占比 53%，其中，23% 的受访企业将其作为首选项。随着金融科技的不断发展和产融合作的深入推进，未来数字化供应链金融的蓝海效应更加明显。

六、关键资源能力

资源基础理论认为，企业是各种资源的集合体，将企业成长视为企业对自身拥有的资源和管理职能进行统筹、协调的结果。该理论对企业成长有全新的认识，认为企业成长的原动力是企业利用自身的生产资源所形成的生产服务，是在企业作为个体的独特力量（通常是企业调动自身资源所产生的服务或能力）推动下发生的，而非市场的均衡力量所决定的。资源基础理论建立了一个企业资源—企业能力—企业成长的分析框架。

资源基础理论首先假设企业的资源具有异质性，不同企业所拥有的资源存在差异，即使是同一行业的两家企业也会由于企业初创时所掌握的资源与能力、发展过程及在经营过程中对未来的判断等方面的不同而积累不同的资源。资源基础理论认为资源是企业独特的能力，且由于资源的产生过程并没有固定的模式，因此资源具有不可复制性，是企业的竞争壁垒，竞争对手很难识别。除了资源禀赋、历史等因素外，企业管理层在一定经营环境里的自主性决策行为也会使得资源呈现异质性。因此，外部市场力量和企业内部战略的独特性都在客观上造成了企业资源的不一致性。当资源基础理论诞生以后，很多学者沿袭着彭罗斯的思路，提出了影响企业成长的核心资源和能力，如金融资产、物质资产、技术、商誉、人力资源等。

农业经济时代，土地、水源和工具是关键资源。工业经济时代，能源、原材料、机器设备和生产工艺等是关键资源。那数字经济时代的关键资源是什么呢？数字经济时代的关键资源是数据、算力和算法。数据是数字经济时代的原材料，各种经济活动都会源源不断地产生数据，越来越多的组织也将数据当作一种资产，在政策层面数据已经成为一种新型生产要素。算力相当于数字经济时代的机器设备和生产力，面向各种场景的数据产品或应用都离不开算力的加工和计算，而且对算力的需求和要求也越来越高。算法是数字经济时代的生产工艺，面向图像、语音、自然语言处理等不同的应用场景和领域的算法也层出不穷，算法的提升和改进可以提高算力的效率和挖掘更多的数据价值。

随着互联网的普及、数字经济的发展，新的业态、新的组织形式不断涌现，企业的资源能力表现出新的形式，人才、数据、流量、品牌、技术等资源愈发成为推动企业成长的关键能力。在数字经济时代，数据不再是企业成长的附属品，而成为企业重要的生产资料。充分利用企业的数字资产，通过数字化降本增效，优化决策成为企业未来的发展趋势。企业利用大数据的智能算法，可精准设计、营销产品等，还可以不断优化推荐算法，提升了自身产品的用户黏性，甚至还可以将能力外溢，将算法作为一种产品，为其他企业赋能。

第二节　C2B 模式

一、C2B 商业模式的内涵

1. C2B 商业模式的定义

C2B 模式是一种商家根据消费者需求为消费者定制产品的商业模式。与传统工业中先进行少品类大体量生产，后销售的模式不同，在 C2B 模式中，商家通过个性化定制、数据驱动营销和互联网技术的支持，为消费者提供更加个性化、高效、便捷和优质的服务，从而满足消费者的需求和提高企业的竞争力。C2B 是互联网经济时代新的商业模式。这一模式改变了原有的商家和消费者之间的关系。在 C2B 商业模式中，用户将从商品的被动接受者变成主动参与者，甚至是决策者。企业只有和客户建立起一种长期、动态的互动关系，才有可能得到快速的反馈，才能够不断提高自身服务能力和产品竞争力。

2004 年，克里斯·安德森提出的长尾理论，可以视作新 C2B 模式的理论基础。C2B 模式的价值在于：通过技术手段更好地满足主体需求；同时通过对长尾部分的深度挖掘，聚集市场规模，并有针对性地予以满足；在提升制造能力的前提下关注并满足个性化的需求。C2B 商业模式的优点是可以充分利用消费者的智慧和资源，提高企业的创新能力和竞争力，增加用户价值和用户黏性。从企业的角度来说，C2B 避免了传统"赌博式生产"的盲目性，有效规避了仓储、物流等风险，降低了成本。从消费者的角度来说，在成本降低的情况下，能够直接参与设计过程，定制专属自己的个性化产品，并且可以得到更多实惠。

2. C2B 商业模式的核心思想

C2B 模式基于个性化定制和消费者至上的原理。传统的商业模式是企业主导，由企业根据市场需求和生产能力制定产品或服务，并通过各种渠道销售给消费者。而 C2B 则是以消费者需求为导向，由消费者主动提出需求，企业根据需求进行个性化定制生产或服务，从而满足消费者的需求。这种模式可以更好地满足消费者的需求和提高消费者的满意度，同时也能够提高企业的生产效率和产品质量。

即 C2B 模式的核心思想是由消费者驱动整个商业活动。传统工业经济时代衍生出来的是大规模、流水线、标准化、成本导向的 B2C 运作模式，所有环节都由厂家驱动和主导，而 C2B 运作模式则是由消费者驱动，以消费者需求为起点，在商业链条上一个环节一个环节地进行波浪式、倒逼式传导。在生产环节，互联网上"多品种、小批量、快翻新"的消费需求越来越走向主流化，大量分散的个性化需求，正在以倒逼之势，推动各家企业在生产方式上具备更强的柔性化能力，并将进一步推动整条供应链乃至整个产业的变革，使之在响应效率、行动逻辑和思考方式上逐步适应快速多变的需求（图 4-4）。

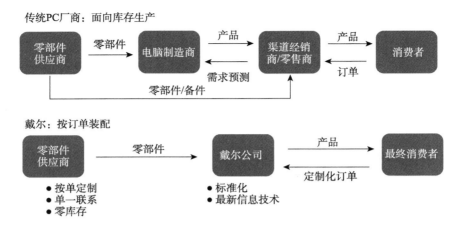

图 4-4　C2B 商业模式和传统大规模生产模式的比较（以戴尔为例）

　　C2B 模式最早兴起于个性化定制服饰行业。2000 年，主营 T 恤的 Threadless 公司开始为全球的草根设计师提供 T 恤衫让其去设计图案，随后再邀请消费者为不同的图案打分，那些得分高的 T 恤衫才有机会被生产出来并投放市场。Threadless 因为采取了这种独特的设计模式而广受消费者好评，这被认为是 C2B 模式的萌芽。随后，这一潜力巨大的商业模式开始被其他行业加以借鉴使用。例如，2012 年 3 月在美国纳斯达克上市的礼品定制商城 Cafepress，它的主要业务就是为用户提供设计、购买及销售 T 恤衫、帽子、手袋、马克杯、汽车贴纸等个性化礼品。用户在此可以直接选购由其他用户设计并授权出售的产品，也可以自己用 CafePress 的辅助设计工具去设计和订购个性化的产品。它甚至还允许用户在 CafePress 上建立专卖店以出售自己的设计品。在各种传统行业 C2B 也展示了它的魅力，如在美国知名旅游服务网站 Priceline 上预订酒店的消费者需要将自己需要的酒店星级、所在城市的大致区域、日期和价格等信息提交到系统里，而 Priceline 网站就会在不到一分钟后返回一个页面，告知用户此价格是否被接受，并将产品的具体信息，包括酒店名称、地址反馈给消费者。此外，Priceline 还在机票、出租车服务、旅游保险的销售方面使用了 C2B 商业模式，并因此获得了消费者的青睐，推动了企业的发展，在 2018 年 6 月发布的福布斯全球企业 2000 强榜单中，Priceline 排名位居第 398 名，成了世界顶级企业之一。

　　2016 年 1 月 25 日，李克强总理在专家学者和企业界人士座谈会上与新浪董事长曹国伟等业界知名人士讨论了 C2B 模式在商业实践中的运用。同年 1 月 27 日，李克强总理召开国务院常务会议，他在会上提道，所谓 C2B，就是消费者提出要求，制造者据此设计消费品、装备品。这是一场真正的革命：一个企业不再是单个封闭的企业了，它通过互联网和市场紧密衔接，和消费者随时灵活沟通，这是大势所趋啊。最近媒体频频提及粉丝经济、网红经济，这实际就是追着市场跑，是在揽市场。我们的企业一定要抓住消费者的需求和心理，把中国制造朝这个方向推进，企业必须向这个方面转型。强调了C2B 模式在中国经济发展中的重要地位，指出了中国制造业转型的方向。

二、C2B 商业模式的特点

与工业时代 B2C 大生产+大零售+大品牌+大物流的一整套体系相对应,C2B 模式具有消费者驱动、定制化、巨型网络零售平台、柔性化生产等特征。首先,C2B 商业模式具有消费者驱动的特征,工业时代的商业模式是 B2C,是以厂商为中心的,而信息时代的商业模式则是 C2B,即以消费者为中心。其次,C2B 商业模式以定制等方式创造独特价值,定制就意味着在整个过程中,消费者有不同程度、不同环节上的参与,在供过于求的时代将创造出独特的体验价值。再次,C2B 商业模式表现出网络化的大规模协作。在过去,供应链上下游之间的关系是线性的,而 C2B 商业模式更强调大规模、实时化、社会化的网状协作。最后,C2B 商业模式具有柔性化生产的特征在前端,企业提供相对标准化的模块供消费者组合,或是吸引消费者参与设计、生产的环节;在内部,企业通过提升组织能力,以个性化定制方式去服务于海量消费者;在后端,企业积极调整供应链,使之具备更强的柔性化特性。

大规模生产、大规模定制和 C2B 模式之间的差异如表 4-1 所示。

表 4-1　大规模生产、大规模定制和 C2B 模式的比较

内　　容	大规模生产	大规模定制	C2B 模式
起始时间	20 世纪初成熟	20 世纪 90 年代成熟	近年来开始出现
市场环境	需求稳定,供不应求	需求多变,供过于求	个性化需求勃兴
代表性企业	福特汽车	戴尔电脑	快速发展中
市场形态	同质化市场	碎片化的细分市场	市场即对话
代表性的商业基础设施	公用电厂	通信网络+现代物流网络	云计算中心
价值载体与交付方式	企业向消费者交付产品	企业向消费者交付服务或解决方案	以体验为载体,企业与消费者共创价值
消费者角色	被动接受,基本不参与生产与研发	部分参与设计或生产	积极互动、深度参与
生产消费格局	推动式:企业为大众消费者提供同质产品	部分具有拉动式属性,但仍倾向于让消费者适应企业既有的供应链	互动式:消费者需求驱动价值网运作
主流的供应链形态	线性供应链	具有价值网属性的供应链	可实现大规模协作的在线供应链平台
企业协作形态	零和竞争	具有一定的共赢特性	生态化协作,追求共赢
竞争基点	成本与质量	成本、质量、速度的平衡	体验为王
支撑体系	大规模营销、流水线生产、部分物流外包	大规模营销、一定程度的柔性化生产和社会化物流	个性化营销、柔性化生产、社会化物流
经济实质	少品种、大批量的规模经济	规模经济基础上的范围经济	多品种、小批量的范围经济

C2B 商业模式下的产品具有以下特征。第一,相同生产厂家的相同型号的产品无论通过什么终端渠道购买价格都相同,即渠道不掌握定价权,在不同地区的消费者在价格

上是平等的。第二，C2B 产品价格组成结构合理，这有别于传统时代的定制模式。在传统时代，大规模生产是主流，个别消费者若需要定制产品，往往需要付出高昂的费用，但在 C2B 商业模式下，消费者能够以合理的价格获得个性化的产品。第三，渠道及供应链透明，在传统情境下，消费者对于自己所购买的商品其生产源头、经过的中间产商等环节都不清楚，以及中间各个环节的差价也是不对称信息，但在 C2B 模式下，消费者直接面向生产端甚至是工厂，因此透明程度更高。

C2B 模式下的企业需要具备以下四个主要的特点，一是拥有一个基于互联网的消费者互动平台。通过该平台，消费者可以直接将需求传达给企业，甚至通过该平台直接参与产品或服务的设计和生产流程。二是企业具备强大的个性化服务能力。企业需要接受消费者的需求并进行个性化服务，甚至通过定制化生产，来满足消费者的个性需求。三是该企业具备高效的供应链管理能力。四是 C2B 模式的企业是以客户为中心的，其营销价值链与传统企业之间的差异如图 4-5 所示。

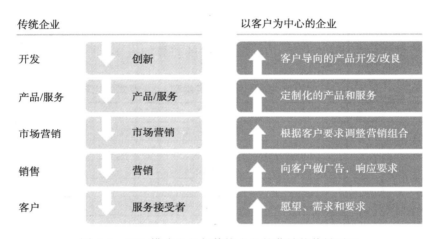

图 4-5　C2B 模式企业与传统企业的营销价值链对比

三、商业智能如何驱动 C2B 模式高效运行

构建 C2B 运营体系，首先，要求企业将传统客户渠道调整为供需双方信息和资源共享的通道，将客户角色转变为合作者角色，通过与客户就流转渠道的跨行业信息和资源的深度整合和开发，及时准确地响应客户需求，以客户为主导从而推动企业优化经营管理和运营模式；其次，要求企业应用大数据思维、平台思维、社会化思维等互联网思维对企业传统的价值传递环节进行优化升级，并进一步对跨行业信息、资源和利益进行整合；最后，还要求企业借助大数据等技术应用，挖掘消费者需求，并根据客户需求来柔性化定制产品和服务，调整营销组合，建立以客户需求为导向的产品开发及营销体系，从而全面洞察客户需求并牢牢把控消费者。

C2B 商业模式以柔性生产、大数据、云计算等手段为依托，能够实现在较短时间内以相对合理价格生产出具有消费者自己烙印的商品，消费者在需求达成的过程中占据一定主导权，与消费升级和制造业转型升级相适应。进行 C2B 生产的关键就是"IT 技术+

互联网"，通过企业自有的订单管理系统和云设计系统把信息化和工业化融合起来。从购买意向到了解户型，从提出设计需求、完成设计方案，再到下单和生产、发货，全流程均离不开商业智能的支撑。

（一）帮助消费者需求直达工厂

在传统生产情境下，厂商往往只能通过小范围调研、电话采访和销售数据来简单判断消费者的需求状况，随后根据对消费者需求的模糊认识进行产品设计、生产和销售，本质上是一种"以产定销"的经营模式。而在 C2B 情境下，企业要实现的是"以销定产"的目标。为此，数据贯通化是个性化定制的核心。这要求企业基于平台将用户定制数据贯通产品全生命周期，串联起研发、生产、运维等部门，为协调各类资源，开展个性化定制服务提供重要支持。

具体来说，C2B 商业模式要实时获得消费者的动态需求，就要做到以下几个方面。一是数据准确贯通。企业要想准确获取用户对产品原材料、结构、外观和性能等各方面的个性化需求，需要结合实际使用场景进行数据转化，将定制数据在各业务环节准确贯通，实现各业务部门的一致性、协调性、准确性。二是数据实时贯通。企业要保障用户定制数据和生产能力数据在研发、生产、运维等部门间快速贯通，灵活配置制造资源，及时响应客户需求。三是数据交互贯通。企业要确保数据在各部门之间自由流动，驱动各部门依据定制信息的变动进行同步调整，提高企业整体协作水平。要保证以上需求及时、准确地到达整个供应链各个环节离不开商业智能技术。

具体来说，信息技术协助企业将需求信息与生产环节进行精准对接，当消费者提出需求时，后台系统可以实时传递用户的订单需求，并与企业数据库进行对比，最终转换成带有产品尺寸、材质等属性的产品设计订单发给工厂。例如，新兴互联网平台必要科技旗下的必要商城以电商平台作为 C 端入口，消费者在必要商城下单定制个性化产品，必要科技的商业智能系统就会将消费者的需求进行数字化编译并直通生产端，并通过必要的科技筛选系统、品质控制系统、产品生命力系统和正逆向物流系统等与制造商相关生产相连，从而保证消费者需求直达工厂，助力 C2B 模式快速发展。

（二）推动柔性生产发展

生产柔性化是个性化定制的关键。企业基于平台整合用户多样化定制需求，提升研发设计、生产制造、原料供应等环节的快速响应和柔性切换能力，开展高精度、高可靠、高质量的个性化定制服务。一是设计协同。企业准确识别用户需求，协调材料、结构和性能等设计部门，实时共享设计数据，制订个性化产品设计方案和生产计划，充分响应用户需求。二是柔性制造。企业根据定制产品的加工要求，通过软件控制系统无缝切换刀具，工装（夹具、治具、检具），传输设备等配置，确保各工序之间紧密衔接，高质量完成定制产品生产，提高企业生产效率。三是敏捷供应链。汇聚和梳理用户定制信息，按产品结构拆分形成原材料需求清单，确定采购计划，缩短原材料采购提前期，提高供应链协作水平，保障生产活动的原材料供应。

著名定制家具企业索菲亚在 2013 年引入了全球先进、亚洲一流的生产体系——柔性生产线，该生产线上的生产机器在电脑程序调配下可以根据生产订单完成自动调整，完成了对家具生产压贴、开料、封边等生产流程的全覆盖。数据显示，截至 2018 年索菲亚定制衣柜柔性生产线生产能力达到 2.8 万件/天，相当于约 700 套衣柜/天，不仅工作效率高，而且细致精准。比如，对角线偏差可以控制在 0.5 毫米以内。目前，柔性化生产线已在索菲亚全国各生产基地建设铺开，除广州增城外，河北廊坊、浙江嘉善、四川成都、湖北黄冈都建有柔性生产线，形成了强大的生产支撑体系，推动索菲亚成了中国家具行业的龙头企业之一。

四、C2B 商业模式中商业智能布局要求

为了响应 C2B 商业模式运作要求，企业的商业智能系统布局应该要做到以下两个方面，首先是要围绕实时响应，完善网络协同体系；其次是要深化技术融合，夯实应用技术基础。

在网络协同体系搭建上，一是加强边缘计算应用。面向产品定制信息整理、生产制造、实际应用等环节，加快边缘计算功能模块与工业互联网平台的集成部署，提高数据采集质量，满足企业与客户之间的敏捷响应。二是部署高性能传输网络。为满足个性化定制新模式中全流程数据贯通的实时性、可靠性、敏捷性要求，需要加快内网改造升级和新型网络部署，为工业互联网平台运行提供重要网络保障。三是加强大数据中心建设。加速在工业互联网平台中建立面向需求数据、设计数据、生产数据和质量数据等大数据中心，加强数据资源整合，推动数据跨领域流动，带动全局资源配置优化。

在深化技术融合上，一是面向客户，加强 AR/VR 等新一代人机交互技术在工业互联网平台中的融合应用，降低用户参与个性化定制门槛，通过产品可视化、互动性展示，准确采集定制产品信息，实现智慧化营销和精准化服务。二是面向生产，加强在工业互联网平台中集成 3D 扫描、3D 打印等先进制造技术应用，增强生产制造柔性，低成本、短时间、高精度满足用户产品定制需求，提高客户满意度。三是面向管理，加强人工智能、大数据等信息技术与工业互联网平台融合应用，保障各部门实时响应用户需求，强化企业内各部门协调合作，加快业务流程重组，提高企业管理效率。

五、C2B 商业模式的实例

汽车产业经历了几个时代，1.0 分销时代、2.0 线索时代、3.0 用户时代。随着产业的变革和精益消费的出现，用户的需求带来了产品的迭代和服务体系的完善。近年来，用户的个性化需求不断提高，汽车行业受此驱动也发展出了以用户为主导的 C2B 模式。知名汽车生产企业上汽大通就以 C2B 的用户定制策略大幅拉近了上汽大通与用户之间的距离，而且还为上汽大通可持续性发展提供强有力的支撑点。时至今日，上汽大通已然发展成为一家涵盖 MPV、SUV、房车和皮卡等多个细分领域的整车制造商，并以差异化策略在各细分市场中独占鳌头。根据统计，2021 年第一季度上汽大通总销量达 35831 台，同比劲增 131%。具体来说，宽体轻客领域，第一季度销量达 15826 台，MPV 领域，3 月取得了 4275 台销量。良好成绩的取得离不开上汽大通的 C2B 策略的渗透和实施。上汽大通对于 C2B 的定义为：通过互联网和云计算，实现企业与用户及伙伴的

数字化直联,用户参与全价值链的数据化互动和决策,与用户建立终身相伴的、有温度的关系,为消费者打造定制化的产品和服务。上汽大通对于 C2B 的这一定义可以体现在上汽大通为用户提供的智能化服务和用户参与式研发制造的过程中。

在智能化服务方面,上汽大通已构建起了面向用户和升级在线管理的多个平台,包括面向 C 端的我行 MAXUS 平台、房车生活家、蜘蛛定制、蜘蛛智联、3D 工程设计在线、Max·Care 云服务平台等数字化平台,以及面向 B 端的大通知乎平台和面向内部的 i 大通平台。通过这些数字化产品的建设,上汽大通带来企业与用户及伙伴在全价值链上的互动体验,快速实现用户个性化产品与服务需求,从而真正达到用户在线、业务在线、组织在线。①这种全程在线、时时互动的高效沟通不仅增加了客户的黏性,同时为客户的售后服务提供了有力保障,也为客户的用车生活打造了一个良性循环的社交生态圈。

在用户参与式的研发制造流程方面,上汽大通打破了传统汽车的设计流程,大胆开发,使用户参与进了汽车的研发设计过程中。在传统汽车的设计流程中主机厂会在三到四年时间内按照汽车企业的需求完成车辆开发生产工作,最后由汽车企业宣布汽车上市,汽车企业一般会提供 4~5 种中高低配置的汽车来引导消费者购买,这种传统模式也被称为 B2C 商业模式。而上汽大通做的 C2B 就是把 C 和 B 的位置倒过来,所有开发、设计、制造都由客户驱动。上汽大通构建了我行 MAXUS 大数据平台,从汽车设计的初始阶段就让所有的客户一起参与,由客户出主意,专业的工程师、设计师和他们互动,将他们的概念和灵感变成现实。上汽大通 G50,就是上汽大通根据客户的需求定制化产品的典型代表。它上市时间为 2019 年 2 月 28 日,起售价仅为 8.68 万元。配置 1.3T 和 1.5T 的发动机,最大功率为 163 马力和 169 马力。双离合变速箱配置为 6MT 和 7DCT,可用于中档次的家用车,该车所有配置均为用户参与设计的结果,这也直接促成了 G50 的大卖。G50 在上市首年的目标月销量为 5000 以上,但截至 2019 年 1 月底,G50 的预定台数已经达到 80000 多台,远远超过了上汽大通的预计销售额。这还是要归结于 G50 这台好车,如空间大、配置多,最重要的是可定制属于适合自己的配置,让客户拥有"绝不同款"的爱车。例如,G50 为用户提供了五种座椅的排布方法,分别是:2+3、2+3+3、2+2+2、2+3+2、2+2+3,不同乘客的身材也考虑在其中,除此之外,乘客还可以选择车身颜色和车辆外观,以此更好地定制属于自己的爱车。上汽大通的成功为我们揭示了 C2B 模式为企业在传统行业中带来的颠覆式力量,同时也表明了用户驱动型公司才是未来发展的大势所趋。

第三节　S2B2C 模式

一、S2B2C 商业模式的内涵

供应商到渠道商到消费者(supplier to business to consumer,S2B2C)是一种大供货商(S)赋能于渠道商(B)并共同服务于消费者(C)的商业模式。在这一新兴商业模

---

① 臧晓松. 汽车也能私人定制,上汽大通跑出车企加速度[N]. 证券时报,2023-04-03(A03).

式中，大供货商通过整合上游优质供应商，以提供技术、数据支持给渠道商的方式给渠道商赋能，辅助渠道商完成对顾客的服务，而渠道商在 S2B2C 模式中的作用则是通过一对一沟通顾客来发现客户需求，再将这些信息反馈给大供货商，以此促进大供货商调节供给渠道商的产品，以便渠道商更好地满足客户需求。在 S2B2C 商业模式中，大供货商、渠道商与消费者之间构成一种共生共赢的关系，这一协调共生关系为消费者提供了满足其个性化需求的解决方案，为小渠道商弥补了在为消费者服务时面临的资源、技术能力不足的缺陷，为大供货商提供了充足的客源。

马云、刘强东等知名企业家都曾表示，C2B 模式是未来商业发展的重要方向。但是企业要从以供应方为主的 B2C 模式发展到以需求方为主的 C2B 模式显然不是一蹴而就的。S2B2C 模式的提出者曾鸣教授认为，S2B2C 是一种由 B2C 走向 C2B 的过渡模式。C2B 将是互联网时代、数据时代最重要的商业模式，其完全颠覆传统的 B2C 模式，从现有的以生产企业为中心转变到以消费者为中心。S2B2C 之于 C2B 的核心价值在于，构建供应商、商家与消费者的协同网络。S2B2C 模式成立必要条件包括：首先，大供货商（S）、渠道商（B）共同服务于消费者（C），假设大供货商（S）给渠道商（B）供货，但渠道商（B）服务顾客（C）的过程，大供货商完全没有参与，就谈不上 S2B2C；其次，S2B2C 成立的必要条件还需"渠道商（B）提供消费者（C）差异化的产品和价值"。

具体来看，当前各行业里存在大量高度分散的小商户，这些小商户的销售对象往往是朋友、亲属和邻居等自身人际网络内的成员，在销售商品时相比传统的 B2C 企业更具有可信度，所以他们具备接触和说服 C 端用户购买其产品的强大能力，但小商户缺乏标准化供应链的支持，难以实现产品的标准化供应从而做强做大。因此，小商户需要一个供应链平台来为高度分散的小商户提供立体化的赋能，使小商户具备提供高质量、高标准的产品和服务的能力，并以此放大小商户与 C 端用户之间的交易规模。另外，传统 B2C 企业中有雄厚的资金，往往会自己建立标准化供应链平台，而且借助现代化数字技术工具可以低成本、高效率地对小商户完成赋能。并且，小商户直接接触和说服 C 端客户购买产品和直接了解消费者个性化需求的能力恰是传统 B2C 企业拓展其销售规模和逐步转向 C2B 模式所需要的能力。

S2B2C、B2B 与 B2C 三种模式有很多相似点，区别在于 S2B2C 是一个开放的系统，其逻辑是价值赋能渠道商和深度服务消费者，形成一个以大供货商为基础设施和底层规则的生态系统。而传统的 B2B 或者 B2C 模式，2B、2C 这两个环节是割裂的。大供货商（S）、渠道商（B）对顾客（C）的共同服务，有两层含义。第一，在渠道商服务顾客时，必须调用大供货商提供的某种服务。大供货商不能仅仅提供某种 SaaS 化工具，它必须基于对上游供应链的整合，提供某些增值服务，才能帮助渠道商更好地服务顾客。一些渠道商如小电商网红，由于规模和品牌的限制基本上都得不到好的供应链支持，如果有整合了前端供应链的大供货商，就能对渠道商形成很大的支持，这个支持的核心其实就是供应链管理能力的输出。第二，对于大供货商来说，渠道商服务顾客的过程对它必须是透明的，并且会实时反馈，来提升大供货商对渠道商的服务。

二、S2B2C 模式运行逻辑的核心机制

供应商（service，S）整合优质资源并提供赋能支持给商家（business，B），商家通过运营和渠道优势将商品或服务高效传递给消费者（consumer，C），形成紧密的商业生态系统。这一模式通过减少中间环节、降低成本、提升效率，促进产业升级和转型，实现三方共赢。为此，S2B2C 的运行逻辑主要包括供应链整合、商家赋能和消费者体验优化三个核心机制。

1. 供应链整合机制

S2B2C 模式作为一种创新的供应链管理模式，供应链整合是其运行的基础，通过高效的供应链整合，实现供应商、业务合作伙伴（B）与消费者（C）之间的紧密连接与协同。在这一机制中，供应链平台发挥着关键作用。平台通过整合上游供应商资源，形成强大的供应链体系。这包括与原材料供应商、制造商、物流服务商等建立长期稳定的合作关系，确保供应链的稳定性和可靠性。

第一，S2B2C 通过平台化运营来构建供应链生态。S2B2C 模式首先通过构建一个供应链平台（S），将原本分散的供应链资源、业务合作伙伴和消费者聚集在一起，形成一个完整的供应链生态系统。这个平台不仅提供基础的交易功能，还集成了供应链管理、数据分析、金融服务等多种增值服务，为整个生态系统中的参与者提供全方位的支持。

第二，通过数字化管理提升供应链透明度。在 S2B2C 模式中，数字化管理是供应链整合的关键。通过引入大数据、云计算、物联网等先进技术，平台能够实现供应链的实时监控和数据分析，提高供应链的透明度和可视化程度。这有助于企业及时发现供应链中的问题和风险，并采取相应的措施解决和优化。同时，数字化管理还使得供应链的各个环节能够紧密连接，实现信息的快速传递和共享，提升整体运营效率。

第三，通过优化资源配置，降低供应链成本。S2B2C 模式通过供应链整合，实现了资源的优化配置。平台可以根据市场需求和供应链的实际情况，合理调配资源，避免资源的浪费和重复建设。同时，平台还可以利用规模效应和集中采购的优势，降低采购成本，提高供应链的整体竞争力。此外，通过优化库存管理、物流配送等环节，S2B2C 模式还能进一步降低供应链的运营成本，提高企业的盈利能力。

第四，加强合作伙伴之间的协作关系，实现共赢。在 S2B2C 模式中，供应商、业务合作伙伴和消费者之间的共赢合作是供应链整合的重要目标。平台通过提供全方位的支持和服务，加强与合作伙伴之间的沟通和协作，建立紧密的合作关系。这种合作关系不仅有助于提升供应链的稳定性和可靠性，还能促进各方的共同发展。通过共享资源、降低成本、提高效率等方式，S2B2C 模式能够实现供应链中各个环节的共赢发展。

第五，通过供应链协同灵活应对市场变化，提升供应链韧性。面对复杂多变的市场环境，S2B2C 模式通过供应链整合机制，能够灵活应对市场变化。平台可以根据市场需求的变化，及时调整供应链策略，优化产品结构和供应链布局。同时，通过加强与合作伙伴之间的协同作战能力，S2B2C 模式还能在面对突发事件或风险时，迅速采取应对措施，保障供应链的连续性和稳定性。这种灵活性和韧性使得 S2B2C 模式在激烈的

市场竞争中具有更强的适应性和竞争力。

2. 商家赋能机制

S2B2C 作为一种新兴的电商商业模式，其运作顺畅的重要核心是平台赋能商家，再由商家将产品或服务直接销售给消费者。这一模式中的商家赋能机制是推动整个生态系统高效运转的关键。具体来说，商家赋能主要包括以下几个方面。

第一，通过供应链整合与优化，为商家提供全链条服务。S2B2C 模式首先通过整合供应链资源，为商家提供从采购、仓储、物流到售后服务的全链条服务。这种整合不仅降低了商家的运营成本，还提高了供应链的透明度和效率。商家无须再为供应链管理分散精力，可以更加专注于产品创新和消费者服务。例如，平台可以与多个优质供应商建立合作，为商家提供丰富且质优价廉的货源选择，同时利用先进的物流系统，确保商品快速、准确地送达消费者手中。另外，平台可为商家提供融资、保险、支付结算等金融服务，这些服务有助于缓解商家的资金压力，降低经营风险，促进其健康发展。

第二，平台为商家提供一站式电商解决方案。S2B2C 平台为商家提供了一站式的电商解决方案，包括店铺搭建、商品上架、营销推广等。这种全方位的服务降低了商家的技术门槛和运营难度，使商家能够快速上手并专注于核心业务。商家可以利用平台提供的模板和工具，轻松创建自己的线上店铺，并通过平台的营销推广服务吸引更多消费者。此外，平台还提供了丰富的数据分析工具，帮助商家了解市场趋势和消费者行为，从而制定更加精准的销售策略。

第三，平台为商家提供技术赋能与数据支持。S2B2C 模式充分利用大数据、人工智能等先进技术，为商家提供强大的技术支持和数据驱动的决策依据。平台通过收集和分析消费者的购物数据，为商家构建精准的消费者画像，实现个性化推荐和精准营销。这种技术赋能不仅提升了消费者的购物体验，还帮助商家更好地把握市场脉搏，优化产品结构和服务质量。同时，平台还通过智能化的供应链管理系统，提高供应链的响应速度和灵活性，确保商家能够及时满足市场需求。

3. 消费者体验优化机制

S2B2C 模式作为一种创新的电商模式，其核心在于通过整合供应链资源，将供应商、商家与消费者紧密连接，形成一个高效协同的商业生态。在提升消费者体验方面，S2B2C 模式采取了一系列优化机制，确保消费者能够享受到更加便捷、个性化和满意的购物体验。

第一，为消费者提供个性化推荐和优质服务。个性化推荐是提升 S2B2C 平台消费者体验的重要手段。通过大数据和机器学习技术，平台能够分析消费者的浏览和购买行为，精准地推荐符合其兴趣和需求的产品。这种个性化推荐不仅提高了消费者的满意度，还增强了用户黏性，促进了复购率的提升。优质的客户服务是 S2B2C 平台提升消费者体验的重要保障。平台应提供全方位的客户服务，包括 24 小时在线客服、详尽的 FAQ 页面以及实时物流跟踪功能。完善的售后服务是提升消费者体验的重要保障。平台和商家需要建立完善的售后服务体系，为消费者提供快速、便捷的售后服务支持。这包括退换货政策、投诉处理机制等。这些服务确保消费者在任何时候都能得到及时有效的帮助，减少购物过程中的不确定性和担忧。

第二，S2B2C 模式增强与消费者的互动。S2B2C 平台注重与消费者的互动。例如，集成社交媒体分享功能，让消费者能够方便地分享商品信息，增加品牌曝光度和口碑传播。同时，鼓励用户留下评价和反馈，为其他消费者的购物决策提供参考。同时，平台应及时回应用户的意见和建议，通过积极的互动增强用户对平台的信任感和满意度。此外，商家应不断创新互动模式，如直播带货等新型互动方式增加了消费者的购物乐趣和购买欲望。

第三，平台持续优化与更新。S2B2C 平台应保持与时俱进，对系统功能和平台中的参与主体进行不断优化和更新，以满足消费者日益变化的需求。可通过用户调研了解用户需求和痛点，为系统优化提供依据；通过技术更新提升系统性能和稳定性；通过功能创新推出新的服务，提升平台的竞争力。如某大型食品集团为了应对市场变化和消费者需求的不断提升，决定对其 S2B2C 平台的产品供应商进行持续优化，引入更严格的供应商准入机制和评估体系，筛选外部优质供应商接入平台并进行供应商名单的动态调整，确保供应链的稳定性和产品质量，确保消费者的优质体验。

三、S2B2C 商业模式的特点

从整体体系上看，S2B2C 商业模式的特点包括以下几个方面。

特点一：供应商 S 通过平台向 B 赋能。在 S2B2C 中，S 和 B 之间不是单纯的买卖关系，也不是传统的加盟关系，而是赋能关系。赋能的意义在于 B 可以个性化地运用 S 的支持，使其能够在当地市场耕耘自己的流量，S2B 不是传统的加盟体系，而是一个创新的协同网络，S 对 B 进行赋能，共同深化对 C 的服务。

特点二：供应商 S 和 B 共同服务 C。S 能够辅助 B 更全面多维地完成 C 的需求。所以 S2B 的核心其实是 S2B2C，共同深度服务 C 端是该模式的重点，因此，我们把整个 S2B 模式看成是围绕着 C 端进行的纵向模式。

特点三：C2M 是 S2B2C 平台的最终形态。生产商按消费者的需求提供个性化产品和服务（customer to manufacturer，C2M）模式，是对传统工业时代 B2C 模式的最根本颠覆，将大幅度提升整个产业链的运营效率。C2M 的大规模兴起，是在通过互联网重构整个产业链路径。

从渠道商的角度看，S2B2C 商业模式的特点包括以下几个方面。

特点一：供货支持，无成本开店。对于小型渠道商而言，经营过程会担心压货和资金占用。在 S2B2C 商业模式中，小型渠道商有强大的供货商支持，渠道商可以实现无成本开店，只需要做推广和服务，风险较小。

特点二：优化采购，低成本供货。在 S2B2C 商业模式中，小型渠道商无须单独进行采购价格谈判。上游供货商会被筛选，通过谈判来设定价格。再加上统一大批量的采购，能大大降低运输物流成本。同时由于砍去了中间商环节，也降低了中间商的流转成本。

特点三：渠道拓宽，低成本获客。每个商家都想要获得更多的客户流量，然而获客成本的逐渐升高让很多商家很是无奈，不知道该怎么进行低成本获客。因为获客成本决定了商家是否具有同行业竞争优势，决定了商家能否长久的生存下去。S2B2C 商业模式可以实现拓展更多渠道商，让其实现一对一的服务客户，大大提升客户的满意度，从而促使客户汇集。

特点四：消费者信任感强。在 S2B2C 商业模式下，各个渠道商都有各自的顾客群体且为自身的顾客群体服务，相比于集中由大型企业经营顾客关系来看，S2B2C 商业模式下的企业–顾客关系更为紧密。顾客都能更好的得到优质的商品或服务，因此，顾客对商品和服务的满意度和信任感均较强。

四、商业智能如何驱动 S2B2C 商业模式高效运行

S2B2C 模式是在互联网高速发展的背景下产生的，因此在 S2B2C 模式的运行中也嵌套进了许多基于商业智能的数字技术和数字应用，这些技术和应用也是 S2B2C 商业模式能够成功运行的关键之一。那么商业智能是如何驱动 S2B2C 商业模式实现高效运行的呢？这一问题的答案可以从 S2B2C 商业模式的两大重要流程出发分析并加以分类，分别是大供货商赋能渠道商过程中使用的商业智能技术和渠道商满足消费者个性化需求过程中的商业智能技术。

就大供货商赋能渠道商过程中使用的商业智能技术而言，首先，供应商在构建 SaaS 化工具的过程中就会使用数据仓库、联机分析处理等商业智能相关技术来进行开发，甚至于不少供应商会在 SaaS 化工具中内置商业智能相关软件。其次，在资源的集中采购和服务集成部分，供应商往往需要通过商业智能系统处理和分析渠道商反馈的消费者需求数据来做出相关的采购和集成决策。最后，在数据智能部分，大供应商给渠道商提供的数据智能服务往往就是一种供应商基于深厚的行业经验和理论知识设计的商业智能系统，并通过这种商业智能系统辅助渠道商完成销售和服务过程中的决策。

综上所述，商业智能在供货商赋能渠道商的过程中产生了非常巨大的作用。而在考虑渠道商满足消费者个性化需求的方面，渠道商可以与消费者深入交流，获得消费者具体的个性化需求，并把这些需求输入供应商提供的商业智能系统，由商业智能系统根据已有数据来确定满足消费者个性化需求的方案，从而辅助渠道商完成销售和服务中的决策任务。

五、S2B2C 商业模式的实例

2020 年前后传统服饰行业陷入了窘境，裁员、关店潮陆续出现，服饰行业商家急切通过清库存回流资金，然而大环境下行导致传统服饰行业商家低价格清库存的策略失去了效果。在此背景下利用 S2B2C 模式创新了服饰行业清库存方式的爱库存公司迎来了发展契机。对于传统服饰行业的商家而言，清库存的需求一直存在，大多数的服装企业在库存管理实务中会采用抛售、适度特卖和敏捷销售等多种方法。抛售是商家最常使用的清库存方法，它利用价差，以较低甚至低于成本的价格销售产品。虽然该方法可以有效地帮助服装企业迅速处理积压库存，回笼资金，但利润也会大幅减少。但是低价清库存方式并不是在任何情况下都有效，尤其是在消费者的消费欲望和消费能力萎缩的时候。为此，积压了大量库存的企业亟须可直接触达终端消费者并激起其消费欲望的方式

解决库存压力。

爱库存就是在这样的背景下应运而生的。爱库存是一个新兴的社交电商平台，上游对接各类品牌方库存，下游服务于分销商，普通用户可以入驻爱库存成为店主，借助电商这一传播方式进行带货，平台上的货物均直接从品牌方仓库发货，普通用户无须担心货源问题。爱库存成立至今不到三年，已拥有注册店主超 200 万人，累计帮助 10000 多家品牌商销售超 2.5 亿件商品，其高价值的赋能大大降低了个人渠道商的技能门槛，从而扩大了个人渠道商的数量。另外，个人渠道商提供社群进行产品转发、推荐的去中心化销售模式相比传统销售模式更能接触到大量用户并促进交易的完成，爱库存创始人冷静十分肯定去中心化销售模式对于爱库存的重要作用，并表示，每年那么多工厂，那么多人在创造，商品的成长速度很快，但是人的认知斜率只有 5%，商品斜率可能有 50%～60%，在这种情况下，商品流已经到了要通过去中心化的方式来满足消费者的时候，这是接下来的大趋势。

对于品牌方而言，随着流量变现体系的不断成熟，线上流量成本越来越高已经成了不争的事实，但是这两年越来越多的平台开始挖掘社交及社群所能释放出的巨大流量，这种社群流量为品牌方提供了一种低成本高质量的流量选择。而爱库存的 S2B2C 模式正是释放了个人渠道商社群的流量，从而为品牌方提供了低成本、高效率的推广流量。在爱库存，品牌方不需要任何前期的广告投入，只要出货 7 天就可以拿回 80% 的货款。低成本、高回款速度的爱库存因此深受品牌方喜爱，许多品牌方与爱库存建立了长期合作关系。爱库存的 S2B2C 模式也因为满足了消费者和品牌方的需求而得以高速发展，爱库存 2019 年 1—8 月的商品交易总额（gross merchandise volume，GMV）已超过 2018 年全年的 1.5 倍。截至 2019 年，爱库存已获得超过 15 亿元融资，平台已入驻分销商超 200 万家、国内外知名品牌方上万家。

第四节　B2K2C 模式

一、B2K2C 商业模式的内涵、产生背景及发展历程

（一）B2K2C 商业模式的内涵

品牌到关键意见消费者到消费者（brand to KOC to customer，B2K2C）模式是指利用 KOC 作为连接品牌和最终消费者的媒介，实现品牌和消费者关联的商业模式。其中 B 指品牌商家，K 不单指 KOL，更着重指 KOC；C 指广大 C 端用户。从商家到关键意见消费者再到消费用户打通渠道，以用户生成内容（user generated content，UGC）社区为基础，发布体验推荐、品牌种草等内容，并在其中植入商品，将消费者真实体验、平台内容与产品自身相关联，最终将内容作为产品的入口。即在 B2K2C 模式中，品牌通过邀请 KOC 推荐和分享品牌产品的方式利用 KOC 的社交媒体影响力和口碑传播能力将品牌和产品推荐给潜在消费者，以提高品牌知名度、增强品牌形象和促进销售增长（图 4-6）。

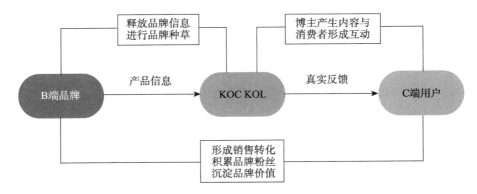

图 4-6　B2K2C 商业模式内涵图

（二）B2K2C 商业模式的产生背景与发展历程

在广告信息爆炸的当下，消费者对广告的免疫性越来越强，传统的广告和营销方式越来越难以获得消费者的关注和信任的现象广泛存在，因此寻找一种新的推广方式以重新获取消费者对品牌的信任成了品牌和电商平台的共同需求。与此同时，互联网基础设施建设的不断完善和智能创作的广泛运用大大降低了普通人生成各式各样内容并上传至娱乐平台的难度，互联网世界为许许多多的平凡人提供了一个展示个人才华和了解他人世界的平台。诸多普普通通的老百姓一夜之间成为了抖音、快手上动辄拥有几十万、几百万粉丝的大网红。2012—2015 年，大量的品牌商和社交平台开始意识到了利用这些网红的巨大影响力可能会发展出一种全新的广告模式，于是各大社交平台，如微博、今日头条、知乎、小红书、微信公众号等纷纷开始探索流量变现模式，B2K2C 模式就是在这一背景下出现的。

2012—2015 年是 B2K2C 模式的发展时期。在这一时期，网红与粉丝之间、粉丝与粉丝之间互动频繁。社交互动+网红打造产品使用场景是该阶段 B2K2C 模式电商最主要的运营方式，小红书是这一模式的核心代表之一。2016—2018 年，B2K2C 模式加速成长，抖音、快手等短视频平台快速兴起，诸多自媒体大 V 纷纷加入个人品牌打造潮流。如何基于社交流量实现带货种草成为 B2K2C 模式核心关注点。这一时期主要以短视频推荐为主，抖音、快手是该模式的主要代表。2019—2020 年，B2K2C 模式呈爆发式成长，线上消费需求大幅上升，催生了 B2K2C 模式新的子模式——电商直播，诸多品牌商开始探索和明星艺人、自媒体 KOC 合作直播带货。由于明星艺人和 KOC 的流量引流作用，消费者也大量涌入各大电商直播平台。

2021—2023 年，B2K2C 模式的发展呈现出社交平台与电商不断深度融合的特征与趋势，微博、微信、抖音等社交平台都参与了电商直播，力图打造内容+直播+电商完整产业链。与此同时，随着 B2K2C 模式的发展，各类 KOC 也深度结合自身特点探索出丰富多样的带货模式，包括知识+带货模式、体验+带货模式等。在 B2K2C 模式中，KOC 带货产品的内容形式也呈现多形式融合并存的态势，如小红书平台上，KOC 的产品宣传主要通过图文带货的形式，快手、抖音等视频平台的 KOC 主要采用短视频带货的形式，而原有的沟通平台上的 KOC 主要采取直播带货的形式。

由于 B2K2C 模式能够精准地针对特定目标受众进行品牌推广和营销，实现降低品牌营销成本、提高品牌的投资回报率（return on investment，ROI）和强化品牌形象、口碑的效果而受到了品牌商的青睐，而消费者也从 KOC 提供的种草内容中收获了产品使用经验和情绪价值，KOC 通过为品牌带货实现了流量变现和自身价值。目前，越来越多企业开始关注和运用 B2K2C 模式。波士顿咨询公司（Boston Consulting Group，BCG）的数据表明，2023 年，中国近一半的消费者主要通过 KOC、品牌自有广告和社交广告为代表的社交媒体和其他数字媒体关注到品牌动态，中国 30 岁以下的年轻人中有 70% 以上容易受到不同类型 KOC 的影响，B2K2C 模式在中国的巨大影响力可见一斑。

二、B2K2C 商业模式的特点

1. 品牌连接 KOC

在 B2K2C 商业模式中，KOC 是品牌传播的一个重要渠道，在 B2K2C 平台上，KOC 的角色是对自己所在领域精通的活跃分子，这些人员不一定拥有 KOL 那么强的内容创作力，也不一定有非常专业的知识技能。但他们一般都是某些领域产品的深度用户，拥有一定的自身影响力。对于 KOC 来说，日常中以分享自己的生活为主，为此能够让其他用户产生真实感，在粉丝群体中打造信任感，在影响力和亲和力之间寻找一个平衡点。

对于刚开始构建私域的小众品牌来说，他们能在线上直接触达的用户数量是有限的，通过自身渠道去吸引用户关注需要花费较多的时间和财力成本。因为 KOC 与用户有着密切关系，品牌通过 KOC 间接连接用户，触达到的用户数量就会大大增加。KOC 可以在品牌的私域社群里培养，也可以到小红书等内容平台上去寻找。因为 KOC 不带有商业属性，更容易被用户接纳。这就是小红书种草转化效果很好的原因，对于商品而言，不再是由商家主动发起的广告推广，而是把产品体验通过消费者真实的分享出来，这种内容营销让用户多了几分"感同身受"的味道，也能比较好地帮助大家做出自己的消费选择。

综合来说，品牌通过 KOC 连接用户的优势包括。第一，KOC 发布的内容属性更加真实。KOC 用生活化、个性化的消费场景与其他用户进行分享，如开箱测评、新品试用、采买清单等，有助于其他用户做消费决策。第二，品牌可选的 KOC 范围广。当前，粉丝 2000～10000 人或者粉丝 3 万～5 万人的博主数量多，作为品牌方，每一领域都有一定数量的 KOC 可供选择。第三，投放成本低。从品牌增加曝光度、口碑沉淀角度来说，采买更垂直的 KOC 从不同角度进行产品测评，极具性价比。总之，KOC 作为当下种草圈的主力军，以更为贴近消费者的姿态，在垂直用户中更有决策影响力，大大缩短了受众对于品牌的认知周期和购买周期，是品牌口碑沉淀的放大器。

2. KOC 连接用户

在互联网发展到一定阶段，流量红利濒于消失、大 V 投放成本越来越高的情况下，强调信任关系的 KOC 更容易获得商家和消费者的认可。与 KOL 相比，KOC 与消费者的连接更紧密，他们的定位就是草根用户，更容易通过同理心去影响顾客的购买，更容易渗透至消费者群体。

首先，KOC 传播离用户更近，KOC 不同于 KOL 长期创作某一垂直领域的内容从而获得垂直营销力，KOC 所分享的内容通常并不聚焦且生活化、兴趣化，以一个普通用户的身份来为品牌发声，而不是作为专家形象进行产品推介，KOC 的消费者身份更能贴近用户，在发布内容时更能够通过同理心来影响其他用户。为此，KOC 与普通用户联系得更加紧密，在垂直用户群众中拥有较大的决策影响力，能够带动其他潜在消费者的购买行为。比如，在宝妈群里经常会有一些宝妈会分享自己的育儿经验及购物经历。虽然她们不能算是群中的意见领袖，没有意见领袖这么大的影响力，但是她们却能够带动其他宝妈去购买。

其次，KOC 具有传播爆发力。《未来品牌报告》指出，当前中国年轻人伴随网络成长，是数字化"原住民"。他们的需求更加个性与自我，消费决策更加专业与理性，同时期待更主动参与品牌建设。《未来品牌报告》揭示出一个更深刻的变化，用户与品牌的连接，从中心化流量转向圈层化 KOC 连接。简单理解就是，品牌营销逻辑以往更加追求"信息触达"的广度，如今转变为建立"用户信任"的深度。在内容平台上，品牌、KOC和消费者之间形成了紧密的连接，KOC 成为品牌和用户的连接器，深度连接以价值认同为原则的圈层化用户，这种连接已经成为品牌更加高效、可持续的用户沟通方式。

3. 内容平台是品牌布局的关键一环

数字时代，消费者表现出全时全域的消费行为，而品牌方也在不断加速线上线下全渠道布局、全触点融通，力争为消费者提供更高质量的一体化服务和体验。内容平台，将成为品牌全渠道布局的关键一环。对于品牌而言，随时随地能与用户待在一起，得到用户真实的反馈是无比珍贵的。而内容平台恰好就提供了这样的平台。

《未来品牌报告》显示，中国消费者对于包括内容平台在内的社交媒体拥有非常强的依赖度。灼识咨询公司（China Insights Consultancy，CIC）一项消费者调查指出，有75%的消费者表示会根据社交媒体做出购买决定。被种草、拔草、打卡分享、激发更多人拔草，成为年轻消费者的显著特征。内容平台对于新一代消费者的另一层意义在于，他们曾经被忽视的小众的、边缘的需求，正在通过内容平台被品牌发现。在小红书上，曾经小众的"盲盒"在过去两年时间内内容曝光量提高了 300 倍。同时，中国消费市场正在发生区域下沉，垂类市场加速扩大，更多小品类加速成长和扩大。

品牌、KOC 和用户三者在内容平台上实现了连接，更加专业且热爱分享的 KOC，帮助品牌以短视频、直播等内容形式持续触达消费者，沉淀超级用户，形成消费者购买闭环，更能以社交化连接助力线上线下联动，实现全触点用户运营。品牌借助小红书、抖音、微博等平台及微信的私域流量生态，以 KOC 作为圈层阵地，通过笔记分享、直播、短视频等内容形式，构建了可分享、可传播的社交触点，并以此联动电商平台、线下门店、渠道等，全面实现用户全触达、全覆盖。比如，宜家中国 2023 年 7 月在上海推出首个城市店后，就将小红书 KOC 带动店铺热度列入计划。8 月，宜家中国设立小红书 REDay 专"薯"日，与小红书和博主共同寻找店内适合打卡的场景，这些内容被 KOC

们分享到小红书后，迅速引来了更多用户前来打卡体验，进一步提高了城市店的热度。

4. 品牌向用户共创方向发展

内容平台渠道的崛起，对于品牌而言最大的利好是可以时刻与消费者在一起，通过平台内容及时获取、洞察消费者的需求与反馈，这相对于传统研究方式而言有质的变化。品牌方同时可以与 KOC 和消费者形成良性互动，消费者也可以通过内容平台，深度参与品牌的产品共创、品牌共创及连接共创。在互联网环境下，尤其是在 S2K2C 商业模式中，供应链即需求链，品牌通过需求链了解用户的真实需求，对产品质量、外观进行改变，或者对库存进行调整。这也是用户通过需求链反向影响和定义品牌的体现，即借助 S2K2C 平台，品牌、KOC 和用户之间得以实现价值共创。

以欧莱雅为例，科研致白三重源白精华液（光子瓶）的推出就体现了品牌与用户共创。在准备阶段，欧莱雅主动沟通小红书社区 KOC 体验分享，发表内容分享真实体验。当看到产品被认可后，欧莱雅与小红书社区 KOL/KOC 合作，或通过类似群量平台等进行大批量 KOC 内容投放，通过内容放大声量与产品认知，同时结合内容平台商业广告等工具，大范围触达用户。当热度暴涨时，光子瓶进入了小红书直播间，通过分享式直播迅速成为小红书社区的爆品（图 4-7）。

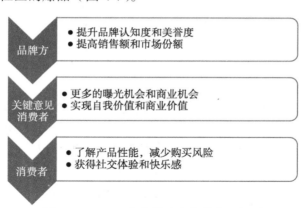

图 4-7　B2K2C 商业模式多方共赢逻辑图

三、商业智能如何驱动 B2K2C 模式高效运行

商业智能支持 B2K2C 模式的发展主要表现为三个方面，分别是支持准确评估选择 KOC、帮助识别培养潜在 KOC、促进 KOC 连接消费者。

（一）支持准确评估选择 KOC

商业智能可以对 KOC 进行精准评估，区别于传统对 KOC 进行定性评估的方式，商业智能可以通过量化的指标完成 KOC 评估，使得 KOC 评估结果更加精准，从而帮助企业选择与自身需求更契合的 KOC。例如，通过分析 KOC 的影响力、粉丝数、活跃度等指标，商业智能可以对 KOC 进行精准评估，帮助企业了解其在社交网络中的影响力，以及对品牌的贡献度，从而更好地利用 KOC。

例如，美团的 KOC 评估系统，美团的 KOC 评估系统通过对 KOC 的影响力、粉丝数、活跃度等指标进行分析，得出 KOC 的评分和排名，并为企业给出相应的建议。例如，对于影响力较大的 KOC，美团可以通过合作、激励等方式增强其对品牌的贡献度；对于粉丝数和活跃度较高的 KOC，美团可以通过邀请其参加活动、提供优惠等方式促进其与品牌的互动。通过这种方式，美团的 KOC 评估系统支持了美团的 B2K2C 商业模式达成，即通过 KOC 向消费者宣传品牌和产品，提高在美团平台上与 KOC 合作商家的销售额，从而提高了美团的销售额和品牌知名度。有数据表明，商业智能系统的使用使得与美团合作的 KOC 的曝光量和转化率都得到了明显的提升，美团品牌知名度也得到了提高。这表明商业智能系统的使用可以在一定程度上提高企业对 KOC 的评估和利用能力，从而实现 B2K2C 商业模式的达成。

（二）帮助识别培养潜在 KOC

商业智能可以通过个性化的推荐、定向广告等手段，吸引用户参与品牌的推广，从而逐步培养出 KOC。腾讯就采用了这一方式来培养 KOC，腾讯的社交广告平台通过商业智能系统对用户的兴趣爱好、消费行为等信息进行分析，得出用户的画像，并根据用户的画像推荐个性化的广告和内容。例如，对于喜欢旅游的用户，腾讯可以推荐旅游相关的广告和内容，并邀请其参加品牌活动，逐步培养出 KOC。通过这种方式，腾讯的社交广告平台可以支持 B2K2C 商业系统的达成，即通过 KOC 向消费者宣传品牌和产品，从而提高销售额和品牌知名度。

（三）促进 KOC 连接消费者

企业可以利用商业智能辅助 KOC 与普通消费者通过社交网络连接这一过程。商业智能可以通过社交网络渠道，将 KOC 的推荐、评价等信息传递给普通消费者，帮助普通消费者了解产品的特点和优势，从而提高品牌的知名度和用户信任度。以小米为例，小米的社区营销策略即通过商业智能系统对社交网络等渠道的数据进行分析，找到影响力较大的 KOC，并利用社交网络等渠道将 KOC 的推荐、评价等信息传递给普通消费者。例如，小米曾邀请影响力较大的 KOC 参加产品评测，将评测结果通过社交网络、微信公众号等渠道传递给普通消费者，帮助他们了解产品的特点和优势，从而提高品牌的知名度和用户信任度。通过这种方式，小米的社区营销将 KOC 与普通消费者连接起来，支持了小米的 B2KOC 商业模式的达成。小米的经验表明，商业智能系统的使用使得产品的评价和销量都得到了明显的提升，品牌知名度也得到了提高。

四、B2K2C 商业模式的实例

小红书是一家成立于 2013 年的社交电商平台公司。在中国电商市场竞争激烈的情况下，小红书决定采用 B2K2C 模式，通过整合社交和电商来提高自身的竞争力。

成立之初，小红书面临着电商市场竞争激烈、用户需求多样化及信任度难以建立等困难，为了解决这些问题，小红书采用了 B2K2C 模式。[①] 首先，小红书通过吸引 KOC

在社群内分享心得和评价来建立与普通消费者的信任感,并依此构建生态社区,从而支持并鼓励普通用户分享和发掘与其价值观一致的信息,平台通过不断优化算法以呈现符合用户兴趣的内容,并提供更多的发展机会。其次,小红书整合了各类电商资源,包括国内外的优质商品和品牌,形成了一个大的电商生态系统,满足了用户各种不同的需求。最后,小红书采用开放式的合作模式,与各类电商提供商建立合作关系,形成了一个协同的生态系统,为用户提供更好的服务。

通过 B2K2C 模式的运用,小红书取得了一些成就。根据小红书 2018 年年报,小红书运用 KOC 策略后,其 GMV 同比增长了超过 400%,达到了 200 亿元人民币。这一增长率显著高于小红书 2017 年的 GMV 同比增长率,为 200%左右。可以看到,在小红书运用 KOC 策略后,其销售额有了明显的增长。此外,根据小红书公布的数据,小红书与 SK-II 合作后,SK-II 在小红书上的销售额翻了一倍,增长率达到了 100%。而小红书与雅诗兰黛合作后,雅诗兰黛在小红书上的销售额也有了显著的增长。这些数据进一步证明了小红书运用 KOC 策略的有效性。

总之,小红书通过 B2K2C 模式的运用,成功地应对了来自电商市场的竞争压力,并在市场上取得了一定的成就。通过社交平台来建立用户信任度、整合各类电商资源和开放式的合作模式,小红书满足了用户多样化的需求,提高了服务的质量和用户体验。通过建立协同的电商生态系统,为用户提供更好的服务,实现了业务的快速增长。

本章主要介绍了以下内容:①商业智能驱动新商业模式变革的原理和逻辑;②C2B 商业模式的相关知识;③S2B2C 商业模式的相关知识;④B2K2C 商业模式的知识。

在商业智能驱动新商业模式变革的原理和逻辑部分,介绍了商业智能如何改变了企业的①市场细分;②客户关系管理方式;③价值主张;④销售渠道;⑤现金流结构;⑥关键资源能力;从而推动了新商业模式的出现。在 C2B 商业模式部分,主要介绍了①C2B 商业模式的内涵;②C2B 商业模式以用户为主导的特点;③商业智能如何驱动 C2B 模式的高效运行,包括帮助消费者需求直达工厂和推动柔性生产发展两个方式,④C2B 商业模式的实例。在 S2B2C 商业模式部分,主要介绍了①S2B2C 商业模式的内涵;②S2B2C 模式的运行逻辑;③S2B2C 商业模式的特点,包括大供应商与渠道商共同服务于消费者和渠道商为消费者提供差异化的产品和服务两大特点;④商业智能如何驱动 S2B2C 模式的高效运行,包括大供货商赋能渠道商过程中使用的商业智能技术和渠道商满足消费者个性化需求过程中的商业智能技术;⑤S2B2C 商业模式的实例。在 B2K2C 商业模式部分,主要介绍了①B2K2C 商业模式的内涵;②B2K2C 商业模式的特点,主要包括 KOC 推广、精准营销、低营销成本;③商业智能如何驱动 B2K2C 模式的高效运行;④B2K2C 商业模式的实例。

假设你现在是一位创业者,你聚集了一群志同道合的伙伴,打算创立一家企业。但是你们缺乏启动资金,因此向投资人展现你们即将成立的公司的潜力以获得投资,成为你们团队的重中之重。此时,撰写一份介绍公司商业模式的报告来获取投资人青睐的任务交到了你手上。请你从本章中介绍的 C2B 模式、S2B2C 模式、B2K2C 模式这三种新兴商业模式选择一种,撰写一份商业模式的报告。其中应当包含对该种商业模式的简单介绍,以及其他你认为应当加入的内容。你可以根据生活经验加入你认为重要的部分,抑或是在互联网上参考别人是怎样通过这一步吸引投资者的。同时我们也提供一些问题供你参考,问题如下。

  1. 你所选择的该种商业模式有何特点?

  2. 简要分析你所选择的该种商业模式的适用性。

  3. 你所选择的该种商业模式比起传统商业模式有何优点?

自学自测 扫描此码

第五章

智能时代下新商业模式的数字营销

随着智能时代的到来，数字营销已经成为影响企业新商业模式能否成功实现的重要因素。相比传统营销，数字营销作为一种新型的营销方式，不仅在传播效果、用户体验等方面具备优势，同时也为企业提供了更多的商业机会。那么，数字营销是如何改变企业商业模式的呢？智能时代下新商业模式的数字营销有哪些特点和要点呢？本章将详细解答以上问题。

学习目标：①掌握数字营销影响商业模式的原理和逻辑；②熟悉 C2B、S2B2C、B2K2C 商业模式的数字化营销的特点和要点；③能够运用本章所学知识对企业采取的新商业模式的数字营销做出分析和评价。

第一节　数字营销影响商业模式的原理和逻辑

一、数字营销改变信息流通方式

数字营销的发展和普及对企业商业模式产生了深远影响，其中数字营销通过改变信息流通方式进而影响商业模式的这一现象非常值得探讨。信息流通方式指信息交流中信息的传递、共享、交流、存储和处理的方式。传统的信息流通方式，如传统媒体、面对面交流等受到地域、时间和人员的限制，无法满足人们对信息传递的要求。随着信息技术的发展和应用，短信交流、社交媒体交流等新兴信息流通方式出现。这些新兴信息流通方式借助互联网、移动通信等技术手段，可以实现信息的快速传递、交流和处理，具有精准度高、覆盖面广、成本低等优势。这些新兴的信息流通方式已成为数字营销的重要手段，为企业商业模式带来了深远变化。具体来说，数字营销技术的应用改变了信息流通的传递效率、受众面和传递效果。

（一）数字营销如何改变信息流通方式

（1）数字营销提高了信息流通效率。数字营销技术的使用改变了信息流通方式，使之更快速、高效和精准。传统的信息流通方式受到地域、时间和人员限制，信息传递效率较低，而数字营销技术的应用，则通过互联网、社交媒体、搜索引擎等信息技术手段，实现了信息的快速传递和交流，大大提高了信息传递的效率和精准度。数字营销技术的发展为企业提供了多种不同的营销方式，如邮件营销、短信营销、微信营销、社交媒体营销等，这些方式可以快速地将信息传递给潜在客户，达到营销目的。

电子邮件营销可以作为一个很好的例子说明数字营销技术如何使得企业营销更有效率。在传统的营销方式中，企业营销人员可能需要通过邮寄传单、打电话或面对面接触等方式传递营销信息给消费者从而促进销售。但是，这些营销方式成本高昂且覆盖面有限。使用电子邮件营销，企业可以通过发送电子邮件来向潜在客户推销产品或服务。这种方式成本较低，覆盖面广，可以快速地到达潜在客户，而且可以根据客户的需求和偏好进行精准定位和个性化推荐。此外，还可以通过观察客户在邮件中的反馈，获取更多信息并进一步提高电子邮件营销的精准度，这表明数字营销技术的使用改变了信息流通方式，使之更快速、高效和精准，并提高了企业的营销效率。

（2）数字营销改变信息流通的受众面和传递效果。数字营销技术的应用为信息流通的受众面和传递效果带来了巨大改变。传统的信息流通方式如报纸等传统媒体通常面向大众，无法满足消费者个性化需求，而数字营销技术的应用可以根据消费者的兴趣爱好、购买行为等数据，实现信息的个性化传递，提高消费者的满意度和忠诚度。数字营销技术通过数据分析和精准的信息传递，实现精准营销，从而提高营销效率和降低营销成本，为企业带来更多的商业机遇。

社交媒体营销可以很好地说明这一观点。传统的广告媒介，如电视、广播、报纸等通常只能覆盖一定的受众面，而且传递效果难以精准测量。而社交媒体平台，如脸书、Instagram、推特等则具有广泛的受众面和精准的传递效果。企业可以通过在这些平台上发布有趣、有用、有吸引力的内容来吸引潜在客户的注意力，进而推销产品或服务。此外，企业可以通过社交媒体平台跟踪相关内容的分享和回复，获取更多有价值的信息并进一步提高广告投放的精准度。因此，数字营销技术的应用改变了传统信息流通方式的受众面和传递效果，使得企业可以更加精准地把握目标受众，提高营销效果。

（二）新信息流通方式促使企业商业模式变革

新的信息流通方式使得企业的商业模式也发生了变革。新的信息流通方式使得企业能够更加精准地了解消费者需求，提供个性化的产品和服务，进一步提高消费者满意度和忠诚度。此外，新的信息流通方式还能够提高企业的营销效率和降低营销成本，从而提高企业的竞争力。这种新的信息流通方式的应用，为企业带来了更多的商业机遇和发展空间。以下这个实例可以帮助读者理解数字营销是如何改变信息流通方式进而影响企业商业模式的。

哈啰公司 2016 年成立于上海，主要业务是提供共享单车和共享出行的服务，通过智能手机应用程序或小程序，用户可以在城市中轻松找到并使用共享单车。同时，为了提高品牌知名度，哈啰公司通过数字营销手段，如社交媒体、移动广告和内容营销等，实现了信息流通方式的改变，进而影响了其企业商业模式。

首先，哈啰公司开发了用户友好的移动应用程序，通过 App 或小程序，用户可以轻松地寻找附近的单车、扫码开锁骑行、支付费用等，便利了用户的出行，推广了低碳绿色生活理念。这种移动营销策略大大简化了用户的骑行体验，同时也为哈啰公司收集了大量的用户数据，并利用大数据和人工智能技术来优化单车的分配和维护，通过分析用户的骑行习惯和城市交通数据，公司能够更准确地预测需求，将车投放至有更多骑行需求的地点，提高单车的使用效率。

其次，为了快速提升品牌知名度，通过利用互联网平台进行广告投放、社交媒体宣传、搜索引擎优化等数字营销手段，提高了公司的知名度和用户认知度，并以此吸引风险投资和用户使用，从而解决了资金短缺和用户认知度低的问题。比如，利用社交媒体平台如微信、微博和抖音等，进行用户互动和品牌宣传，通过分享用户故事、提供骑行优惠和举办线上活动，哈啰公司在这些平台上建立了强大的社区基础，提升了用户黏性和品牌忠诚度。哈啰公司还注重在社交媒体平台上、应用程序上进行内容营销，通过制作有趣且有教育意义的内容，如骑行小贴士、城市骑行指南和环保理念的传播，来吸引和保留用户。这些内容不仅帮助用户更好地使用服务，也传达了哈啰公司的社会责任感和品牌价值。

通过上述的数字营销策略，哈啰公司不仅改变了传统的信息流通方式——广告宣传和用户互动方式，构建了基于用户数据的商业决策模式，还创新推广了共享单车的商业服务模式和绿色出行方式。

二、数字营销改变主体间关系

商业模式中的主体间关系是指企业、供应商、客户、合作伙伴等各个主体之间的关系。这些主体间的关系构成了商业模式的核心要素，对商业模式的可行性和可持续性有着决定性的影响。在传统商业模式中，主体间关系常常表现为B2B（企业对企业）、B2C（企业对消费者）和C2C（消费者对消费者）等形式。随着数字营销技术的发展，商业模式中主体间关系也发生了深刻的变化。数字营销技术通过应用互联网、移动通信、大数据等技术，使得企业可以更加精准地把握目标受众需求，提高营销效果，进而改变了企业的商业模式。

（一）数字营销如何改变主体间关系

数字营销技术的使用使得商业模式中的主体间关系发生了以下转变：从过去的单向供给转变为了双向互动，从过去的单一供应商转变为了多元供应商，从过去的零和博弈转变为了双赢合作。这些变化的出现使得企业更加关注消费者的需求和期望，并着手从消费者需求变化的角度出发推动企业商业模式的转型和升级。

（1）从单向供给到双向互动。数字营销技术的使用，使得商业模式中的主体间关系从过去的单向供给转变为了双向互动。传统的广告宣传大多是企业对消费者的单向宣传，企业要求消费者去购买产品或服务。而数字营销技术则可以通过社交媒体、搜索引擎等渠道，了解消费者的需求、喜好和行为习惯，从而实现双向互动和沟通。消费者通过社交媒体等平台可以对产品和服务进行评价、交流和分享，这些反馈可以帮助企业更好地了解消费者的需求和期望，从而进行更加精准的市场营销。

（2）从单一供应商到多元供应商。数字营销技术的使用，使得商业模式中的主体间关系从过去的单一供应商转变为了多元供应商。过去，由于垄断企业的存在，市场上只有少数几家企业可以提供产品和服务，消费者的选择余地非常有限。而数字营销技术的发展，使得越来越多的企业可以通过网络平台进入市场，从而提供更加多样化的产品和服务。消费者可以通过搜索引擎和社交媒体等渠道，获取更多的信息，并从中选择最符合自己需求的产品和服务。这样的变化，使得市场上的供应商更加多元化，消费者的选择余地也更加广泛。

（3）从零和博弈到双赢合作。数字营销技术的使用，使得商业模式中的主体间关系从过去的零和博弈转变为了双赢合作。在传统的商业模式中，企业和消费者之间的关系往往是一种零和博弈的关系，企业力图把标准化产品销售给消费者，而消费者力图在市场上找到最适合自己的，同时也是最具性价比的产品，在这一情境下企业的获利必然是消费者的损失。而数字营销技术的使用，使得企业和消费者之间的关系向合作共赢的方向发展。企业可以通过数字营销技术更好地了解消费者的需求和期望，并根据消费者的反馈和建议，不断提高自己的产品和服务质量，消费者也可以获取到越来越符合自身需求的产品，从而实现企业与消费者双赢合作的局面。

（二）新主体间关系改变企业的商业模式

主体间关系的改变使得企业的商业模式发生了巨大的改变，这些变化可以分为消费者导向化，竞争格局激烈化，双赢合作化这几个方面。

（1）消费者导向化。传统的商业模式中，企业往往是以自己的产品和服务为中心，通过广告、促销等手段向消费者推销产品和服务。而随着数字营销技术的发展，企业可以通过社交媒体、搜索引擎等渠道了解消费者的需求和行为习惯，并根据这些需求设计自己的产品，从而更加精准地满足消费者的需求。这种消费者导向的商业模式，表明企业越来越关注消费者的需求和期望，并根据消费者的个性化需求来提高产品或服务的质量及企业的市场竞争力。

（2）竞争格局激烈化。数字营销技术的使用，使得越来越多的企业可以通过网络平台进入市场，提供更加多样化的产品和服务。这种多元化的市场格局，使得企业之间的竞争更加激烈，消费者的选择余地也更加广泛。企业只有通过不断提高自身产品和服务的质量，才能在激烈的市场竞争中取得优势。

（3）合作共赢的企业与消费者关系。数字营销技术的使用，使得企业和消费者之间的关系更加偏向合作共赢。企业可以通过数字营销技术更好地了解消费者的需求和期望，并根据消费者的反馈和建议，不断提高自己的产品和服务质量，从而实现双赢合作的局面。这种合作共赢的商业模式，不仅可以提高企业的市场竞争力，还可以提高企业的社会责任感和美化企业形象。

我们可以通过以下这个实例来进一步加深对数字营销通过改变企业间主体关系进而影响企业商业模式这一逻辑的理解。乘车服务提供商优步创立于 2009 年，当时公司的创始人 Travis Kalanick 和 Garrett Camp 面临着在旧金山难以找到出租车的问题，因此他们研发了提供线上应用呼叫乘车服务的优步应用程序来解决这个问题。然而，他们很快发现，消费者难以理解优步究竟是什么，消费者使用优步的意愿很低，仅有部分消费者抱着猎奇心理尝试了优步的服务，同时优步成立初期采取的固定定价策略大大提高了消费者的用车成本，阻碍了优步的发展。

数字营销让优步改变商业模式中的主体关系，从而解决了优步面临的消费者品牌认知程度低和消费者用车成本高的问题。具体而言，数字营销技术帮助优步实现了以下几个方面的转变，分别是提升客户体验和互动性、拓展销售渠道和提高效率、优化供应链和节约成本。首先是提升客户体验和互动性。优步利用社交媒体、移动应用等渠道，为消费者提供个性化的用车推荐和互动服务。例如，优步推出了优步奖励计划，通过积分奖励等方式提高了用户忠诚度和使用意愿。其次是拓展销售渠道和提高效率。优步利用互联网、搜索引擎营销等技术手段，实现了销售渠道的拓展和销售效率的提高。例如，优步通过搜索引擎优化和搜索引擎营销，提高了品牌的曝光率和用户的转化率。最后是优化供应链和节约成本。优步利用数据分析、智能算法等技术手段，将企业的定价方式修改为智能定价方式，并通过价格机制改变了平台上司机的供给情况。例如，优步利用数据分析技术，优化了司机的配对策略，提高了效率和利润。通过这些改变，优步取得了巨大的成功。截至 2021 年，优步已经在全球拥有超过 10 亿用户，活跃司机数超过 1400 万人，覆盖了 600 多个城市。2019 年，优步在美国纽约交易所上市，市值高达 820 亿美元。

三、数字营销改变主体间权力分配

商业模式中的主体间权力分配是指商业模式中各个主体之间的权力分配情况，这些主体可能包括企业、供应商、客户、竞争者等。主体间权力分配的合理性与公正性是商业模式成功的关键之一，它涉及商业模式中各方的利益和权益，直接影响到商业模式的可持续发展和竞争力。在传统的商业模式中，主体间权力分配通常是不平衡的，由少数大型企业掌握着市场和资源，而中小企业和个人则处于弱势地位。例如，传统的零售业中，大型连锁超市可以通过规模效应和供应链优势获得更低的采购成本和更高的利润率，而小型独立商家则难以竞争，类似的例子还有传统的出版业、酒店业等。数字营销作为一种新兴的营销方式，可以通过数字化技术和数据分析，实现客户需求的精准匹配和个性化服务，从而改变商业模式中的主体间权力分配。

（一）数字营销改变主体间权力分配

数字营销改变商业模式中的主体间权力分配这一现象可以从以下三个方面来解释，即提高客户议价能力，优化供应链和服务水平，打破垄断和降低成本。

（1）提高客户议价能力。数字营销可以为客户和商家提供更加便利和高效的交易方式，让客户可以更加方便地与商家进行交易和谈判，从而提高客户在购买商品时的议价能力。具体来说，数字营销通过促进电子商务技术在交易中的使用带来了以上这些变化。电子商务技术包括在线支付、电子商务平台、物流配送系统、大数据分析和人工智能等技术。这些技术的使用，使得客户可以通过移动设备或电脑等终端，随时随地浏览产品信息，并完成下单购买、在线支付和物流配送等一系列交易流程，从而实现了更加便利和高效的交易，大大提升了客户的购物体验。这样，客户可以更加灵活地选择交易时间和地点，从而在商业交易中拥有更大的议价能力和更高的市场地位。

在各种电商平台中，数字营销提高客户议价能力和市场地位的现象非常普遍。淘宝、京东等电商平台通过数字化技术和算法，实现了客户需求的精准匹配和个性化推荐，为用户提供了更加便捷高效的购物体验，赢得了客户的广泛认可。在各大电商平台上客户可以通过比较不同商家的产品和服务，选择最适合自己的产品和服务，并根据自己的需求和预算与商家进行议价和谈判，从而在商品交易中拥有更大的话语权和议价能力。

（2）优化供应链和服务水平。数字营销通过数据分析和数字技术，实现了供应链的优化和服务水平的提升，从而提高了企业的议价能力和市场地位，使企业在行业中的话语权得到提升。数字营销通过对供应链中的各个环节进行监测和分析，实现了供应链成本的降低、供应链效率的提升及服务水平的提高。具体来说，数字营销通过分析供应链中的成本结构和流程，发现并优化成本高、效率低的环节，从而实现供应链成本的降低。同时，数字营销还通过数据分析技术，对供应链中的流程进行优化和协调，提高供应链效率。此外，数字营销还能够精准掌握和分析客户需求和行为，实现个性化的推荐和服务，从而提高客户忠诚度和品牌价值。因此，数字营销通过数据分析和数字技术的应用，实现了供应链的优化和服务水平的提升，带来了积极的商业价值。

快递行业在数字营销带来的供应链优化和服务水平提升方面获益颇丰，以顺丰快递为例，顺丰快递采用了数字化技术，实现了对供应链的全面掌控和优化。通过物流信息系统、物流网络规划和智能配送等技术手段，顺丰快递可以实现货物的实时跟踪和管理，为消费者提供更加精准、快捷和高效的物流服务，满足消费者的需求和期望，提升了企业的服务水平和市场竞争力。此外，顺丰快递还为不同消费者提供多种物流服务产品和解决方案，如国际快递、物流金融、物流科技等，满足了不同消费者的多样化需求，提高了企业的议价能力和市场地位。

（3）打破垄断和降低成本。数字营销可以通过数字化技术和互联网平台，助力企业打破传统的垄断和壁垒，降低企业的运营成本和客户的购买成本，从而使得主体间的权力分配更加平等和公正。具体来说，数字化技术和互联网平台可以帮助企业直接面向消费者，减少中间环节，降低运营成本，从而助力企业打破传统的垄断和壁垒。数字化技术和互联网平台还可以帮助企业实现精准营销，通过大数据分析和人工智能等技术，对客户需求和行为进行深入分析和预测，从而提供个性化的产品和服务，提高客户满意度和忠诚度。此外，数字化技术和互联网平台还可以通过电子商务、社交媒体等渠道，实现企业与消费者之间的直接沟通和交流，增强互动性和用户体验，降低客户购买成本。

一个广为人知的利用数字营销打破传统垄断和壁垒的例子是在线教育行业的数字营销。在线教育平台通过数字化技术和互联网平台，打破了传统教育机构的垄断和壁垒，降低了学习的门槛和成本，实现了主体间更加平等和公正的权利分配。例如，知乎学院通过数字化技术和在线互动，提供了高质量的知识付费课程，满足了学习者的多样化需求。同时课程内容由知名专家和学者授课，并通过在线互动解答学习者的问题，为学习者提供了更加便捷和良好的学习体验。

（二）新主体间权力分配改变企业商业模式

在新主体间权力分配的背景下，企业商业模式发生了深刻的变化。这种变化通过以下几个方面体现。第一，企业需要更加注重供应链的优化。企业可以通过数字化技术和数据分析等手段，实现供应链的成本降低、效率提升和服务水平的提高，从而提高企业的议价能力和市场地位。第二，企业需要更加注重客户需求和体验的满足。随着主体间权力分配更加平等，企业需要通过数字化技术和互联网平台等手段，实现精准营销和个性化服务，提高客户满意度和忠诚度。第三，主体间权力分配的变化为企业创造了更多的商业机会和发展空间，这可以通过创新商业模式等方式，打破传统市场情境下的垄断和壁垒，助力企业的快速发展。例如，通过共享经济、平台经济等模式，企业可以实现资源的最大化利用，以此降低企业的运营成本和客户的购买成本，从而提高企业的市场竞争力和盈利能力。综上所述，新主体间权力分配的变化对企业商业模式产生了深刻的影响。企业需要通过数字化技术、供应链优化、个性化营销和创新商业模式等手段，适应新的市场环境，提高企业的竞争力和盈利能力，实现可持续发展。

派乐腾（Peloton）是一家成立于 2012 年的智能运动设备和健身社区公司，其创始人是约翰·弗雷（John Foley），他发现人们对于健身的需求越来越高，但传统的健身设备和健身房存在着时间和空间限制，无法满足人们的需求。派乐腾通过数字化技术和数据分析，创造了一种新的智能健身模式，使得健身市场的主体间权力分配得到了根本性的改变。[①]

具体而言，数字营销通过以下三种方式改变主体间权力分配，分别是提高用户的健身体验和满意度、打破传统健身产业的壁垒、改变品牌营销和销售模式。首先是提高用户的健身体验和满意度。派乐腾通过数字化技术和数据分析，为用户提供了高质量的健身内容和个性化的健身服务，从而提高了用户的健身体验和满意度，增强了用户的忠诚度和口碑效应。其次是打破传统健身产业的壁垒。派乐腾通过数字化技术和互联网平台，打破了传统健身产业的壁垒和限制，降低了企业的运营成本和用户的健身成本，从而促进了健身市场各主体间权力分配的公平化。最后是改变品牌营销和销售模式。派乐腾通过数字化技术和社交媒体平台，创造了一种全新的品牌营销和销售模式，从而吸引了更多的用户和投资者关注派乐腾，实现了派乐腾的品牌价值和商业价值的双重提升。

通过数字化技术和数据分析，派乐腾创造了一种新的智能健身模式，使得健身市场的主体间权力分配得到了根本性的改变。这一种新的智能健身模式给派乐腾带来了巨大收益，自派乐腾着力在健身行业使用数据化技术和数据分析以来，派乐腾的用户数量呈现爆炸式增长，截至 2021 年，派乐腾已经拥有超过 400 万的用户和超过 50 万的付费订阅用户，成为全球最大的智能健身社区之一。同时，派乐腾也在不断推出新的功能和服务，如虚拟健身课程、社交化健身体验等，不断拓展其商业版图，实现了商业模式的不断创新和升级。

---

① 加美财经. Peloton 为何成为健身界翘楚？调查发现倾听用户需求是关键[EB/OL]. 2021[2023.3]. https://www.163.com/dy/article/G9BSE8AG0534IP97.html.

四、数字营销重塑企业盈利模式

企业盈利模式是指企业通过销售产品或服务来获得收入的方式和方法。它是商业模式中的重要组成部分，直接决定了企业的财务状况和发展前景。企业盈利模式的重要性不言而喻，它不仅直接影响企业的盈利能力，而且往往决定企业的市场竞争力，还可以反映企业的商业策略和核心竞争力。

以往商业项目的盈利模式通常是基于产品或服务的销售，其特点是单一、固定、稳定。这种盈利模式通常需要企业进行大量的资本投入和长期的发展周期，以获得可观的规模效应和市场份额。这种盈利模式在过去的几十年中一直被广泛应用，并成为许多企业成功的关键。然而随着数字技术的快速发展，现在的商业模式的盈利模式变得更加多样化和更具灵活性，许多企业开始采用新的盈利模式，如订阅服务、电子商务、数据销售、共享经济等。这些盈利模式相比于传统的盈利模式则更加强调多元、灵活、创新，从而成了企业面对复杂环境和激烈竞争格局的法宝，提高了企业的经济效益。

（一）数字营销如何重塑企业盈利模式

数字营销使用了互联网、移动通信、大数据、人工智能、社交媒体等技术，改变了企业的盈利模式，使得企业可以通过更加灵活更加多样化的收益来源，获取更多的收益。同时，数字营销也促进了企业与客户之间的互动和沟通，为企业发展提供了新的机遇和挑战。具体来说，数字营销主要通过以下三个方面来重塑企业盈利模式，分别是增加新的收入来源、降低营销成本和提高营销效率。

（1）增加新的收入来源。数字营销可以通过多种方式增加企业的收入来源，如电子商务平台的销售收入、广告收入、会员服务费等。以先前大火的在线教育行业为例，在线教育企业可以通过数字营销来增加收入来源。首先，该企业可以通过电子商务平台销售自己的在线课程，吸引更多的学生。其次，该企业可以在社交媒体平台上投放广告，吸引更多的潜在客户。最后，该企业还可以提供会员服务，为高级会员提供更多的课程资源和服务，从而赚取会员服务费。通过这些数字营销手段，该企业可以增加收入来源，提高资源的利用效率和收益率。

（2）降低营销成本。传统的市场营销模式通常需要企业投入大量的人力、物力和财力，而数字营销可以通过网络和社交媒体等渠道，以更低的成本吸引更多的潜在客户。以餐饮行业为例，传统的餐饮企业通常需要投入大量的人力、物力和财力，如投入店面租金、装修、人员薪酬、广告宣传等成本，才能吸引顾客到店消费。而数字化餐饮企业可以通过网络和社交媒体等渠道，以更低的成本吸引更多的潜在客户。数字化餐饮企业可以通过社交媒体平台发布新品、折扣、推广等信息，吸引潜在客户到店消费。此外，数字化餐饮企业还可以通过在线点餐、送货上门等服务方式，提高服务便利性。通过这些数字化营销手段，数字化餐饮企业可以以更低的成本吸引更多的潜在客户，降低资源的利用成本，提高效益水平。

（3）提高营销效率。数字营销可以通过精准的定位和个性化的推广，更好地满足客户需求，从而提高营销效率和转化率。以在线购物行业为例，在线购物平台可以通过数字营销来提高营销效率和转化率。该平台可以通过大数据分析和人工智能技术，对用户进行精准的定位和分析，了解用户的购物偏好和需求。然后，该平台可以通过个性化的推广和营销手段，向用户推荐符合其购物需求和兴趣的产品和服务。例如，当用户在该平台浏览某一类商品时，该平台可以通过推送相应的优惠券或者折扣码等方式，鼓励用户进行购买。此外，该平台还可以通过邮件、短信等方式，向用户发送个性化信息，提高用户购买兴趣和转化率。

（二）新盈利模式如何改变企业商业模式

随着新盈利模式的不断涌现，企业商业模式也随之发生了巨大改变。新盈利模式的最大特点就是多收入来源。相比传统盈利模式，新盈利模式可以让企业不再依赖于单一的收入来源，从而分散风险，提高商业模式的可持续性。除此之外，低营销成本也成了新盈利模式优势的重要组成部分。通过采用低成本、高效率的方式推广产品或服务，企业可以降低运营成本，提高商业模式的效率和盈利能力。高营销效率的盈利模式可以提高企业的市场占有率和品牌知名度，进一步提高商业模式的效益。通过提供优质的产品或服务，建立良好的客户关系等方式，企业可以实现高质量营销，从而扩大企业的市场份额并提高企业的盈利水平。总的来说，多收入来源、低营销成本、高营销效率的新盈利模式，为企业的商业模式提供了有力的支持。因此，当企业在选择盈利模式时，应该结合自身实际情况，选择合适的盈利模式，以提高企业的竞争力和市场价值。以下通过美团点评这一例子来加深数字营销影响企业盈利模式进而改变企业商业模式这一逻辑的理解。

美团点评是一家成立于 2010 年的中国本土生活服务平台，最初定位为为消费者提供在线订餐和外卖服务的服务平台。在 2014—2015 年，由于美团点评的业务模式和竞争对手重叠，使得市场份额逐渐被分散。同时，新兴的 O2O 平台也不断涌现，对美团点评的市场地位造成了冲击，此时美团面临着市场竞争日益激烈和用户增长的压力。在这样的背景下，美团点评开始探索数字营销，以重塑企业创收模式和改变商业模式，从而解决美团面临的困难和挑战。

美团点评通过数字营销实现了三个方面的重要转变，从而成功地改变了商业模式。首先，美团点评通过社交媒体和短视频平台等数字渠道积极开展品牌宣传和营销推广，吸引了大量的用户关注和使用，从而增加了美团点评的收入来源。根据美团点评 2020 年第一季度财报数据，美团点评的年度活跃用户数已经超过了 4.2 亿，而年度付费用户数也已经超过了 5.5 亿，同比增长了 21.1%。[1]其次，美团点评采用了发放优惠券和红包等营销方式，通过社交网络实现裂变式传播，从而降低了营销成本。最后，美团点评通过数据分析和智能推荐等方式，提升了用户购物体验和转化率，从而提高了营销效率，促进了订单量的增长。根据美团点评 2020 年第一季度财报数据，美团点评的年度交易额已经超过了 2.2 万亿元，同比增长了 14.8%。可以看出，美团点评通过数字营销从增加收入来源、降低营销成本、提高营销效率三个方面重塑了盈利模式。

---

[1] 美团点评. 美团点评 2020 年第一季度财报[EB/OL]. 2020[2023.3]. http://media-meituan.todayir.com/20200525171056 1736871874_tc.pdf.

第二节　C2B 商业模式的数字化营销

一、C2B 商业模式的数字化营销特点

C2B 商业模式是指以消费者为主导的商业模式，即消费者提出需求，企业根据消费者需求生产并提供产品或服务。数字化营销在 C2B 商业模式中起到了至关重要的作用，在 C2B 商业模式中数字营销的特点为精准营销和互动性强。

（1）精准营销。C2B 商业模式是以消费者为主导，由消费者主动发起市场需求的商业模式，在这一背景下，企业如何运用数字化营销手段激发消费者的个性化需求和对企业产品的兴趣至关重要。消费者的个性化需求千变万化，而报刊、电视广告等传统媒体的广告是千人一面的，无法直击消费者个性化需求痛点，数字化营销技术为解决这一问题带来了希望。具体来说，数字化营销可以通过大数据分析和人工智能技术，对用户进行精准的定位和分析，了解用户的购物偏好和需求，并生成符合用户个性化需求的内容，以此为基础进行精准营销，精准激发用户的潜在需求。

例如，定制家居企业欧派家居推出以"定制一辈子的幸福"为主题的全家庭生命周期定制服务体验。欧派家居在六大空间系统理论（将全屋定制分解为入户空间、餐厅空间、客厅空间、卧室空间、功能房空间、阳台空间等六大生活空间）的基础上，通过不同的产品设计演绎人生不同阶段的幸福生活场景，以匹配消费者在奋斗期、婚姻期、有孩期、二孩期、成就期、洒脱期不同生命周期的价值主张，当欧派家居识别到潜在消费者属于某一个生命周期时，就根据消费者所属生命周期特点生产个性化营销内容，再投递给相应的消费者，直接激发其潜在消费需求。例如，欧派家居识别到消费者的生命周期处于奋斗期时，在投递的营销内容中就向其强调欧派家居提供产品满足消费者高质量休息需求和提供潮流玩乐服务的能力。当消费者处于婚姻期时，在向消费者投递的营销内容中就强调欧派家居具有营造温馨两人小窝的能力。这一精准营销策略帮助欧派家居在策略使用的当年营收达到了 54.73% 的年增长率。

（2）互动性强。传统媒体广告局限于载体无法完成企业与消费者及时的双向沟通，如消费者只能被动接受电视广告传达的信息，而无法通过电视实时、方便地与企业进行交流，这局限了消费者个性化需求的传递和表达。而数字营销技术的发展为消费者提供了个性化需求传递和表达的途径，这也促成了 C2B 模式的成功发展。C2B 模式下的消费者是主动发起市场需求的一方，他们通过互联网平台与企业进行互动和交流，企业则运用数字化营销通过互联网平台进行用户反馈和互动，了解用户的评价和建议，进而改进产品和服务。[1]例如，C2B 车企上汽大通推出了蜘蛛智选 App，这一 App 可以实现用户和企业共创、共同研发汽车的目标。具体来说，在开始确定车型可选配置之前，上汽大通会在蜘蛛智选平台上在收集用户对于该车辆可选配置的想法，然后把这些想法收集分析后转化为车型配置。再把这些车型配置放在平台上让用户投票，根据用户的投票结果来确定开放的配置。最终用户可以根据这些开放的配置自己选配出个性化的定

---

① 徐国华，陈斌，蔗雪峰. C2B 模式在电子商务营销中的影响[J]. 中国商贸，2010（17）.

制车型。

二、C2B 商业模式的数字化营销要点

为了协助 C2B 商业模式的高效发展，企业需要运用数字化技术和数字化营销来提供个性化的产品和服务，从而提高用户体验和营销效果。以下是 C2B 商业模式中的数字化营销应当关注的要点，包括控制参与门槛，选择合适的营销对象，强调性价比。

（1）控制参与门槛。C2B 模式是由消费者发起需求的模式，怎样激发消费者潜在需求，吸引消费者自主选择公司产品是 C2B 公司数字化营销的重要任务。C2B 模式侧重从消费者出发，强调用户共创的属性，这使得许多 C2B 公司在进行宣传时着重宣传企业的用户共创模式，但是却忽略了用户共创模式需要让受众有充分的参与感和娱乐感，而宣传时受众无法参与用户共创过程，最终导致了企业 C2B 产品的无人问津。例如，2021 年 4 月，汤达人上线了一支未完成的广告片，并邀请用户参与该广告的后期制作，以此吸引用户购买新品。然而汤达人在展开这一 C2B 模式营销时却忽略了广告后期制作活动对受众的技能专业性要求过高的问题，参与人数未能达到企业的预期目标，因此汤达人的这一宣传营销活动最后也以失败告终。由此可见，当 C2B 企业开展营销时，必须注意控制用户共创的参与门槛，且要在营销内容中强调定制活动的低门槛，让不具有相关专业知识的普通用户也可以积极投入用户共创，只有激发消费者的定制热情，在各大媒体上形成讨论度，才可以有效促进 C2B 企业的发展。

（2）选择合适的营销对象。目前，C2B 模式仍属于新兴的商业模式，人们对 C2B 企业尚处于观察阶段，愿意选择定制产品的消费者基本集中在沿海经济发达地区，且大多属于中青年人群，愿意尝试新鲜事物。艾瑞咨询的相关数据表明，截至 2019 年，在网络购物人群年龄分布中占据 68.9% 的"80 后"和"90 后"成为定制产品的主力消费人群，一方面是因为这些消费人群大多已经踏上工作岗位，有消费定制产品的经济实力，另一方面是因为这些消费人群见证着中国互联网经济的发展，具有个性化的消费观念，更能接受 C2B 模式。这提醒 C2B 企业在进行营销活动时，要注意将"80 后""90 后"列为主要营销对象，使 C2B 企业能以低成本获得大量客源。同时，C2B 企业还要注意将大部分营销力量向沿海经济发达地区倾斜，这些地区的人均可支配收入普遍较高，而且更容易接受 C2B 企业等新鲜事物，在这些营销对象和地区中投放营销活动容易获得回报。

例如，麦兜旅行与京东众筹共同推出了"逐爱大溪地，让爱更出众"众筹活动，这一活动为消费者提供了多种度假套餐，而且创新地使用了众筹收费形式，消费者可以在多种套餐价格中进行选择并支付，在项目上线后 30 天内达成众筹金额后，参与众筹的消费者即可享受包机直飞，包岛游玩的权利。麦兜旅行曾在活动开始前在全网推出了"脸签大溪地"的营销活动，根据一段时间后的数据反馈，多数具有参加意愿的消费者集中于上海市，于是麦兜旅行集中营销力量关注上海地区，在活动开始前几天，麦兜旅行针对上海地区的旅游用户推送了微信朋友圈瀑布流广告，将"逐爱大溪地，让爱更出众"的话题推向当日朋友圈关注度的最高点。数据表明麦兜旅行的营销策略是正确的，大溪

地众筹活动在上线当日之后短短 24 小时内，经济舱全部筹罄，总价值超过 663 万元。

（3）强调性价比。据艾瑞咨询相关报告显示，目前对个性化定制产品具有消费能力和消费意愿的"80 后"和"90 后"人群大多居住于一线城市，这些群体收入尚可且对品质生活有需求，但是他们普遍面临着一线城市高昂的房价等生活成本问题，这就导致了这类群体对于性价比经济的刚需。而传统的定制产业普遍服务于高收入人群，在群众的一般认知内，定制产品属于低性价比的产品。这种低性价比的产品难以获得具有性价比经济刚需的"80 后"和"90 后"的认可。这提醒与传统定制行业有类似因素的 C2B 企业在进行宣传营销时，不仅要强调自身的个性化属性，更要强调自身的高性价比的优势，从而摆脱群众对定制产品固有的低性价比印象。目前许多大型 C2B 企业都注意到了这一营销要点。例如，知名 C2B 电商平台必要商城的口号是"大牌品质，工厂价格"，着重提及了其产品的高性价比的优势。

三、C2B 商业模式的数字化营销实例

耐克（Nike）是一家全球著名的体育用品公司，主要生产和销售运动鞋、运动服装和配件等产品。耐克在面对传统模式无法满足消费者需求变化和个性化需求增加的困境时采用了 C2B 商业模式，并且通过数字营销来帮助企业更好地使用该模式。传统的运动鞋和服装生产模式是由企业主导，设计、生产和销售也是由企业来完成的。然而，随着消费者需求的不断变化和消费者个性化需求的增加，传统模式已经难以满足消费者的需求。而耐克作为一家注重品牌和消费者体验的企业，需要提供更加个性化和定制化的产品和服务。因此耐克开始采用 C2B 商业模式，而 C2B 商业模式要求企业能够更好地洞悉消费者需求，并让企业能与消费者直接互动，而耐克原先的营销体系并不能支持企业洞悉消费者需求。因此，耐克采用了数字营销来解决这些困难。具体来说，耐克通过社交媒体、移动应用和电子商务平台等数字化渠道，与消费者直接互动，了解到他们的需求和喜好，从而更好地为消费者设计和定制产品。同时，耐克通过数字营销为用户提供个性化的购物体验，如虚拟试穿、即时客服等，帮助消费者更好地选择和购买产品。而且，数字营销还帮助耐克提高了品牌知名度和营销效果。通过社交媒体和移动应用等数字渠道，耐克与消费者建立了更加紧密的联系，增强了品牌认知度和用户忠诚度。并且，数字营销还可以帮助企业更好地收集和分析用户数据，优化营销策略和产品设计，提高销售转化率和营收水平。通过数字化渠道，耐克更好地完成了 C2B 模式的落地使用，并为消费者提供了更加个性化和定制化的产品和服务，同时也提高了耐克的品牌知名度和营销效果。据统计，2019 年耐克的数字销售额达到了 105 亿美元，占总收入的一半以上，数字营销对于企业成功的贡献不言而喻。

第三节　S2B2C 商业模式的数字化营销

一、S2B2C 商业模式的数字化营销特点

和互联网平台模式不同，在 S2B2C 商业模式中，赋能平台（以下简称 S）可能不

再是流量入口，因为其不承诺给分销商（以下简称小 b）提供流量，保证小 b 的生存。每个小 b 都有自己的朋友圈，都可以影响一批人，利用自己的圈层打造专属私域流量池。S2B2C 模式成功的核心，是找到大批量自带私域流量的小 b 来合作，然后为小 b 提供完善的平台赋能，充分发挥小 b 的自主能力，实现成功交易（图 5-1）。在 S2B2C 模式的数字营销中，有相当一部分的数字化营销要点值得注意，分别为：品牌形象统一、多渠道整合、互动化营销。

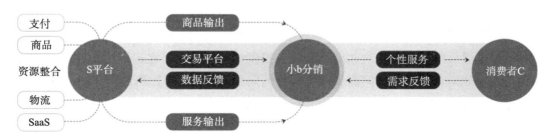

图 5-1　S2B2C 商业模式各主体主要任务

（1）品牌形象统一。在 S2B2C 模式中，企业需要通过大量渠道商对消费者进行产品推销，这就会导致消费者在接触渠道商时，除了建立起对渠道商的个人形象，也会由渠道商的行为引申建立起对企业的品牌形象。为了保证企业形象符合企业愿景也避免渠道商的行为损害企业品牌形象，企业需要统一品牌形象。具体来说，企业可以通过数字营销中的品牌宣传、社交媒体营销、搜索引擎优化等方式，提高品牌知名度和美誉度，在这些宣传过程中统一品牌形象是企业需要保证的要点，这样无论是线上销售还是线下销售，消费者都可以对品牌有一个整体的认知，增加消费者对品牌的信任度和忠诚度。例如，企业可以建立品牌形象指南，包括品牌标志、字体、颜色、图像等，明确品牌形象的各个方面，以确保品牌形象的一致性。并且，企业需要进行品牌管理和监测，如通过社交媒体监听、搜索引擎监测等方式，了解品牌在公众中的形象和声誉，及时进行品牌形象的调整和优化。

（2）多渠道整合。大供应商有效整合多种资源以完成对渠道商的赋能是 S2B2C 模式成功的关键。营销资源作为企业重要资源之一，也需要企业进一步进行整合，以更好地完成营销任务和赋能渠道商。数字营销为企业完成多渠道营销资源的整合提供了帮助。企业可以通过数字营销将不同渠道的销售资源整合起来，形成一个有机的销售网络，以提高企业的销售转化率和销售额。例如，企业可以建立统一的销售资源管理平台，将不同渠道的销售资源集中管理，如产品信息、客户信息、销售数据等，实现统一的数据管理和资源整合。[①]并且，企业采取数字营销战略时需要采用多渠道营销策略，将不同渠道的销售资源结合起来，如电子邮件营销、社交媒体营销、搜索引擎广告营销、内容营销等，实现全覆盖营销渠道和提高销售业绩的目标。

（3）互动化营销。企业采取数字化营销战略时需要与用户进行互动，建立良好的

---

① 刘姝池等. 国内会员制电商 S2B2C 模式分析：基于云集公司案例[J]. 时代经贸，2021（6）.

用户关系，提高用户的参与度和忠诚度。企业需要及时回复用户的问题和建议，为用户提供良好的体验。例如，提供 24 小时在线的客服服务，通过及时回复用户的问题和投诉，提高用户的购物体验。企业还可以在社交媒体上与用户互动，通过社交媒体的互动，可以让用户更加了解品牌，提高品牌的认知度和美誉度，增加用户对品牌的信任感。

二、S2B2C 商业模式的数字化营销实例

云集是一家基于 S2B2C 模式的电商平台，S2B2C 模式指供应商将商品和服务提供给中间商，然后中间商再将这些商品和服务提供给终端客户。在运用 S2B2C 模式时，云集面临着如何获取更多中间商和终端客户的问题，以及如何提高销售业绩的挑战。云集通过数字营销解决了这些问题，为云集 S2B2C 模式的成功打下了基础，云集因此提高了销售额并赢得了客户喜爱。

云集公司在运用 S2B2C 模式时面临的问题主要是云集品牌知名度不高、市场竞争激烈、中间商和终端客户需求多样、采取的营销策略不足。关于云集品牌知名度不高，云集是一个相对年轻的电商平台，在市场上的知名度相对较低，这对于云集吸引更多的中间商和终端客户的需求产生了一定的影响。另外，电商市场竞争激烈，云集需要与其他电商平台竞争，争夺中间商和终端客户的信任和支持。并且，中间商和终端客户的需求具有多样性，对此云集需要针对中间商和终端客户的不同需求和偏好，提供个性化的服务和产品。在云集采取的营销策略方面，云集需要针对不同的中间商和终端客户，制定不同的营销策略，吸引他们在平台上购买和消费，如果营销策略不足或不合适，将会影响其销售业绩。

通过数字营销的运用，云集公司成功破解了品牌知名度、订单量和顾客满意度等方面的困境。为了提高品牌知名度和曝光率，云集采用了社交媒体营销、搜索引擎营销、电子邮件营销等方法，从而增加了中间商和终端客户对云集的关注度，因此增加了订单量。数据表明，在云集采取搜索引擎营销等营销手段时期，云集订单量的增长率达到了40%。为了提高品牌竞争力，云集在顾客服务方面争夺用户的信任和支持。云集建立了专业的客户服务团队，并采用在线客服和电话客服等方式为客户提供快速、高效、个性化的服务，顾客满意度得到了显著提升，客户投诉率下降了 30%。为了完善营销策略，云集通过数据分析和优化不断调整营销策略，提高了销售业绩和转化率。这些数字营销措施有效地提高了云集的品牌知名度、订单量和顾客满意度，使其在竞争激烈的市场环境中获得了巨大的益处。在 2020 年的"双 11"期间，数字营销助力云集取得了巨大的成功。据云集官方公布的数据，云集在这一期间的 GMV 达到了 102.6 亿元，同比增长了 121.2%。其中，云集的 S2B2C 业务成了亮点，S2B2C 业务的 GMV 同比增长了 309.6%。这一增长主要得益于云集数字营销的成功，云集在"双 11"期间通过社交媒体、搜索引擎、电子邮件等渠道进行宣传和促销，吸引了大量的中间商和终端客户。

第四节　B2K2C 商业模式的数字化营销

一、B2K2C 商业模式的数字化营销特点

B2K2C 商业模式和传统的 B2C 商业模式的最大差别在于，在 B2K2C 情境下，企业对平台消费者的营销和分销任务主要由 KOC 承担。因此，可以说 B2K2C 商业模式的数字营销就是以企业、KOC 及消费者三方合作为主的一种价值共创。在 B2K2C 商业模式中，KOC 是企业与消费者之间重要的桥梁和企业的合作伙伴。企业通过和 KOC 建立深度合作关系，在 KOC 社交媒体平台上开展企业产品的营销推广，使 KOC 代表企业向消费者传递产品或品牌信息，同时加深了消费者对产品或品牌的了解和信任，并以此引导消费者对产品进行购买。

而 B2K2C 商业模式中的数字营销则是建立在该合作基础之上，企业通过合理精准地规划和定位目标群体，并根据顾客的特征及需求，为其提供个性化和有针对性的推荐，从而形成更具吸引力、更强烈的消费诉求。此外，B2K2C 商业模式的数字营销还强调了品牌塑造和口碑营销，通过合理的策略设计、差异化营销及口碑管理等手段形成良好的品牌形象和口碑效应。综上所述，B2K2C 商业模式的数字营销特点包括：三方合作的价值共创；个性化营销；消费者协同的信息技术。

（1）三方合作的价值共创。企业和 KOC 及普通消费者之间的资源共享和对接是支持 B2K2C 模式下价值共创过程的重要机制。企业与 KOC 之间的合作及他们与消费者之间的互动构成了数字营销的基础。企业共享基于实物和能力的组织资源，而 KOC 则共享个人社交、智力和时间等操作性资源，而普通消费者则在与企业和 KOC 互动过程中提供反馈。这种资源共享和对接机制提供了对营销内容发表、营销内容推广、营销内容反馈全过程的支持，在 B2K2C 模式下参与各方发挥自己的优势，满足彼此需求，实现互利共赢。

（2）个性化营销。数字营销在 B2K2C 商业模式中强调精准规划和定位目标客户群体，根据顾客的特征和需求为其提供个性化和有针对性的推荐，从而形成更具吸引力的营销推广内容，以此提高销售额。在 B2K2C 商业模式下，不仅营销推广内容应当个性化，作为数字营销的核心的 KOC 也应当为消费者提供更具个性化的互动。KOC 可以通过个性化互动与普通消费者合作，为其提供更加精准、增值的服务。另外，企业作为后端平台不仅要为 KOC 与普通消费者的互动提供支持，还需要在交互中提供满足消费者个性化需求的产品和服务。

（3）KOC 和企业协同。移动互联技术的兴起显著增强了企业与消费者之间的互动，也为企业与 KOC 的合作提供了技术支持。移动互联技术使 KOC 能够以更低成本、更便捷的方式共享个人资源，从而充分利用个人的空闲时间与企业开展合作。同时，移动互联技术也为企业对 KOC 行为的跟踪和管理提供了支持，这使得企业能够更全面地了解其行为轨迹和画像。

二、B2K2C 商业模式的数字化营销要点

在 B2K2C 商业模式的数字化营销中，企业往往需要根据普通消费者的需求和产品特性来选择合适的 KOC 开展合作，这表现在对于不同行业或生产不同产品的企业，往往会选择不同的企业与 KOC 合作模式来进行企业的营销转型。例如，对于需要使用专业知识来指导购买决策的电子产品，企业如果选择具有能力信任优势的意见领袖，往往更容易得到普通消费者的信赖，从而帮助和引导普通消费者完成购买决策；而对于更偏重通过情感交流进行传播的儿童家具等产品，企业如果选择具有情感信任优势的平民化中心就更容易获得普通消费者的认同，从而促使消费者对品牌和产品产生信赖。而当企业要与意见领袖和平民化中心达成合作时往往会面临两个不同的问题。①

第一，企业在与意见领袖合作时，往往会面临构建长期稳定的合作机制的难题。要想解决这个问题，企业应当考虑与意见领袖进行异质资源的相互对接，从而为意见领袖提供其所不具备的后端运营资源，帮助意见领袖从以个人能力为核心转向长期品牌影响力的建设。

第二，企业在与平民化中心合作时，往往容易陷入"谈钱伤感情"或"谈感情伤钱"的困境。摆脱这一困境的关键在于解决企业与平民化中心在异质资源对接上的问题。企业可以通过与平民化中心进行异质资源的相互对接，为平民化中心提供平台资源，帮助其通过线上、线下平台达成与消费者充分互动的目标，从而使得平民化中心能够摆脱交易媒介的角色，使其只充当交流媒介进而避免角色冲突。

此外，品牌还需要注意布局不同粉丝量、不同影响力的 KOC 对品牌产品进行推广，从而争取形成多圈层 KOC 立体式种草，进一步激发潜在消费者的需求，促进消费者完成从浏览到加购再到购买的行为转化。具体而言，不同圈层的 KOC 在品牌推广中有不同的作用，头肩部 KOC 粉丝流量大且在专业领域拥有话语权，可以帮助品牌短时间内在消费者群体中建立起广泛认知，腰部 KOC 能够扩大品牌的圈层影响、建立粉丝口碑，尾部 KOC 则是品牌"自来水"式传播的主要来源，通过这些尾部 KOC 的拔草尝试可以进一步加强品牌的可信度，品牌通过从"头"到"尾"的立体式口碑营销就可以深度影响用户心智，提高品牌产品销量。例如，2019 年建立的彩妆品牌 INTO YOU（心慕与你），正是依靠多圈层 KOC 立体式种草在两年之内迅速火遍全网。INTO YOU 在品牌成立之初，先是通过李佳琦等头部主播的种草推广在大量消费者群体中建立起"唇泥品类开创者"的专属认知印象，随后布局邀请多位肩部、腰部 KOC 进行专业测评，引起了社交热议，进一步扩大了 INTO YOU 的品牌影响，最后安排部分尾部 KOC 开始跟进拔草尝试，在这一过程中积攒了 INTO YOU 的产品口碑，也激发了其他尾部 KOC 和消费者在购买后进行产品分享，引发了大量"自来水"的自主传播，形成了多圈层 KOC 立体式种草。这一种草模式帮助 INTO YOU 成功登上了多个美妆品牌榜单，2022 年 INTO YOU（心慕与你）更是荣获星球奖 Brand Star Awards 2022 专项创新奖—内容营销创新

---

① 吴瑶，肖静华，谢康，等. 从价值提供到价值共创的营销转型：企业与消费者协同演化视角的双案例研究[J].管理世界，2017（4）.

组—平台内容营销（金奖）。

三、B2K2C 商业模式的数字化营销实例

小红书是一个基于 UGC 模式的社交电商平台，在运用 B2K2C 模式时，小红书面临了诸多困境，主要包括 KOC 的数量和质量难以掌控；KOC 的推广效果难以衡量；品牌信任度难以建立。

（1）KOC 的数量和质量难以掌控。小红书上有大量的 KOC，其中不乏包括一些质量不高的 KOC，他们可能会发布一些不实的信息，影响品牌形象。例如，曾有 KOC 在小红书上发布关于某品牌护肤品的推荐，但实际使用效果却被其他用户质疑。后来，该品牌在其官方微博上回应称，该 KOC 并非其品牌合作的 KOL，且该 KOC 的推荐并不代表该品牌的立场和观点。这一事件引发了不少小红书用户的质疑和讨论，也给该品牌带来了一定的品牌形象损失。

（2）KOC 的推广效果难以衡量。小红书难以准确地衡量 KOC 的推广效果，难以判断哪些 KOC 对品牌的宣传效果更好。例如，某品牌曾在小红书上与多位 KOC 合作推广，但根据数据分析，这些 KOC 的推广效果都不如品牌自己的官方账号。另外，小红书上的 KOC 数量庞大，质量良莠不齐，很难对其进行精准的筛选和评估，因此也难以确定哪些 KOC 对品牌宣传效果更好。

（3）品牌信任度难以建立。小红书还需要建立更多的消费者信任度，使其更愿意通过小红书购买产品。例如，曾有用户在小红书上举报某品牌售卖假货，引发了广泛关注。此外，小红书上的一些商品评测也存在着一定的商家或 KOC 的利益驱动，消费者难以确定评测的真实性和客观性，从而降低了消费者的信任度。因此，小红书需要加强对商品的质量管控和真实性验证，同时也需要建立更加严格的商家和 KOC 入驻审核机制，以提高消费者的信任度和购买意愿。

为了解决这些困难，小红书运用数字营销策略，通过数字化手段来提升 KOC 的质量和影响力，增加品牌的信任度。具体的措施可以分为以下几个方面。

（1）通过数据分析筛选 KOC。小红书通过数据分析，筛选出一些质量较高的 KOC，与其展开深度合作，以提升品牌形象和增加销售额。例如，2019 年，小红书和美宝莲联合推出了"美宝莲 KOL 计划"，旨在寻找质量较高的 KOC，与其展开深度合作，提升美宝莲品牌形象和销售额。小红书通过对平台内的数据分析，筛选出了 100 名关注度较高、口碑良好、专业性较强的 KOC，与其签订了长期合作协议，共同推广美宝莲的产品。

这些 KOC 通过小红书平台进行推荐和宣传，向更多的用户推荐美宝莲的产品，并分享自己的使用心得和体验。同时，小红书和美宝莲也为这些 KOC 提供了更加专业和个性化的培训和支持，以提高其宣传和推广的效果和质量。这一活动不仅提升了美宝莲在小红书上的曝光度和口碑，也为这些 KOC 带来了更多的流量和收益，实现了品牌和 KOC 的双赢。

（2）KOC 的推广效果量化。小红书推出了 KOC 推广效果的量化工具，帮助品牌更

准确地衡量 KOC 的推广效果，从而更好地评估 KOC 的价值。具体来说，小红书会从多个维度评估 KOC 的价值并给出评估报告。小红书的 KOC 评估报告不仅仅包含 KOC 的粉丝数、阅读量等基础数据，还会从 KOC 的内容创作能力、传播效果、对品牌的影响等多个维度进行评估，从而全面衡量 KOC 的推广价值。而且，根据品牌的需求和目标，小红书会为品牌量身定制适合的 KOC 推广方案，并为品牌提供详细的 KOC 评估报告，帮助品牌更好地衡量 KOC 的推广效果，评估 KOC 的价值，并为品牌优化后续的 KOC 推广策略提供依据。

（3）借助数字化手段提升品牌信任度。小红书通过数字营销手段，如 UGC、社交互动等，增加了品牌和消费者之间的互动和信任度。具体而言，小红书注重用户之间的互动和社交，通过社交互动等方式增加用户参与度。例如，小红书推出了"口红试色社群计划"，邀请用户分享自己的口红试色心得，并与其他用户互动交流，从而增加品牌和消费者之间的互动和信任度。另外，小红书会与品牌合作推出各种活动，如"小红书美妆嘉年华""小红书生活方式节"等，通过活动吸引用户参与，提高用户的忠诚度和品牌认知度，从而增加品牌和消费者之间的互动和信任度。

以上措施协助小红书提升了 B2K2C 模式的效果，数据显示，小红书在数字营销方面取得了良好的成绩，具体表现在以下几方面。①KOC 数量不断增长，截至 2020 年 12 月，小红书上的达人用户数量已经接近 1 亿，其中有不少高质量的 KOC，如美妆博主 @故事拼图，其粉丝数量已经超过 300 万。②KOC 推广效果得到提升，如小红书上的达人 @橘子心爱，曾在一次推广活动中引流了超过 5 万人次，为品牌带来了巨大的流量和销售额。③用户口碑不断提高，小红书在 2019 年被评为"最受年轻人欢迎的社交电商平台"，并且在 2020 年的"双 11"购物节上，小红书的销售额同比增长了 200%。[①]

本章主要介绍了以下几个部分的内容：①数字营销影响商业模式的原理和逻辑；②传统情境和智能情境下商业模式的主流营销策略；③C2B 商业模式的数字化营销；④S2B2C 商业模式的数字化营销；⑤B2K2C 商业模式的数字化营销。

具体来说，在数字营销影响商业模式的原理和逻辑部分，本章分别从数字营销改变信息流通方式、数字营销改变主体关系、数字营销改变主体间权力分配、数字营销重塑企业创收模式这四个方向出发。分别论述数字营销如何通过这四种路径从而营销商业模式。在 C2B、S2B2C、B2K2C 商业模式的数字化营销这三大部分，都沿袭同一思路，介绍了这三种新商业模式对应的数字化营销的特点和要点，在数字化营销的要点部分，分析了三种新商业模式对应的数字营销的侧重点。随后在这三种新商业模式的数字化营销的结尾部分列举了实例，帮助读者理解这三种新商业模式的数字化营销的实际运用。

1. 数字营销通过什么方式影响商业模式的原理和逻辑？

---

① 艾媒网. 2021 年小红书公司研报[EB/OL]. 2020[2023.3]. https://www.iimedia.cn/c1000/76115. html.

2. 自主搜寻一家使用 C2B、S2B2C、B2K2C 这三种商业模式的企业的相关数据报告，如年度报告、研报等，对该企业使用的商业模式对应的数字化营销做出评价并分析该企业使用了什么数字化技术？该技术如何支持该企业采用的商业模式的高效运行？

自学自测  扫描此码

第三部分

数字营销与商业
智能决策篇

第六章

商业决策概述

　　企业在日常经营中常常需要做出各种决断。比如，制定新一季度的产品促销方案，决定是否针对客户的新需求推出新产品或服务，决定是否进军国际市场等。商业决策贯穿企业经营管理的全过程，决策正确与否、决策质量好坏将深刻影响企业的生存发展，因此管理者必须学会运用科学理论和方法、利用先进的信息技术做出高质量商业决策，以应对瞬息万变的市场和消费者需求。本章将详细介绍商业决策的相关知识。

　　学习目标：①学习商业决策的含义和内容；②理解商业决策的关键思维；③熟练掌握商业决策发展的历程；④理解传统情境和智能时代下优质商业决策的实现要素；⑤熟悉商业决策变革的经典案例，能够运用本章所学的理论知识解决企业的决策相关问题。

第一节　商业决策相关知识

一、商业决策的内涵与重要性

　　诸多学者都对商业决策展开了深入的研究，且赋予了商业决策不同的内涵和定义。著名的管理学家德鲁克（Drucker，1967）将商业决策定义为管理者为实现组织目标和解决问题，通过对外部环境和内部资源进行分析和判断而做出选择的过程。[①]"决策管理之父"西蒙（Simon，1979）在其文章中提出商业决策是商业组织在不完全信息下做出的有限理性决策，并详细探讨了决策者在不完全信息下做出决策的过程。[②]战略管理领域的知名学者波特（Porter，1996）则将商业决策视为制定和执行战略的过程，涉及目标市场、竞争策略和资源配置等方面。[③]

　　结合学者们对于商业决策的理解，本书将商业决策定义为：在商业活动中为了达到一定的经营目标，依据当前市场信息和对未来市场发展的预测，运用科学理论和方法，系统地分析主客观条件，从两种及以上可供选择的方案中选出最佳方案的决策过程。

　　企业所面临的环境具有不确定性，如市场情况和消费者需求瞬息万变，因此，无论处在哪一个层级或者领域，每一个决策都需要决策者依据企业目标，系统、谨慎地进行分析和判断，最终选择科学可行的方案。例如，营销部门的员工每天可能都需要确定和不同消费者沟通的话术；作为一名客服，在遇到消费者的投诉或者处理售后问题时，需

---

　　① Drucker, P. F. The effective decision[J]. Management Decision, 1967, 5(2): 69–79.

　　② Simon, H. A. Rational decision making in business organizations[J]. The American Economic Review, 1979, 69(4): 493–513.

　　③ Porter, M. E. What is strategy?[J]. Harvard Business Review, 1996, 74(6): 61–78.

要及时介入并采取适当的补救措施；对于设计部经理来说，常做的决策可能是是否依据销售部的意见进行新产品的设计与开发；企业高层管理者需要做关于制定组织的长期发展战略、目标和计划、人财物资源配置等关键决策。

决策是企业一切管理工作的中心，关系到企业的兴衰荣辱、生死存亡。西蒙曾经说过，决策贯穿于管理的全过程，管理就是决策。[①]从日常运营决策到公司战略规划，每个决策都可能对企业的运营和发展产生直接影响。正确的商业决策可以帮助企业巧妙地配置人力和物力来取得较大的经济效益，而错误的决策可能给企业带来无法估量的损失。比如，在商品购、销、调、存的流通过程中，企业需要分辨市场需求的多与少，考量商品质量的好与坏，确定商品调运的快与慢、流通时间的长与短等问题。一旦某个环节出现错估错判可能会出现产品质量参差不齐、供货不足、物流配送滞后等问题，导致客户不满和投诉，企业也会在人力、物力、财力上遭受损失。为了避免这类问题的发生，决策者必须提高个人管理和决策能力，运用科学的理论方法指导实践，借助先进的信息技术辅助决断，从而提高经营管理水平，取得最佳经济效益。

正确的商业决策能使企业持续成长和蓬勃发展。例如，海尔集团起初是一家小型冰箱制造厂，企业在发展过程中，通过一系列精准的商业决策，实现了从地方企业到全球家电巨头的转变。首先，海尔在产品质量上严格把控，提出了"质量就是企业的生命"的理念，这一决策奠定了海尔品牌的基础，赢得了消费者的信任。随着市场的扩大，海尔意识到技术创新和品牌建设的重要性。于是，海尔加大了研发投入，不断推出新产品，满足市场需求。其次，海尔也注重品牌宣传，通过广告、赞助等多种方式提升品牌知名度。这些决策使得海尔在竞争激烈的市场中保持了领先地位。此外，海尔还采取了多元化和国际化的发展战略。在多元化方面，海尔不满足于家电领域，还涉足智能家居、工业互联网等新兴领域。在国际化方面，海尔通过并购、合资等方式，在全球范围内建立了多个生产基地和销售网络。这些决策为海尔的持续增长提供了动力。尤为值得一提的是，海尔在企业文化和管理模式上也进行了创新。海尔提出了人单合一的管理模式，即员工与用户融为一体，共同创造价值。这种管理模式激发了员工的积极性和创造力，为企业的发展注入了新的活力。

二、商业决策的内容

原始社会的商业十分简单，更多的是物和物的交换。比如，我需要一只羊但是我没有，那我可以拿自己养的牛或者种的粮食来和其他人交换，交易只涉及个人和物品。随着社会不断发展，交换的东西多了，人们聚集在一个地方进行交易，慢慢地出现了市集，出现了货币，随后又出现了各种细分的市场，商业发展成了一个具备多元素、多维度、多流程的活动。如今的商业是一个包含众多元素、许多环节的概念，是指通过交换商品和服务来获得利润的经济活动，它包括购买、销售、分销、营销、供应链管理和其他与商品和服务相关的活动，以及市场竞争、消费者需求和商业关系的管理。[②]企业决策内

---

① 赫伯特·A. 西蒙. 管理决策新科学[M]. 李柱流，等，译. 北京：中国社会科学出版社，1982.

② Michael J. Etzel, Bruce J. Walker, William J. Stanton.Marketing[M]. 北京：企业管理出版社，2016.

容主要包括：目标市场的确定和选择、供应商的选择和管理、产品生产的决策和管理、销售渠道的选择和管理、营销策略的选择和执行、公共关系的管理和决策。

（一）目标市场的确定和选择

目标市场的选择是指在市场营销中确定和专注于特定的消费者群体或细分市场推广产品或服务。目标市场的确定和选择是商业经营活动的重要起点，是商业决策过程的关键环节，只有准确评估每个市场的现有规模和发展潜力，正确识别合适自己进入的市场，才能更加聚焦和有效地开展市场推广活动，提供切中消费者痛点的产品及服务，从而提高市场份额和盈利能力。在实践中，企业需要根据总体市场中不同消费者的需求特点、购买行为和购买习惯等不同特征进行市场细分，之后对每个细分市场的规模、发展潜力进行评估，结合企业资源和能力现状，选择其中的一个或几个细分市场。

大数据可以提供有关潜在客户、消费者行为和市场趋势的关键信息，帮助企业确定最具潜力的目标市场。阿里巴巴集团推出的一款市场分析工具——生意参谋，它为企业和个人提供了丰富的市场数据和分析功能。生意参谋有一个模块的功能是市场研究，能够帮助企业或个人选择目标市场：企业可以通过这个功能查看不同市场的销售数据、趋势和规模，综合评估各个市场的潜力，确定哪些市场对当前所经营的产品或服务最有吸引力，有助于确定目标市场。此外，生意参谋还提供分析竞争对手的功能：企业或者个人可以通过这个功能查看竞争对手的销售数据和市场份额等信息。通过分析竞争对手在不同市场的表现，可以识别出竞争激烈的市场及可以有机会进入的市场（图6-1）。

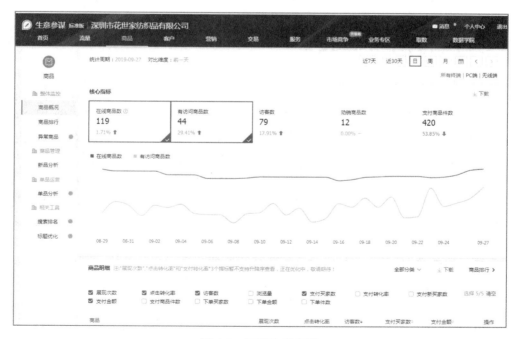

图6-1　阿里生意参谋

（二）供应商的选择和管理

供应商是指向企业提供原材料、设备、产品或者其他资源的企业，供应商的选择是商业经营的关键环节。对于零售企业而言，面对的可选供应商数量众多且通常供应商质量参差不齐，一旦选择错误，可能会导致销售中断、提供劣质产品、供货延迟、客户差评等不良后果。一个好的供应商可以成为企业的战略合作伙伴，同企业一起发展壮大，因此供应商的正确选择和科学管理是商业决策中至关重要的内容。选择供应商的过程中需要充分了解可选供应商的信誉、供货质量、交货水平、价格水平、售后服务能力等，进行多维度的综合评价之后选出一个或多个最适合的供应商。选择后企业还需要在后续的交流、交易中维护好和供应商的关系，确保成功的合作关系。

互联网和数据技术的运用，使得供应商的管理和选择变成一个敏捷、透明、客观的过程。首先，通过互联网和在线供应商数据库，公司可以轻松地查找、综合比较和评估潜在供应商的各种信息，如产品质量、价格、交货时间、服务水平等，节省时间和成本，并帮助公司做出更科学、客观的决策。其次，通过使用供应链管理系统和实时数据分析工具，公司可以实时共享信息、追踪物流，了解库存水平、交付准时率等关键指标，对供应商的表现进行定量分析，及时发现问题并采取纠正措施，这有助于提高供应链的可靠性和灵活性。

假设你是一家制造公司的采购经理，需要选择一家可靠的金属零件供应商，一个完善的供应商数据库能够帮助你进行高效的筛选和抉择。数据库里的数据包括每个供应商的名称、地址、联系人、产品范围、质量认证、交货能力等，你可以依据自己的需求和标准设定筛选条件。假设你筛选出了具备 ISO 9001 质量认证、拥有良好的供货记录、具备稳定的生产能力的供应商企业，你还可以利用供应商数据库系统提供的功能进行数据分析，从信誉、质量控制体系、供货能力、价格等多方面对供应商进行排序，最终选择在各方面都排名靠前的企业。

（三）产品生产的决策和管理

产品生产的决策和管理指企业对于生产什么、生产多少、如何生产等问题所作的选择及生产全过程的监督和管理。产品生产的正确决策能为其他各项商业决策提供有利条件，产品生产决策和管理的主要任务是保证企业在现有的生产条件下，有效运用企业的人力、财力、生产设备进行产品生产，且对生产过程进行监督和管理以便及时调整生产，使企业实现最大的经济效益。更具体来说，这个决策过程包括厂址的确定、生产或停止何种产品的决策、新产品开发和生产、工艺和设备的确定、产品成本决策。

由于当今市场竞争激烈、消费者的需求多变，企业必须在内部部署贯穿生产、管理全过程的信息技术，从而实现自动化生产、柔性生产，及时响应内外环境的变化调整产品生产。企业运用仿真、建模、虚拟现实等先进的技术，能够实现对设计、研发、到生产制造全过程的模拟，并且依据需求变化完成生产线产品类型的转换、生产工艺的转换、原料的规划和合理利用、生产过程的执行。

丰田是全球知名的汽车制造商，他们的柔性生产系统——丰田生产体系（Toyota production system，TPS）在制造业中被广泛学习和借鉴。丰田通过多技能培训使得员工具备更广泛的技术知识和能力，能够进行多岗位轮换，提高了生产线的灵活性和适应性；采用需求拉动式生产系统来避免过量生产和库存的积累，根据实际需求进行生产，并且及时传递信息和物料来驱动生产线，确保按需生产；此外丰田还开发了单一分钟交换模具来将生产设备更换时间缩减至几分钟；在柔性生产中注重人机协作，引入自动化设备和机器人来处理重复性任务，同时赋予员工在发现问题时停止生产线运作的权力，确保产品质量问题不会进一步扩散。这种生产模式能够适应多产品、多流程、多形态、多单元的快速转换和协同生产的情境，减少材料浪费和损失，对消费者需求变化做出更快速的反应。

（四）销售渠道的选择和管理

销售渠道的选择是指企业选择把服务提供给消费者，或将产品卖给消费者所依赖的媒介、渠道、中间商的决策。销售渠道的选择是商业决策活动的关键环节，企业要想取得成功，就要在把握市场环境变化的基础上，考虑产品的特性，结合企业自身的能力和资源，正确地选择销售渠道。企业通常会选择销售费用少、销售效率高、产品销售快、经济效益好的渠道，选择之后，为了实现销售目标企业还必须对现有渠道进行管理，从而确保渠道的协调。

在传统的门店消费背景下，由于销售考核的竞争机制，同一个品牌的线下门店之间常常存在竞争抢客的情况，加之存在不同门店定价不一、服务质量参差等问题，常常导致零售品牌的整体形象受损。电商平台出现之初，渠道间的冲突进一步加剧，实体门店受到了网购便利的巨大冲击，生存空间被挤压，同一品牌的网店和实体门店开始竞争。比如，由于门店租金、人员工资等成本，网店的产品定价通常可以低于实体店，这就导致客户可能在实体店试完衣服后不买，转到网店购买同一件衣服。这种情形下门店为了争抢销量，可能会以网店质量不好、运输时间慢等理由留住顾客，这种现象影响了零售品牌的整体声誉。

当一系列数字技术出现后，企业能够打造出根据市场需求和企业经营灵活变动调整的渠道管理系统，并且配备激励性的利润分配制度，真正将品牌与渠道打通，渠道与渠道之间协作共生。作为一家全球领先的消费品公司，宝洁利用智能技术来管理其庞大的全球分销网络，建立了分销商一体化经营系统（IDS），将各个销售渠道的数据进行集成和分析，并提供实时的市场洞察力。通过 IDS，宝洁可以实时监测销售数据、库存状况和市场趋势，利用机器学习算法分析大量的数据，帮助宝洁预测需求、优化产品定价和推广策略，并实现更精确的库存管理。此外，IDS 还提供了供应链可见性和协调功能，它使宝洁能够与渠道合作伙伴实时共享信息，包括库存状况、订单处理和物流跟踪等。宝洁可以清晰掌控渠道各节点交付能力、消化能力和执行情况，在销售预测和智能补货等环节做出智能决策，从而提高整个供应链的效率和响应速度（图 6-2）。

图 6-2 宝洁品牌阵营及分销系统功能示意图

（五）营销策略的制定和执行

营销策略指的是企业针对目标市场进行的一系列旨在提高销量和建立品牌声誉的活动。营销是一个与市场环境高度相关、高度敏感的领域，关乎目标受众是否能够建立起对于产品、服务和品牌的正确认识。营销策略的制定和执行是商业决策过程中的枢纽环节，连接产品、渠道、市场等多个节点，只有制定并执行正确的营销策略，才能有效针对目标市场的需求、科学利用渠道、合理匹配产品生产策略进行产品推广和销售，从而提高销售效益和市场占有率，为企业带来竞争优势。在传统决策情境下，要做好企业的营销工作，营销人员可能需要频繁地进行实地调研走访来获取消费者的消费需求，再根据这些调研报告决定推出的产品或服务的组合，形成产品的营销策略。而且这种策略更多是在对主要目标人群总体特征和需求进行分析的基础上，做出的一个相对统一化的营销策略，导致无法针对性地获取不同类型的目标受众。

在数字时代背景下，企业利用数据分析技术分析消费者购买习惯、兴趣偏好等数据，描绘更精确的用户画像，从而实现精准、个性化营销。目前我国国产汽车市场竞争激烈，由于国产品牌的起步较慢、发展不足及国外先进汽车企业的先入优势，使得国产品牌在汽车市场的竞争中处于劣势；但是国产品牌在国内的中低端汽车市场有巨大发展空间，且在未来汽车发展中，环保减排新能源是大趋势。长安汽车把握国产汽车节能减排新能源的发展大趋势，积极扩大企业生产规模，通过大数据管理平台的消费者洞察工具，对潜客进行用户细分，分析不同潜客群体的媒介习惯、兴趣标签，进行针对性的互联网广告投放策略，并且不断对投放策略进行实时优化调整。这是传统车企与互联网企业跨界营销的新尝试，项目投放期间，积累了潜在顾客 2700 多万人次；累计获得曝光 2.6 亿次，大幅提高长安第二代逸动车型及品牌声量；有效传播第二代逸动"高能"标签，每千人曝光付费（cost per mille，CPM）与每点击成本（cost per click，CPC）相较同期投放成本分别降低了 30%、15%。[①]

（六）公共关系管理与决策

公共关系决策是指为实现企业公共关系目标，通过调查研究，制定总体规划，从多个可选择方案中选取最优方案的过程。[②]公共关系管理和决策在企业经营中起着几个关键的作用：帮助企业建立和维护良好的声誉和形象，帮助挽救组织声誉、最小化损失，帮助建立和维护与媒体、政府机构、利益相关者和其他重要利益方的良好关系等。企业在决策中需要对传播信息的手段、方式、场所、人力、财力、物力、技术等因素加以周密思考，妥善规划，才能保证高效实现公关目标。[③]

社交媒体的广泛普及对企业迅速传播品牌声誉和产品信息起到强大的助推作用，但也给公关活动带来了一定的挑战和阻碍。在新媒体背景下，负面信息具有即时性传播特点，企业难以控制网络舆论走向，这无疑对企业公关危机处理应对工作提出了更高的要

---

① 健坤. 2019 数字营销十大案例[J]. 互联网周刊，2020，No.705（3）：24–28，22–23.

② 公共关系决策. 百度百科[引用日期 2023-04-24].

③ 薛长青. 营销心理学[M]. 广州：广东高等教育出版社，2005.

求，①企业要善用新媒体技术带来的变化助力企业公关决策制定和执行。2021 年 5 月 12 日，一位自称是元气森林员工的网友在微博上爆料称，元气森林的产品中存在"污染、虚假宣传和违规销售"的问题。这一爆料迅速引起了社交媒体的广泛关注和热议，使许多网友对元气森林表示质疑和不满。面对突如其来的危机，元气森林采取了一系列积极的公关行动来应对，对涉事问题进行彻底调查，与媒体、消费者等多方进行了积极沟通：首先，针对污染问题，公司通过各类社交媒体迅速向外界声明已立即召回问题产品，并对生产流程进行全面排查和整改，以确保产品的质量安全。其次，公司还公开发布了相关的生产流程和质量管理体系，并向公众展示自己的生产过程，承诺将会加强自我监管。最后，针对虚假宣传和违规销售问题，公司表示将全面整改，加强对产品宣传的管理，保证消费者的权益不受侵犯。通过这些措施，公司进一步提升了品牌形象和声誉，赢得了消费者的信任和认可。

第二节　商业决策的关键思维

　　不同的思维模式和信念价值观使我们看事情的角度和高度不一样，最终形成的想法也就不同。就个人而言，思维的远近和深度会影响个人成就大小；就企业而言，企业发展长远及成功离不开正确的商业决策，而商业决策是一个复杂的过程，涉及许多因素和变量，要做出正确的商业决策，就必须掌握商业决策中的关键思维。

一、因果思维

（一）因果思维的内涵

　　因果思维，简单地说就是种什么因，得什么果。因果思维起源于佛教，佛教认为宇宙间万事万物，都是仗因托缘，才有果的生起，而此果又成为因，待缘聚集又生他果，因果相生乃成森罗万象。有因才有果，在做决策时，如果我们想要一件事情发生，就需要去创造推动这件事情发生的因；相反地，如果我们想要一件事情不要发生，就需要阻隔他的因，让因果难以形成闭环。例如，在销售产品给客户之前，我们要提前释放信息源影响客户的心智，打造品牌的认知点，在这个过程中影响客户心智和认知的信息即是因，客户购买我们的产品即是果。又如，我们要让一个网购的消费者不退货，那么就要提前规避可能影响消费者退货的因素，如产品质量问题、服务不到位、物流延迟等因素。

　　常见的因果思维可以有由果推因和由因推果两种。

　　由果推因：我们当前所遇到的事物和遭遇，就是结果，这个（些）结果是怎样形成的？是由哪些"因缘（因素）"形成的？内因是什么？外因是什么？自己能掌控和改变的是什么？这就是由果推因。目的是：根据我们想要的结果，以及不想要的结果，找出我们需要改变的因缘，也就是找出我们需要改变的身口意（思想、语言、行为），身口意改变了，也就是因缘改变了，结果也会改变。让一切结果，都是我们想要的结果。

---

① 王红卫. 新媒体下企业公关危机的问题呈现及应对策略[J]. 文化创新比较研究，2019，3（21）：89–90.

由因推果：我们当前所做的事情，以及我们的一些行为习惯、身口意等，这是因，将来会产生什么果呢？产生的果，我们想要吗？如果想要，我们就坚持这样做。如果不想要，我们就要改变行为习惯和做法，改变身口意，也就是改变想法、说法、做法。这就是由因推果。目的是：找到哪些身口意，也就是哪些想法，哪些说法，哪些做法需要坚持？哪些想法，哪些说法，哪些做法需要改变？这是由因推果的作用。

运用因果思维进行商业决策，要求决策者既关注决策问题中呈现的选项结果，又关注选项结果的前因后果，从企业未来长期利益最大化角度出发，做出相应的选择。因果思维有两个特点，一是兼顾性，即面对选择时，决策者既要关注到自身（或企业）的需求，也要关注到别人（或消费者）的需求；二是未来性，即面对选择时，决策者结合过去、当下和未来的信息，并主要基于未来利益最大化做出相应的选择。在商业决策中，决策者需要识别和理解不同决策选项与可能结果之间的内在因果关联。通过分析和评估内在因果关系，决策者可以更好地预测各个决策选项可能出现的后果，从中选择出最有利于实现目标的选项。

（二）因果思维案例

知名手机品牌 vivo 推出的一些产品经营逻辑就体现了因果决策思维逻辑。2023 年 1 月 11 日，vivo 创始人、总裁兼首席执行官沈炜在其新年致辞《埋头种因，基业长青》中表示：品牌实现了里程碑式的跨越，他认为 2022 年是 vivo 的高端突破之年，这一年，vivo 的高端产品取得历史性进步，新款 X 系列高端旗舰产品持续热销。公司高层清楚地意识到：消费电子行业竞争激烈、前途远大，沉入其中的品牌想要保持创新式发展，至少需要做好两件事：一是洞察消费趋势，二是沉淀技术和产品能力。为此，在沈炜的带领下，vivo 品牌紧扣这两个基本点，深入研判消费趋势，从产品与品牌层面进行了高端化战略部署，完成的第一个突破就是体现在品牌高端化上。

事实上，vivo 产品和品牌高端化路线这一决策过程体现了因果决策逻辑。2019 年开始，国内智能手机产业进入明显的停滞期，这是一场全行业的危机，主流品牌都将高端化视为解除危机、开辟新增长曲线的关键一步。其中的原因很简单：第一，在人们消费不断升级的时代，消费者越发注重品质消费，高端机型一旦打开市场，将有利于提升品牌整体的利润率；第二，调研机构 Counterpoint Research 的调研数据显示，2022 年用户换机周期已经延长到 43 个月，达到历史之最，新机的保值率将成为重要的消费动机；第三，从科技产品发展路径来看，更强的性能和完善的生态最终会影响用户的选择，高端机型在消费趋势中有独特优势。因此，高端化是 vivo 对抗中低端市场萎缩、提升品牌价值、争取更大市场空间的长期战略，对 vivo 来说是正确的事。

二、发散思维

（一）发散思维的内涵

发散思维，又称辐射思维、放射思维、扩散思维或求异思维，是指我们在思考时呈现的一种扩散状态的思维模式，如一题多解、一事多写、一物多用等方式。发散思维是一种跳跃的思维模式，是从一点向四面八方散开的思维，即将一个中心事物或者事件铺陈开，通过联想和想象，联系到很多其他相关及看似不相关的事物；即某一个问题可能会有很多答案；即以这个问题为中心，思维的方向像太阳辐射光线一般，向外发散。这种思维方法不受过去知识的束缚，不受已有经验的影响，从各个不同甚至是不合常规的思路去思考问题。发散思维是构成创造性思维的主导成分。

（二）发散思维在创造性思维中的地位和作用

第一，发散思维能为创造性思维提供多种可能途径。发散思维具有寻求多种答案和多方向、多角度、多层次的特点。发散思维可以实现从已知导向未知，进而对发现新事物，建立新理论，开拓新领域，发明新产品和新方法等都有重要作用。创造是求新求异，这恰好需要发散思维。例如，爱迪生发明白炽灯时试用过 1600 多种材料，他进行了最充分的思维发散。如果没有发散思维，人的思路就会越来越狭窄，制造力就会枯竭。

第二，发散思维并非必然产生创造性成果，需要与收敛思维相结合。发散思维是创造思维的典型思维形式，尤其在创造之初往往起主导作用。当然，尽管发散思维可以为解决问题提供大量设想，但大量设想并不等于最佳结论，大量设想只是解决问题的可能而非结论。只靠发散而不管收敛，是找不出最优、最佳的方案的。只有发散与收敛密切结合，才能产生创造性成果。

第三，不同层次的发散思维有不同的作用。发散思维有流畅性、变通性、独特性三个特点，也代表了发散思维的从低到高的三个层次，不同层次的发散思维，在创造性思维中有不同的作用。流畅性是较低层次的发散特征，流畅性良好的发散思维能在短时间内想出和说出很多的设想，数量多却类别单一；变通性是较高层次的发散特征，发散思维的变通性主要表现为发散的类别，不仅设想数量较多，而且设想的类别跨度也大；独特性是最高层次的发散特征，它从前所未有的新角度认识事物，提出超乎异常的新设想，表现为发散的新异、奇特和独到。以上三个层次反映了速度、灵活、本质三种发散思维水平。

（三）发散思维主要方法

1. 逆向思维

逆向思维又叫逆反思维，即突破思维定势，从一个与事物相反的方向去考虑问题。我们常说的"反过来想一想"就是典型的逆向思维。例如，在大型森林火灾中，通常使用飞机或直升机投放水进行灭火。然而，澳大利亚科学家提出了一个基于逆向思维的解决方案：对火灾区附近的植物进行研究并发现一些植物在火灾后产生的化合物可以吸引雨水，于是通过种植这些植物实现了逆向灭火。

2. 侧向思维

侧向思维指的是在特定的条件下，将思维的流向由此及彼，从侧向扩展和推广，因而解决问题或产生新成果的思维方法，这就是侧向思维。侧向思维与逆向思维的区别在于一者是平行同向的，另一者为逆向的。

3. 纵向思维

将思维发散方向在纵向发展方向上延伸，依照各个步骤和发展阶段进行思考，从上一步想到下一步，从而设想、推断出下一步的发展趋势，确定研究内容和目标，这被称之为纵向思维法。有人在研究中认为纵向思维法不属发散思维，理由是由于它向纵深发展，不利发散。其实不然，纵向思维方法是纵观事物的历史，立足于事物的现状，展望事物的发展方向，同样是寻求各种答案，方向也会随着深入而不断扩展。例如，从蓬草随风滚动到磁悬浮列车，就是沿着纵向思维的路径发展的：蓬草→木轮→包铁木轮→铁轮→轮胎轴承→气垫船→磁悬浮列车。

4. 横向思维

横向思维是相对于纵向思维而言的，纵向思维是按部就班的逻辑思维，每一步都要有充分的依据，以寻找逻辑系统内相关的信息，可比喻为一个坑越挖越深。横向思维是非逻辑的跳跃式思维，寻找的是看起来毫无相关的信息，寻找新的可能性，强调的是丰富，是试图开辟新的途径，生成不同的方法，可比喻为在许多其他的地方挖坑。横向思维要扩大注意力的范围和提高感知事物的敏锐性。例如，现代医学呈现了综合化、整体化和网络化的发展趋势，这一趋势必然要求将其他学科的理论移植到医学领域，导致一系列新的边缘学科产生，生物医学工程学就是将自然科学和工程技术的有关理论和方法运用于医学研究领域，从工程学的角度，深入研究人体结构、功能及其相互关系。这些研究都必须借助于横向思维的帮助。[①]

三、聚合思维

（一）聚合思维的内涵

聚合思维是一种有方向、有范围、有条理的收敛性思维方式，从现成资料中寻求正确答案的一种有范围、有条理的收敛型思维方式，又被称为求同思维法、集中思维法、辐合思维法和同一思维法等。它与发散思维相对应，聚合思维是指在解决问题的过程中，尽可能利用已有的知识和经验，把众多的信息和解题的可能性逐步引导到条理化的逻辑序列中去，最终得出一个合乎逻辑规范的结论。例如，学生从书本的各种定论中筛选一种方法，或寻找问题的一种答案；理论工作者依据许多现成的资料归纳出一种结论，这些都是聚合思维的体现。

聚合思维是创造性思维的基本成分之一，假设做事情都有正确的方法，聚合思维是思维者聚集与问题有关的信息，在思考和解答问题时，进行重新组织和推理，以求得正确答案的收敛式思维方式，其本质是保守的。求同是聚合思维的主要特点，即聚合思维把广阔的思路聚集成一个焦点，利用已有的知识经验或常用的方法来解决问题。与发散思维相对应，聚合思维是从不同来源、不同材料、不同层次探求出一个正确答案的方法

---

① 王小燕. 科学思维与科学方法论[M]. 广州：华南理工大学出版社，2015.

是从众多可能性的结果中迅速地做出判断、得出结论的思维方法。聚合思维是从众多可能性的结果中迅速做出判断，得出结论是至关最重要的。在企业经营过程中，通过发散思维可以得到诸多决策方案，但由于时间、精力、资源的有限性，不可能一一去验证每个方案的结果，管理者必须针对核心问题对众多方案进行综合评估，从中选择风险最小的方案并实施，这个过程就是运用了聚合思维。

（二）聚合思维的方法

聚合思维常见的运用方法有抽象与概括、归纳与演绎、比较与类比、定性与定量分析等。

1. 抽象与概括

抽象是一种思维过程，通过性状的比较，找出同类事物的相同与不同的性状，把不同的性状舍弃，把本类事物有的、其他类事物没有的性状抽取出来。例如，把各种果实拿来比较，相同的地方是都有果皮和种子。可以选取的不同维度是：有的能吃，有的不能吃；有的长在地下，有的长在地上；有的果皮坚硬，有的果皮柔软；颜色，五彩缤纷；大小，各有不同。抽象思维就是把不同的性状去掉，取出坚硬的果皮和种子组成的闭果，对共性特征进行考查。概括也是一种思维过程，是在抽象的基础上进行的。例如，对猫、兔、虎、猴等动物进行比较后，抽象出它们的共同特征是有毛、胎生、哺乳，在思想上联合起来就会形成哺乳动物的概念。

2. 归纳与演绎

归纳法又称归纳推理，是从特殊事物推出一般结论的推理方法，即从许多个别事实中概括出一般原理。例如，实践中人们经常会接触瓜，豆这等事物，通过反复实践，就会逐步认识到"种瓜得瓜，种豆得豆"的真谛，然后经过分析推理就会得到一个一般性的认识：龙生龙，凤生凤，所有生物都有遗传现象。这个过程就是一个归纳的过程。演绎法又叫演绎推理，是从一般到特殊，即用已知的一般原理考查某一特殊的对象，推演出有关这个对象的结论。例如，所有的生物都有遗传现象。从这个原则出发，就可以引申出：老鼠也是生物，所以"老鼠的儿子会打洞"。这是由演绎推理而得出的一个结论。在认识过程中，归纳和演绎是相互联系、相互补充的。

3. 比较与类比、分析

比较、类比和分析是一种联动性思维，不仅可以激发人们的情感，还可以启发人们的智慧，提出独特性的方法。要通过对相关知识进行比较、类比和分析综合，按照"发散→聚合→再发散→再聚合"和"感性认识→理性认识→具体实践"的认知过程，培养自己的创造能力。

4. 定性与定量分析

定性分析就是对研究对象进行质的方面的分析，主要凭借分析者的直觉、经验，运用归纳和演绎、分析与综合及抽象与概括等方法，对获得的各种材料进行思维加工，从而对分析对象的性质、特点、发展变化规律作出判断的一种方法。定量分析就是通过统计调查法或实验法，建立研究假设，收集精确的数据资料，然后进行统计分析和检验的研究过程。在聚合思维的过程中，可以利用定性和定量的分析方法对单个创意进行分析，也可对一组创意进行评价。

（三）聚合思维的步骤

聚合思维有同一性、程序性和比较性三个特点。所谓同一性是指它是一种求同性，即找到解决问题的办法或答案。所谓程序性是指在解决问题的过程中，操作的程序，先做什么，后做什么，按照严格的程序，使问题的解决有章可循。所谓比较性是指对寻求到的几种解题途径、方案、措施或答案，通过比较，找出较佳的途径、方案、措施或答案。在应用聚合思维方法时，一般要注意三个步骤。第一步：收集掌握各种有关信息。采取各种方法和途径，收集和掌握与思维目标有关的信息，而资料信息愈多愈好，这是选用聚合思维的前提，有了这个前提，才有可能得出正确结论。第二步：对掌握的各种信息进行分析清理和筛选，这是聚合思维的关键步骤。通过对所收集到的各种资料进行分析，区分出它们与思维目标的相关程度，以便把重要的信息保留下来，把无关的或关系不大的信息淘汰。经过清理和选择后，还要对各种相关信息进行抽象、概括、比较、归纳，从而找出它们共同的特性和本质。第三步：客观地、实事求是地得出科学结论，获得思维目标。

四、系统思维

（一）系统思维的内涵

系统思维原则，也称整体性原则，指决策者要把决策对象当作一个系统来思考，以系统整体目标的优化为准则，协调系统中各个子系统的相互关系，兼顾组织的每个部分，从系统与要素、系统与结构、系统与环境、系统与功能等关系入手，把握决策活动规律性。即把认识对象作为系统，从系统和要素、要素和要素、系统和环境的相互联系、相互作用中综合地考查认识对象。简单来说，就是对事情全面思考，不只就事论事，要做到见树又见林。事物之间不是孤立存在的，是联动的、互通的，只有看透系统内部的运作规律、发展方向、掌握事物的本质，才能让我们对事物洞若观火，成为掌控全局的高手。

通过系统思维，把事物作为多方面联系的动态整体来分析研究，决策者的决策思维将更趋合理化。任何事物包括企业都是以系统的形式存在着的，其发展变化的规律，不是某一组成要素的运动规律，而是各组成要素通过相互作用从整体上显示出的规律。因此决策者在决策时要有很强的整体意识，要善于从系统的整体出发，进行全面、动态地考查。不仅要考察决策所涉及的事物的整个系统，还要考察与其相关的系统；不仅要考察系统各要素之间、要素与整体之间的相互联系和相互作用，还要考查系统存在所依赖的外部条件与环境。

（二）系统思维的方法

一个常见的整体思考方法是要素法，最为常见的是 5W2H 法（图 6-3）。5W2H 法也称作七何分析法，主要由七个要素构成：What：何事——我要做一件什么事？Why：何因——为什么要做？确定合理吗？When：何时——什么时候要做？什么时候发生的？Where：何地——在哪里做？依靠什么平台做？Who：何人——需要什么人参与？主导人和对象是谁？How：何法——具体干了什么？过程是什么？How much：何量——投入与产出是多少？

图 6-3　系统思维的方法：5W2H

5W2H 分析法一般情况下是作为评价指标，对任何的数据和行为都可以按照这七个要素进行判断，如果其中有任何一个要素不明确，就需要进一步改进。接下来结合一个具体的业务场景对 5W2H 分析法进行解析。某家线下餐饮企业最近一个月的客户明显减少，通过业务部门的初步分析判断是由于老用户的严重流失，但是业务部门无法追踪到用户流失的确切原因，想让你通过现有数据进行问题定位。这个问题是比较常见的用户流失分析，可以采用 5W2H 来分析。

餐饮行业是极其注重用户运营和客户质量的，要想实现持续盈利就必须保证新用户的流入>老用户的流失，因此餐饮行业一般会通过广告投放进行拉新，然后通过促销活动进行促活，这是业务背景。现在业务想要定位客户减少的原因，本质上是想在保持拉新成本不变的前提下提高客户留存率，因此分析的目的就是要定位到客户流失的原因，定位到原因就有调整的办法，进而采取有针对性的措施。

按照 5W2H 的思维模式展开分析。What：老用户近一个月流失了很多。Where：哪家门店流失最多？什么地段流失最多？Who：什么人流失了最多？用户画像如何？是否与年纪、职业、性别有关？When：什么时候流失最多？某个星期？某一天？一天中的某段时间？Why：为什么流失？因为菜品难吃？价格过高？有了竞争对手？环境原因？How：怎么流失的？阶梯式流失？断崖式流失？缓慢式流失？How much：流失了多少？是否处于正常水平？

（三）系统性思维案例

华为技术有限公司作为中国乃至全球信息通信技术行业的领军企业，在其发展历程中，系统性思维发挥着重要的作用。它贯穿于华为的战略规划、技术创新、全球化运营、企业文化以及应对挑战等各个方面，为华为的持续成长和成功提供了有力的支撑。未来，随着全球信息通信技术行业的不断发展和变化，系统性思维将继续成为华为应对挑战、把握机遇、实现新发展的重要法宝。

自 1987 年成立以来，华为高层始终秉持系统性思维来规划企业的发展蓝图。从最初专注于电话交换网络的研发和销售，到逐步转型为通信设备制造商，再到进军智能手机和 5G 等前沿领域，华为的每一步战略转型都体现了对行业整体趋势、市场需求、技术演进以及自身资源能力的系统性考量。正是通过系统性地分析外部环境的变化和内部能力的匹配，华为才能够精准地把握市场机遇，实现跨越式发展。

在技术创新方面，华为在全球设立了 20 多个研究所，每年将 10%以上的销售收入投入研发，企业不仅关注单个技术点的突破，更关注技术之间的协同和集成，以形成整体竞争优势。华为在通信设备、智能手机、芯片设计等领域的技术领先地位，正是得益于其在技术创新上的系统性布局和持续投入。

华为的全球化运营实践也充分体现了系统性思维的影子。华为在全球 170 多个国家和地区设立了办事处，构建了覆盖全球的销售网络和服务体系。华为系统地考察了目标市场的市场环境、文化差异、法律法规等复杂因素。华为通过系统性地分析不同国家和地区的市场特点，制定差异化的市场进入策略和本地化服务方案，在全球市场上取得了显著的成绩。

华为的企业文化也同样深受系统性思维的影响。华为文化强调以客户为中心，要求全员参与和跨部门协作，如在质量管理中，华为强调全员参与和明确责任主体，确保每个环节都有明确的责任人和改进措施，这体现了系统思维的相关要素。另外，华为强调要关注企业整体利益和长远目标，鼓励员工从公司整体利益出发，考虑问题的解决方案，这体现了系统思维的整体性原则。

系统性思维也为华为应对挑战提供了帮助。面对技术封锁、全球环境不确定性等外部挑战时，华为之所以依然能够保持稳定发展，也有系统性思维的作用。在整个发展过程中，华为系统性地对企业外部威胁和内部优势做了深入的分析，制定了一系列有效的应对措施，包括加大自主研发投入、优化供应链管理、加强国际合作等。这些措施不仅有效缓解了外部压力，还进一步提升了华为的市场竞争力和抗风险能力。

五、创新思维

（一）创新思维的内涵

创新思维是指以新颖独创的方法解决问题的思维过程，运用这种思维，企业能突破常规思维的界限，以超常规甚至反常规的方法、视角去思考问题，提出与众不同的解决方案，从而产生新颖的、独到的、有社会意义的思维成果。在科学技术飞速发展的今天，企业要生存、要发展、要前进，坚持创新是必然选择，只有创新才能有出路。走创新之路，不仅要坚持技术创新，还要坚持管理创新，这就好比前进车轮的两个驱动装置，也就是现在常提到的双轮驱动。要想真正实现双轮驱动，关键是企业的决策要注入创新思维，运用创新思维做出科学决策是做好各项工作的前提。从本质上说，创新思维是多种思维方式的综合运用，需要充分发挥决策者的主观能动性。做出的决策往往会"牵一发而动全身"，面对当前激烈的竞争态势，决策者需要理解创新思维的深刻内涵，进一步解放思想，跳出现有的框架，通过思维上的创新，把新理念、新思想转化为科学决策，研究解决好发展中遇到的新问题。

创新思维包括逆向思维和批判思维，逆向思维主要指对事物进行反向思考，从而发现事物潜在的本质；批判思维主要指创造性地审视事物，把事物看得更清楚。将两种思维相结合，可更好地为我们创业者提供有效的创新工具，帮助我们在创业实践中获取更多灵感。

（二）创新思维案例

小米公司自成立以来，便以其独特的创新思维和战略眼光在智能手机及智能家居领域表现突出。其中，生态链战略的构建与产品创新是小米运用创新思维推动企业发展的重要体现。在智能手机市场日益饱和的背景下，小米意识到单纯依靠手机硬件难以维持长期的竞争优势。物联网技术的发展使得智能家居市场展现出巨大潜力。在这样的背景下，小米决定通过构建生态链战略，将手机与智能家居产品紧密结合，打造全方位的智能生活体验。

在整个战略布局过程中，小米积极寻找并投资具有创新能力和市场潜力的初创企业，这些企业主要集中在智能硬件、智能家居等领域。通过投资入股、资源共享、品牌背书等方式，小米与这些企业建立了紧密的合作关系，共同推动产品的研发和市场推广。在生态链企业的支持下，小米开始推出一系列智能家居产品，如智能灯泡、智能插座、智能摄像头等。这些产品不仅与小米手机实现无缝连接，还通过小米的 IoT 平台实现了跨品牌、跨品类的互联互通。同时，小米鼓励生态链企业之间进行协同创新，共同研发出更多符合市场需求的新产品。小米还特别注重用户体验与品牌建设，在产品设计和功能开发上始终坚持以用户为中心的理念，不断优化产品性能、提升用户体验，打造了一系列深受消费者喜爱的智能家居产品。同时，小米还通过线上线下渠道、社交媒体平台等多种方式加强品牌宣传和推广，提升了品牌知名度和美誉度。经过努力，小米的"生态链"战略取得了显著成效，其智能家居产品不仅在国内市场占据领先地位，还开始拓展海外市场。

可见，在瞬息万变的背景下，企业应对外界压力与竞争的核心是企业决策者的思维模式，决策模式的差异会决定决策者的所思、所想和所见，也会决定最终的结果。商业决策思维模式是企业在商业世界中获得成功的关键。商业决策思维能够决定企业能否有效地识别机会或者发现问题，以及制定有效的解决方案。创新思维能够帮助企业家和领导者在多变和复杂的竞争环境中做出明智的决策并推动实现商业目标,实现企业高质量发展。

第三节 商业决策的发展历程

越来越多的企业认识到数字、智能技术对提高组织竞争力的重要性,并将数字、智能技术应用于生产、经营、管理等各环节,[①]新一轮的信息技术革命正深刻改变着个人的生活和学习方式及企业的生产、运营和决策方式,企业的商业决策从经验驱动转向数据驱动的模式,在决策机制上不断降低对人的依赖,注重运用新一代信息技术对数据进行全面、客观、科学的分析。

一、传统情境下的商业决策模式——经验驱动

传统情境下,企业采用的是经验驱动的商业决策模式,即决策者依靠自己的经验、直觉和专业知识,对决策问题和决策对象进行分析,制定并选择行动方案的模式。比如,一个经验丰富的司机在处理交通状况、减速和应对突发事件时,会依靠他们多年的驾驶经验做出决策;项目经理通常会根据以往的项目经验提前识别潜在问题并制定相应的解决方案,从而更好地管理项目进展。在这种模式下,决策者主要依靠过去的成功或失败案例、个人洞察和专业知识做出决策,而不是依赖于详尽、复杂的数据分析。

传统情境下,企业的活动和业务流程相对比较简单,面对的决策问题相对较单一,商业决策模式通常按照线性的流程展开,主要步骤如下。①信息收集和分析。收集、整理和分析与决策相关的信息,从而获取有关当前情况和潜在机会或风险的认识。②经验借鉴。基于过去的成功和失败案例及行业专业知识,评估类似决策情境下采取的不同方法和策略的结果。既可以借鉴来自内部团队成员的经验,也可以采取外部顾问或行业专家的建议。③制定备选方案。基于以往的成功经验,考虑当前情况和目标,制定不同的备选方案或决策选项。④评估风险和回报。考虑潜在的风险、成本、资源需求及预期的商业回报,对每个备选方案进行综合评估,以帮助确定最佳的决策方案。⑤决策选择及实施。选择最优的备选方案并制订具体的行动计划,确保决策在整个组织中得到有效传达和执行。⑥监测和反馈。一旦实施决策,持续监测其影响和结果,根据反馈结果及时进行调整和修正。

经验驱动的商业决策模式通常具有以下几个特点。

第一,主观性、任意性较强。经验驱动的商业决策更多地依赖于个人的主观判断,决策者可能会根据自己的价值观、信念和经验背景来做出决策。凭借经验在熟悉的经营环境和常见的业务问题中决策,通常可以减少不必要的错误,迅速达到目标少走许多弯路,并且有时还能产生具有创造性的洞见。但这种模式往往也有无法克服的局限性,由于决策者个人认知的精力和有限性,他们常常会忽略一些重要因素;经验驱动的商业决

---

① 何贵兵,陈诚,何泽桐,等. 智能组织中的人机协同决策:基于人机内部兼容性的研究探索[J]. 心理科学进展,2022,30(12):2619–2627.

策缺乏连续性和规范性，任意性较强，不同决策者对于问题的看法存在差异，管理者的更替可能会使得企业在不同决策间摇摆不定。

第二，追溯原因，正向思维。因果逻辑是传统决策的主要逻辑，人类的判断决策行为习惯于找到问题的本质原因，弄清楚原因找到相应的解决方案。这种思维逻辑下的决策速度一般较为缓慢，一方面，因为害怕没有弄清楚原因会走向错误的方向，人们在面对决策问题时需要追溯到根源才愿意进一步采取措施。另一方面，制定方案后，还要推理各类方案会产生的后果，选择一个在当前约束条件下最为满意的选项。在这种逻辑思维指引下，商业决策模式是正向推进的，往往采取的是发现问题—收集信息分析原因—评估方案预期结果—选择方案的流程。每一步都有一个先后顺序，是一个顺应事件发展顺序的过程。

第三，领导者集权决策。决策是领导的首要职能，是领导者工作的核心。在过去的商业决策模式中，常把决策权集中在组织领导层，下级的一切行动听从上级指挥。虽然有时会通过集体决策来产生方案，但通过集体智慧产生的洞见只是管理者作为决策的参考，能否执行还是取决于管理者或领导者。传统的决策方式对于决策者的素质要求很高，领导者和管理者必须高瞻远瞩、审时度势、统揽全局，凭借个人的经验和能力于千头万绪中抓住主要矛盾，权衡利弊。

二、智能时代的商业决策模式——数据驱动

（一）数据驱动商业决策模式的内涵

随着外部环境的变迁更迭，商业决策过程中面对的不确定性因素增多，且在信息技术的支撑下，收集、存储和分析各种类型的数据变得容易，为此，数据驱动模式成为智能时代下企业商业决策的主导模式。数据驱动的模式是指企业在制定商业决策时，依托数据处理和分析技术，将数据转化为知识支持决策过程，[①]从而开发各业务领域的策略和活动。譬如，企业在进行生产规划的时候可以获取互联网环境中积累的关于用户特征、忠诚偏好、交易记录、商誉口碑等动态大数据，基于这些数据更好地分析未来市场需求，制订科学的生产计划。数据驱动的商业决策模式强调基于客观、准确的数据和信息进行决策，而不是仅凭经验、直觉或猜测，因此这种模式有利于减少决策中的主观偏见、提高决策的准确性和可信度。

在数据海量、决策涉及的问题复杂多样的情况下，能够实现多维数据整合并能针对不同决策环境进行情境模拟和预测的数据驱动决策模式尤为重要。一方面，数据驱动决策可以通过数据模型和算法分析历史数据和趋势来预测未来的情况和结果，帮助管理者做出更明智的决策并降低风险。另一方面，数据驱动的决策还可以实现在虚拟环境中模拟各种决策方案的结果，评估其可能存在的风险和影响，有助于决策者更全面地了解不同方案的效果和潜在风险。譬如，医生可以借助智能设备融合患者各方面健康信息为其在疾病前、中、后期，制定不同的健康管理方案，更好地守护患者健康，而不是等到患

---

① 姜浩端. 数据驱动决策的挑战[N]. 中国经济时报，2013-07-01（11）.

病之后才进行治疗。

数据驱动的商业决策模式通常具有以下几个特点。

第一，智能化、数据化。智能化时代，企业可以运用大数据技术方法构建全新的信息传输平台，并从中获取多样化的信息数据；运用信息技术部署企业的业务、管理系统，将运营流程转化为丰富的内部数据。企业搜集整合数据之后，进一步分析数据来了解市场趋势、消费者需求的变化，以客观的数据支持决策，提高内部决策水平。例如，餐馆老板通过使用数据分析技术分析过往菜单的点单量，再结合趋势预测来决定要从餐馆菜单中添加或删除的菜式；汽车制造商应用数据分析技术来分析客户的需求从而为其新车开发新功能、改变车型；旅行社使用人工智能来优化他们的行程规划。

第二，事先预测，逆向思维。进入智能时代，企业决策模式更多的是采用逆向思维，从"事后诸葛"转变为"事先预测"，根据数据所呈现出来的结果和关系直接作出判断，即通过数据挖掘分析内在规律并预测未来趋势，更多关注"是什么"，而不必过于关注"为什么"。这个过程有时能够产生许多新奇的洞见，给企业带来开辟新市场或者开发新产品等机遇。例如，亚马逊利用大数据技术分析客户之前的订单信息、商品搜索记录、愿望清单、购物车和鼠标所停留过的商品记录等数据，可以预测客户的购物习惯和购物需求，根据这些预测提前进行库存布局，在客户付款前，将要发出的货物都会被存放在快递站，当客户下单时会第一时间从最近的快递仓派送货物，极大程度地缩短货物运输的时间，提升客户的满意度。

（二）数据驱动商业决策的常用方法

有效地处理、分析和应用大数据解决商业问题、助力商业决策，已成为当今各个商业领域的迫切需求。当前企业决策中常用的方法包括回归分析、聚类分析、决策树、关联分析等（图6-4）。

图6-4 数据驱动商业决策的常用方法

1. 回归分析

假设你要估算企业的盈利能力，那么就需要尽可能地算出产品制造的最优成本，估计销售额的增长，估算公司的员工流失，估算未来可能的费用支出。在上述所有情况下，你需要了解这些因素与影响、决定或对它们造成冲击的其他因素的关联和关系，这里可能就存在一定的线性或非线性关系，从而引导商业决策。线性回归是一种非常简洁的方法，描述自变量（响应变量）与因变量（目标变量）之间的关系，这意味着可以根据自变量的值来预测因变量的值。当有多个自变量时，回归被称为多元回归。在线性回归的情况下，自变量与因变量之间的关系通过一条直线来解释，在非线性关系的情况下，自变量和因变量之间的关系是非线性的（多项式回归，如二次多项式回归、三次多项式回归）。

2. 聚类分析

数据驱动商业决策的第二个常见方法是聚类分析。聚类分析是通过数据分析，对研究对象识别出隐藏的组。聚类的目的是以有益于商业的方式去进行有意义的分析。聚类能够发现以前未检测到的数据集中关系。例如，市场营销聚类分析可用于市场细分：根据人口统计和交易历史对客户进行细分，从而制定市场营销策略。有一些大型零售商会使用聚类来决定邀请谁参加优惠计划或何时开展促销活动。可能会创建忠诚客户、不太忠诚客户和价格敏感客户三个组，可以制定将不太忠诚的客户提升为忠诚客户的策略，也可以邀请忠诚客户参加优惠活动以巩固其忠诚度。聚类分析还可以帮助识别购买过类似产品的群体，同样，也可以根据生活方式和消费支出对人群进行分组，使用聚类分析预知人群对产品和服务的潜在需求，帮助制定业务和市场营销策略，如一些公司会利用聚类分析来决定在哪里开设新店，比如运动鞋品牌就可能会寻找那些跑步者最集中的地方开新店（图 6-5）。

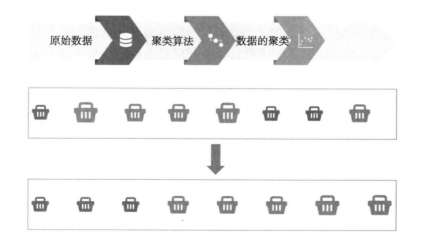

图 6-5　聚类分析方法逻辑

最常用的聚类方法是层次聚类和划分聚类。在层次聚类中，每一个观测值自成一类，这些类每次两两合并，直到所有的类被聚成一类为止。在划分聚类中，首先指定类的个数 K，然后观测值被随机分成 K 类，再重新形成聚合的类。因为后者能处理大量级的数据且容易理解，所以本文介绍基于 K 均值算法的划分聚类方法（图 6-6）。

3. 决策树

决策树是选择行动方案或得出结论的流程图。通常用于监督学习的二分类问题。在使用决策树时，可以指定许多决定最终预测结果的预测因子（也就是特征）。例如，假设你想创建一个决策树来预测购物商城上的某个用户是否会下单产品。第一步就是根据用户过去的选择来创建数据。你可以创建一个包含四列的表，这四列分别是停留时间、价格、质量和是否下单。第二步在这四列中输入数据，在前三列中输入特征，在最后一列输入结果。

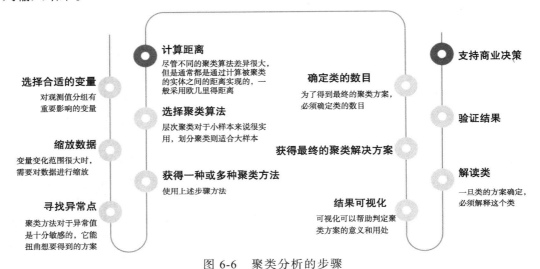

图 6-6   聚类分析的步骤

这就是决策树的基本思想，可以沿着某条分支一直走，直到到达某个叶子节点，这个叶子节点所代表的结果就是你的最终选择了。当然为了降低决策树的复杂性，我们也可以去除一些分支。比如，如果该用户只有在价格有优惠的情况下才会下单，那么就不需要从价格进一步分支到产品/服务质量，因为该用户在这个决策点上已经做出了否定的决策。要注意，当创建决策树的时候，我们需要有一个明确的路径来判定结果是"yes"还是"no"，如果很难做到这一点的话，决策树可能会有很高的熵，或者说很繁杂，需要很长的路径才能够得到一个准确的答案。

4. 关联分析

关联分析是一种在大型数据集中识别项目之间的模式或关系的数据挖掘技术。具体而言，它旨在确定数据集中不同项目或属性之间的相关性，以便确定哪些项目倾向于一起出现，哪些倾向于单独出现。关联分析最常见的应用是市场篮子分析，如用于识别哪些产品通常由客户一起购买。例如，一家杂货店可以使用关联分析来确定购买麦片的客户也有可能购买牛奶，并利用这些信息来优化商店布局或促销。

关联分析依赖于频繁项集和关联规则来识别项目之间的关系。频繁项集是指在数据集中经常出现的一组项，即在数据集中同时出现的项的集合。例如，假设有一个包含多个交易的数据集，其中每个交易包含多个商品，如 T1～T5 数据集。在这个数据集中，项集 {牛奶，面包} 在交易 T1、T3 和 T5 中都出现了，我们可以将其定义为频繁项集。同样地，项集{小麦，鸡蛋}在交易 T2、T3 和 T4 中都出现了，也可以定义为频繁项集。通过发现频繁项集，我们可以了解数据集中不同项目或属性之间的相关性，如哪些商品经常被一起购买，从而帮助我们做出更好的业务决策。在关联规则挖掘中，发现频繁项集是关键步骤之一。

T1：{牛奶，面包，鸡蛋}

T2：{面包，小麦，鸡蛋，三明治}

T3：{牛奶，面包，鸡蛋，小麦}

T4：{面包，小麦，鸡蛋}

T5：{牛奶，面包，小麦}

关联规则是指在数据集中经常出现的元素之间的关系。它们通常表示为“如果 A 发生，则 B 也经常发生”，其中 A 和 B 都是一组元素。例如，在前面例子中，我们可以发现这样的关联规则：如果一个客户买了牛奶，那么他们很可能也会买面包。这个规则就是一个典型的关联规则。在关联规则挖掘中，关联规则通常是基于支持度和置信度来计算的。

一个项集的支持度是指数据集中包含该项集记录所占的比例。例如，在上面交易数据集中，{鸡蛋}的支持度为 4/5，{牛奶，面包}的支持度为 3/5。置信度是针对一条关联规则来定义的。例如，针对{面包}→{牛奶}这一条关联规则的置信度被定义为支持度（{面包，牛奶}）/支持度（{面包}），从数据集中可以看到，支持度（{面包，牛奶}）=3/5，支持度（{面包}）=5/5，所以“置信度（{面包}→{牛奶}）=3/5=0.6”，这意味着对于包含面包的所有记录，我们的规则对其中 60%的记录都适用。

（三）数据驱动商业决策的成功案例

数据驱动决策的一个著名案例来自搜索引擎巨头谷歌。初创公司以打破固有的制度而闻名，谷歌就曾好奇拥有经理对公司经营是否真的重要。为了回答这个问题，谷歌的数据科学家研究了经理下属的绩效评估和员工调查（定性数据）。分析师将收集到的信息绘制在图表上，并确定经理通常被认为是好的。他们更进一步地将数据分成顶部和底部四分位数，然后进行回归分析。这些数据显示，在团队生产效率、员工幸福感和员工流失率方面，最好和最差的经理之间的确存在巨大差异。优秀的管理者会使谷歌赚更多的钱，培养更快乐的员工，但谷歌的优秀管理者是由什么构成的呢？

分析师们再次审查了杰出经理奖的数据，在该奖项中，员工可以提名工作出色的经理。员工必须提供例子来解释是什么让经理如此出色。来自顶层和底层的经理也接受了采访，以完善数据集。谷歌的分析发现了在谷歌成为伟大管理者的八大优秀行为和三大不良行为。他们基于数据修改了自己的管理培训，纳入了新的发现，继续颁发杰出经理奖，并实施了一项每年两次的反馈调查，帮助企业提升效率。

第四节　优质商业决策的实现要素

一、传统情境下优质商业决策的实现要素

传统情境下，商业决策的主要模式是经验决策，即基于个人有限的经验和知识，对问题进行分析和判断，最大程度上得到满意行动方案的过程。经验决策可以快速地产生行动方案，但它也存在潜在的风险和局限性，决策主体可能会受到认知偏差、主观判断和个人偏好的影响。为了尽可能克服个人的盲目性，在决策的过程中需要选择合适的决策框架，收集尽可能较多的相关且可靠的信息，制定清晰的价值和目标，经过充分论证后才可进行方案选择和实施。

（一）合适的决策框架

决策框架是指参与决策的人所形成的一种特定的思维框架。框架是决策行为的起点，回答的是我们面临什么问题、我们试图解决什么问题、有什么机会等几个重要问题，达成优质决策的过程是从意识到必须解决什么问题开始的。框架效应认为，决策者的风险偏好及风险承担行为会随着问题的框架而改变，[1]同一个问题，不同的框架可能会导致不同的决策判断。

阿莫斯和他的同事在哈佛医学院做的一项实验是框架效应的经典例子。实验中受试者都是医生，给受试者看两种肺癌治疗结果的数据，分别是手术治疗和放射治疗。其中，对手术治疗的短期结果有两种描述：①第一个月的存活率是90%；②在第一个月里，有10%的死亡率。在第一个框架下，84%的受试者选择了手术治疗；相比之下，第二个框架只有50%的受试者选择手术治疗。很明显，手术治疗在第一个框架下比第二个框架下更受欢迎，两种描述的结果是等价的，但框架的不同导致了不同的选择偏好。这说明，人们的判断易受框架的影响，决策时要选择合适的框架才能有助于清晰认识问题，做出科学的决策。商业决策所面对的问题常常是复杂的、包含着千丝万缕关系的，稍有不慎就会给决策带来意想不到的损失，决策者要学会"一个问题一个框架"，针对不同的决策问题转换合适的决策框架，[2]从而对决策问题进行充分的诊断和分析。

要建立合适的决策框架，决策者首先应该确定决策的边界。比如，一家公司要考虑拓展国外市场，这时决策者就应该了解国外产品市场的竞争情况，了解国外的政治、社会、经济等环境，而非停留在国内该产品的销售情况、竞争情况。其次，要确定决策框架中的焦点，决策框架中的焦点会随着决策的推进不断调整。比如，一个企业家到国外去考察市场，发现某一个国家正兴起戴假发的热潮，那此时他决策的焦点便是考虑是否组织企业开始生产假发。假发的设计和制造需要技术专家，此时他的决策焦点又转向寻

---

① Wiseman, R.M. and Gomez-Mejia, L.R. A Behavioral Agency Model of Managerial Risk Taking[J]. Academy of Management Review, 1998(23): 133–153.

② 安宝生. 决策框架[J]. 科学决策，1998（1）：45–48.

找合适的专家。找好专家后新的问题又会出现，生产假发需要生产机器和生产工艺，于是他的决策焦点又变成引进合适的机器并且聘请技术工人进行生产。最后，要恰当地建立决策的参考点，参考点就像是坐标系中的原点，帮助决策者判断每个方案是从哪个方向偏离了原点，从而衡量每个方案的得失损益。采用不同的参考点会让决策者对于方案的得失有不同的感知。比如，如果采用一个新的销售方案能在下一季度提高 20 万元的销售额，相对于多支付的 2 万元销售费用，20 万元增额听起来还是可喜的，但是如果和上一年同一季度的 100 万元增额相比，似乎又偏少了。

（二）相关及可靠的信息

搜集信息是做出优质商业决策的必要步骤，了解和分析相关数据和信息对于评估风险、预测趋势及确定最佳行动方案而言至关重要。相关指的是这些信息必须与商业决策所面对的问题、所要达到的目的有关，如要了解市场情况，就必须收集市场趋势、竞争对手信息、顾客需求等商业知识。可靠则指的是信息必须是准确、客观、权威的，如专业咨询机构提供的行业报告、专业人士的意见和建议都是较为可靠的信息。所有的决策都有未来导向性，充满着不确定性和风险，只有当信息是可靠的且相关的，才能为后续的分析和预测提供有效证据，有利于全面地厘清决策对象的脉络，从而做出高效的商业决策。

假设有一家日用品零售公司，其销售部经理负责采购和库存管理。为了保证每日采购决策的准确性，他必须收集分析包括销售数据、库存水平、供应商信息等多个数据。通过收集和分析近日的销售数据，可以了解产品的销售趋势、热门和滞销商品，从而预测未来需求，调整采购计划；通过及时记录当前的库存水平，包括库存数量、周转率等指标，可以避免产生过度采购或库存不足的问题；通过比较不同供应商的报价、产品质量和服务水平，选择出最合适的供应商；通过关注市场的变化和趋势，如新产品发布、竞争动态和消费者偏好的演变，从而调整采购策略，抓住市场机会，可以及时调整采购策略避免产品积压。

为了获得相关且可靠的信息，首先，在信息的收集和分析过程中要使用多种渠道获取信息。单一来源的信息可能是不全面、不准确的，企业要善于收集多方的信息，通过互联网搜索、书籍、学术研究、员工访谈、专家咨询等多渠道获取多维度信息，尤其要善用数字工具获取更完整的相关且可靠的资料作为证据。其次，要验证信息的可靠性和权威性。查看报告来源的作者或机构的背景和信誉，选择来自可信度高的权威机构、专业领域内的专家。对收集到的信息进行验证和交叉检查，查看多个独立来源的信息是否相符，寻找支持或反驳某一主张的证据。再次，注意信息的时效性，确保使用最新的数据和信息。最后，决策者要尽可能避免启发式偏差。第一，是可得性偏差。当人们在做决策时，更容易依赖那些容易回忆起来的信息，而忽视那些难以获得或不太容易想起的信息，这种偏见可能导致决策的不准确或不全面。第二，是代表性偏差。由于人的认知能力有限，人们通常会基于已有的通常刻板印象或类似的样本来做出决策，而忽略了问题的独特性。

（三）清晰的价值和权衡

决策的目标是最大限度地得到决策者真正想要的，每一次做决策必须非常清晰地知道衡量的标准是什么，清晰明确的价值能引导决策主体理解并权衡不同选择之间的利弊后果。在决策中，价值指的是决策者在比较各个选项时所关注的、所看重的因素，所想达到的目标。比如，化妆品公司投放一条短视频广告，它的首要目标会是提高多少的销售额，次要目标可能是控制一定的销售费用。再比如，绝大多数企业战略决策所看重的最终价值都是企业的经济价值最大化。在商业决策中，清晰的价值权衡可以帮助我们确定决策优先事项，聚焦于决策的核心问题，从而判断哪些决策与企业的价值相符合，确保行动朝着预期结果的方向前进。如果没有明确的价值导向，决策者可能会把资源投资于不相关或低优先级的事项上，从而造成资源浪费、效率低下；如果没有明确的价值准则作为指导，决策者可能会受到个人偏好、情绪或当期利益的影响从而做出错误决策。

安然（Enron）公司是一家能源公司，也是 20 世纪 90 年代和 21 世纪初期美国最大的公司之一，然而最终却因为涉嫌会计欺诈和伪造财务报表而破产，这主要是因为决策者在经营过程中过分追逐个人利益，而忽略了企业的持续发展和企业价值。管理者试图将安然公司转变为一个能源交易商，通过交易电力、天然气和其他商品来获利，在其经营过程中高层们采用了复杂的会计手段，通过特殊目的实体来隐藏巨额债务，并夸大公司的利润和资产价值。这种会计欺诈使得安然的财务状况看起来非常健康，吸引了大量投资者和股东。决策者们竞相逐利，虽然通过操纵财务数据来掩盖公司真实的财务状况，在短期内实现了吸引投资者和保持股价稳定的目的，但随着安然公司的财务造假被接连曝光，这种短视行为最终还是导致了公司的彻底崩溃。安然的案例揭示了在商业决策过程中，如果忽视了价值准则和长期可持续发展，就会面临巨大的风险。

为了形成清晰的价值指导，首先，要明确组织的核心价值观是什么，这代表组织所重视的原则和信念，通过明确价值观可以更好理解企业的动机和目标，作出符合企业价值观的决策。比如，大多数企业的价值观中会明确员工和企业必须遵循的原则和道德准则。其次，要确定单次决策中所关注的价值和目标，并为它们设定优先级和权重，这有助于在做出决策时将注意力集中在最重要的事情上。比如，确定正确的营销目标是营销决策的关键问题，[①]每一项营销活动中企业关注的是多重价值，其中广告转化率和费用可能是最为重要的两项价值，在决策中权重比是 2∶1。最后，涉及多种价值的决策需要等价交换进行权衡。比如，在一项营销活动中，计算企业为换取每 1% 的转化率而愿意付出多少的费用，能够方便权衡每个选项的利弊，选出总价值最高的满意方案。

（四）充分论证

优质决策通常需要经过充分的论证，分析和评估不同选项的优缺点、风险和潜在结果。比如，一家房地产企业的楼盘销量欠佳，年底恰逢返乡潮来临，公司开始思考什么方式能促进销量增加。首先，确定决策目标是在 2 月份增加 20 套的成交量，并且营销

---

① 黄洪民. 现代市场营销学[M]. 青岛：青岛出版社，2002.

成本不能超过 15 万元。企业要先收集关于销售推广的方式、返乡潮开始和结束时间、这些人群主要的购房需求是刚需还是改善生活等重要信息，尽可能收集完备且可靠的信息。随后，企业需要在列出的众多广告方案中进行比较，什么年龄层的人适合什么推广方案，每个方案的成本是多少，效果怎么样等。之后，综合考虑价格、时间、广告效果等因素，充分论证每个方案的可行性和效果，最后决定选择电视开机广告和国道旁广告牌两种方式同时进行。理由如下：开机广告虽然需要 10 万元的费用，但是可以覆盖整个地区的卫星电视开机，覆盖率极广；而广告牌一个季度只需要 3 万元，虽然只有一个宣传位点，但因为针对的受众都是有车人士，这部分人群通常收入更稳定，更可能传达信息给目标受众。

　　充分论证环节要求我们通过客观的计算来判断哪个选项能满足价值要求。要考虑所遇到的问题和机会，结合已知信息，针对每一个决定分析其利弊得失与可能产生的风险，揭露能最大限度实现目标的最佳选择。在商业决策中，事情的重要性、不确定性和复杂性很高，找出最佳选项需要诸多计算，学者们开发了许多决策工具帮助复杂的分析和计算工作。例如，决策树是直观运用概率分析的一种图解法，其每条细枝上标明客观状态的内容和概率，细枝末梢标明受益值，从而评价各项目风险，判断其可行性。另一个构造复杂决策常用的工具是决策矩阵，通常采用表格的形式，其中包含一个方案列表和一组与之相关的标准，这些标准可以根据特定需求和目标进行制定。然后，每个方案根据其标准的重要性和表现进行评分，最终计算出每个方案的总分数，帮助决策者更加客观和系统地评估选项（图 6-7）。

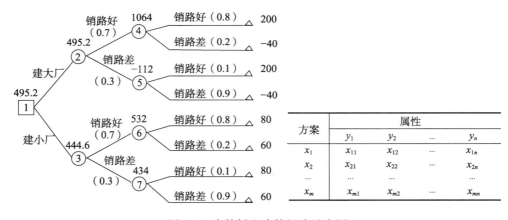

图 6-7　决策树和决策矩阵示意图

二、智能时代下优质商业决策的实现要素

　　互联网环境下，企业面临快速变化的复杂环境，需要企业高效地做出优质决策。智能时代下实现又快又好的决策要素包括：海量相关的数据；先进的技术；开放、学习的决策者。

（一）海量相关的数据

　　在数字经济迅速发展的背景之下，数据已经成为企业重要的生产要素和战略资产，随着技术的发展和数据的增长，企业可以十分便利地从各渠道获取具有大量（volume）、高速（velocity）、多样（variety）、低价值密度（value）、真实性（veracity）5V 特征的巨量数据集合。杨善林院士等人认为，大数据的价值在于其决策有用性，[①]企业必须依赖大数据这一重要的信息资产，分析、挖掘其中关于行业、市场、消费者的真相和知识，为商业活动提供决策支持。

首先，海量数据可以提供全面的视角。企业要做出准确的决策必须对行业、市场、消费者、企业信息进行全局把握，这就要求企业必须获取海量的内外部数据。第一，市场行情、消费者需求、竞争者销售情况等数据可以帮助企业及时调整营销策略、竞争战略。第二，实时监控合作商的相关数据可以帮助企业协调好和渠道商、供应商的合作关系，做好产品的生产、销售和售后服务各环节以满足消费者需求。第三，实时采集关键业务指标的完成情况可以帮助决策者对内部的业务情况、管理现状有清晰的认识和实时的掌握，更有效地改善运营绩效。

其次，与企业目标和决策直接相关的数据更具有指导意义，企业必须依据需求对海量的数据进行筛选。数据必须与企业的业务、决策问题高度相关，只有针对性强的数据才能支撑管理者做出高效、科学的决策。只有通过分析消费者行为、喜好、购买习惯和态度等消费者数据才能了解目标受众，并制定适当的营销策略；只有了解竞争对手的产品、定价、市场份额和策略才能评估自身的竞争力，并制定相应的竞争策略；只有掌握宏观经济指标、法律法规、技术趋势等数据，才能了解外部环境对业务的影响。

最后，数据本身没有实质价值，只有通过数据分析，挖掘数据背后的信息和真相，才能真正发现数据潜在的价值和规律。企业在收集了海量而全面的相关数据之后，最重要的环节是进行数据处理和分析，得到一定的结论，然后根据这些结论来制定相应的行为方案。打个比方，数据对于数据分析技术，就像是食材对于美味佳肴的关系，只有通过厨艺加工食材才能成为可以端上桌的菜肴，同样地，也只有通过数据处理分析，数据才能发挥价值。通过分析这些海量且相关的内外部数据，企业能够更加准确地预测市场趋势，发掘新需求，更精准地满足客户多样需求，更好地定位自己的品牌和产品。

（二）先进的技术

智能时代下，数字化和智能化技术持续发展，不断冲击着传统的商业运营和决策模式，同时也给商业决策带来了许多新的见解和支持。先进的技术可以为企业提供实时的数据和强大的洞察力，以便决策者能够更快地做出反应并调整策略。

首先，优质商业决策需要具备先进的数据收集、存储和分析技术，实现数据驱动决策。企业把当前先进的信息技术部署到业务、管理的每个流程中，不仅能够实现更自动化、实时互通的生产和业务运营，还能依赖这些技术把企业内外部流程运作产生的信息转化为数据。企业可以随时获取数据了解业务完成情况、与消费者的交易情况等。依托强大的数字技术，企业还可以获取外部数据，例如，社交媒体平台上用户的个人资料、兴趣爱好、社交关系等信息，互联网上关于竞争者或者合作商的相关情报。面对可获取

① 杨善林，周开乐. 大数据中的管理问题：基于大数据的资源观[J]. 管理科学学报，2015，18（5）：1–8.

到的海量的全时空、全方位、全要素的数据,企业运用数据分析的技术,挖掘数据背后隐藏的有价值的洞见,再反过来指导业务的决策,这种数据驱动的决策可以减少管理者的主观判断和风险。

其次,先进的技术可以为企业提供实时的信息和即时的反馈。先进的数据分析工具可以帮助企业将大量数据的规律通过可视化方式呈现出来,从而实时监测关键指标和趋势。企业通过建立实时监控系统,实时收集和跟踪与决策相关的数据,这些系统可以提供及时报警或通知,以便在出现问题或关键事件发生时能够及时采取行动。比如,可口可乐公司经常在社交媒体上开展各类营销活动,委托第三方供应商使用社交媒体监测工具来跟踪社交媒体上他们推出的品牌相关话题、关注度和用户参与程度。通过监测数据,可以确定哪些营销策略和内容受到最大的关注;还可以通过监测工具识别负面内容,及时弹出报警提示使相关人员介入处理,防止负面新闻进一步传播扩大影响力。

最后,先进的技术可以实现自动化和智能化的决策支持功能。智能时代要实现优质商业决策的另一个重要方式是将原本由人负担的决策工作托付给人工智能。依赖数据、算法、算力,人工智能可以处理大规模的数据和复杂的数学模型,提供强大的预测和模拟能力。通过应用机器学习算法,人工智能系统可以分析过去的趋势和模式,并基于这些信息进行预测,如天气预报、股票市场预测、销售预测等;还可以通过构建计算模型来模拟现实世界的情况和结果,进行各种场景的模拟和优化,预测可能的结果或评估不同决策的影响。这种模拟功能广泛应用于飞行模拟、城市规划、产品设计等领域。

(三)开放、学习的决策者

智能时代浪潮汹涌而至,人工智能和数字技术正逐步成为企业发展的新引擎和新动能。这个时代,开放和学习是非常重要的特质,决策者必须顺势而变、主动求变,要在科学决策理论的指导之下,革新决策思维,运用先进的决策技术辅助企业开展决策活动,重塑决策模式,持续提高科学决策能力。以下是决策者应该采取的行动。

首先,智能时代的决策者必须具备开放的心态。面对充满挑战和不确定性的外部环境,企业最大的危险是不改变经营管理的逻辑和思维,依旧采用过去的方式做事。决策者需要有开放的心态来接受新的观点、技术和创新。第一,决策者必须愿意倾听不同的声音,包括员工、客户、合作伙伴和专家的意见,并且能够从中获取有用知识支持企业决策。苹果在产品设计方面非常保密,但他们也在开放创新方面采取了一些措施。例如,他们设立了一个开放的开发者平台,允许第三方开发者为 iOS 和 macOS 开发应用程序。第二,近年来全球数字化进程加速,管理者必须转变管理思维,正确认识数字化,用数字思维提升自己;进一步用数字化指导企业的转型,让数字技术武装企业数字化能力,同时重塑企业的决策模式。美的就是彻底拥抱数字化的企业,完成了从业务模式、组织、经营、运营、流程、服务到人员、组织文化的系统、全面的转型,将数据和技术应用于决策过程中,提高了决策的精确性、效率和灵活性。

其次,智能时代的决策者必须具备学习的能力。第一,决策者不仅要顺应时代发展趋势引进先进技术,还要真正去了解、学习如何掌握、操作这些技术。只有决策者转变认知,认真学习同人工智能系统一起工作所需的技能,学习使用人工智能,以人工智能的优势弥补人类的不足之处，才能真正发掘出人工智能的价值。人工智能具备一定的学习能力，通过机器学习能够在实践中不断自我完善，提高分析能力要做到人机合作、人机协同，决策者也需要持续不断地学习、更新知识，与人工智能共同进步。第二，作为组织的决策者和管理者，不仅自己要持续学习，还要建立一个学习型组织，带动整个组织持续学习，从战略层级加大对于数字、智能技术的投入，重视对数字人才的引入和培训，为企业采用先进技术支撑智能决策奠定文化、人员、技术基础。

第五节　商业决策模式变革经典案例

　　任何商业活动开展的根本目的都是服务于客户，客户就是企业的生命线，因此正确地制定商业决策以更好地服务市场和客户对于企业而言至关重要。本章首先阐释了商业决策的内涵和重要性，讲解了商业决策的内容有哪些；分析了商业智能决策中运用的关键思维；回顾了传统的商业决策模式和智能时代的商业决策模式，还比较了传统情境和智能时代下实现优质的商业决策的不同要素；提供了经典案例帮助读者更好理解决策模式的变革。

1. 商业决策的内涵是什么？
2. 商业决策有哪些内容？
3. 传统情境下的商业决策模式是什么样的，有什么特点？
4. 智能时代下的商业决策模式是什么样的，有什么特征？
5. 商业决策的关键思维有哪些？
6. 优质的商业决策实现要素有哪些？在传统情境和智能时代下有差异吗？

自学自测　　扫描此码

第七章

商业智能决策的关键与方法

企业所在环境的变化会对商业决策产生深刻影响，数字时代的变迁和技术的变革导致企业的决策模式发生了巨大的改变。当你在使用淘宝的时候，有没有发现很多店铺无论你何时发消息咨询，客服都会立马回复你？如果你留心比较，会发现这些立马回复的客服一般话术都非常相似。这是因为这些店铺使用了聊天机器人技术，聊天机器人是商业智能的一个重要技术，通过内置的算法规则，机器人可以分析文本内容，触发自动决策从而回复对应的文字。在技术上线之前，很多顾客可能提出了疑问之后得等待一段时间，直到人工客服上线才能得到解答。遇到退货、换货的申请也需要等待人工客服处理，现在淘宝内嵌的智能系统就能帮助店铺自动处理订单申请，即时处理客户的诉求。可见，商业智能技术的运用改变了企业运营和决策的模式。本章将详细阐述企业所处环境的变迁如何影响商业决策，帮助读者理解企业决策是如何从传统模式转化为智能决策模式，以及与智能决策相关的重要知识。

学习目标：①深刻理解企业所处环境的改变；②理解所处环境变化给商业决策带来的影响；③熟练掌握商业智能决策的关键：智能化、万物互联、面向消费者；④把握灰度决策的含义和成功要素；⑤阅读数字经济情境下企业决策相关案例并且能够运用所学的知识理解智能决策模式。

第一节 商业决策的环境变迁

一、企业所在环境的变化

赵锡斌（2007）认为，企业环境是指一些相互依存、互相制约、不断变化的各种因素组成的一个系统，是影响企业组织决策、经营行为和经营绩效的现实各因素的集合。[①]企业环境与企业可持续发展之间存在双向的、互动的关系，只有基于对环境变化的规律性和企业与环境的互动作用的正确认识和把握，通过实践加深对企业环境调适方法的学习和理解，企业才能不断提高相关决策能力，保证企业绩效可持续增长，实现可持续发展。[②]企业所在环境变化主要包括：新兴技术涌现、信息爆炸和数据化、电子商务崛起、消费者行为变化、全球供应链重构、行业边界模糊化。

---

① 赵锡斌. 企业环境分析与调适——理论与方法[M]. 北京：中国社会科学出版社，2007.
② 马小援. 论企业环境与企业可持续发展[J]. 管理世界，2010，No.199（4）：1–4.

（一）新兴技术涌现

20 世纪末以来，各种具有潜力和影响力的技术不断涌现，企业所处的技术环境变革对企业发展的影响越来越大。[①]数字化、网络化、智能化是如今世界正在经历的新一轮科技革命的突出特征，也是新一代信息技术的核心。在新一轮科技革命中，大数据、云计算、物联网、区块链、人工智能、5G 通信、生物传感技术等新兴技术正在飞速发展，并且持续向价值创造的深层次环节渗透，推动着社会的进步。

比如，通信技术的发展和普及使得全球互联成为现实，5G 技术提供了更快的网络速度和更低的延迟，推动移动通信和互联网进一步发展，实现了即时通信。当智能手机出现后，我们可以随时随地连接到互联网浏览网页、查看社交软件信息、收听音乐、观看各类视频等。再比如，人工智能和自动化技术的应用实现了生产和管理方式的自动化和智能化。人工智能基于规则和知识库的系统，模拟人类的认知、学习和决策过程，能够理解和处理语言、图像和视频，可以运用于图像识别、物体检测、自动驾驶、情感分析、智能对话等场景中；自动化技术是利用计算机和控制系统实现设备、过程或系统的自动操作和控制的过程。例如，自动化生产线、机器人等可以用于工厂生产和制造业，提高生产效率，自动化的流程和任务管理可以提高办公效率。

在新一轮的信息化浪潮中，这些前沿的信息技术将为企业提供强大的辅助工具，能够为企业的运营、决策提供支撑。新兴技术是一种创造性的毁灭力量，每一种新技术的兴起在给企业带来新机遇的同时必定也会造成威胁，如果想要在这种威胁中存活，那么企业需要持续学习和跟进，关注新兴技术的发展，及时引进新技术，调整战略和业务模式以适应快速变化的技术环境。

（二）信息爆炸和数据化

随着新兴技术不断涌现，海量的信息和数据持续以极快的速度产生和积累，为企业提供了大量的数据来源。信息爆炸是指随着科技发展，尤其是互联网和数字技术的普及，大量的信息以极快的速度不断涌现和传播的现象。这些信息来源于各种渠道，包括新闻媒体、社交媒体、网站、博客、视频、电子邮件等，以及传统媒体如电视、广播和报纸。回顾我们的日常生活，就会发现其实我们每天都面对着海量的信息内容。比如，打开抖音，从一条条短视频的切换间，我们已经不自觉接收了从新闻事件、社会热点、娱乐新闻到个人兴趣爱好相关的众多碎片信息。而数据化是指将信息和业务过程转化为数字形式，以便进行存储、管理、分析和利用的过程，数字化时代大量的信息和业务活动都可以以数据的形式呈现。数据化在当今社会中无处不在，如一打开手机，我们的点击、浏览、页面停留时间都会生成数据；一戴上智能手环，关于我们生理活动、睡眠质量、心率等信息就形成了健康数据用于监测健康状况、预防疾病和优化生活方式。

信息爆炸意味着信息的传播速度极快，新闻事件和热点话题在几秒内便可实现全球范围的传播，企业和组织需要善于利用信息爆炸所带来的机会，与客户和受众进行更紧密的沟通，推动业务的发展。通过数据化，企业能够更好地了解客户需求，优化产品和

[①] 陈晓红，张亚博. 中小企业外部环境比较研究[J]. 中国软科学，2008，No.211（7）：102–112.

服务，因此要构建数据赋能体系，充分挖掘数据价值，为企业经营管理赋能，提高企业运营效率；当然，数据化也带来了数据隐私和安全等方面的挑战，企业需要采取适当的措施来保护个人和机构的数据安全。

（三）电子商务崛起

随着互联网的普及及电子支付和物流系统的完善和成熟，电子商务在全球范围内迅速兴起和蓬勃发展。电子商务的起源可以追溯到 20 世纪 70 年代末和 80 年代初，它指的是通过互联网进行商品和服务的买卖交易活动，包括在线购物、在线支付、电子货物交付等活动。最早的电子商务主要是通过计算机网络实现电子数据交换的方式，用于企业之间的电子数据传输和订单处理。随着智能手机和移动互联网的普及，电子商务进入了移动时代，消费者通过移动设备进行购物的方式日益普遍，各种电子商务模式竞相出现，跨境电商、电商平台购物、直播带货、共享经济、社区团购等丰富了消费者的购物体验。

在电子商务中，商家和消费者之间的交流和交易过程主要依赖于互联网和移动终端，不需要传统的实体门店和面对面交流，打破了传统购物的"时空关"限制，[①]消费者可以在全球范围内购买商品，商家也可以面向全球市场销售产品。并且如今很多电子商务平台结合了社交媒体和用户评论功能，使消费者能够分享购物体验、评价产品并与其他用户进行互动交流，可以方便地搜索和比较不同商品或服务的价格、品质。电子商务已经成为现代商业活动极其重要的组成部分，为消费者提供了更便捷、多样化的购物体验，为企业进入全球市场带来了更多的销售机会。企业必须建立自己的在线销售渠道，实现线上线下渠道的整合。同时，企业之间也面临激烈的竞争，必须不断提高产品质量、服务水平和价格竞争力，注重加强品牌推广。

（四）消费者行为变化

互联网和电子商务的普及改变了消费者的购买习惯和行为，消费者已经习惯通过网络消费，并且更加注重个性化、便捷的消费体验和产品质量。首先，随着互联网和移动技术的快速发展，线上购物已经成为消费者首选的购物方式之一。电子商务平台的普及及便捷的配送服务使得人们更容易购买商品和服务，并且可以轻松地比较不同卖家的价格和产品。比如，打开抖音每时每刻都有主播在直播带货，"只要 9 块 9""123 上链接"，各种激动人心的口号不断刺激着消费者们的购买欲望；切换到淘宝软件，在导航栏搜索关键字，琳琅满目的商品陈列在屏幕前供消费者选购，还有消费者评论区可以参考、交流；打开朴朴软件，将各种生鲜食品加入购物车，然后下单付款，半小时内外卖员就可以将商品配送至家门口，足不出户完成日常采购。

其次，消费者对于个性化产品和服务的需求不断增加，他们希望能够根据自己的喜好和需求定制商品，愿意支付额外费用以获取独特的体验。并且消费者对于品牌的关注度和认知度有所提高，他们更倾向于选择具有良好声誉、可靠质量和与自身价值观相符

---

① 卢长宝，王传声. "互联网+"与体育旅游商业模式创新：基于"时空关"的概念性框架[J]. 上海体育学院学报，2018，42（2）：72–80. DOI:10.16099/j.sus.2018.02.010.

的品牌。最后，社交媒体的流行使得消费者更多地受到用户生成内容（UGC）的影响，消费者在购物前倾向于先查看其他用户对于商品服务的在线评论和评价，并且在购物后乐于分享自己的购物体验。

随着消费者更多地在线上进行购物和信息获取，企业需要加速数字化转型，建立强大的电子商务平台和数字化营销策略，以便更好地触达目标客户群。随着消费者对个性化产品和服务的需求增加，企业需要利用好商业智能和数据信息以支撑自身的商业决策，向客户提供更加个性化的购物体验和更加定制化的产品推荐。

（五）全球供应链重构

自 2020 年以来，在新冠疫情和俄乌冲突的影响下，逆全球化的贸易保护主义抬头，促使全球供应链加速重构。由商务部国际贸易经济合作研究院编写的《跨国公司在中国：全球供应链重塑中的再选择》研究报告指出，目前全球供应链格局呈现出五大趋势。[1]

第一，全球供应链分工由全球分工向区域内集聚转变。有越来越多的多边、双边和区域自由贸易协定被签署和实施，世界贸易组织数据显示，截至 2022 年，全球已有 355 项区域贸易协定生效，这些自由贸易协定成为推动国际经贸规则重构的主要力量，持续推进全球供应链区域化集聚。第二，全球供应链布局由高度集中转化为多元化、近岸化、本土化。在全球供应链中断事件频发、供应链阻滞、风险增长的背景下，世界各国为了权衡供应链的安全和效率，加大对本国投资，将高度分散的生产环节逐步收缩到重点目标市场国家或邻近国家进行生产。第三，全球供应链形态由网链结构转向"研产销一体化"。随着发达国家采取一系列措施推动本国制造业回流，发展中国家纷纷制定政策推动国产化替代，以实现关键产品的自给自足。[2]第四，全球供应链要素由劳动力偏好转向数字化驱动。随着企业更加注重自动化、信息化、智能化投入，全球供应链数字化、智能化、柔性化、平台化趋势进一步增强。第五，全球供应链模式从粗放高碳发展向绿色低碳进行转变。随着以气候变化为主题的新型国际贸易体系和竞争格局的形成，全球供应链将向绿色低碳转型。[3]

面对全球供应链重构，企业需要采取一系列策略和行动来成功地适应这一变革：重视风险管理，制定应对供应链中潜在风险的策略，建立灵活的供应链，同时采取多样化供应链策略，降低供应链风险；与供应商、物流公司和其他合作伙伴建立稳固的合作伙伴关系，从而提高供应链的整合性和反应速度；抓住供应链重构带来的新的市场机会，进入新兴市场，扩大业务范围，增加销售和收入来源等。

（六）行业边界模糊化

在数字技术的发展、市场需求的变化、全球化等多种因素的共同作用下，不同行业之间出现交叉和融合的趋势，行业之间的界限逐渐变得模糊和不明确。首先，随着数字

---

[1]商务部国际贸易经济合作研究院课题组，林梦，路红艳等. 跨国公司在中国：全球供应链重塑中的再选择[J].国际经济合作，2022（4）：55–66，94.

[2] 王景越. 全球化时代中国企业供应链风险管理研究与展望[J]. 老字号品牌营销，2024（4）：143-146.

[3] 同[1]

技术的不断发展，多种行业都开始采用相似的技术和解决方案，这使得传统行业之间的界限变得模糊。例如，通过共享平台，人们可以共享自己的住房、汽车、办公空间等资源，这使得住宿、交通、办公等行业的边界变得模糊。其次，消费者对于产品和服务的需求不断变化，传统行业需要调整和改进自身的业务模式以满足新的需求，这推动了不同行业之间的合作和交叉。例如，为了满足消费者个性化要求，室内设计师、家居定制公司及家电公司可以合作共同为消费者打造量身定制的整屋家居解决方案。最后，随着国际贸易的增加和全球化的趋势，许多企业开始在不同行业、不同国家地区之间进行多元化经营，加之跨领域的并购和合作交流使得行业边界的划分变得更加模糊。例如，一些汽车制造商开始涉足新能源电动车和智能出行领域，而一些科技公司也开始涉足汽车制造业。

行业边界的变化对企业和整个商业生态都带来了挑战和机遇。企业需要保持敏锐的洞察力，及时调整战略和业务模式，以适应不断变化的市场环境。同时，也要积极拥抱技术创新，灵活合作，实现跨行业合作和共赢，以保持竞争优势并实现可持续发展。

二、环境变化对商业决策的影响

（一）新兴技术涌现对商业决策的影响

首先，数字技术的出现为企业带来了决策所需的海量数据。第一，为了顺应数字化的趋势，企业应充分的部署信息技术，将业务和内部流程的信息转化为指标、数据的形式，便于企业查询、回溯、预测及分析，再应用于业务流程各个环节，打破企业的数据孤岛，让数据反哺企业。第二，新兴技术提供了大量的数据收集工具，企业不再只是通过人为地搜索和收集获得数据，而是依靠各种渠道通过互联网自动获取、存储、聚合海量的数据，为商业决策提供更多维、全面的数据作为佐证。

其次，新兴技术为企业提供了大量的数据收集和分析工具，改变了商业决策信息的处理方式。大数据通过抓取、挖掘、分析数据、使用模型进行测算与验证，能帮助决策者把握事物的规律，判定事件的发展方向，帮助企业快速提升生产、营销、物流、风险管理等领域的业务能力。对海量数据信息进行处理和筛选、分析和探究的过程是由数据分析和处理技术完成的，而不是靠个人的主观分析，这能弥补管理者决策经验的不足。总之，依赖于数据的商业决策能够克服经验决策和信息不足导致的盲目性，从而提高决策的合理性和科学性。

（二）信息爆炸和数据化对商业决策的影响

首先，信息爆炸和数据化使企业能够获得前所未有的信息量和洞察力。信息爆炸和数据化带来了包括市场数据、消费者行为、竞争对手信息等大规模的数据集，企业可以从庞大的数据中挖掘出有价值的信息和趋势，为商业决策提供更准确的依据。除了能够深入了解市场信息、竞争格局、消费者行为等情况，企业还可以实现供应链的优化和高效管理，通过数据分析，企业可以更好地掌握供应链的每个环节，优化物流和库存，降低成本并提高交付速度。

其次，信息爆炸和数据化使得企业事前决策成为可能。面对快速变化的市场和竞争环境，数据化不仅意味着决策者可以实时了解市场的变化和客户的需求，即时反馈、迅速地调整策略和战术，还意味着企业可以进行预测性分析，从历史数据中发现那些人为判断无法发现的新趋势和模式，为企业发现新的市场机会，提前做出相应的调整和决策。

（三）电子商务崛起对商业决策的影响

首先，电子商务改变了传统的销售模式，企业必须改变定位，并且高效管理供应链，优化企业运营效率。第一，电子商务为企业提供了进入无国界和全球化的市场机会，企业通过电子商务平台可以将产品和服务面向全球消费者，因此需要改变市场定位方面的决策，包括目标市场的确定和选择、产品生产的决策和管理等。第二，电子商务改变了传统的销售模式，使得企业不仅可以通过实体店铺销售产品，还可以通过在线渠道进行销售，因此，企业需要谨慎决策、高效管理各个销售渠道，优化各个销售渠道的效益。第三，电子商务的兴起增加了企业的供应链复杂性，企业需要运用数字技术管理好供应链各个环节，包括与供应商的合作、库存管理、物流配送等。电子商务行业对于物流配送要求较高，物流策略的选择尤其重要，可以通过同城配送、仓储网络来优化物流效率。

其次，电子商务的蓬勃发展为商业决策提供了大量的数据收集和分析机会。电子商务和社交媒体的平台上积累了大量的消费者个人信息和交易的数据，这意味着需要制定数字化营销策略，以便更好地触达目标客户群，数据驱动的决策变得更加重要。企业可以通过分析网站流量、用户行为和购买历史等数据来了解消费者喜好和需求，这些数据有助于企业做出个性化的营销决策，如定制化推荐、精准广告和个性化定价等。

（四）消费者行为变化对商业决策的影响

首先，消费者行为变化加速企业决策模式由经验驱动向数据驱动的转变。消费者的购物行为日趋数字化，他们更倾向于在网上购物和通过移动设备进行交易；并且现在的消费者更加追求个性化的产品和服务。企业需要依据数据分析消费者的需求和偏好，再根据消费者的需求和偏好提供定制化的解决方案，为消费者提供愉悦的购物体验；还需要关注消费者交易后反馈的数据，以不断优化产品和服务。

其次，为了满足消费者对于企业品牌价值呈现的要求，企业要将品牌形象建立放在市场营销决策中的重要位置。第一，消费者在社交媒体上的活跃度越来越高，他们倾向于通过社交网络获取产品信息和意见，决策者需要将社交媒体纳入营销战略，通过影响者营销和用户生成内容，增加品牌和产品曝光度并吸引新客户。第二，消费者更加关注品牌的价值观和品牌形象，更倾向于消费符合自己价值观的产品，决策者要将品牌建设置于重要位置，通过社交媒体不断传达企业对于社会责任的关注、对于消费者权益的尊重，从而塑造良好形象。

（五）全球供应链重构对商业决策的影响

首先，全球供应链的不确定性和变化性增加了商业决策的复杂性。第一，全球供应链重构可能导致企业在全球范围内拥有多个生产基地和供应商,决策者需要考虑不同地区的成本、风险、质量和运输等因素,以制定最优化的供应链战略。第二,供应链重构可能引入新的供应商和合作伙伴,同时也增加了供应链的不确定性和风险,决策者需要在供应链中评估并管理这些潜在的风险,以确保供应链的可靠性和稳定性。第三,不同地区的文化背景和法律环境可能存在差异,会对企业的运营和决策产生影响,决策者需要考虑并遵守不同地区的法规和标准。

其次,全球供应链重构对商业决策思维产生了深远的影响,推动了企业在决策制定过程中采用更加全局化、创新性和灵活的思维方式。第一,供应链重构促使企业从更宏观的角度审视业务,理解全球市场的动态、潜在机遇和竞争对手,以制定全局性的商业决策,确定是进军全球市场还是聚焦局部地区。第二,全球供应链重构推动企业采用更先进的技术和数字化解决方案来优化供应链运作。在这个过程中,决策者需要具备创新和数字化思维,不断探索新的商业模式和技术应用,以提高效率和灵活性。第三,全球供应链的复杂性带来了更多潜在风险,如供应中断、贸易政策变化和自然灾害,决策者需要在决策过程中考虑风险管理,采取灵活、韧性思维,以应对不可预见的挑战。

（六）行业边界模糊化对商业决策的影响

首先,行业边界模糊化使得商业决策将面对更大的不确定性。第一,行业边界模糊化可能导致市场需求的变化不再受限于传统行业划分,决策者在预测未来市场需求的趋势和规模方面会遇到更大的困难,从而在产品开发、生产规划和市场营销等方面面临更多的不确定性。第二,行业边界模糊化可能带来新的竞争对手,企业会面对更激烈的竞争,企业既要关注行业内各类竞争者的动向,也要打开自身的边界识别跨行业的竞争者。第三,行业边界模糊化可能使得新的商业模式和实践无法完全适应现有的法律和监管体系,决策者需要关注不同领域的法规变化,以确保企业运作的合规性和风险控制效果。

其次,面对增加的不确定性挑战,企业要采用更敏捷的决策方法,以更开放合作的心态跨边界寻找合作伙伴。为了应对模糊性和不确定性,企业要采用敏捷方法来快速应对市场变化和竞争压力,通过持续的反馈和迭代不断地调整战略和战术。数字化驱动了多元化的合作,数字经济的出现为各个行业的发展赋予新的动能和能量,使得企业与其他行业的企业建立合作伙伴关系,实现跨界融合,从而共同应对不确定性,开拓新的机会。

总而言之,新兴技术涌现、信息爆炸和数据化、电子商务崛起、消费者行为变化、全球供应链重构、行业边界模糊化等变化使得企业所处环境的不确定性和复杂性增加。面对这种现状,传统的决策方法和技术可能无法充分利用大量的数据和信息,也可能无法快速应对不断变化的市场状况和竞争压力。外部环境的不断变化和复杂性呼吁企业积极地采用商业智能决策,商业智能决策是指在商业运营和管理过程中,利用商业智能工具和技术,通过数据分析、报表、仪表盘等方式,对业务数据进行收集、整理、分析和可视化,以帮助企业做出更明智、更有针对性的决策的过程。商业智能决策是一种数据驱动的决策方法,其优点包括灵活、快速、实时、智能化、自动化,这些优点使得商业智能决策越来越成为现代企业管理中不可或缺的重要工具。

第二节 商业智能决策的含义及关键

一、智能决策的含义

目前对于智能决策并没有形成准确的定义，其中一种解释认为，智能决策是综合了人工智能、商务智能、决策支持系统、知识管理系统、专家系统及管理信息系统的辅助决策支持系统，其本质还是通过改进决策流程，用大数据的方式辅助决策。尽管这种决策方法已经在现实中有了较多的落地应用，但其最终还需要决策者自己拍板。智能决策的另一种解释则强调决策的自动化，或决策机器人的使用。南栖仙策联合创始人、首席技术官秦熔均将智能决策的本质概括为"让机器自主决策"。这种决策模式需要的是当前计算机领域的一种热门技术，即强化学习的广泛应用。这一复杂的人工智能技术，可使机器自主完成从采样到学习的全过程，进而自主决策。在理论上，这种技术可实现自主决策，不再需要决策者进一步拍板。但是，从现实来看，这个跟人工智能概念几乎同时期诞生的智能决策理念，在相当长的一段时间内，只是在游戏中得以展示和深度应用。

根据智能技术的差异、应用深度的不同及对决策辅助程度的不同，可以将智能决策分为三个阶段。第一阶段是数据描述阶段，即数据采集和管理，主要涉及数据处理相关技术；第二阶段是通过数据进行规律分析，即利用机器学习和统计学技术了解事物背后的原因和规律，并对未来做出预测；第三阶段是建模和求解决策，涉及机器学习和运筹优化等技术。当前，数据处理技术已经发展得相对成熟，智能决策正处于发展的第二、第三阶段，这两个阶段的关键技术是运筹优化和机器学习。

高德纳发布的《2022 年人工智能技术成熟度曲线》报告提出，复合型人工智能、决策智能等 AI 技术将为企业机构带来显著的竞争优势，并指出数据外侧智能方法和技术的应用有助于企业机构重构业务流程并增强韧性、适应性和灵活性。就智能技术本身而言，智能决策技术目前已经走向早期成熟阶段，大数据、人工智能、运筹优化等技术融合日益加深，智能决策的技术可行性和应用价值在不同领域都得到了验证。而且，以阿里、华为、IBM 为代表的平台型厂商，和以杉数科技为代表的垂直型厂商，都在针对不同方向持续推进技术创新，为智能决策的广泛落地提供源源不断的动力。

二、商业智能决策的关键

（一）智能化

1. 智能化的定义及应用

智能化是一个涉及多个学科和领域的复杂概念，在不同的研究领域中学者对于这个概念有着不同的定义和探讨。刘恒等人（1999）认为现代设计方法及技术中的智能化是指计算机智能地设计并最终制造出合乎要求的产品，且设计系统具有自动获取新知识的能力。[1]Brynjolfsson 和 McAfee（2017）将智能化定义为计算机系统具备感知、理解、

---

① 刘恒，虞烈，谢友柏. 现代设计方法与新产品开发[J]. 中国机械工程，1999（1）：89-91，7.

学习和决策的能力，以及通过模仿和扩展人类智能来执行任务。[①]匡亚莉（2018）在文章中提出智能化是指由现代通信与信息技术、计算机网络技术、行业技术、人工智能技术、智能控制技术汇集而成的针对某一个方面的应用。[②]袁守龙（2018）对智能化也有着相似的理解，认为智能化是指事物在网络、大数据、物联网和人工智能等技术支持下，所具有的能动地满足人各种需求的属性。[③]杨寅等人（2020）也指出财务智能化是在大数据、人工智能、云计算、物联网、区块链等新技术的支持下，所具有的能动地满足企业生产、经营、管理等需求的属性。[④]总结学者们的见解，本书认为，智能化是指利用现代通信与信息技术、计算机网络技术、行业技术、智能控制技术等汇集而成的技术集合，通过赋予设备、系统或流程智能化能力，使其能够自动学习、适应环境和自主决策，从而实现更高效、更智能的运作的过程。

随着信息和通信技术加速发展，智能化技术愈加先进、复杂，技术集合不断壮大，智能化的概念不断渗透到各行各业及人们生活的方方面面，相继出现如智能驾驶、智能家居、智能化医疗系统等概念。智能化技术运用到汽车行业，能够提供自动驾驶、智能交通管理、交通预测、智能运输调度等功能，有望改变未来交通方式和提高交通效率。

比如，自动驾驶技术是智能交通领域的一项重要应用，借助传感器、摄像头、激光雷达等设备获取周围环境信息，并通过机器学习和规划算法做出实时决策，车辆能够在无须人为干预的情况下实现自主导航和安全驾驶。通过传感器和实时数据分析，交通管理系统可以动态调整交通信号灯的时序，减少交通拥堵，提高道路通行能力，实现智能交通管理。智能化在家居领域的应用也取得了显著的进展，使得人们家居环境更加智能、便捷和舒适。比如，智能手机或智能音箱可以通过 Wi-Fi 或蓝牙与家电连接，实现远程开关或调节灯泡、空调、洗衣机、电饭煲等。智能化技术在医学影像诊断、个性化治疗、健康监测等方面也有着广泛应用，为医疗行业带来创新和进步。比如，深度学习算法和计算机视觉技术能够帮助医生更准确地诊断和判读 X 射线、CT 扫描、磁共振成像（magnetic resonance imaging，MRI）等医学影像，提高疾病诊断的准确率和效率。这些只是智能化技术应用的一小部分体现，智能化技术将继续在更多的领域得到应用，如智能制造、智能教育、智能农业、智能金融、智能物流等，持续为社会带来更多的便利和进步。

智能化是现代人类文明发展的趋势，企业必须积极适应和采纳这些先进的信息技术，在变局中保持企业生命力并实现可持续发展。智能化技术的发展和运用将为企业带来多重价值，比如效率提升、成本降低、创新推动以及客户满意度提高等积极的影响，更为重要的一点是，智能化技术对于商业决策的支持作用。

2. 智能化技术赋能商业决策

智能化技术赋予了商业决策新的能力和机会，帮助企业更加智能、准确地进行战略

① Brynjolfsson, E., & McAfee, A. The business of artificial intelligence[J]. Harvard Business Review, 2017, 95(1): 236–244.
② 匡亚莉. 智能化选煤厂建设的内涵与框架[J]. 选煤技术，2018（1）：85–91.
③ 袁守龙. 体能训练发展趋势和数字化智能化转型[J]. 体育学研究，2018，1（2）：77–85.
④ 杨寅，刘勤，黄虎. 企业财务智能化转型研究：体系架构与路径过程[J]. 会计之友，2020（20）：145–150.

规划和决策执行，从而在竞争日益激烈的市场中保持敏捷、高效和创新，更好地适应不断变化的商业环境，实现持续发展和成功。以下是智能化技术赋能商业决策的基本原理。

第一，数据收集和预处理。原始数据是智能化技术赋能商业决策的基础，通过访问互联网、传感器设备、数据仓库等方式，企业可以收集来自多种来源的数据，包括内部系统的数据、顾客行为数据、市场数据、社交媒体数据、竞争者信息等。在数据收集后，大数据技术可以对数据进行预处理和清洗，以确保质量和准确性。

第二，数据分析和挖掘。在数据预处理后，需要对数据进行分析和挖掘，以发现潜在的模式、趋势和关联性。数据分析和挖掘涉及统计分析、机器学习和人工智能等技术，帮助企业从数据中提取有价值的信息及增强洞察力。

第三，决策建模和优化。在数据分析的基础上，构建合适的模型是智能化决策的核心。这可能包括机器学习模型（如分类、回归、聚类等）、深度学习模型（如神经网络）等。模型需要根据历史数据进行训练，以学习数据之间的关系和规律。在训练完成后，需要对模型进行优化，以提高模型的准确性和泛化能力。

第四，决策制定。基于训练好的模型和分析结果，智能化技术可以提供制定决策的建议和支持。通过将决策模型嵌入软件系统或决策支持工具，还可以实现决策过程自动化，并提供实时的决策支持，使决策者能够在需要时快速获取准确的决策建议。

第五，反馈和迭代改进。这些智能技术能够实时监测决策的实施情况，并将这些结果与预期目标进行比较，可以评估决策的有效性并进行必要的调整和改进。

综上所述，智能化技术赋能商业决策的原理是将大量数据转化为有用的信息和洞察力，并基于数据分析和模型构建提供准确的决策支持。这使得企业能够更加智能、灵活地应对市场挑战和机遇，优化资源配置，提高运营效率和竞争力。智能营销是智能化技术赋能商业决策一个重要且典型的场景。智能营销是将智能洞察、智能策略、智能内容、智能投放、智能评估、智能运营相结合的综合服务体系，通过实时搜集、分析海量数据洞察消费者需求，系统自动生成营销策略，依据不同类型的消费者偏好形成不同的投放内容，实现精准投放。例如，去哪儿旅行 App 利用人工智能和大数据分析技术来改进其应用程序的房源推荐系统。根据用户的个人注册信息、搜索历史、位置和偏好等数据，去哪儿旅行为不同用户提供个性化的房源推荐，从而提高用户对房源的匹配度和满意度。如图 7-1 所示，不同的去哪儿用户搜索同一日期、同一个地点附近的酒店，显示的推荐酒店是有差异的。

（二）万物互联

1. 万物互联的含义及应用

万物互联（internet of everything，IOE）是物联网（internet of things，IoT）这一概念的延伸，指的是将人、流程、数据和事物结合在一起，使得网络连接变得更加相关、更有价值，这个连接包括人对机器、机器对机器、人对人两两之间的相连接。[1]李卫东将万

---

[1] Kelly, Kevin. The Inevitable: Understanding the 12 Technological Forces That Will Shape Our Future[J]. Viking, 2016.

物互联网定义为由物体、数字设备、数字个人、数字企业、数字政府和数据资源等要素，借助数字平台，通过数字流程相互连接而成的复杂网络生态系统。[①]物联网是实现万物互联的基础和手段，国际电信联盟将物联网定义为：一种智能化的网络，该网络的终端是实际的物体，并利用射频识别、卫星定位及传感器等方式来对物体信息进行采集，采用各种形式的通信方式来将采集到的信息数据传输至互联网之中，从而实现对物体的精准定位、全面监控和实时管理，物联网技术的核心特征是对物体信息的全面感知、可靠传输和智能处理。从上述的定义可以看出，物联网是综合了信息传感元件、传感网、互联网和智能信息处理的新一代信息技术，通过物联网技术可以将各种传感器、设备、物体连接到互联网，并与其他元素（人、流程、数据）进行交互，推动人类社会向着万物互联的方向发展。尤其是如今大数据、5G 和人工智能等技术高速发展，进一步推动了万物互联时代的到来，信息易感性、普遍连接性和人机交互性成为万物互联的基本特征。[②]

通过万物互联，物体可以随时收集数据并将数据通过互联网传输至手机、电脑等各种用户终端，帮助用户实现更高效、智能和便捷的设备管理和控制。万物互联的应用领域广泛，涵盖了智能城市、智能交通、工业自动化、农业、医疗保健等众多领域。例如，智能家居系统可以使用户通过手机控制家中的灯光、温度、安防系统等；智能健康监测设备可以将患者个人健康监测数据传输到医疗机构进行分析和监测；工厂里安装的传感器可以感知和收集环境中的数据，如温度、湿度、压力、气体浓度等，并实时地将物理量转换为数据传输至控制系统或监测设备，以便进行过程控制、故障诊断和预防维护，从而确保生产线的高效运行、质量控制和安全；配备高分辨率摄像头或多光谱图像传感器的无人机，可以对大范围的农田进行快速、高精度的图像采集，图像传送云端进行分析，可以识别农作物的健康状况、生长情况和土壤水分含量等关键信息。这些表现形式只是万物互联的冰山一角，随着技术的发展和创新，更多的领域将会受益于物联网的应用，为人类生活带来更多便利的体验。

2. 万物互联驱动的智能决策

万物互联驱动智能决策的核心思想是通过物理世界与数字世界相融合，将各种设备、传感器、机器和系统连接起来，以便数据和信息可以相互转换和共享，实时地监测、收集和分析大量数据，并以此为基础做出决策，为企业提供更智能、高效、便捷的解决方案。以下是万物互联驱动智能决策的主要原理。

第一，实时采集和传输数据。通过物联网技术，将各种智能设备、传感器和物体连接到互联网，实现数据的实时采集和传输。传感器可以收集各种环境数据，如温度、湿度、压力、位置等，各种智能设备运行数据也能实时上传云端，为决策提供数据基础。

第二，数据共享与集成。作为物与物之间的互联网络，物联网的实质是一个物体之间的数据交换平台，不同来源和类型的数据在这个平台中进行共享和集成，从而打破了数据孤岛。通过数据共享与集成，不同部门和系统可以共同利用数据资源，提高整体决

---

① 李卫东. 5G 时代的万物互联网：内涵、要素与构成[J].人民论坛·学术前沿，2020，No.193（9）：40–55.

② 李季，王莹，马璞. 万物互联与消费者行为的研究评述和展望[J]. 管理科学，2021，34（5）：3–15.

策水平。

第三，实时监控与反馈。连接到物联网的设备和传感器有助于实时监测环境、设备和系统状态，在决策执行的过程中，企业可以根据实时数据作出相应的调整和优化，提高决策的敏捷性和准确性。

第四，决策支持和建议。借助人工智能和机器学习技术，对物联网上捕获的大量数据进行分析和挖掘，从中发现模式和规律，为企业提供决策建议。而且，智能系统还可以根据预定规则和算法自主做出一些常规化的决策，提高决策效率、节约人力资源。

第五，协同工作提高效率。物联网使得多个设备之间的互联变得更加紧密和高效，这种连接使得设备之间可以协同工作，当做出一些调整和优化设备运行、供应链管理等方面的决策时各设备可以同时响应，提高了决策效率。

综上所述，万物互联驱动智能决策的原理是将物理世界中的设备和物体通过物联网连接起来，并利用人工智能等技术对收集到的数据进行分析和处理，从而实现智能决策。物流和供应链管理领域的企业正在使用物联网设备来实时监控货物的运输和储存情况。例如，世界领先物流公司之一的中外运敦豪国际航空传递有限公司（DHL），利用传感器、标签和网络连接设备来实时追踪和管理货物，同时通过数据分析和智能算法来优化路线规划和运输调度，使得快递以最快捷最安全的方式送达客户手中，并且通过物联网系统客户可以实时获取包裹的位置和状态信息，提升了客户的购物体验。

（三）面向消费者

1. 面向消费者的含义

商业是有组织地向消费者提供所需的物品与服务的一种行为，消费者是企业生存和发展的基石，是企业进行经营的必要条件，[①]他们直接影响着产品销售、市场份额和企业利润等关键指标。由此可见，消费者对商业决策的重要性不可低估，企业在智能决策过程中必须注重面向消费者。面向消费者核心理念是以消费者为中心，[②]强调企业或组织在经营策略制定、产品或服务的设计和提供过程中，重点关注、满足和服务最终消费者的需求和期望。这意味着企业会将消费者的需求置于首位，通过了解他们的喜好、行为、偏好和购买决策过程来定制和提供产品和服务。面向消费者的关键特征包括。

第一，关注消费者。面向消费者的策略和方法旨在建立积极的消费者体验，因此了解、研究消费者显得十分重要。面向消费者的企业注重消费者研究和市场调查，对消费者行为、喜好和偏好进行深入研究，了解他们的需求和期望。

第二，个性化服务。如今，消费者的需求更加多样化、个性化且变化快，而且消费者拥有了比以往更多样的选择，企业正面对着前所未有的激烈竞争，要赢得消费者的信任必须要精准营销。面向消费者的企业根据消费者研究发现不同的消费者群体的需求和偏好，提供定制化的产品和服务。

第三，注重用户互动参与。与消费者建立良好的沟通渠道，接受他们的反馈和建议，

① 郝晓娟. 试论品牌定位在市场营销战略中重要作用[J]. 商场现代化，2020（9）：51–52.
② 冯萍. 后疫情时代跨境电商 DTC 品牌模式的崛起[J]. 中国商论，2022（23）：17–19.

并积极回应；鼓励客户参与产品设计和服务改进，以便更好地满足他们的需求。

第四，追求长期关系。不仅关注短期销售，还注重与消费者建立长期的合作和关系，因此从购买到使用再到售后服务，都要注重提供良好的用户体验，重视利用各种营销渠道建立良好的品牌形象和口碑，从而保障消费者的满意度和忠诚度。

智能化技术的应用为面向消费者的企业提供了更多机会，让它们能够获取更多更精准的数据以便更好地理解和满足消费者的需求，从而提供更智能化、个性化的产品和服务，并且可以和消费者实时互动，获取消费者反馈，及时调整营销决策。

2. 面向消费者决策的要素

面向消费者的关键在于将消费者的需求和体验置于决策的核心，以确保决策的有效性和用户满意度。以下是实现面向消费者智能决策的要素。

第一，消费者洞察与数据分析。通过各种互联网渠道收集和整理大量的消费者数据，如调查问卷、购买行为记录、社交媒体数据等数据；通过机器学习、自然语言处理、数据挖掘等技术可以识别消费者的偏好、行为模式和需求，并根据这些信息提供个性化的建议和决策支持；开发个性化推荐算法，根据消费者的偏好、行为模式和需求，为其提供相关的产品或服务推荐。

第二，改善与消费者互动和沟通的模式。面向消费者意味着企业必须建立全渠道沟通方式，在每个接触点（电商平台、电话、电子邮件、社交媒体等）都能同消费者建立密切关系，及时回复客户，保持始终如一的服务态度。运用数据分析技术精准划分顾客群体，找到不同的目标细分群体，针对不同群体提供相对应的产品，推送个性化广告内容，精准地开展营销活动，使客户深刻地感知、认同产品和服务的价值，与品牌产生持续良性的互动。

第三，构建面向消费者的供应链。为了直接面对消费者，企业的供应链运作模式应转变为供应商—生产商—消费者三者协同的模式，消费者作为供应链的始端和末端，订单由消费者提交，供应链前端的企业能马上收到消费者的需求数据，实现供应链前端和消费者的协同；随后供应链前端将消费者需求共享，由后端反馈，实现设计、生产、配送的协同；最终产品由物流配送到消费者手上，实现后端和消费者的协同。要实现这种供应链的闭环协同，企业需要基于数据挖掘、数据分析和协同办公等 IT 技术进行快速决策，并且实时和合作伙伴实现信息共享，实时反馈和回应，敏捷地响应顾客需求（图 7-1）。

第四，保护消费者隐私和数据。智能化技术的出现也给消费者带来了对数据安全和隐私保护的担忧，面向消费者的企业在收集和处理消费者数据时，需要采取措施保护消费者的个人数据和隐私，确保其信任度和忠诚度。合规性和透明度是建立消费者信任的关键因素，企业在进行智能决策时应该遵守相关的数据隐私法规。

总而言之，面向消费者的智能决策是一种基于数据和智能技术的决策方法，它将消费者需求放在首位，通过数据分析和个性化定制，为消费者提供更优质的产品和服务。网易云音乐是一家面向消费者的音乐平台，通过智能决策为用户提供个性化的音乐体验。网易云音乐通过数据分析用户的听歌历史、喜好和收藏歌曲等，利用智能算法为用

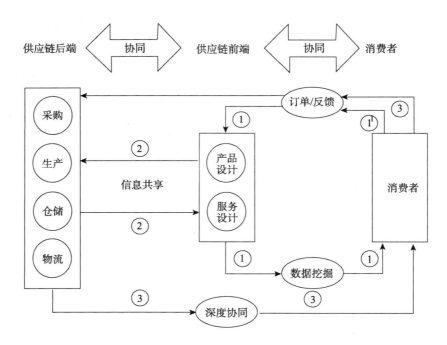

图 7-1　面向消费者的供应链示意图

户提供个性化的音乐推荐，这包括每日推荐歌曲、根据用户心情的歌单、类似歌手或曲风的推荐等，让用户能够更容易发现适合自己口味的音乐。此外，网易云音乐构建了一个音乐社区，让用户可以分享自己的歌单、音乐心情，互相评论和点赞，这不仅促进了用户之间的交流和互动，还提升了用户黏性。网易云音乐还鼓励用户提供反馈和建议，以便为客户提供更加满意的产品和服务。

第三节　智能时代常用的决策方法——灰度决策

一、灰度决策内涵及其适应情境

灰度决策是一种旨在处理信息不完全、不确定性和多目标决策问题的综合性决策方法。小约瑟夫·巴达拉克认为，灰度决策是一种基于个体与组织实际、从人性出发、将现实与人文相结合的思考方式，是管理者通过深刻而全面的思考，置身于合理的道德情境，采取协同策略，聚焦过程，尝试感同身受，最终直觉决断的解决路径。灰度决策基于灰色系统理论，是在数字经济情境下用于处理复杂、棘手、高风险难题的有效方式。[①]灰度决策不像传统的决策方法面对的是零和博弈的问题，灰度决策无须分出输赢，无须做出黑白区分，而是合理地掌握合适的灰度，使各种影响发展的因素达到和谐。

灰度决策方法在较为模糊和不确定的决策环境中有着广泛的应用，特别是当决策问题涉及主观判断、不完全信息或缺乏精确数值数据时，可以提供一种有效的决策分析工具。一方面，由于全球贸易、世界格局、各经济体内部不断出现变化，环境存在高度不

---

① 小约瑟夫·巴达拉克. 灰度决策：如何处理复杂、棘手、高风险的难题[M]. 北京：机械工业出版社，2018.

确定性，加之数字经济的迅猛发展使得企业所处的环境更加复杂多变，决策者往往面临信息不完整或不确定的情况。灰度决策可以应对这些情况，通过对模糊信息进行处理，帮助决策者在不完整信息的基础上做出合理决策。另一方面，现实中许多问题的方向都是不清晰的，常常不是非此即彼的，这种问题被称为灰度问题。灰度问题是一个没有确切答案的问题，要处理这种介于两者、介于多方之间的、以找到一个互惠共利平衡点的问题，灰度决策就是一个有效的决策方式。当面对不完整、不确定的环境时，决策者无法预见清晰的未来，更无法控制未来，因此灰度决策成为现在很多企业决策者决策的核心思维和方法。

　　将灰度决策的思维运用到企业产品或者服务的开发中，演变出一种逐步推出新功能、不断推进和验证新功能的方法，这个方法可以有效降低决策的风险并增加成功的可能性。这种方法的基本原理是将变更先应用于一小部分用户或用户群体，而不是立即将其应用于所有用户。这样可以在较小的范围内测试和评估变更的效果，然后根据反馈和数据结果做出最终决策。腾讯公司就将这种基于灰度决策开发软件的方法运用到极致，推动了软件迭代更新，使企业不断突破发展。

　　深圳市腾讯计算机系统有限公司成立于 1998 年 11 月，由马化腾、张志东、许晨晔、陈一丹、曾李青五位创始人共同创立。腾讯旗下多元化的软件包括：社交和通信服务 QQ 及微信、社交网络平台 QQ 空间、腾讯游戏旗下 QQ 游戏平台、门户网站腾讯网、腾讯新闻客户端和网络视频服务腾讯视频等。其中，微信是腾讯公司于 2011 年 1 月 21 日推出的一个为智能终端提供即时通信服务的免费应用程序，微信支持跨通信运营商、跨操作系统平台通过网络快速发送免费语音短信、视频、图片和文字，同时，也可以使用通过共享流媒体内容的资料和基于位置的社交插件"扫一扫""朋友圈""微信公众号""收藏夹"等服务插件。微信仅用了十余年的时间，便积累了超过 12 亿的活跃用户，成为了国内最大的社交平台。如今，国内人们的日常生活和工作基本离不开微信，微信在私域社交领域的地位基本无人能撼动。然而，微信如今丰富多样的功能和清晰的定位，并不是一开始在开发这个软件的时候就定义好的。

　　很多公司在一开始做产品定义时，要么确定它是黑的，要么确定它是白的，也就是初始阶段就设想好产品的功能。但是马化腾发现，互联网产品的定义是由用户投票决定的，是由用户的需求决定的，而不是由公司来定义的。他认为，在产品一开始研发的时候，我们不定义它是黑，还是白，允许它有一个灰度周期、有许多方向和可能性。在这个灰度周期里，让用户的口碑决定它是白还是黑，让消费者的需求决定它应该是什么样的。一开始腾讯公司决定做基于手机的通信软件的时候，公司内部前后有好几个团队都在同时研发这个软件，希望做一款能够对抗微博、联通 PC 和移动端的产品。每个团队对于这个软件的定义都不同，都有着不同的设计理念和实现方式，这些团队不断进行较量，最后张小龙团队开发的微信受到了更多用户的青睐。

　　微信 1.0 版的主要是免费发短信的文本功能，在初期，微信的用户量并不大。为了抓住用户，微信不断丰富其功能，包括"查找附近的人""朋友圈""漂流瓶"等，这些功能的推出促进微信用户数量呈现陡峭上升趋势。我们可以清晰地看的，就微信而言，在产品研发初期，腾讯并不是先确定它的功能，而是在开发不同功能之后交由市场和用户来定义和选择，在小范围的用户中进行测试，然后根据用户反馈调整修改，一步步根据用户的需求进行不断迭代更新。

二、灰度决策成功要素

（一）多点并行，快速迭代

随着消费者需求变化越来越快速，企业的决策方式也要变得更为敏捷和更具有弹性。灰度决策多点并行、快速迭代这两点思想能够很好地指导企业从多角度、多团队、多群体同时探索产品和服务的改善方案，从而灵活、高效地回应消费者多样且多变的需求，应对变化迅速的环境。

首先，在许多企业内部会有多个研发小组同时专注于各自的领域，进行不同的产品开发设计，在产品开发完成之后各自测试检验自己产品，从中选取可行的创新产品；或者将一个应用的不同的功能变更分配给不同的小组，每个小组可以独立地推进自己的工作。初步开发后，需要将功能发布至测试环境中验证代码是否可行，这么多新功能并不是一个个接续测试的，而是由多个小组高效并行测试的，避免因为排队等待使用测试环境而耽误多个小组的进度。这种模式能够缩短整体项目的开发时间，使企业不断有新的产品上市、新功能上线，为企业吸引源源不断的新客户。假设只有一个团队在进行新功能开发，一旦最后发现新功能不可行，那么整个方案都要被推翻重来，回到原点重新设计，整个环节耗时很长。而采用多个小组同时开发不同的功能，即使有几个小组的功能需要重新构设，但也会因其他已经通过测试和验证的功能上线，使得软件不断得到优化。

其次，不同于传统的"抛过墙"串行开发模式主张要从需求分析、产品结构设计、工艺设计到加工制造和装配的各个流程在各个部门之间严格按照顺序进行，多点并行开发模式还注重各团队之间并行协同，每个团队负责开发一个项目、一个功能的不同部分或模块。在组织统一部署下，组织内部各团队消除了利益冲突和部门壁垒，为了共同的目标，一体化、协同、并行地在自己的分支上独立地开展新软件同一功能的开发活动，并定期将代码合并到主分支中，以保持代码的一致性和集成，显著地缩短了开发周期。

最后，当产品、功能内测调试完成之后，通常是将用户群体分为多组进行测试，每个组都以特定的条件区分，代表着不同的群体。例如，使用产品最频繁的用户、新用户、特定地理位置的用户等。观察记录不同用户群体之间的差异、潜在问题及产品或功能在各组中的表现，从而了解产品或功能的稳定性、可用性和用户满意度，并进行必要的调整和改进，不断迭代产品。

（二）明确目标，充分验证

首先，任何决策过程，都必须明确决策的目标是什么。任何方案和决策在执行之前都不是毫无依据的，商业运营的目的是实现企业利润的最大化，那么商业决策的目标就必须围绕这个最终目标展开。企业要确保灰度决策的目标具体、明确且可衡量，这样可以更好地评估灰度决策的效果。比如，在发布软件新功能时，企业希望达到什么样的效果或目标，这可能包括提高用户满意度、减少问题报告、增加多少的转化率等。灰度决策面对的是模糊、不确定的问题，明确目标有助于筛选出对目标实现最关键的因素，帮助决策者更加专注于优化决策结果。

其次，灰度决策的方案需要进行充分的验证和测试。第一，在进行灰度决策时，需要设计合适的决策方案，领导绝不可能允许一个未经论证其合理性的决策进入执行环节。要在企业所具备的资源和能力范围内，尽可能多地掌握与决策问题相关的信息和数据，对这些可得的信息进行全面分析和思考。在已知的前提和已有的资源条件下得出当前最合理的决策方案，然后充分验证这个方案的合理性，才能着手进行开发。第二，在正式发布之前，应该对新功能、新策略或新产品进行严格的测试，以确保其稳定性、可用性和符合预期的效果。一般在产品发布或功能更新之前，先将其部分用户或用户群体设置为试用群体，将新功能或新产品限制在这一小部分用户中进行测试，然后根据用户的反馈确定是否需要做出相应的调整和改进。只有经过充分的验证和测试后，才能将产品或者新功能正式发布，从而确保最终决策的有效性和可行性。

譬如，我们熟悉的微信程序，刚推出的时候它不是设计团队随心所欲设计出来的程序，也不是罔顾消费者需求按照设计者意志布局的应用，而是张小龙团队充分调研了当时手机用户所呼吁的社交软件功能需求之后，创造出来的具备一定合理性和实用性的设计。而且最初微信程序的操作流程或者布局可能并不完全符合用户的期待，是微信团队在推出了众多的测试版本，经由部分用户不断试用反馈、不断迭代更新后，才最终研发出让用户满意的功能。

（三）允许不确定性，小范围试错

由于问题本身的不确定性，可能很难在一开始就找到完美的解决方案，因此，灰度决策允许小范围试错。灰度决策适用于处理模糊和不完整信息的复杂问题，由于问题本身的特征，企业在决策中其实面对着许多不可控、不可知的因素。企业只能在已知和可得的信息范围内，尽可能地论证方案的可行性和合理性，但无法知道这个方案最终执行的结果如何，因为环境和消费者会随时发生变化。由于决策的结果是高度不确定和模糊的，所以企业不可能允许在方案制定之后直接就开始全方位、大范围执行，如果一开始就大范围地执行这个决定，企业要承担巨大的风险，一旦失败全盘皆输。所以，最合理的做法、最实用的策略就是选择在一小部分领域、针对一部分群体实施这些行动方案，把这种方案失败会带来的损失控制在企业可以承受的范围之内。

这种小范围尝试的优点有：①在试错过程中，决策者可能会发现之前没有考虑到的潜在问题或因素，这有助于深入理解问题的本质，并调整决策方案；②小范围试错可以降低决策过程中的风险，避免大规模错误的发生，即使决策失败，也不会造成太大影响，企业也不会因为投入过多的成本而一蹶不起；③试错过程为决策者提供了宝贵的实践经验，可以对不同决策方案的效果进行比较和评估，这有助于找到最优的决策方案，提高决策的效率和质量。虽然允许小范围试错在灰度决策中是有益的，但也需要注意合理控制试错的范围和风险，试错应该是建立在一定的决策框架下，遵循科学方法进行，以避免无谓的浪费和不必要的风险。

灰度决策的思维不论是在新产品、新服务推出还是软件程序的更新迭代方面都得到了广泛运用。比如，一家美妆品牌在研发新产品阶段就用到了这种小范围试错的思想，当这家企业根据当前目标消费群体的主要需求设计出一款新的粉底时，它的下一步不是马上大规模投入生产、大规模营销推广新产品，而是采用新产品试用的方式，让品牌的个别消费者通过抽奖的形式获得试用资格，在一部分受众群体经过一段时间的试用之后发现产品没有问题后再进入下一步的大规模生产和推广。这种小部分试用的模式可以及时发现产品的潜在问题和缺陷，并及时进行修复，有助于减少对整个用户群体的负面影响，并保护产品的声誉。在这个过程中，即使发现这个产品配方有问题，试用的人出现过敏的状况也不会给企业带来太大的经济和名誉的损失。因为这个是试用形式，消费者获得免费试用的资格就等于默认接受这个产品所带来的不适反应，只需花较少的成本就可以安抚这部分试用群体，将负面影响控制在一个小群体里，以维护好品牌声誉。

（四）及时纠偏，重启决策

在灰度测试过程中，及时收集数据和反馈，并不断优化决策方案，是保证其有效性和准确性的关键。商业决策不能一条路走到黑，灰度决策的一个重要思想就是尝试之后出现问题时要及时纠偏，有勇气重新出发。首先，及时纠偏能够帮助决策者在不确定性条件下快速调整决策方案，有利于保持灵活性以适应不断变化的环境。即使出发点是对的，但是企业所处的环境或者企业内部所发生的变化可能会导致决策出现偏差，当出现偏差时企业就需要重新审视这种变化，调整路线重新决策。其次，及时纠偏可以避免不必要的损失。在决策过程中发现错误或偏差及时纠正，就能避免问题进一步发酵，避免给企业带来更多的资源浪费、时间浪费和负面影响。最后，通过及时纠偏，决策者可以从错误中学习，并改进决策方法和过程，为未来的决策提供经验教训。要实现及时纠偏，重启决策，决策者需要保持敏感度，密切关注决策过程中的反馈信息，并随时调整决策方案；建立有效的反馈机制和监控体系也是确保及时纠偏的关键；要从错误中学习，总结经验指导新一轮决策的开展。

微信应用程序并不是从一开始就具备用户喜闻乐见的全部功能，它是通过不断的灰度测试，找到问题和不足进而对其修改更新，才最终成为客户想要的样子。刚开始的时候，马化腾也不知道什么样的应用程序才能够和微博对抗，他允许企业内部同时有多个团队进行尝试，设计一款能满足手机用户进行在线社交但是又不同于QQ的软件。在这个尝试的过程中，只要有一个团队的产品没有成功，就会开始总结问题和不足，重新回到设计流程。与此同时，可能会有另一个团队朝着其他的方向进行试错，不断总结经验、纠正错误、重新开始，最终设计出了用户所期待的微信应用软件的样子。

第四节　商业智能决策案例

本章首先审视了当前企业所处决策环境发生的变化及这种变化将给商业决策带来什么样的影响。其次，阐述了实行商业智能决策的关键要素是智能化、万物互联和面向消费者。再次，介绍了智能时代下商业决策的常见形式——灰度决策的内涵及其适应情境，以及成功实施灰度决策的要素。最后，引入了数字经济背景下企业进行商业决策的方案，以便读者加深对于商业智能决策的理解。

1. 企业所处的环境发生了什么变化？
2. 环境的变化会给企业的决策带来什么影响？
3. 商业决策的基础是什么？
4. 商业决策的关键是什么？
5. 灰度决策的成功要素有哪些？

自学自测　　扫描此码

第八章

数字营销中的商业智能决策

数字营销是企业定位潜在客户、维系利益相关者、辅助企业创造及获取增值价值的关键活动。企业在其产品设计、生产、广告投放、物流及售后等诸多数字环节中加强商业智能技术的应用，可提高决策的智能性，从而提高企业的服务质量与效率。企业从依靠手工制作样板来体验产品的外观和质感，到依靠 3D 建模来生动地呈现出产品的设计构想，从主要依靠人工作业到由智能生产管理系统控制的生产车间，从面向广大受众的统一广告到千人千面的个性化广告，这些环节的变革都离不开技术的支撑，这些变革过程也无不体现着决策的智能化。本章将主要阐述在整个数字营销链条中，企业应如何借助商业智能技术实现智能决策。

学习目标：①理解商业智能技术和数字营销的内在关联；②深刻把握以消费者需求为中心的企业营销策略的内涵；③学习在企业运营的各项活动中，商业智能技术在助力企业决策的过程中起着什么样的作用；④能够运用本章所学知识，分析本章案例，解决现实问题。

第一节　商业智能技术支撑数字营销的原理与逻辑

随着大数据、物联网等新一代信息技术的出现和发展，商业智能技术在企业中的应用价值不断提升，给数字营销领域带来了深刻影响。这种影响突出表现在商业智能技术改变了企业的产品/服务的供应模式及企业与消费者的互动模式两个方面，这种转变为企业在数字营销活动的商业决策提供了新的思路和方向。

一、商业智能技术改变产品/服务供应模式

产品/服务供应模式指的是企业在向市场提供产品或服务的过程中所采取的方式和策略，包括组织、流程、技术和资源的整合方式。随着市场环境的快速动态变化，诸多企业为增强自身的适应能力，更加注重对商业智能技术的应用，以打造更高效、精细化及个性化的供应模式，在此，将商业智能技术给产品/服务供应模式带来的改变总结为以下两点。

（一）从线性结构转变为网络结构

传统的供应模式是一种单向线性流程，从物料采购，生产制造到成品出厂、流通、

销售及售后服务，这些环节彼此独立，顺序连接，前一环节结束，后一环节开始。线性结构模式下的供应链链条较长，信息传递效率低，信息共享难度大。具体表现为在供应链中的需求信息在从消费端向供应端传递的过程中，由于各主体之间缺乏有效的沟通和信息共享，容易出现因信息扭曲变异逐级放大呈现出的信息失真状况，因此，企业难以及时获取客户的实际需求。这种信息变异的放大作用在图形显示上很像一根甩起的赶牛鞭，因此被形象地称为牛鞭效应。例如，20世纪90年代，宝洁公司在分析婴儿一次性纸尿裤的订单需求时，发现消费者对该种商品的需求变化较小。此外，由于缺乏技术及数据的支持，企业无法有效精准预测消费者需求，也很难进行有效的订单管理和库存控制（图8-1）。

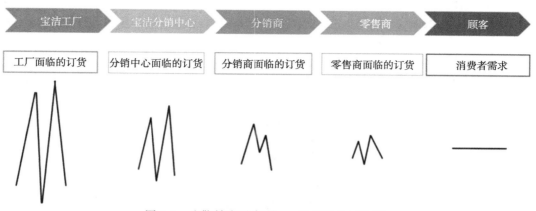

图 8-1　牛鞭效应示意图——以宝洁公司为例

在商业智能技术的支撑下，传统的供应链升级为数字化智慧供应链。在智慧供应链下，企业的设计、生产、仓储、配送、售后服务等环节可在数字化虚拟空间中产生紧密连接。供应商、制造商、批发商和零售商等供应链上的不同主体可以同时参与不同的供应链，发挥不同的作用，承担不同的角色，形成偌大的网络结构状供应网。在这一网络中，各主体间能够实现更有效的沟通和信息共享。这极大地颠覆了传统的供应商—生产商—批发商—零售商这一线性结构的供应链模式，为企业开展从产品开端的设计、采购、生产到末端销售、服务等全过程的高效协同，供应链上资源整合能力的提高，最大化供应链盈余等提供了必要条件。

具体而言，通过数字化手段，供应商能够更直接地了解客户的真实需求，而非经由供应链进行逐级的信息传递，这能够有效降低需求变异效应的影响。比如，终端门店每销售一个产品，都会在共享系统上体现，后端的库存界面会自动相应扣减，产品供应端可以实时监测到前端门店的库存情况。由此，在信息共享系统的支持下，后端的工厂可以无延迟地根据前端的销售和库存进行及时采购、生产和补货。不像传统阶段，需要人工进行终端门店的库存清点，再将库存或订货信息传递给上游经销商或供应端。

京东集团就是依靠智慧供应链赢得核心竞争力的典型企业。截至2023年3月，京东服务超过5亿用户，30万家供应商，其供应链基础设施资产规模达到1372亿元，同比增长25%。京东以洞察用户需求为中心，在大数据和人工智能技术的支撑下，与多方合作伙伴协作，打造敏捷、开放的智慧供应链。早在2017年，京东就着手实施Y-SMART SC智慧供应链战略，这是一套围绕数据挖掘、人工智能、流程再造和技术驱动四个原动力，将技术创新和供应链创新相结合的智慧供应链解决方案。这个供应链能够动态掌控商品的状态并预测需求，真正做到按市场需求制订零售计划，并依据计划指导自动化的库存管理。在该智慧供应链解决方案中，还含有一个零售人工智能算法平台（JD Y AI platform for retail business，YAIR），这是一个供应商协同平台，京东通过组件化的形式将该平台的功能全面开放给合作伙伴，能够为品牌商、软件商和个人开发者提供整合大数据、计算资源、零售供应链应用算法服务的一体化解决方案。2017年底，京东这条智慧供应链在自动化商品补货方面可以覆盖京东80%以上核心品类的产品，有效地减少了仅依靠自身经验制定选品、采购、库存管理等计划带来的决策失误，极大提高了京东的库存周转率和运营效率（图8-2）。

图8-2　京东智慧供应链Y-SMART SC生态模型

（二）从供给导向转变为需求导向

在传统的供给导向供应模式中，在生产制造环节，企业着重考虑自身拥有的资源、能力及所设定的利润目标，根据预测的市场需求来制订生产计划，提前采购原材料，储备库存，按计划设计及生产一定量的产品，以成本加利润的形式定价。在销售、服务等环节，企业均更多考虑自身利益，缺乏对消费者需求的关注和满足。

而在"需求导向"的供应模式中，企业的生产决策会更多考虑消费者需求，通过数据挖掘和分析，更好地了解市场需求和趋势，即时快速地响应并备货以满足客户需求；且需要注重提升消费者的体验，根据消费者的特征和需求集中研发、定制，并利用智能技术对销售数据进行分析，为消费者提供个性化的服务和产品。相比于"生产导向"模式，这种模式更加灵活，具有市场适应性。此外，需求导向模式也考虑到营销、供应链、品牌推广等多方面的因素，注重对顾客关系的管理，借助商业智能技术的模型及算法，为顾客提供更加深入和精细的服务，从而增加客户忠诚度和购买力，提升顾客黏性。具体表现为以下两点。

其一，通过应用智能制造技术，企业的生产过程更加灵活和高效，增强了对消费者个性化需求的响应能力。企业借助自动化设备、机器人和传感器等智能化技术，快速切换和调整生产线，可以适应不同产品规格和订单量的需求，如在电子产品行业，企业普遍需要灵活配置生产线，快速调整产量和产品型号，以适应市场需求的快速变化。

其二，智能制造带来了供应链的协同效应。通过数字化平台和物联网技术，企业可以更好地与供应商、分销商和其他合作伙伴进行信息交流和协同合作。这种整合与协同使得供应链更加高效和灵活，从而更好地满足用户个性化需求。

二、商业智能技术改变互动模式

（一）互动形式日趋多样

技术的发展驱动了互动形式的多样化，主要体现在互动主体的多样性及互动功能的多样性两个方面。

在互动主体的多样性方面，移动互联网及社交媒体的普及，为消费者群体之间的交互提供了更加便捷的渠道，促进了消费者基于社交网络的知识分享和信息传播，这使得部分拥有更多资源和能力的消费者更容易成为拥有异质价值和影响企业决策的特殊群体。[①]基于此，企业不仅可以加强与消费者的交互，还可以借助由消费者角色分化而来的特殊消费者类型，如关键意见领袖及网红达人，使其与普通消费者形成社交网络式互动。

在互动功能的多样性方面，微信、微博、脸书、Instagram 等社交媒体平台提供了丰富多样的互动功能，使得人们可以方便地分享信息、发布状态、评论互动，增强主体间的联系。YouTube、抖音、斗鱼等视频直播平台可实现实时的视频传输和互动，观众可以通过弹幕、点赞、送礼物等方式与主播或其他观众互动。此外，新兴技术的应用也进一步丰富了互动功能，如企业借助语音助手（如 Siri、小冰等）、聊天机器人等人工智能技术可以提供智能化的互动支持，帮助用户解决问题、获取信息，并模拟人类对话进行交流。虚拟现实（VR）和增强现实（AR）技术的发展，也为互动带来了全新的体验。人们可以通过沉浸式的虚拟环境与其他主体互动，或者通过 AR 技术在现实世界中叠加信息和互动元素，拓展互动的可能性。

（二）沉浸式互动营销传播

"沉浸"一词多用来描述完全处于某种境界或思想活动中，全神贯注于某种事物的状态。"沉浸"对品牌而言是一次营销方法的整合，也是从技术、体验层面重新审视营销手段对于消费者的价值和作用。智能技术应用的广度和深度将推动沉浸式互动营销传播的发展。与基于图文和视频的营销传播相比，依托 AR（增强现实）和 VR（虚拟现

---

① 吴瑶，肖静华，谢康，等. 从价值提供到价值共创的营销转型——企业与消费者协同演化视角的双案例研究. 管理世界，2017（4），138–157.

实）的营销传播更侧重于为消费者营造出由产品或服务带来的直观而亲密的感觉，使消费者产生身临其境之感。但是由于受到数据传输的限制，高延迟的信息互动与反馈使得AR 和 VR 在营销传播中应用甚微。5G 技术将解决消费者在使用 AR 和 VR 时的高延时问题，增强消费者的沉浸感，提升其购物体验。

随着互联网技术的不断升级，VR 和 AR 为我们带来了更加真实的场景体验，使场景营销不再局限于实体场景或是融入网民的网络环境，更多的可能是将真实与虚假相结合，用户可以在现实的环境中完成虚拟场景的体验，场景广告将追求给用户带来更多的沉浸式体验，从而垂直发展出沉浸式营销这一概念。从具体实践来看，广告主可以根据接入虚拟场景中的实时数据为消费者创造定制化的广告场景并向其推荐合适的产品，消费者将根据自己的意愿进行选择并对选择后的产品进行虚拟化使用。在智能技术不断成熟后，未来的沉浸式互动营销传播将呈现 VR、AR、MR（混合现实）、XR（扩展现实）的深度融合与渗透，为消费者带来更为真切和丰富的临场式购物体验。

三、商业智能改变营销决策模式、提升营销效率和效果

（一）商业智能技术改变营销人员决策内容及决策模式

商业智能技术，如人工智能通过改进现代技术来影响数字营销，其中最重要的是人工智能创造的新角色正在改变数字营销机构处理数据的方式，从实践来看，人工智能是大数据分析、机器学习算法和人工神经网络的一股新的强大力量，人工智能正在改变营销专业人员的运作和制定策略的方式。借助这些商业智能技术，数字营销被赋予了管理和衡量营销工作的能力，以创建更多有效且有利可图的活动。具体来看，人工智能在很多方面改变了数字营销。

第一，商业智能技术改变了营销人员的数据收集方式。过去，数字营销人员需要依赖手动的方式进行数据收集，既耗时同时准确性也难以保证。而人工智能等新兴技术的应用，可以对消费者、上下游供应商等不同主体的各类型数据进行自动收集，解放营销决策人员的时间和精力，让营销决策人员将主要时间和精力集中至那些利用当前技术无法分析和判断，如诸多需要定性思维判断的问题，以及因果关系的判断上，真正实现商业智能技术和人脑的深度结合。

第二，商业智能技术使营销人员比以前更了解他们的客户。借助人工智能技术，营销人员可以更加精准地识别客户群体，并了解如何通过他们的设备或专门为每个细分群体量身定制的电子邮件活动的方式来更好地接触他们。人工智能改变了数字营销的方式，它不仅利用技术向正确的受众群体传递正确的信息，还涉及使用技术来分辨什么有效、什么无效。

第三，商业智能技术改变了营销内容和创意的生成方式。例如，AI 大模型技术是在大规模数据集上训练的大型机器学习模型，AI 大模型在自然语言处理（NLP）领域有很高的应用价值，可以生成人类所使用的文本，能够理解复杂的语境，进行有效的机器翻译，甚至进行情感分析，这使得它们在聊天机器人、智能助手、创意生成等应用中

具有很高的价值。例如，它们可以用来写小说、生成音乐、设计图像等。在营销领域，AI 大模型技术的应用前景广阔，包括广告文案内容的撰写、营销设计物料的制作及海报的生成等，这些技术能够应用于从搜索引擎优化到内容创建的各个方面，它正在改变营销人员销售产品和服务的方式。

（二）商业智能技术提升数字营销效率和效果

人工智能、大数据和机器学习等商业智能技术在营销领域的广泛应用，使得营销活动更加精准化、个性化、自动化和智能化。人工智能等商业智能技术在数字营销环节中的应用不断加强，如寻找目标用户、广告创意、广告投放、效果监测等，不仅提高了消费者个体的体验感，对于企业而言，还能够很大程度地提高企业的营销效率和营销精准性。

在广告领域，企业可以通过各种方式使用人工智能来提高广告效果，寻找并确定受众、完善创意消息传递，形成受众特征，并制定可以优化客户既定目标的竞价策略。例如，通过智能语音识别，可以实现语音交互式广告，来增添广告的交互性和兴趣。通过智能文案系统，可以快速撰写广告标语，进行广告投放，提高创作广告创意的效率。在广告评估中，可以通过各个指标获取信息，帮助实现目标，并通过人工智能和机器学习不断优化，以达到更好的效果，从而实现更有效的营销。以程序化广告为例，企业所面临的广告投放环境是不断变化的，可以在零点几秒之间及不断变化的环境中竞价数十亿曝光量，企业所获得的数据量和竞价组合均呈指数增长，仅依靠人工很难为客户制定合适的媒体竞价策略。但运用人工智能技术后，相关人员可以快速完成大量繁重的工作，从而有效解决程序化投放问题。

第二节　如何快速精准捕捉消费者偏好

精准捕捉消费者偏好，是实现设计决策、生产决策、物流决策、销售决策及售后服务的前提，只有深度了解消费者偏好，才能提高数字营销决策的质量，为消费者带去更优的消费体验。大数据技术的发展迭代，为精准捕捉及分析网络用户消费行为偏好提供了可能。与以往资讯网页相比，当今消费者关注的媒体更多是社交、短视频等以娱乐休闲为主，购物为辅的新媒体，在这个过程中，消费者在碎片化时间里的专注度有所降低，且在数字化时代，消费者需求的个性化及动态变化特征显著。因此，企业要面对的是不仅是精准，还需要实现快速捕捉消费者偏好的挑战。以下，从数据及技术两个核心要素出发，考虑企业快速精准捕捉消费者偏好的实施策略。

一、充分利用消费者数据，打造数据资产

（一）整合全渠道数据，多角度了解消费者

全渠道数据资源是基于全渠道营销活动生成的，企业通过实体商店、网上商城、移动终端、社交网络等线上线下融合的多元化渠道展开营销活动，以数据形式记录和储存

用户行为，形成全渠道数据资源。营销活动的全面数字化，即由数据驱动人流、物流、信息流、资金流的共享与汇集，[①]能够实时记录消费者的消费偏好，追踪消费行为及其发展趋势，帮助企业了解消费者在不同时间、不同地点、不同方式购买下的需求，从而有效预测市场需求的变化。

为了更好地认识全渠道数据，帮助企业制订全渠道的数据采集方案，我们可将数据源分为企业内部数据和企业外部数据两类。企业内部数据，即企业在与消费者产生直接的商品交易和互动的过程中形成的数据。例如，消费者在该企业产生的实际消费行为数据，以及企业在售前服务、售后服务及顾客关系管理活动中与消费者沟通所产生的互动数据；企业外部数据则指企业从消费市场、第三方平台及企业合作等渠道所获取的数据。关于企业外部数据的获取，一方面，企业可定期组织调研，获取市场中潜在的目标消费者的数据，或者可从数据分析平台或相关咨询机构购买相关报告；另一方面，企业可与抖音、小红书、微博、论坛、出行平台、物流平台等有着丰富的消费者行为数据的第三方平台建立合作关系，还可与上下游厂商共享数据。此外，企业还可特别关注竞争对手企业的目标顾客信息，通过了解竞争对手的主要消费者构成找到企业自身的潜在消费群体。

快速崛起的瑞幸咖啡便很好地整合了全渠道数据助力企业开展营销活动。瑞幸于2018年5月正式营业，开业一年，便完成3000家门店布局，至2023年6月，瑞幸门店数量破万，成为中国首个万店咖啡品牌。据北京贵七信息科技有限公司数据显示，2022年，瑞幸自有App活跃用户数量位列"Z世代"外卖服务App Top5，由此可见，该品牌获得了年轻消费者的高度认可。瑞幸获得如此快速的成长，和其全渠道模式的深入践行分不开。瑞幸借助无人零售、线下门店和电商渠道等多种形式，组成了瑞幸咖啡全渠道的自有流量体系，实现了与消费者高效的直接对接，沉淀了大量用户行为数据。一方面，瑞幸借助消费数据，建立了一套精准的选址模型，基于算法决策，对潜在用户的密集区域进行精准定位，并根据门店后期的实际订单量调整选址模型；另一方面，瑞幸借助自有App、小程序、外卖平台、公众号、企业微信、小红书等多渠道的消费者行为数据，建立消费行为画像。用户上线第一天，便为用户行为设置60多个标签，现已有上千个标签，包括基本人群属性、人口特征、消费频次、消费地点、口味爱好等，这些用户数据帮助瑞幸咖啡深入了解用户的喜好和习惯，瑞幸还针对性地给不同用户推送不同内容，实现千人千面的个性化内容推送，全面实现数字化精准营销。

（二）打通全链路数据，深入消费者洞察

全链路指的是不同过程、不同环节中的数据的有机整合，可将其理解为从生产端、仓储端到消费者端的全过程数据，涵盖商品设计、生产、物流及销售及服务等多个环节。从消费者行为来看，亦可理解为消费者搜索、比对、购买、分享和反馈的全过程数据，其中包含了在营销全链路场景中产生的位置信息、流量渠道、用户特征及生活习惯等丰富数据。企业深耕与用户连接的数据链路，连接跨价值链的信息，便能基于有效的数据

---

① 戚聿东，肖旭. 数字经济时代的企业管理变革[J]. 管理世界，2020，36（6）：135–152，250.

洞察，指导企业营销决策的制定。

要精准捕捉消费者偏好，企业可围绕产品的全生命周期，打通数据从产品设计到生产物流再到营销服务的全链路，关注数字营销链路（digital marketing chain，DMC），深耕与用户连接的数据链路，加强对数据营销技术的应用能力，将各渠道用户的需求信息进行整合分析，如关注用户参与的主题互动、社群讨论、企业沟通等活动，搜集其在互动中所呈现的自身诉求和购物需求，为企业更真切地满足用户体验提供了多维度数据资源，形成与用户行为模式与内容偏好相匹配的营销方案，全方位布局数据链路流经的各阶段场景，实现全链路数据收集与反馈的良性循环。

例如，百果园在腾讯智慧零售的助力下搭建了人群包的标签系统，可以通过识别顾客过去的属性和行为，预测其对商品和活动的偏好，每个阶段采取不同的侧重点形成人群包进行精准营销以促成交易。譬如，已经上市多年的"佳沛"猕猴桃会员渗透率较高，购买过的会员占年会员的49%，但购买过自有品牌"猕宗"猕猴桃的会员只有不到10%。为此百果园设置了一个人群包，在购买过"佳沛"却没有购买过"猕宗"猕猴桃的会员中投放，实现精准触达。用这种办法，百果园将一级品类、二级品类、三级品类等排列组合形成上千个人群包，实现了单品的不断突破。借助企业微信的社群和小程序搭建的全域经营系统，百果园的会员活跃度获得了大幅提升的同时，也实现了会员数字化快速扩张，会员总人数超过7400万人，付费会员数超过96.7万人。

二、加强数字化工具应用，科学分析预测

企业要想以数据为支撑，进行科学的分析预测，就必须充分挖掘数据的核心价值，对数据进行标准化和规范化管理，提高数据分析的有效性，并持续验证和迭代优化。

（一）加强数据标准化和规范化管理

全渠道、全链路数据，是具有不同来源的多触点数据，这些量级庞大的数据之间存在割裂性，使得企业在处理和应用数据时存在较大的整合难度，极易面临数据孤岛问题。数据孤岛主要受到数据类型及数据来源渠道两个方面的影响。其一，在数据类型方面，不同数据类型有不同的存储要求，而关系数据库、图数据库、时间序列数据库、分布式文件储存系统和对象存储等都有各自的局限。将所有数据放到"数据湖"中（数据湖是一种存储系统，底层包括不同的文件格式及湖表格式，可存储大量非结构化和半结构化的原始数据），若缺乏规范化处理，则无法实现数据的价值转化，极有可能再产生一个更大的数据孤岛。其二，在数据来源渠道方面，每个企业的运营数据，如商品、物流、财务、营销、售后等多个环节的数据，都被分散、割裂、异步在不同平台的后台上，有着不同数据维度和指标口径，会形成新的数据孤岛。总而言之，不同的数据源表结构、不同的存储方式、不同的指标口径等形成的壁垒阻碍了数据的整合，在不同条线中形成一个个数据孤岛，这不利于用户整体和统一画像的形成，会影响到营销策略的制定。由此，企业需要实现数据融通整合，保证数据的准确、完整和统一。这要求企业结合自身

情况加强数据标准化和规范化管理，保持数据项、标签、指标之间的动态关联，保证数据采集、加工规则的统一，建立起定制化的模型工具和管理流程。

（二）提高数据分析的有效性

面对海量数据，为进一步提升企业数据整合、分析的速度和能力，企业需要借助大数据、云计算及人工智能等技术，对数据进行有效的分析处理。例如，利用机器学习、文本分析和数据挖掘技术，建立合适的算法和模型，识别和分析潜在的重要特征，如关键词、购买行为和趋势等，进一步确定消费者的偏好和需求；利用神经网络和机器学习的强大能力及区块链等技术的融合发展，更加准确地分析预测消费者的偏好及变化规律，捕捉消费者偏好及潜在需求。并借助算法模型，基于数据构建，设计用户运营落地场景，用科学、精准的数字化体系驱动管理决策力来指导业务实践，不断提升智能决策水平，对消费者需求形成科学预判。

淘宝就是利用数智工具支撑其对用户数据的有效性分析的典型例子。淘宝利用大数据分析技术对客户基础属性、消费行为、偏好习惯、互动行为进行多维度的分析，实现关联数据提取，如通过网络埋点、探针、智能摄像头等技术，收集消费者的社交数据、线上购物信息、线下购物行为数据等全渠道全链路数据信息，利用算法模型给出标签体系，从而获得消费者具体画像。利用人工智能技术进行数据挖掘和分析，所制定的推荐算法可以根据用户的喜好和偏好推荐相应的商品，同时还能利用大数据分析趋势、周期性等特征，确保推荐更加贴近用户需求。

（三）持续推进验证及优化

企业借助数据的有效性分析，对潜在的消费者需求实现精准预测，其中，不可或缺的环节即验证算法的准确性和精细程度，针对预测分析制定更具体的产品和销售策略，满足消费者潜在的需求。此外，还需及时获取实际的产品销售及消费者行为数据，进一步完善数据分析模型，改进算法，不断调整和改进模型的准确性和稳定性。

现在诸多在线购物平台，如亚马逊、京东等，后台都具有大量的大数据采集和分析技术，支持产品呈现和页面优化。后台对消费者从进入平台开始的搜索、浏览、收藏、购买等各类数据和信息进行采集，同时结合消费者过往购买记录、顾客收货地、性别等属性建立的顾客标签，借助大数据预测模型，对当前消费者拟购买的产品类型、价位等相关信息进行预测，从而为其推荐相匹配的产品。通过消费者在浏览推荐页面信息的行为轨迹，如停留时间、加入购物车等行为和消费行为进行纵向对比分析，对推荐效果进行评估，评判预测模型的有效性，并对模型不断优化，进而做到更加精准的推荐。借助数智工具进行科学预测的价值还体现在对用户留下的数据进行大数据分析后反哺至产品和服务的改进上，如以上这些平台都设置了消费者购后评价、评分甚至是消费者间相互咨询和帮助的功能，借助文本挖掘和语义分析技术，企业可以更加深入地了解消费者对企业产品和服务的满意度，辨析消费者对产品和服务高评价的维度，以及消费者不满，如进行退货和低评分的缘由，综合分析后，辅助企业进行产品本身及服务设计的优化和改进。

第三节　消费者导向的智能设计和生产决策

一、产品设计模式变革

（一）产品设计形式创新

产品设计形式的创新具体体现在以下两个方面。

其一，设计流程协同化。传统的产品设计流程具有串行、垂直的特点，是自上而下的调研—设计—测试—反馈循环反复的过程，具体表现为设计人员根据市场需求和用户反馈确定产品需求，进一步展开市场调研，进行方案设计，在创作出设计效果图后，与结构设计师交换意见，进行调整修改，随后完成模具设计样机的制作，拿到样机后，项目经理、工业设计师、结构设计师和企业其他相关人员共同测评产品，指出产品所存在的问题，继续进行修改，如此反复循环直至设计出符合要求的产品。其间，设计团队往往需要先设计出完善的图纸，将较为抽象的 2D 平面图纸作为可视化媒介来进行方案的设计讨论，制造产品模型，以模型为蓝图范本制造产品模具，根据模具验证产品的性能。

随着新兴技术的发展和迭代，产品设计所依托的技术日益先进和多元，极大地缩减了新产品设计的生命周期。其中，3D 打印技术的贡献尤为显著，该技术被公认为助推大批量制造模式向个性化制造模式发展的引领技术，能够大大缩减将概念模型引入设计讨论的时间。使用 3D 打印技术制作的概念模型能够明确地反映出产品概念存在的问题，设计人员能快速调整、修改，重复设计迭代过程，直到产品概念完善为止。这意味着，产品初期设计与测试可以协同进行，这种并行设计可使产品设计与制造之间的信息实现高度共享，让整个产品研发团队从设计的一开始就全部参与进来，由此，可以尽早地发现问题并解决问题，大大提高了产品研发的效率。此外，将 3D 打印技术应用于产品设计中，缩小了专业设计师与普通消费者之间的技术鸿沟，推动了设计的社会化，带来了新的社会化设计模式——设计众包，这种新颖的设计模式打破了以往专业设计团队对产品设计流程的垄断，为产品创新注入了新的活力，从而使消费者的个性化需求与产品设计更加紧密地结合在一起。

其二，创意来源的开放性。在传统的产品设计过程中，创意主要来源于企业内的设计团队，体现了封闭式创新模式，这种模式在市场需求趋同、信息相对有限的情况下具有一定优势，但是其在响应多样化需求及应对不确定性方面存在不足。[①]在时代迅速发展的进程中，任何企业都不可能拥有所有的领先技术、资源与能力。要想实现可持续发展，在竞争激烈的市场中保持优势，企业必须借助先进技术，向外部寻求创意，为产品设计、产品迭代提供动力源泉，即实行开放式创新。开放式创新模式是与传统的封闭式创新模式相反的理念与实践，可将其理解为：组织在进行创新的过程中，突破组织边界的束缚，整合组织内外的创意、知识、商业化途径及其他资源以达到互补的作用，从而

实现创新。①通俗来讲，这是一种在任何时间、任何地点对各种形式的意见都保持开放、接受的态度，并将其中好的创意纳入产品和服务设计中的创新模式。

随着互联网技术、云技术的发展与完善，跨地域、跨团队沟通及合作成为可能，让企业能够在任何时间、任何地点收集创意并筛选出适合自身产品/服务设计的创意。依托云平台智能产品设计方案，企业也可通过多元化协同和需求驱动的智能产品研发，帮助制造企业加速智能产品创新。通过建立可靠的协作方式，企业可实现与外部客户的无缝对接，实时洞察情况并反馈设计。在客户需求与产品数据之间建立可追溯性和透明度，如海尔集团于2009年搭建起的开放创新平台（Haier open partnership ecosystem，HOPE平台），就是一个创新者聚集的生态社区。这个社区拥有庞大的资源网络，是一个全球智慧家庭领域的技术创新入口和交互平台，形成了一个遍布全球的创新网络。截至2020年年底，HOPE平台上聚集了高校、科研机构、大公司、创业公司等多类群体，覆盖了100多个核心技术领域，社群专家12万多人，全球可触达资源多达100万个，是海尔产品设计创意的不竭源泉，彰显了海尔"世界就是我的研发部"的开放创新理念。

（二）产品设计的消费者角色变革

传统上，是研发团队或者产品经理主导产品设计决策，产品设计由公司或设计师独立完成，消费者只能选择购买或不购买。在时代进步的大潮下，消费者日益成长，被认为是具有创新性的个体，可以为企业研发提供有价值的信息来源和创意设计，有充分的意愿和能力与企业共创研发价值。在技术发展的助力下，越来越多的企业具备利用消费者智慧的能力和条件，开始注重消费者在智能设计决策中的角色。当前，许多企业根据自身情况与需求，引导消费者不同程度地参与产品设计过程。由此，设计师们可以更好地了解市场趋势和消费者期望，策划出符合实际需要的高质量设计方案，有效地避免因未充分考虑、切实理解用户需求而导致的设计缺陷和市场接受度低的风险，极大地利用消费者价值及效益统计的实际价值。在现代的设计决策中，消费者扮演了至关重要的多样化角色，可大致分为以下三种。

1. 设计动力：创意提供者

诸多实践和研究表明，消费者的想法是企业产品设计创意的重要源泉。消费者作为主动或被动的创意提供者，为企业的产品设计决策提供着宝贵建议。一方面，在产品设计前展开市场调研，收集消费者（如品牌忠实顾客、意见领袖等）对产品设计的意见和建议，是企业当前普遍采取的举措。另一方面，随着大数据技术应用的加强，那些既不具备产品设计专业知识，也不主动参与企业调研的普通消费者所产生的在线行为数据，也可为企业产品设计研发提供有价值的参考，企业可以深度挖掘及利用其特征和行为数据，为产品设计决策提供支持。

例如，故宫博物院的研究人员在进行文创产品创新设计时就曾在网络平台上搭建起与年轻消费者群体沟通的桥梁，结合消费者需求，研发出许多趣味性与实用性共存，还兼具普及性的文创产品，获得了年轻消费者群体的喜爱。此外，故宫还通过高分纪录片

---

① 陈劲，刘振. 开放式创新模式下技术超学习对创新绩效的影响[J]. 管理工程学报，2011，25（4）：1–7.

《我在故宫修文物》让大家重新了解了故宫，收获了一大批忠实的粉丝群体。在获得流量和口碑后，企业依据消费者特征和行为数据，剖析消费者心理，开拓细分市场，推出了许多市场定位清晰的爆品，如定位二次元爱好者的二次元玩偶手办，定位年轻女性的浮雕口红等国风彩妆产品。这极好地体现了被动和沉默的消费者行为数据为企业的产品设计创意提供的价值。

2. 迭代优化：意见反馈者

消费者对其日常生活和工作中所使用的产品体验或碰到的痛点问题有着较为深刻的体验和认识。由此，在新产品或是新功能的测试问题上，消费者的用户反馈往往能为设计团队提供宝贵的意见，可以帮助企业及时修正不足，优化产品细节及交互体验。[1]即消费者充当着意见反馈者的角色，反馈其潜在和深层的需求，为企业优化产品设计提供宝贵意见。企业还普遍设置了消费者体验顾问，接受并收集用户反馈意见，对公司产品设计、开发中的流程方法、技术规范等进行指导，其本质意义上是满足消费者需求、改良产品与优化产品使用体验。

例如，京东旗下的消费者洞察平台，经过多年的市场验证和技术积累，融合自然语言识别、智能算法等技术，以在线调研为基础，逐步打造成为集敏捷研究、互动研究、趋势发现为一体的消费者洞察平台。京东借助该平台与用户之间形成多频次的信任互动，通过洞察调研获取消费者主动性及客观性的意见反馈，实现数据集合的创新，从而推动京东不断提升其管理能力和服务质量。

3. 价值共创：核心参与者

消费者在企业的产品设计过程中，还可作为企业的合作伙伴，扮演企业产品创新的核心参与者。价值共创，指的是企业为消费者带来的价值来源于消费者与企业或其他相关利益者的共同创造的成果，且价值由消费者来决定。当前，许多消费者都积极参与企业的研发、设计和生产，为获取更好的消费体验，在消费领域贡献自己的知识技能。

例如，2001年成立的定制家居龙头企业索菲亚，从2015年开始步入信息化综合集成阶段，启动了一款具有智能绘制户型、一键软装设计及720°超炫全景视觉展示等功能的设计软件——DIYHome——实现"一套软件，全屋定制"。这款设计软件取消了KD图纸的中间环节，能够实现一键拆单，直接对接工厂生产，提升门店运营效率。2019年，索菲亚向经销商推出这款走向成熟的全屋3D实时设计软件，它可以让消费者随心所欲地设计自己想要的家具样式、颜色、大小，实时生成VR虚拟实景，提前感知安装效果，极大地提升了消费者自主设计的参与感。如今的DIYHome已经累积了海量的真实设计案例，这些案例不仅可以给消费者更直观的"买家秀"以供参考，更为索菲亚积累了全国各地的房屋户型和家具设计图纸，庞大的数据库助力索菲亚分析、了解中国家庭的家具使用习惯趋势，更懂中国家庭对于生活空间的多元化需求。

总的而言，在现代的产品设计决策中，消费者扮演着多样化的角色，可以通过多种渠道多种方式参与企业的产品设计决策。针对某一特定企业，消费者可能同时充当着多

---

[1] 项典典，包莹，焦冠哲. 数字经济视域下的产消者：研究述评与展望[J]. 外国经济与管理，2022，44（3）：36–52.

种角色，也可能在不同阶段担任不同的角色。由于企业所提供的产品/服务的性质及自身情况的差异，其对消费者参与产品设计的程度的需求也有所不同，企业应找到合适的方式，最优化地利用消费者的智慧和价值。

二、产品生产模式变革

（一）产品生产趋于模块化、柔性化

企业传统生产模式的典型模式是大规模生产，也叫作流水线生产模式。随着消费者对产品的个性化、多样化需求愈加凸显，企业则更加注重个性化定制与体验式服务，标准化的大规模生产的主流地位被个性化的大规模定制模式所取代。大规模定制具有模块化和柔性化两个典型特点。要满足顾客的多样化的定制需求，企业的生产装配线必须具备快速调整的能力，由此，必须实现模块化制造。模块化是指可组成系统的、具有某种独立功能的半自律性的子系统，通过标准的界面和其他同样的子系统按照一定的规则相互联系而构成的更加复杂思维系统或过程。[①]通俗来讲，可将模块化理解为将产品进行功能分析，细分为不同功能的模块，生产者从中选取不同模块重新组合，构成不同的产品系列，以满足客户多样化需求。柔性化生产这一概念最早可追溯到 1965 年，由英国莫林斯公司提出，指的是在柔性制造的基础上，为适应市场需求多变和市场竞争激烈而产生的市场导向型的按需生产的先进生产方式。柔性化生产需要以响应内外环境变化的制造系统为支撑，这种生产方式适用于工厂多种产品、多流程、多形态、多单元的快速转换与协同生产场景。

为了在激烈的市场竞争中占据优势地位，智能家居行业的领头企业索菲亚不断变更改进生产模式，以提高生产效率，降低生产成本，逐步从小批量定制化生产过渡到标准件批量化生产+非标准件定制化生产，最后转向以信息化系统和全柔性化生产线为基础的大规模定制生产模式。索菲亚做到大规模定制生产的核心技能是借助虚拟制造技术和信息技术系统，在系统中对订单所需的板材进行拆分，后续生成各项指令进行排产，再通过全柔性化的生产线实现多订单标准件和非标准件的混合生产。生产工艺的改进极大地降低了生产出错率和生产成本，并缩短了生产周期。

（二）产品生产趋于数字化、智能化

智能制造时代，工厂变得越来越少人化、无人化、自动化和智能化，生产设备均物物相连、自动运行，工厂的生产组织调度，原材料供应都可通过智能物流、智能生产来控制。人工逐渐被互联互通的智能装备和智能生产系统所代替，机器换人和无人工厂成为制造业发展的典型趋势，生产模式也从以人工为主的劳动密集型生产转变为基于设备互联的数字化、智能化生产。

一方面，数字化生产。在适应生产模式变革的过程中，企业数据收集和分析能力的强化起着重要作用。在传统的简单机械时代，企业的生产数据收集有限，主要依靠人工

---

① 戚聿东，肖旭. 数字经济时代的企业管理变革[J]. 管理世界，2020，36（6）：135–152，250.

记录和简单统计。而企业在智能制造模式下，则可应用信息技术和物联网等手段，将生产过程中的各个环节数字化，实现数据的实时监测、分析和优化，进行生产过程的精细化管理。数字化生产可以提高生产计划和资源调度的精度，减少库存，降低生产成本。企业可以利用互联网和云计算等技术，建立供应链管理系统、物流跟踪系统和在线交互平台，实现各个环节的信息共享和实时协作，提高生产效率和响应速度。

另一方面，智能化生产。引入人工智能、大数据和机器学习等技术，使生产系统具备自主决策和自适应能力。智能化生产可以实现生产流程的灵活调整和优化，适应客户需求的变化，提高企业的定制化能力和个性化生产的能力。智能制造借助自动化技术的发展，实现了生产过程的高度自动化。例如，自动化设备在生产线上完成各种操作，机器人在组装、包装等工作中替代人工，使用智能系统进行生产计划和调度等，这些技术的应用提高了生产效率和品质稳定性。

三、如何制定有效的生产决策

（一）充分利用消费行为数据

消费者行为数据是体现消费者需求和偏好最直观的数据，企业要想制定有效的生产决策方案，生产量是核心指标，这与消费者需求量的预测紧密相关。以下，主要结合消费者的购买行为和互动行为两类关键数据，分析消费者行为数据在制定生产决策方案中所起的重要作用。

第一，充分挖掘消费者购买行为数据。购买行为数据是预测消费者需求量的重要依据之一。企业从整体上，对产品历史订单的成交量、购买率、退货率等数据进行统计分析和可视化展示，可以了解销售数量的变化趋势、季节性、消费者满意度等相关因素。基于分析结果，预测驱动未来销售量增长的因素和时间段。还可以具体分析特定用户的购买行为，从用户的购买记录中了解用户特征，深入理解消费者的购买行为和偏好，由此，可以准确地预测未来产品的需求量和销售趋势。

例如，亚马逊往往会采集和分析大量的销售数据，从每个产品的销售量、销售地区、销售时间等多个维度进行观察和分析，据此识别商品的流行趋势、季节性需求变化、新产品的潜在市场等信息，并精细化管理消费者个体的购买行为数据，改进产品推荐系统和个性化营销策略，实现更精准的大数据需求预测。

第二，充分利用消费者互动行为数据。例如，网站访问、搜索数据及社交媒体平台数据。①采集消费者的在线行为记录，跟踪用户搜索行为和网站流量统计分析，可以了解消费者的购买意愿和偏好，预测市场趋势和潜在的市场需求；②监控消费者的社交媒体行为，如评论、转发、点赞等，可以了解产品或服务的声誉、品牌形象、品质及消费者对市场趋势和新产品的看法；③分析社交媒体上潜在用户的评价和关注度等信息，运用聚类分析和监督学习模型对消费者兴趣点和消费风格等特征进行挖掘和识别，可以对潜在需求量进行预测；④还可运用机器学习和推荐算法，实现对购物车入口等进行更深入和精确的预测；⑤结合经验知识建立相应的预测模型，通过模型对消费者未来的需求量进行预估。

大型"种草社区"小红书就是主要借助对用户搜索行为及社交互动行为数据的分析来预测消费者需求，了解用户的喜好和评价，帮助企业寻找具有潜力的爆款商品，为企业设计和生产新产品提供有价值的参考。此外，还可利用这些数据建立数据模型和算法，分析用户的行为模式和兴趣偏好，通过机器学习和推荐算法，预测用户可能会感兴趣的爆款产品，寻找其潜在规律和趋势，模拟消费者需求的变化，据此制定更科学的生产决策，提高经营效率。

（二）注重数据挖掘关联分析

关联分析，即从大规模数据中寻找隐含关系。关联分析对优化企业的生产决策起着重要作用。具体而言，其一，帮助企业发现不同变量之间的关联关系，如商品购买的关联、用户行为的关联等，进而基于已知的关联规则和模式可以为企业决策提供支持和参考。例如，沃尔玛通过对大量销售数据的收集和记录，了解顾客的购物习惯、品类偏好和需求。基于销售数据，沃尔玛运用数据挖掘技术，寻找产品之间的关联规律和购买模式，确定哪些产品通常会一同被购买，或者根据购买历史数据发现潜在的交叉销售机会；其二，帮助企业发现一些以前未被发现的商机和潜在的问题，及时调整策略、发展新产品或解决潜在的风险；其三，有助于企业深入了解该领域中的数据特征和规律，更好地进行资源配置、生产计划和供应链管理。

（三）搭建数字化管理系统

搭建数字化管理系统，打通生产与管理全流程的数据链，加强生产数字化管理是企业制定有效的生产决策方案中不可或缺的环节。

加强生产数字化管理，需要在制造全过程、生产全流程的每个环节全面采用大数据管控，实现大数据精准管理，使生产过程和资源配置达到最优，[①]从而推动有效的生产决策方案的形成。具体措施有：①增加数字化生产设备的接入及生产设备的互联互通，帮助企业对生产过程中的各种数据进行收集、分析与处理；②增加数字化检测设备的投入，增强对产品质量的在线检测与控制的能力，加强对产品全生命周期的追溯管理；③利用数据可视化率评估生产现场可视化对象的管理水准，帮助实现企业生产全流程的精准管控；④通过大数据，联动供应链上下游资源，提升协作配套生产能力，快速响应市场变化，有助于实施切实可行的生产决策方案。

在实施数字化管理系统方面取得良好成绩的一家企业是德国制造商西门子公司。西门子借助物联网和传感器技术，将生产过程中收集到的设备状态、工艺参数、质量指标等数据整合到一个集中的平台上，并以可视化方式展示给决策者。通过远程监控和实时反馈，决策者可以及时掌握生产线的状态和性能，针对异常情况做出快速调整和决策，且借助数字化管理系统提供的协同平台，决策者、工程师和操作人员可以在同一平台上

---

① 陈畴镛，许敬涵.制造企业数字化转型能力评价体系及应用[J].科技管理研究，2020，40（11）：46-51.

共享数据、交流信息，共同制订生产计划和决策。

第四节　消费者导向的智能物流决策

一、物流服务变革

在物联网、云计算、机器智能等新兴技术的驱动下，物流的各个环节变得更加智能化和自动化，物流服务经历了一场从传统物流到智慧物流的全面服务变革与转型升级，结合物流的相关概念界定，本文认为这场变革和转型集中表现在物流系统升级及物流服务创新两个方面。

在作进一步阐述前，首先对物流相关概念的界定做个说明，根据《中华人民共和国国家标准·物流术语》的定义，物流是指物品从供应地到接收地的实体流动过程，根据实际需要，将运输、储存、装卸、搬运、包装、流通加工、配送、信息处理等基本功能实施有机的结合。智慧物流则是以信息化为依托并广泛采用物联网、人工智能、大数据、云计算等技术工具，在物流价值链上的运输仓储、包装、装卸搬运、流通加工、配送、信息服务这 6 项基本环节中实现系统感知和数据采集的现代综合智能型物流系统。

（一）物流管理系统升级：数字化、自动化

物流系统可划分为管理和执行两个系统，物流管理系统的主要功能是整体规划、组织和控制物流活动，物流执行系统的主要功能即具体操作和执行物流任务。以下，将分别阐述这两个系统的升级表现。

一方面，表现为物流管理系统的数字化。进入数字化阶段，物流企业都开始重视物流数据收集、分析与应用，物流管理系统也在向数字化迈进。当前的管理系统可以实时监控货物运输情况，仓库存储情况和配送进度，提高运营效率和准确性，还能够通过大数据分析提供更准确的需求预测和资源调配，降低成本，优化服务。以下，从凸显物流管理系统走向数字化升级的三个重要环节作进一步说明。①在运输环节，现代运输管理系统集成实时数据和智能算法，通过大数据分析，可优化运输路径和资源利用，从而降低运输成本，提高运输效率。京东利用大数据和人工智能算法，对超过 1800 万个物流地点进行智能计算和优化规划，让消费者得以享受"极速达"物流体验。②在仓储环节，物流企业采用物联网、传感器技术和人工智能算法等技术，建立智能化仓储系统。系统可实现实时监控及精确管理库存，从而优化存储布局和货物取货流程，实现库存和订单的精确匹配，提高仓库的货物存储密度和处理效率。京东物流"亚洲一号"智能产业园"地狼仓"，其智能仓储系统是统管全局的"智能大脑"，担任着货物从入库到在库再到出库全环节的"指挥官"，通过大数据和机器学习算法等，在入库环节可以提前优化货物存储位置，到出库环节，根据货品的长宽高，推荐合理包裹数与箱型，避免打包时出现大箱装小物、包裹数过多等问题，减少耗材浪费。③在配送环节，企业可将订单信息通过电子化方式进行记录和管理，包括订单的生成、分配、处理和跟踪等，以实时监控订单状态，提高订单处理效率和准确性；还可通过数字化系统为客户提供服务和沟通渠

道，包括在线订单追踪、配送时间预约、问题投诉等，加强与客户的互动和沟通，提高服务质量。

另一方面，表现为物流执行系统的自动化。当前，物流自动化技术呈现快速发展趋势，无人机、无人车已被大范围投入到商业应用中，自动驾驶卡车、地下智能物流配送也已经进入人们的视野中。执行系统的升级是支撑物流服务变革的必要前提，它们可推动物流行业提升运力，降低成本，以提高效率和服务质量。以下，同样从运输、仓储及配送三个环节对物流执行系统的自动化升级作进一步阐述。①在运输环节。物流企业通过引入自动化和机械化装载技术，如自动托盘装卸设备、自动导引车（automated guided vehicle，AGV）等，提高装载效率和操作安全性。京东物流就大量引入 AGV，用于物料搬运、仓库内部运输等工作。这些 AGV 可以通过自动规划路径，准确地将货物从一个区域运送到另一个区域，提高了搬运效率并减少了人为错误。②在仓储环节。物流企业通过引入自动堆垛机、自动货架系统和机器人等自动化仓储设备，实现货物的快速存储、取货和分拣，减少人力成本，降低出错率，提高仓储操作效率。③在配送环节。物流企业通过利用无人机和无人车等设备，实现远程和"最后一公里"配送的自动化和智能化，减少人为过失风险，及因地形地理因素、健康危机事件等带来的人工配送限制。

（二）物流服务形式创新：增值服务多元化

为了满足用户的多样化需求，物流企业纷纷引入新兴技术，开发创新服务，为消费者提供更个性化和差异化的物流增值服务，如定制化包装、逆向物流及个性化的客户服务等。这些高效、可靠和定制化的物流解决方案，有利于持续推动物流行业的可持续发展和进步。以下对常见的几种物流增值服务作简要介绍。

第一，定制化包装。企业根据不同产品的属性和特点，为客户提供个性化的包装设计和定制化的包装材料，有利于保护货物完整性和安全性，同时也利于打造品牌形象，提升用户体验。德邦快递基于自身丰富的物流经验，为不同种类的货物推出定制化包装方案，且注重采用绿色环保材质，如根据西凤酒酒瓶定制贴合度较高的包装，并添加较为环保的 EPS 泡沫托增强缓震效果，还根据烟台樱桃、西安猕猴桃、赣南脐橙等不同特性和具有地域特色的农产品定制不同规格的包装，凸显水果的招牌产地并保证水果的新鲜。此外，德邦继续发挥在大件领域的优势，为家具、家电等大件货物的配送开发专属包装，如针对医药货物推出了 12 种方案，其中就有充满绿色能量的循环围板箱包装方案，将医药运输过程中的破损率降低到 0。

第二，逆向物流。建立逆向物流网络，处理退货、售后服务及产品回收等问题。通过逆向物流管理，提供便捷的退换货服务及绿色环保的回收处理，最大程度地减少损失和成本，如全球最大的电子商务平台之一亚马逊，通过自有的物流网络和合作伙伴，为消费者和卖家提供高效、灵活和便捷的逆向物流解决方案。平台能够实现快速退款或重新发货服务，使商家和消费者能够轻松处理替换货问题。还有全球逆向物流领先企业联合包裹快递（united parcel service，UPS），提供了完整的逆向物流解决方案，包括产品回收、退货管理、产品修复和再制造及废料处理等服务。UPS 打造了逆向物流网络和专业团队，建立了相应的回收网络体系和设施，协助客户快速处理退货、回收废弃产品问题；并借助专业设备，对退回的故障产品进行维修，实现产品的再利用，以最大程度地延长产品的寿命和价值。

第三，个性化的客户服务。针对不同客户的需求和偏好，提供个性化服务。例如，增加多语种的客服支持、建立客户专属服务团队、提供定制化的运输报告和数据分析等，以及通过商业智能技术建立自助查询系统、在线客服聊天机器人等。全球著名的邮递和物流企业 DHL，在全球范围内提供多语种的客服支持，确保客户能够用他们熟悉的语言进行沟通；建立了专门的客户服务团队，为每个客户分配专属的代表。这些代表深入了解客户的业务需求、优先事项和特殊要求，在物流过程中提供定制化的支持和解决方案；并利用先进的数据分析技术收集、整理和分析物流数据，根据客户的需求生成详尽的运输报告，帮助客户评估运营绩效、寻找改善机会并做出战略决策。当前国内几大物流企业都利用商业智能技术建立了自助查询系统，客户输入包裹追踪号码或其他相关信息，即可查看其包裹的实时位置、预计交货时间等详细信息，方便客户进行自主查询和跟踪，且配备了在线客服机器人，能为客户解答常见问题。

以上这些增值服务可以根据客户需求和行业特点进行个性化定制，以增加物流服务的附加价值，为客户提供更好的用户体验。物流企业还在不断创新和拓展服务领域，以满足用户更广泛的需求。以中国邮政为例，近些年来，中国邮政在物流服务方面进行了很多探索和尝试，为满足农村地区的物流需求，中国邮政通过加强线下网点建设、布局普惠式营销、增设快递员工作站等方式，支持发展农村电商，并带动当地经济发展。中国邮政不断推进线上线下融合，联动各类资源挖掘和专业知识的分享，涉及金融服务、信丰保险、话费充值、旅游票务等功能，带给客户更多便利化与个性化的服务。中国邮政在物流服务方面一直积极拓展领域和形式，为不断提高客户体验，增强其发展潜力和活力而持续推陈出新。

二、面向消费者的物流决策

（一）畅通末端服务的仓储布局规划

作为物流的两大支柱之一，仓储管理在物流管理中占据着核心地位，而仓储布局在仓储管理中扮演着顶层设计的角色。畅通终端服务的仓储布局决策涉及诸多具有差异性和个性化的多元需求，在此，结合需求直接面向消费者终端的电商仓储应用场景，从仓储选址和仓储类型两个方面，考虑制定适应多样化需求、畅通终端服务的仓储布局措施。

其一，在仓储选址方面。当前，企业面向的业态或渠道多样，仓储对不同的业态或渠道有着不同的物流要求，常见的业态/渠道有经销商（在某一区域拥有分销网络的主体）、门店（直接面向消费者的销售网点，如便利店、商超、药房等）、第三方客户（物流，为大客户提供完整的仓储解决方案，包括存储、拣选、配送等）与自营电商客户（从商家的仓储地直接发货至消费者）等。从需求批量和批次上看，经销商的需求往往是大批量少批次，集中化；而电商客户的需求则为少批量大批次，碎片化。在仓储选址的空间布局上，重点考虑的是两类仓储：中心仓和区域仓。在选址决策过程中，企业则应遵循费用、长远发展及接近用户三大原则，考虑面临的各类约束条件，明确建立仓储的目的，对仓储服务对象当前的分布情况有清晰的了解，并对其未来分布情况有准确的预测。

其二，在仓储类型方面。电商仓储直接面向终端消费者，日订单量大，每笔订单需求量少，且日订单量波动大，因此，这类仓储须注重流通功能而非储存功能，能够实现产品快进快出，响应速度快，能够灵活调配工作人员。如京东，截至 2023 年 6 月，已建立由北京、上海、广州、成都、沈阳、武汉、西安和德州八大物流中心，27 个城市仓储中心、近千个配送站、多个自提点组成的覆盖全国个行政区县的庞大物流网络。

面对消费者的灵活需求，弹性供应链是关键要素，要求积极地响应季节性需求高峰和更快速地收到货物。零售商和分销商正在寻求更多的仓储空间，但他们也需要灵活性和敏捷性来动态分配和库存。各种规模的零售商现在都需要以更多的方式来减少运输时间和运输成本，他们正在寻找新的选择，如有的零售商正在寻求通过与第三方物流供应商（3PL）合作，替代仓储解决方案（如自有网络，运输模式或外包 3PL 网络）的创新安排来实现这一目标。另一个方案即微型仓储，零售商将小型配送中心建立在靠近大城市地区，并且选择受欢迎库存量单位（stock keeping unit，SKU）的模式。

此外，一些零售商甚至寻求按需或"众包"的解决方案来处理买卖双方之间的仓储空间。随着电子商务和全渠道的发展，有越来越多的客户需要更快的订单履行，他们需要将库存快速放到新的位置，以利用不同的促销方式或适应不可预测的情况。按需仓储使公司能够按需使用仓储空间并仅为其使用的部分付费，而不必依赖于 3PL 的较长合同。这些选项还使零售商能够在租金接近历史最高水平时更有效地扩展和增长。对于那些空间过大的人来说，这些平台使他们能够收回部分开销。总的而言，各种不同的模式层出不穷，如众包物流、云仓、迷你仓等，都是旨在满足越来越细分和高效的供应链需求。

（二）消费者导向的个性化物流配送

在消费者对服务体验的要求不断提升的背景下，个性化物流服务在现代物流服务中的地位变得日渐突出。个性化物流服务的核心举措在于更好地服务消费者，物流企业通过针对不同消费者的特定需求进行差异化服务设计，并同时保证经济性和时效性，有效提升用户体验，增强企业竞争力。在此，将末端配送需求划分为顾客自提和带时间窗送货上门两类，并就应对措施作进一步阐述。

其一，顾客自提需求。面对顾客的自提需要，可以引入灵活的配送渠道，除传统快递公司外，还可使用自有配送队伍、共享经济平台或社区代收点等多种配送渠道，以及各种类型的智能快递柜，为消费者提供便捷的自取服务，灵活选择最适合的配送方式，提高配送效率，增加消费者收件的便利性和选择性。

其二，带时间窗送货上门需求。为满足消费者带时间窗的送货上门需求，配送企业应提供灵活的配送时间选择，设立固定时间段预约制度，缩小时间窗口，如"朴朴"可预约延迟三天以后送货上门，也能精确至某个时段的 15～30 分钟的时间窗。此外，须注重通过人工智能算法和实时数据分析，基于派送点的数量、派送量、配送员的实时位置等因素来进行科学决策，确保派送员的合理分配和最佳利用。

此外，还要注意应对顾客在这两种需求之间的复合选择，这就要求快递企业不断完善产品体系，提供多元化、差异化的末端配送服务，将配送服务的选择权交给消费者，为其提供个性化、高质量的配送服务。

个性化物流配送的一个典型应用场景即"最后一千米"末端配送。末端配送成本高，服务难度大，是制约物流配送发展的一个重要因素，有资料显示，末端配送成本高达整个物流成本的 30%，偏远山区的占比则更高。很多平台迫切想要攻克这个难关，全球大型的 DHL、UPS、沃尔玛、亚马逊、阿里巴巴和京东等公司都在不断尝试引入最新技术来优化"最后一千米"的配送交付，据统计，在 2018—2022 年，各大物流企业在解决"最后一千米"配送问题上总投资超过了 100 亿美元。以上提出的要点可为优化"最后一千米"末端配送问题提供参考，其实践宗旨即提高配送的效率、准确性和可靠性，兼顾经济性和时效性，满足客户的个性化需求。总的而言，实现个性化物流配送，还面临诸多挑战，未来任重道远。

第五节　消费者导向的智能销售和服务决策

一、如何进行广告智能投放

（一）优化投放策略

1. 选择合适的媒介及渠道

广告投放媒介是影响广告效果的重要因素，不同媒介的受众不同，传播特点也存在差异。广告主需要根据自身推广需求，考虑投放媒介的性质特征，不断地试验和实践，从谷歌右侧广告、脸书广告、电子邮件及各类社交媒体网站等诸多媒介中，选择适合的投放渠道，找到效果最好的投放比例，并多方考虑投放区域、投放时段等诸多关键要素，从而优化广告效果，如爱彼迎的目标群体定位是在青年旅舍的年轻群体，在刚刚起步时，便选取了年轻群体活跃的社交媒体渠道，采用基于用户口碑和社交分享的快速扩张策略，在脸书、Instagram、推特等社交媒体平台进行大量宣传，由此，有效地触达目标受众，迅速提高了品牌知名度。

2. 采用精准的定向人群策略

定向人群策略有许多，下面介绍三种主要形式：①基于地理位置，将广告投放到目标用户附近，增加广告曝光率，如餐饮店可以根据用户的 IP 地址或者 GPS 定位等信息，将广告展示给周边几公里内的用户，吸引消费者前来就餐；②基于人口统计学信息，如根据用户的性别、年龄、职业等特征信息来进行定向投放，精准切入目标市场，如家庭教育服务平台，通过调研获得父母群体的年龄段、子女年龄段等人口统计学信息，为其提供个性化的在线教育内容和家庭教育指导，以满足不同父母的需求，提高用户黏性和转化率；③基于行为数据，通过分析用户的历史行为数据，如购买记录、订阅行为、社交媒体活动等，来了解用户的兴趣和行为特征，将广告定向展示给可能有兴趣的人群。

此外，广告主还可结合自身需求，将定向方式组合使用，实现更好的信息流广告定向效果，提高广告转化率。需要额外注意的是，在制定和实施定向人群策略时，需要遵守相关法律法规，合理获取和使用用户数据，注重保护用户隐私和信息安全。

3. 定期分析优化

不断跟踪广告效果及响应率等指标，进行数据分析，了解用户反馈，并对广告进行优化和改进，这可以确保广告在整个过程中保持最佳状态，以达到预期的结果，如抖音极其重视其为用户提供的广告投放服务，其广告代运营团队利用数据分析不断优化广告投放的时机、频率和内容，实时监测广告效果并进行调整。良好的广告优化服务为抖音平台吸引广告商进驻赢得了极大的竞争优势，据统计，2022 年，抖音短视频平台的核心广告业务收入达到约 100 亿美元，超过了同期 YouTube 广告收入增长的 1%，发展势头强劲。

总体而言，企业需要丰富营销工具，优化组合方法，从多个角度实现全方位的营销有效覆盖及定位。同时，针对不同的消费者群体，制定特定的营销策略，洞悉消费者需求和心理特征，以提升营销效果和满意度，实现长期的良好经济效益和社会效益。

（二）优化投放内容

提高广告投放效果，需要尽可能地让内容激发到消费者的内心需求，典型的做法即创建动态的千人千面广告内容，这建立在大数据技术、场景感知技术、程序化生产技术等人工智能技术有机嵌入广告内容的制作过程中。[①]大数据技术使得广告可以由大众化内容升级为具有高维细粒度的定制化内容，场景感知技术使得广告内容能够动态匹配生活情景，程序化内容生产平台可以依据定制化、场景化要求动态快速输出广告内容，这些智能技术互相耦合，共同驱动了广告投放的动态千人千面的实现。

1. 依托大数据技术，生成定制化广告

借助大数据挖掘消费者行为，精准掌握消费者需求，是生成千人千面定制化广告内容的基本前提，在数字化时代，可借助数字技术，将消费者的个人属性转化储存为结构化数据和非结构化数据，通过机器学习技术习得的智能算法，采用标签化方式将属性数据进行分类和处理，并通过标签的叠加来提高辨识精度，获取的消费者数据越多，赋予消费者标签的数量越多，广告内容生产者的用户画像也就越精准。算法还可通过数据挖掘分析内容与用户行为之间的关联，并进一步判断和预测用户的未来行为。借助大数据技术，可以使得广告由大众化内容升级为具有高维细粒度的更加满足个体需求的定制化内容，广告内容的智能化、个性化生产成为可能，如微博平台作为中国流行的社交媒体，截至 2022 年底，月活跃用户达 5.86 亿人，拥有超大流量优势；微博的用户画像拥有超过 4000 个用户标签，涵盖 688 个兴趣领域，能够精准定位目标人群。

2. 基于互联网空间，呈现场景化内容

要实现千人千面的动态广告，不仅要聚焦于消费者个体，还需要精准感知用户所处的场景，即除了做到"因人而异"以外，还要注重"因地而异"。广告主借助媒介接触

---

① 袁建. 广告内容智能化生产的核心内涵、实现路径与负面效应[J]. 传媒观察，2022，No.461（5）：84—90.

和地理位置的实时识别技术的趋势日渐凸显，场景随之演变成广告内容生产的触发点。千人千面广告内容生产场景化的实现，需要利用 LED 室内定位及无线 AP 定位等技术锁定消费者所处的地理坐标，然后实时记录、传输消费者场景数据，并将这些数据与互联网平台上消费者沉淀下来的其他大数据进行交互和融合，最终实现广告内容生产与消费者的全场景动态匹配。此外，随着以 5G 为代表的新一代大容量、低延迟通信技术的普及，物联网得以快速发展，这是一种"传感器与互联网结合而形成的网络"，凭借它可以实现"物与物、人与物的泛连接"，产生物理场景与虚拟场景的全场景交互融合。

在互联网空间中，阿里巴巴、百度、腾讯、微博等互联网企业因提供了社交、电商、出行等生活必需服务而逐渐演化成为具有社会公共属性的平台型企业，它们基于流量和数据优势建构了多样性一体化的生态系统，如腾讯社交广告平台提供了微信广告、QQ 广告、腾讯视频广告、腾讯新闻广告等多种互联网广告产品服务，并使广告内容在形式上融入丰富的场景。

3. 借助机器学习，输出程序化内容

在投放环节，程序化模式解决的是有限且分散的广告资源与海量的营销需求间的平衡与匹配；在创意环节，程序化模式解决的则是少量的创意供给与海量的创意需求间的平衡与匹配。智能化技术使程序化创意在规模与效率上从短平快向快准狠过渡。所谓快，指的是创意生产的效率和速度。创意生命周期大大缩短、营销传播节奏加快，无疑为广告创意生产速度提出了更高要求。因此，在智能技术加持下的自动化生产成为行业各方都在探索的目标。所谓准，代表着广告创意与目标消费者兴趣偏好的精准匹配。在讲求品效合一的时代，精准已经成为营销效果的重要保证。因此，千人千面成为业界在谈及创意智能化时的关键词之一。所谓狠，即在短时间内让广告创意实现更好的转化效果。这就需要借助数据和智能技术进行广告创意的动态优化，激发优质创意的营销价值。

例如，2019 年，长安第二代逸动以程序化购买形式（基于自动化系统/技术和数据的广告投放形式），优化投放效果，向长安第二代逸动用户及潜在用户精准推送广告营销信息。长安第二代逸动通过大数据管理平台的消费者洞察工具，在投放前，对潜在顾客进行用户细分，分析不同潜客群体的媒介使用习惯、兴趣标签，进行针对性的投放策略；在投放过程中，对用户数据进行沉淀，分析已转化用户的行为特点，对投放策略进行实时优化调整，并根据产品设定潜在客户标签，在自有平台以程序化方式进行投放执行，对每一次曝光背后的用户进行识别，对符合人群标签用户展示广告及展示的创意内容。据悉，该广告项目在投放期间，为长安第二代逸动积累潜在客户 2700 多万人次，获得累计曝光 2.6 亿次，大幅提高长安第二代逸动车型及品牌声量，有 450 多万用户点击查看长安汽车传播内容，有效传播第二代逸动"高能"标签，CPM（千人成本）与 CPC（每点击成本）相较同期投放成本分别降低了 30%、15%。

二、构建用户售后行为画像

用户画像是指具有相似背景、兴趣、行为的用户群在使用某一产品或者服务时所呈现出的共同特征集合，是基于机器学习、自然语言处理、大数据挖掘等新兴技术，从海量数据中挖掘出具有典型性的、有价值的用户信息。在构建用户画像时，必须考虑应用场景是否与业务需求相关联，本书主要围绕"售后服务"情境，考虑如何构建用户画像为售后智能服务决策提供重要支撑。

（一）认识用户数据源

充分的用户数据是构建用户画像的基础要素。根据数据的产生，可将数据源分为两类：一类是用户生成数据，如必填的注册信息、自动生成的 IP 所在地、所使用的设备型号等信息，以及用户自主补充的生日、性别、星座、职业及年龄等个人资料；另一类是技术生成数据，即用户在接受某一产品或者服务时所产生的交互行为数据，这类数据通常是由数据产品经理及技术人员等角色，根据一系列业务数据需求，拆解出的对应数据指标，被称为数据埋点。

在构建用户画像前，需明确用户画像的构成要素，即规整数据源，对其进行维度划分，加强对数据特征的认识，从而为用户画像模型的构建提供参考。关于构成要素的划分标准，当前，学界和实践界仍未形成统一观点。有的将其归纳为用户的基本素养、学历层次、社会关系、工作状况、位置情况、时间信息等；有的则从专业背景、知识获取习惯、兴趣偏好、特长任务等方面考虑；还有的融入了用户的情境属性要素，将用户画像维度划分为自然属性、社交属性、兴趣属性和能力属性。本文围绕售后服务场景，将用户售后行为画像的构建划分为"自然属性、行为属性、消费属性及风险属性"四个维度，其具体内涵如表 8-1 所示。

表 8-1   构建用户售后行为画像的维度划分及其内涵

维　度	具　体　内　涵
自然属性	年龄、性别、星座、地域、学历、职业、婚姻状况等基本信息
行为属性	行为类型：浏览、搜索、点击、收藏、点赞、评论和分享等 行为来源：产品首页、推荐页、活动页、公众号和邀请链接等
消费属性	购买的产品品类、金额、频次、退换货情况及商品评价等
风险维度	账号风险、设备风险、借贷风险等

（二）构建顾客售后行为画像的步骤

通俗来讲，构建顾客售后行为画像需要关注三个问题。①用户从哪里来？②这些用户是谁？③这些用户要到哪里去？与这三个问题相适应，可将构建顾客售后行为画像简化为以下三个步骤。

第一步，确定统一的用户标识，以便依据唯一标识跟踪用户后续行为。用户标识主要有昵称、注册手机号、邮箱、账号、Cookie ID 等。

第二步,对用户所产生的数据进行标签化,构建标签体系,方便企业进行数据建模,获得精准的用户画像并据此制定相应的策略。需要注意的是,标签设定没有固定的标准,可结合企业自身的性质和目标需求做动态调整。在此,可参照上述的数据维度划分来确定用户售后行为画像的标签。

第三步,考虑用户售后行为画像为企业带来的业务价值。以下,从用户生命周期的三个运营区间来划分业务价值,即分为获客、增值、留存三个区间。企业在三个区间的售后服务分别应重点投入的工作如图 8-3 所示。

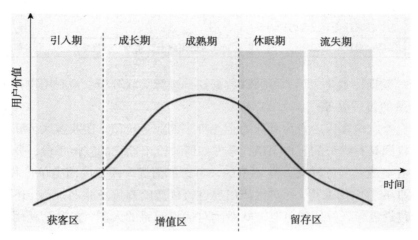

图 8-3　不同用户生命周期的用户价值

针对不同的区间,企业售后服务的重点有所差异,详见表 8-2。

表 8-2　企业在三个区间的售后服务工作重点投入方向

区　间	企业售后服务工作重点投入方向
获客区	提高获取新顾客的渠道质量及效率,注重口碑传播、功能分享,以获得新顾客的进一步信赖
增值区	提高用户的留存率、活跃度和转化率。依据精准的用户画像,满足顾客的个性化需求,鼓励其尝试更多新产品新性能,还可给予其更多的利益刺激
留存区	分析用户的流失原因,依据用户画像采取具有针对性的召回措施,加强用户干预和引导,激活沉默用户

（三）构建用户售后行为画像的实例

消费者体验对于增强企业竞争力的重要性日趋凸显,越来越多的企业开始借助精准的用户售后行为画像,有针对性地提升消费者体验,提高售后服务质量和客户满意度。以下结合美团外卖的售后行为画像构建作进一步说明。

第一步,确定统一的用户标识。美团外卖是美团的核心产品,针对的是高频线上到线下（online to offline,O2O）的场景。2015 年,美团和大众点评合并成为美团大众点评,但各自拥有独立的 App,由此,美团外卖有两个平台入口。两个平台共同的登录方式是手机号、微信和微博,而微信和微博通常需要绑定手机号,由此,可以将用户注册的手机号作为唯一标识,以便在后续工作中实现对用户数据的打通与互联。

第二步，用户数据标签化。结合美团外卖的场景，参考数据类型的划分，可将标签划分为以下四类，其标签类别和相应内涵如表 8-3 所示。

表 8-3　不同类型标签的内涵

标签类别	具 体 内 涵
用户标签	性别、年龄、IP 地址、收货地址、职业、通过何种渠道进行的注册等
消费标签	消费均价、消费频次、团购等级、饮食偏好、预订使用等级、排队使用等级、外卖等级、优惠券使用情况等
行为标签	App 平均使用时长、点餐平均用时（一次下单前的浏览时长）、浏览餐饮内容及他人评论的行为、发表评论及点赞的行为等
风险标签	考虑金融产品的使用行为及信用，如月付使用频率、逾期、分期情况、信用卡额度等

当对用户数据标签化之后，可通过数据挖掘进行关联分析，预测用户行为，并为其提供更高质量的售后服务。

第三步，考虑顾客售后行为画像为企业带来的业务价值。在获客区，可以通过用户画像特征，找到具有优势的宣传渠道，考虑如何通过个性化的宣传手段，吸引有潜在需求的用户，并刺激其实际转化；在增值区，考虑如何提升用户的消费单价和消费频次，可实施更精准的个性化推荐，针对优质用户进行优质的高价商品的推荐，还可刺激其重复购买。通过返红包、发放优惠等方式激励对优惠敏感的人群，提升活跃用户、忠实粉丝的购买频次。在留存区，提前预测用户的流失可能性及流失原因，影响用户流失的因素主要包括用户体验、竞争对手、用户个人的需求变化等，通过预测用户的流失率，针对性地实施举措挽回用户，激活沉默用户，可以大幅降低用户留存的运营成本。

三、如何加强顾客关系管理

（一）建立智能的顾客关系管理系统

顾客关系管理系统（CRM），是指利用软件、硬件和网络技术，为企业建立一个客户信息收集、管理、分析和利用的信息系统。该系统以客户数据的管理为核心，记录企业在市场营销和销售过程中和客户发生的各种交互行为，以及各类有关活动的状态，为不同价值分类的客户提供满足个性化需要的产品和服务，其核心是以客户满意度为目标的协同管理思想。随着人工智能技术的不断发展，智能 CRM 系统将逐步替代传统的 CRM 方案，在降低企业的营销成本的同时，巩固企业强数据化的管理模式。

具体而言，要加强 CRM 的智能化，①借助深度学习技术和回归算法生成的模型对互联网中海量的信息和用户数据进行分析、聚类和整理；在 CRM 领域中常用于将不同的广告信息或是服务模式有针对性的投放给不同的用户和不同的场景，从而实现客户行为分析，和个性化精准广告投送；②借助自然语言理解技术，使用计算机模拟人类语言的交际过程，从而实现人机的自然语言沟通。通过深度学习技术，对海量的语料数据进行分析和学习，计算机能够更加精准地做到分词，识别，聚类等任务，从而实现更加准确的语言理解能力。③自动文本生成是一个依赖语言模型和深度学习实现的技术，通过模拟和推算，在客户关系管理场景下，自动文本生成技术能够帮助企业生成营销方案，维护用户的同时，有效地降低人力成本和错误。

（二）深入理解提升顾客满意度的指标

根据 Fornell 等人（2020）在撰写《客户即上帝：以客户为中心，竭诚提升满意度》时所做的上百万份客户调研得出提升顾客满意度所需关注的十大要素，[①]如表 8-4 所示。深入理解这些指标内涵，便可确定顾客关系管理的方向和目标。

表 8-4 提升顾客满意度所需关注的十大要素及其举措

关注要素	举措
战略资产	满意度与市场份额之间存在着复杂关系，且在后半段呈负相关，由此，企业应将满意度视为战略资产，不能盲目提升，也不能忽视其价值，需平衡两者之间的关系，使其达到"优化"状态
顾客期望	企业应避免以"始终超越客户预期"为目标，盲目给出顾客承诺，应尽可能地取悦客户，优化顾客体验，但目标的制定应切实可行
产品质量	在产品质量中，顾客最看重的是可靠性及可定制性，且可定制性占据主导作用，其远大于产品的可靠性
感知价值	感知价值对顾客满意度的影响作用处在上升阶段，应注重提升顾客的感知价值，但不能过度依赖于"性价比"的助推作用
满意度	满意度是预测国家宏观经济增长与该国经济变化的重要因素，消费者支出的增长离不开顾客满意度的提高，满意度还有很大的上升空间
投诉	认真对待客户投诉，企业将能够打造出更具竞争力的品牌、产品和服务，即解决好投诉，能对企业发展产生积极影响
真诚服务	调查表明，如果顾客的投诉能被很好地处理，投诉客户对企业的忠诚度甚至会超过那些从未遇到过问题的客户
财务绩效	要让满意度高到可以影响财务绩效的程度，如促使生产效率、市场份额、收入、销售增长，用财务绩效来验证满意度的增长情况
客户体验	客户体验企业品牌、产品和服务的过程会在其决定是否购买相关产品、是否成为企业忠诚客户时产生重要作用
业务生态	企业需要在深度理解因果关系指标的基础上，增强业务生态的整合能力，为顾客提供使其满意的产品和服务

第六节 商业智能决策中的数字营销经典案例

---

① Fornell, C., Morgeson, F., Hult, G. T. M.,& VanAmburg, D. (2020). The Reign of the Customer: Customer-Centric Approaches to Improving Satisfaction.

 **本章小结**

　　本章围绕数字营销活动中的商业智能决策展开,首先阐明商业智能技术支撑数字营销的原理和逻辑,可知,商业智能技术改变了产品/服务的供应模式及企业与消费者的互动模式。在当前的数字营销背景下,以消费者为导向的特征日渐凸显,由此,更进一步探讨消费者导向下的商业智能决策现状,首先了解如何精准快速捕捉消费者偏好,然后从设计、生产、物流配送、广告营销、售后服务这些重要环节铺开,并着重分析了企业和消费者的互动在商业决策中所起的重要作用。

 思考题

　　1. 请根据本章节所学,尝试说明为什么在当前的数字营销背景下,企业的决策呈现以消费者为导向这一特征?

　　2. 请分析快速精准捕捉消费者偏好和构建用户售后行为画像在利用消费者数据资源进行商业智能决策时的联系和区别。

　　3. 关于"最后一公里"末端配送这一问题,试阐述当前企业面临的巨大挑战是什么,你是否想到了其他可能的未来应对方案?

　　4. 请结合本章所学,分析三一重工在迎接数字化时代新挑战的过程中是如何体现其以消费者为导向的智能决策的。

　　5. 除了本章节所提及的内容,数字营销对商业决策的影响还体现在哪些方面?它是如何影响的?请简要分析。

 **即测即练**

自学自测　　扫描此码

第九章

数字时代消费者的购物决策

在数字时代，消费者的购物决策环境发生了前所未有的变革。随着互联网的普及、移动设备的广泛应用以及大数据、人工智能等技术的飞速发展，消费者的购物体验变得愈发便捷，决策过程中参考的信息内容更加多元化，信息来源渠道丰富，社交媒体口碑以及商家个性化推荐的作用在强化。这些环境变革深刻影响着消费者购物决策模式，消费者的购物决策呈现出高参与度、强互动性、易受社交群体的影响且追求自我独特性共存等特征。当前，企业越来越注重通过社交媒体等方式影响消费者产生从众购买行为，同时又希望满足消费者的个性化需求，这就需要深入了解数字时代消费者购物决策的特征、影响因素和发生机制。

学习目标：①理解数字时代消费者购物决策环境的变化；②了解数字时代消费者购物决策的特征及其表现；③掌握数字时代消费者购物决策的从众和个性化追求特点及其理论基础；④学会结合实证研究方法深入理解消费者决策的发生机制；⑤能够从企业营销角度思考企业应如何根据消费者购物决策特点展开营销。

第一节　数字时代消费者购物决策环境

在数字时代，消费者的决策环境发生了明显的变化，主要体现在消费者用于辅助决策的信息渠道是多元的，消费者的决策会更多受到社交媒体等网络环境的影响，同时也会受到社交网络群体的影响。

第一，数字时代消费者购物决策所需的信息渠道和信息本身具有多元性。当前，消费者在购物决策过程中，可获取相关信息的渠道是多样化的，包括能够提供海量信息的百度等搜索引擎，提供商品交易和信息比对的淘宝、京东等电商平台，平台上的商品详情页、用户评价、问答板块等都是消费者了解产品的重要渠道。还包括微博、抖音、小红书等社交媒体平台，在这些平台上，消费者可以获得与用户分享、博主推荐、网红带货等内容相关的信息，这些平台对消费者的购物决策产生了深远影响。此外还包括一些专业论坛与社区，这些社区一般是针对特定领域或产品的，具有一定的专业性，如汽车之家、育儿网等，能够为消费者提供深入交流和获取专业建议的机会。

除了信息渠道的多元性，数字时代消费者决策所需的信息本身也是更加多样性的。消费者可以通过搜索引擎、社交媒体、电商平台、专业论坛等多种渠道获取产品信息。这些平台不仅提供丰富的文字描述，还包含图片、音频、视频、直播、VR/AR 等多种形式，甚至还包括用户评价等多种形式的内容，使得消费者能够更加全面和立体地获取与购物决策相关的各类信息。例如，短视频和直播带货的兴起，让消费者可以通过观看视频或直播了解产品的使用效果、演示过程等，增加了购物的趣味性和互动性。

此外，移动互联网的普及使得消费者可以随时随地通过智能手机、平板电脑等设备获取所需信息。无论是在家中、办公室还是外出途中，消费者都能轻松访问各种信息渠道，获取最新的产品信息、用户评价等。此外，许多电商平台和社交媒体平台还提供了个性化推荐和智能搜索功能，根据消费者的浏览历史和购买行为为其推送相关信息，进一步提高了信息获取的便捷性。

综合来看，数字时代消费者购物决策所需的信息渠道具有多元性。这种多元性不仅丰富了消费者的信息获取方式，也提高了信息的质量和可靠性。对于企业和品牌而言，了解并充分利用这些多元的信息渠道，将有助于更好地触达目标消费者、提升品牌形象和促进销售增长。

第二，数字时代消费者购物决策过程中所需的信息具有更高的透明度和可比性。数字时代，消费者可以通过一个平台上多个店铺甚至跨平台进行产品或服务的全方面对比，既包括产品本身属性和特点，如性能、价格、品质等方面的比较，也包括消费者关于产品和服务评价的深入分析和比较。尤其是电商平台要求商家在商品详情页中提供详尽的产品信息，包括规格、材质、产地、生产日期、保质期等，使消费者能够全面了解产品的基本属性。电商平台还鼓励用户发布真实的购买评价和使用体验，这些来自消费者的第一手信息对于后续购买者具有极高的参考价值。数字时代消费者购物决策具有可比性还体现在消费者可以借助相应的工具动态追踪平台上商品价格的变动，消费者可以通过比价软件或电商平台的价格查询功能轻松获取同一商品在不同店铺、不同时间的价格信息，从而做出更有性价比的购物决策。

第三，数字时代消费者的购物决策受口碑影响程度增强。传统口碑传播主要依赖于面对面的交流，而在数字时代，口碑信息通过社交媒体、电商平台、评价网站等多种在线渠道迅速传播。这些平台不仅提供了丰富的口碑信息，还使得消费者能够更为便捷地获取和分享信息。另外，在数字时代，网络口碑的传播速度加快，一条口碑信息可以在短时间内被大量用户看到并传播，形成强大的影响力。这种即时性使得口碑信息能够迅速影响消费者的购买决策。

网络口碑对消费者影响力的提高还有一个原因是口碑信息不仅传递了产品的客观信息，还包含了消费者的主观情感和体验，更能激起消费者的共鸣。积极的口碑信息能够激发消费者的正面情感，如信任、满意和忠诚等，从而促使他们做出购买决策。相反，负面的口碑信息则可能引发消费者的不满和抵触情绪，影响他们的购买意愿。

第二节　数字时代消费者购物决策的特点及其原理

一、数字时代消费者购物决策的特点

（一）消费者在决策过程中主动性和参与性增强

首先，与传统购物模式相比，数字时代的消费者在购买过程中更加主动。他们不仅会主动搜索产品信息，还会通过评论、评分、问答等方式参与产品的讨论和评价。这种主动性和参与性使得消费者在购买决策中拥有更大的话语权。一方面，数字时代，消费者能够轻松通过智能手机、电脑等设备访问互联网，利用搜索引擎、社交媒体、电商平台等多种渠道主动搜索和获取所需的产品信息。这种信息获取的便捷性极大地激发了消费者的主动性，使他们能够根据自己的需求和兴趣，积极主动地寻找和筛选信息，而不再仅仅依赖于传统的被动接收方式，如电视广告、报纸杂志等。另一方面，在线平台为消费者提供了意见发表以及与其他消费者进行互动的窗口，这也提高了消费者购物过程中的参与深度。在购物前，消费者不仅会仔细阅读产品描述、用户评价、专家推荐等内容，还会通过评论、问答、社交媒体互动等方式，与其他消费者或品牌方进行交流和反馈。这种深度参与不仅有助于消费者更全面地了解产品，还能促进他们形成更加独立和理性的购买决策。

其次，数字经济时代，消费者个性化需求激发了消费者参与的主动性和参与性。数字时代的电商平台和社交媒体提供了丰富的个性化推荐和定制服务，使得消费者能够根据自己的兴趣和偏好，选择符合自己个性化需求的产品和服务。这种个性化需求的满足进一步增强了消费者的主动性和参与性，因为他们可以更加主动地参与到产品选择和定制过程中来，满足自己的独特需求。与此同时，消费者的主动参与有助于企业更好地满足消费者的个性化需求，从而形成良性循环。

（二）消费者决策过程中从众与独特性需求共存

数字技术的发展与应用深刻改变了消费者的购物行为与决策模式，消费者的购物决策过程和决策逻辑也发生了巨大的变革。具体来看，数字技术的普及，特别是互联网、大数据、人工智能等技术的广泛应用，不仅丰富了商品信息的获取渠道，也提升了消费者参与跟商家以及其他消费者进行互动的可能性。在此背景下，消费者的购物决策过程变得更加复杂多变。一方面，由于受到社交媒体、网络评价等外部因素的影响，消费者将展现出从众的一面，这一现象不仅反映了信息获取方式的转变，也深刻体现了社交媒体、意见领袖及网络达人在塑造消费趋势、引导购买行为方面的巨大影响力；另一方面，个性化推荐系统、定制化服务等技术的兴起和应用激发了消费者对于独特性和个性化的追求。为此，在数字经济背景下，消费者的购物决策表现为从众和追求独特性的双重特征。理解并把握这一双重特征，对于理解现代消费者行为、指导企业营销策略具有重要意义。

二、数字时代消费者购物决策的相关原理

（一）消费者从众决策的行为表现、理论基础与影响因素

1. 消费者从众决策的行为表现

从具体的从众行为表现来看，在线情境下，消费者从众行为表现为消费者的购物决策受到社交媒体、在线评价系统、社交网络中其他个体或群体的态度或行为的影响，做出与其他个体或所在群体趋同的决策。具体表现为以下几个方面。一是消费者购物过程

中，将微博、抖音、小红书等社交媒体平台上的网红推荐、用户分享作为购物决策的重要参考。二是消费者在购物过程中，主要关注并购买购物平台上高点赞量、高评论数、高销量的商品。三是消费者将电商平台上的商品评价、评分系统作为直接且主要的购物参考点。四是排除价格优惠因素外，消费者更偏向于团购、秒杀、拼单等多主体参与的促销活动。

在线情境下，商家利用消费者从众心理来提升营销效果的常用的方法之一是提供产品相关的人气度信息，以帮助消费者缩小选择范围，降低选择难度与成本[①]。产品人气度信息可以展示为某一产品截至特定时间点被消费者选择的百分比[②]，也可以呈现为特定时间段内（例如一天）被消费者购买的累计交易数[③]，还可以使用"畅销""最高评级"等标志来表示[④]。消费者在购物过程中受到产品流行度或人气度相关信息的影响而做出购买决策的行为就是典型的从众行为。

2. 消费者从众决策的理论基础

消费者从众消费的理论基础可以从从众心理和社会认同两个方面展开。从众心理是指个体在群体的压力下，放弃自己的意见或行为，而采取与大多数人一致的意见或行为。在购物过程中，当消费者看到多数人选择某种商品或服务时，他们往往会认为这种选择是正确或值得的，从而跟随大众进行购买。这种心理现象在消费领域尤为普遍，因为它能够降低个体决策的不确定性，增加购物的安全感。社会认同理论指出，人们通过将自己归类到某个社会群体中来获得自我认同和归属感。在购物时，消费者可能会选择那些能够彰显自己所属群体特征的品牌或商品，以此来获得群体内的认同和接纳。因此，当某个品牌或商品在特定群体内流行时，就会引发更多人的购买行为。

3. 消费者从众决策的影响因素

在数字时代，社交媒体、在线论坛等平台成为信息传播的主要渠道，消费者更容易接触大量来自他人的购物经验、评价和建议。这些外部信息构成了强大的群体压力，促使部分消费者产生从众行为。在数字时代下，影响消费者做出从众行为的因素主要包括以下几个方面。

第一，在线社交平台的普及与渗透使得消费者的决策受到网络平台用户态度或行为的影响。随着互联网技术的飞速发展和智能手机的普及，社交媒体平台如微博、微信、抖音、小红书等已成为人们日常生活中不可或缺的一部分。这些平台不仅提供了即时通信、内容分享的功能，还构建了一个庞大的信息网络和社交生态，使得消费者能够轻松获取来自全球各地的信息、观点和体验分享。社交平台上的主流声音对消费者决策行为产生影响的过程就是消费者从众的过程。

① Cai H, Chen Y, Fang H. Observational learning: Evidence from a randomized natural field experiment[J]. American Economic Review, 2009, 99(3): 864-882.

② Goedegebure R P G, Tijssen I O J M, van der Laan L N, et al. The subjective value of product popularity: a neural account of how product popularity influences choice using a social and a quality focus[J]. Frontiers in Psychology, 2022, 12: 6202.

③ Kao K C, Rao Hill S, Troshani I. Effects of cue congruence and perceived cue authenticity in online group buying[J]. Internet Research, 2020, 30(3): 945-970.

④ Ghiassaleh A, Kocher B, Czellar S. Best seller!? Unintended negative consequences of popularity signs on consumer choice behavior[J]. International Journal of Research in Marketing, 2020, 37(4): 805-820.

　　第二,社交互动与口碑传播成为消费者获取产品或服务的信息并做决策参考的主流方式。在线社交平台鼓励用户之间的互动与分享,消费者可以轻松地发表评论、点赞、转发或参与话题讨论。这种高度的社交互动性使得产品信息、使用体验以及购买建议能够迅速传播开来,形成强大的口碑效应。正面的评价和推荐能够迅速提升产品的知名度和美誉度,而负面的反馈也能迅速引起品牌注意并促使其改进。因此,消费者越来越倾向于在做出购买决策前,先查看社交媒体上的用户评价和反馈。

　　第三,意见领袖和网络达人成为消费者购物决策的参考依据。意见领袖,即 key opinion leaders（KOL）,是在特定领域内拥有专业知识、丰富经验或广泛影响力的个人。他们通过社交媒体发布内容,分享自己对产品、服务或生活方式的看法和体验,从而吸引大量粉丝关注。对于消费者而言,意见领袖的推荐和评价往往具有较高的可信度和参考价值,因为他们的观点基于个人真实体验,且通常经过精心筛选和呈现,能够直接触动消费者的购买欲望。网络达人,即在网络上拥有大量粉丝和关注度的个人,他们可能并不局限于某一特定领域,但以其独特的个性、生活方式或内容创作能力吸引"粉丝"。网络达人的日常分享、产品试用、穿搭推荐等都能激发消费者的兴趣和购买欲望。他们通过展示自己与产品的互动,为消费者提供直观的购买参考和灵感,进一步促进消费者的购买决策。

　　综合来看,数字时代,在互联网、社交媒体等新兴技术的广泛渗透与应用背景下,消费者一方面会由于受到一般大众如社交媒体上的普通用户,或大众消费者在网上留下的关于产品或服务的主流评价,或者周边普通社交群体的态度或行为的影响而做出跟从大众的决策;另一方面,消费者会由于受到社交媒体平台上具有一定影响力和粉丝量的影响者如知名博主、网红博主的影响而做出跟从影响者的购物决策。

（二）消费者个性化需求的行为表现、理论基础与影响因素

1. 消费者个性化需求的行为表现

　　随着人们生活水平的不断提高以及消费观念的转变,消费者对个性化和差异化消费的需求也在不断加强。消费者不再简单满足于标准化产品和服务的消费,而是更多地希望能够根据自身的偏好和特有生活方式量身定制相应的专属商品或服务。随着"95后""00后"为代表的互联网主力军"Z世代"群体逐渐成为当前数字经济时代下的主流消费群体,整个市场表现出追求个性化和多样化的消费趋势与特征。根据一项艾媒咨询的调研数据,大约64.9%的新青年消费者不再只是满足生活基本需求,而是期待通过消费具有文化内涵,以能够表达个性化消费的形式来取悦自我、提升幸福感①。

　　从实践看,在个性化消费理念盛行的时代,越来越多的消费者对能够代表自身个性的产品产生更多的偏好。这也为主打"满足消费者独特性需求"的诸多小众产品打开了相应的市场空间。越来越多的企业意识到,传统的营销方式已经无法满足新一代用户个性化、小众化的消费习惯。因此,如何结合消费者需求特征设计产品推广方式已经成为企业在数字化时代关注的重点之一。

---

　　① 艾媒咨询. 2022年中国新国货消费行为监测与商业趋势研究报告[EB/OL]. https://www.iimedia.cn/c400/90157.html.

商家借助数字化技术手段为消费者提供个性化的产品或服务,以及对消费者进行个性化推荐成为商家满足消费者个性化需求的主流方式。首先,商家利用大数据挖掘技术对消费者实施个性化推荐。如电商平台可以通过收集和分析消费者的浏览记录、购买历史等数据,同时结合社交媒体、线下门店等多种渠道收集的消费者搜索和浏览等行为和特征相关的数据,运用算法模型形成关于消费者需求、兴趣和行为模式的判断,完成用户精准画像,在此基础上进行个性化推荐,为消费者提供符合其兴趣和需求的商品或优惠信息,提高购买转化率。其次,越来越多的商家推出定制化服务,从服装定制、家居设计到旅游规划,越来越多的行业开始提供定制化服务,满足消费者的个性化需求。随着新兴技术的快速发展与深度应用,商家可以利用 3D 打印、智能制造等技术,实现小批量、多品种的快速生产,满足消费者的个性化需求,或者采用 VR、AR 等技术让消费者购物前深入体验个性化产品或服务的效果。

2. 消费者个性化需求的理论基础

根据心理学家奥尔波特提出的特质论,每个人都有独特的个性特征,个体的个性特征会支配个人行为的能力。就消费者的购物决策而言,这些特征会影响其对产品的偏好和需求。例如,外向型消费者可能更倾向于选择社交属性强的产品,而内向型消费者则可能更偏好私密性好的产品。另外,根据马斯洛需求层次理论的观点,人类需求从低到高分为生理需求、安全需求、社交需求、尊重需求和自我实现需求五个层次。随着社会的进步和消费者生活水平的提高,更高层次的需求,如尊重和自我实现逐渐成为消费者关注的焦点,这促使企业更加关注消费者的个性化需求。当一个消费者购买一个广受欢迎的产品时,此消费者会产生"自身与他人相似,该产品的消费无法彰显自我鲜明个性"的感受。

3. 消费者个性化需求的影响因素

数字时代,由于企业对相关数字技术的应用,企业有能力以较低的成本为消费者提供多样化的产品或服务选择。同时,由于互联网情境下消费者在供应链中主导作用在增强等原因,消费者的个性化需求呈现增强的趋势。影响消费者个性化需求的相关因素包括以下几个方面。

第一,互联网、大数据、人工智能等相关技术的应用使得消费者能够更加便捷地获得符合个性化需求的产品或服务。首先,基于大数据和人工智能技术的个性化推荐系统,能够根据消费者的历史浏览记录、购买行为、兴趣爱好等数据,精准地推送个性化的商品、内容或服务。这种技术不仅提高了消费者的购物效率和满意度,还激发了他们探索新事物的兴趣,进一步促进了个性化需求的满足。其次,互联网技术的发展使得消费者向企业传递个性化需求成为可能。在数字时代,消费者可以通过社交媒体表达自己的需求和偏好,与品牌进行直接互动,企业可以通过在线平台收集消费者的个性化需求,如尺寸、颜色、材质、功能等方面的定制要求,利用先进的制造技术快速响应并生产出满足消费者需求的产品。这种一对一的定制化服务极大地满足了消费者的个性化需求,提升了他们的消费体验。

第二,智能制造等相关技术的发展使得企业可以低成本地为消费者提供丰富的个性化的产品和服务。科技的不断发展为企业满足消费者个性化需求提供了技术支持，例如3D 打印技术使得企业低成本地为消费者提供丰富的产品成为可能。市场上商品和服务的多样性和丰富度会影响个体的个性化需求，当市场上存在大量可供选择的商品和服务时，个体更容易找到符合自己个性化需求的产品。

第三，数字时代，消费者在供应链中的主导作用在增强。社交媒体的发展以及企业—消费者互动模式变革使得消费者在选择商品和服务时拥有更大的话语权和决策权。一方面，在社交媒体环境下，消费者的评价等信息的影响力在增强，消费者的声音对企业声誉的影响力在扩大，使得企业必须对消费者的诉求给予足够的关注；另一方面，企业—消费者的互动方式驱动企业的生产或服务方式产生重大改变，如消费者可以通过在线的方式表达自己的意见和需求，甚至可以通过定制化的方式参与产品或服务的设计，成为价值共创主体之一，而不再是简单的产品或服务的被动接受者。这种消费者主权的增强促使企业更加关注消费者的个性化需求，努力提供差异化、个性化的产品和服务以赢得市场。

第三节　数字时代从众决策的发生
机制与边界：大众影响视角

在数字时代，尤其是在线互动情境下，消费者的购物行为表现出既从众又追求个性化的特征。这也就意味着消费者从众效应的形成可能是复杂的。消费者究竟在何种情况下表现出从众，何种情境下表现出反从众（追求个性化）？即消费者从众效应的发生机制及其边界条件是怎样的？这在理论和实践上都属于一个新兴的议题。鉴于该议题的前沿性，本章将在现有成熟理论和实践研究基础上，结合作者的相关研究成果来深入论述。通过上文分析发现，在数字时代，消费者可能受到普通大众的影响，如受到社交媒体上普通大众或周边好友的影响而做出从众购物决策，也可能受到社交媒体平台上的达人或意见领袖等的影响而做出从众购物决策。为了深入解析数字时代消费者从众效应的发生机制及边界条件，我们将分别从大众购买态度/行为和影响者的推荐两个维度切入进行深入解析。本节主要阐述大众购买态度/行为对消费者从众决策的影响及作用机制。

一、大众购买态度/行为对消费者从众决策的影响

在线情境下，针对某一特定产品，大众购买态度或选择行为往往与市场整体表现相关，如一个产品的人气线索（销量排名、市场份额等）一定程度上能够反映出大众购买态度/行为。大众购买态度/行为可以通过不同的方式对消费者产生影响。部分研究者认为，作为一个理性人，消费者常常是风险规避的，大众的选择往往与较低的风险相挂钩，因此会促进消费者对该产品跟从购买[①]；而有的研究者则认为，大众所选择的产品或服

① Powell D, Yu J, DeWolf M, et al. The love of large numbers: A popularity bias in consumer choice[J]. Psychological Science, 2017, 28(10): 1432-1442.

务往往会被消费者认为是缺乏独特性的，因此可能会降低消费者的购买欲望[1]。这也就意味着大众购买态度/行为会对消费者的决策产生复杂的影响。一方面，大众对产品的积极的态度或行为可能会让消费者对产品产生该产品质量可靠的认知，进而加强其购买意愿；另一方面，大众对产品的积极的态度或选择行为会引发消费者做出该产品的独特性见缺的判断，因而不利于其购买意愿。

二、大众购买态度/行为影响消费者从众决策的作用机制

（一）大众购买态度/行为影响消费者对产品的独特性感知

消费者所消费的产品是其自身的外在延伸。[2]在选择产品时，消费者往往会通过选购能够表达自身鲜明个性的产品来满足其独特性需求。如果消费者感觉自己与他人的相似之处过多，可能会认为自己不够独特，甚至缺乏个性。[3]有研究表明，越能够体现独特性的产品，越能够满足消费者对特定属性的渴望和诉求。一旦消费者的这种特定需求被满足，选择该产品的可能性就越高。[4]因此，为了将自己与其他人区分开来，消费者在购买产品时往往倾向于选择非大众化的产品。由此我们可以推断，消费者购买被少数人购买过的产品能够满足消费者将自己与他人相区分的诉求，即大众购买态度/行为或通过影响消费者的独特性感知进而影响消费者的决策。由于在一般情况下，消费者都具有一定程度的独特性需求，如果产品被少数人购买（即产品人气度低），则会增强消费者的产品独特性感知，因此，可以提高消费者的购买意愿；反之，如果产品被大多数人购买（即产品人气度高），则会降低消费者对产品的独特性感知，不利于消费者做出跟从购买决策。

（二）大众购买态度/行为影响消费者对产品的风险感知

在社交互动情境下，消费者在购物决策过程中，会根据他人对该产品的态度或行为来推断购买该产品可能带来的风险程度。面对一个大众购买态度/行为积极的产品，消费者会产生该产品的质量有保障的感知，从而降低消费者的风险感知并增强消费者的购买意愿。[5]据此，我们可以得出如下推论，大众消极的购买态度或行为会激发消费者对产品较高的风险感知，从而阻碍消费者做出购买决策，即大众消极的购买态度或行为会负向影响消费者的购买意愿。而大众积极的购买态度/行为会激发消费者对该产品产生较低的风险感知，从而促进消费者做出购物决策，即大众积极的购买态度/行为会正向

① Tucker C, Zhang J. How does popularity information affect choices? A field experiment[J]. Management Science, 2011, 57(5): 828-842.

② 高茹月，王琦，张晓航，等. 多维评分系统下口碑离散度对消费者购买意愿的影响[J]. 管理评论，2020, 32（6）：206.

③ Cheema A, Kaikati A M. The effect of need for uniqueness on word of mouth[J]. Journal of Marketing Research, 2010, 47（3）：553-563.

④ 黄敏学，王艺婷，廖俊云等. 评论不一致性对消费者的双面影响：产品属性与调节定向的调节[J]. 心理学报，2017, 49（3）：370-382.

⑤ Shin D, Song J H, Biswas A. Electronic word-of-mouth (eWOM) generation in new media platforms: The role of regulatory focus and collective dissonance[J]. Marketing Letters, 2014, 25: 153-165.

影响消费者的购买意愿。

综合来看，大众对某一产品/服务的购买态度或行为会引发消费者的心理感知，一方面，大众的购买态度或行为会让消费者做出关于该产品质量好坏的判断，形成风险感知，进而影响消费者的跟从购买意愿；另一方面，大众的购买态度或行为会让消费者产生拥有该产品后，个体在群体中是否能够保持独特性的感知判断，形成独特性感知，进而影响消费者的跟从购买意愿。风险感知和独特性感知构成大众购买态度/行为影响消费者跟从购买决策的作用机制，这两个机制的影响作用是此消彼长的。大众积极的购买态度/行为会降低消费者对产品的风险感知水平，进而促进消费者的跟从购买，但会降低消费者对该产品的独特性感知，进而降低消费者的跟从购买。

三、大众购买态度/意愿影响消费者购从众决策的边界条件

数字时代消费者的购物决策和行为在很多时候表现为个体从众和个性化追求双重作用的结果，消费者既可能与主流一致，做出跟从购买的行为，也可能表现出反从众的行为。那么，究竟何种情境下消费者会表现出从众？该问题的回答既有助于解开现有理论研究中"社交情境下其他消费者的选择影响消费者购物决策的复杂性和矛盾性"内在原理，也有助于解决企业该如何更好地权衡消费者同时具有从众倾向和追求个性化的双重特征的困惑。通过梳理我们发现，消费者个体特征和产品特征构成消费者从众效应发生的边界条件。

（一）消费者个体特征

数字时代消费者的购物决策会受到社交网络的影响，即消费者个体与社会群体之间的关系（即自我建构）会对消费者是否做出从众行为产生影响。自我建构有独立自我和相依自我两种。独立自我的个体认为自己是独一无二的、区别于他人且不依附于他人而存在的，有较强的将自我从社会群体中分离出来的心理倾向[1]，因此在行为上更加追求差异化。相依自我的个体认为个体应该与社会关系存在紧密的联结，更加关注自身和大众之间关系的搭建与维护，因此更加关注顺从、规范与群体和谐，具有模糊自我和大众界限的心理倾向，追求自己与群体的相似性。[2]

就消费行为而言，有研究表明独立自我消费者主要关注自身偏好，而相依自我消费者会兼顾自身和他人喜好。[3]具体地，独立自我个体更希望将自身从群体中区分出来，更偏好独特性象征意义较强的品牌或者能够彰显其独特地位的产品。[4]而相依自我的消费者消费行为上更倾向于与群体保持趋同，更偏好能够让自己与他人建立联系的品牌和产品。如朱振中等（2020）研究显示，外观新颖性较高的产品会激发独立自我消费者的

---

① Yang H, Stamatogiannakis A, Chattopadhyay A. Pursuing attainment versus maintenance goals: The interplay of self-construal and goal type on consumer motivation[J]. Journal of Consumer Research, 2015, 42(1): 93-108.

② Kraus B, Kitayama S. Interdependent self-construal predicts emotion suppression in Asian Americans: An electro-cortical investigation[J]. Biological Psychology, 2019, 146: 107733.

③ Wu E C, Moore S G, Fitzsimons G J. Wine for the table: Self-construal, group size, and choice for self and others[J]. Journal of Consumer Research, 2019, 46(3): 508-527.

④ Gai K. Self-Construal and Its Implications for Marketing[J]. Open Journal of Social Sciences, 2018, 6(5): 269.

独特性需求，从而增加其购买意愿。[①]金晓彤等（2020）发现，商店拥挤会让独立自我消费者推断出产品独特性不足，从而负向影响购买意愿；相依自我消费者会根据商店拥挤程度推论出产品具有流行性，进而提升购买意愿。[②]又如李东进等（2016）发现，当一款产品脱销时，相依自我消费者倾向于选择相似品，而独立自我消费者倾向于选择非相似品。[③]

综上，独立自我消费者在购物决策过程中，对独特性的关注可能大于对降低风险的关注。面对大众积极选择的产品，独立自我消费者感知到的低独特性占主导，从而整体上不利于其做出跟从的购买决策。相依自我消费者对产品的独特性感知诉求低于对风险规避的要求，更倾向于做出与群体趋同的选择。为此，面对一款大众积极购买的产品，相依自我消费者感知到的低风险水平占主导，从而整体上有利于其做出跟从的决策。

总之，自我建构构成大众购买态度/行为影响消费者从众行为的边界条件之一。具体地，当消费者为独立自我建构类型时，大众的购买态度/行为对消费者独特性感知的负向影响较强，对风险感知的负向影响相对较弱，因此总体上大众购买态度/行为负向影响其跟从大众购买的意愿；当消费者为相依自我建构类型时，大众的购买态度/行为对消费者风险感知的负向影响较强，对独特性感知的负向影响相对较弱，因此总体上大众的购买态度/行为正向影响其跟从大众购买的意愿。

（二）产品特征

消费者在购买不同类型产品时表现出不同心理需求和行为模式。消费者在购买功能品时，往往更加注重产品的性能、质量、价格等实用性因素，且由于功能品的市场信息相对透明，消费者容易通过比较不同品牌和型号来做决策。因此，消费者往往倾向于选择市场上销量高的产品。享乐品通常与消费者的情感体验、自我表达、品位、个性和社会地位等需求密切相关，因此，在购买享乐品时，消费者更注重产品的个性化、独特性和情感价值。如消费者在购买时尚服饰、高端化妆品、艺术品等时，往往不愿意与大众趋同，而是希望通过独特的选择如购买限量版来彰显自己的喜好和独特风格。即使某个享乐品并不流行或受到大众的负面评价，但只要它符合消费者的主观体验和需求，消费者仍可能购买。

从逻辑上分析，消费者对功能品的偏好标准相对明确和统一。[④]消费者购买功能品时注意力主要聚焦在实用功能上，会出于风险规避而选择不确定性较低的产品。[⑤]较低人气度的功能品容易让消费者产生"该产品功能或质量可能存在风险"的认知，因此

① 朱振中，李晓君，刘福等. 外观新颖性对消费者购买意愿的影响：自我建构与产品类型的调节效应[J]. 心理学报，2020，52（11）：1352-1364.

② 金晓彤，黄二帅，徐尉. 商店拥挤对商品销售的双刃剑效应——基于产品流行性与产品独特性的中介效应[J]. 中国流通经济，2020，34（8）：110-118.

③ 李东进，张成虎，马明龙. 脱销情境下消费者会购买相似品吗——自我建构视角的分析[J]. 南开管理评论，2016，19（3）：98-109.

④ Mort G S, Rose T. The effect of product type on value linkages in the means - end chain: implications for theory and method[J]. Journal of Consumer Behaviour: An International Research Review, 2004, 3(3): 221-234.

⑤ 武丽慧. 自我建构对口碑两极分化产品偏好的影响及作用机制[J]. 心理科学进展，2020，28（4）：535.

大众消极的态度行为会降低消费者的购买意愿。反之，若大众购买态度/行为积极，消费者会推测该产品质量可靠，购买风险小，进而做出购买决策。由此，消费者在购买功能品时，大众购买态度/行为对其风险感知的负向影响占主导，即随着大众购买态度/行为积极程度增加，消费者对产品的风险感知会降低，购买意愿会提高。对于享乐品，消费者更关注产品带来的新奇感和冒险性价值[1]，具有高度主观性。[2]当一款享乐品的群体选择水平较低时，更容易让消费者产生该产品具有较高的独特性、能够彰显自我独特身份的认知，从而激发其购买行为。相反，如果一款享乐品的人气较高，消费者可能产生该产品缺乏独特性、难以带来新鲜感和新奇体验的判断，从而阻碍该消费者做出购买决策。此外，享乐品的评价标准统一性较低、主观性较强，[3]即使购买人数较多，也不意味着适合自己。为此，消费者在进行享乐购买决策时，不会过多受大众选择的影响。

综上，产品类型构成大众购买态度/行为影响消费者从众的边界条件之一。具体地，当产品为功能品时，大众购买态度/行为对消费者风险感知的负向影响较强，对独特性感知的负向影响相对较弱，因此总体上大众购买态度/行为正向影响消费者的从众购买；当产品为享乐品时，大众购买态度/行为对消费者的独特性感知的负向影响较强，对风险感知的负向影响相对较弱。因此总体上大众购买态度/行为负向影响消费者的从众购买。

第四节　数字时代从众决策的发生机制与边界：影响者影响视角

正如第三节所阐述的，在数字时代，消费者的从众购物决策的发生既可能是受到普通大众影响的结果，也可能是受到社交媒体平台上具有影响力的达人或意见领袖等的影响。本节将主要论述影响者对消费者从众决策的影响、作用机制以及边界条件。

一、影响者及影响者营销的定义

借助社交媒体活动不断吸引关注者的具有一定影响力的个体，我们称之为社交媒体影响者（social media influencer，SMI）。这些影响者在他们的粉丝网络中处中心位置，具有较大的社会影响力，能够对消费者的行为意愿产生较大的影响。

影响者营销，也称社交媒体影响者营销（social media influencer marketing）或网络影响者营销（online influencer marketing）。在社会化媒体时代，影响者营销衍生出网红营销、达人营销及意见领袖营销等多种表现形式。2008 年，Brown & Hayes 在 *Influencer*

① Babin B J, Darden W R, Griffin M. Work and/or fun: measuring hedonic and utilitarian shopping value[J]. Journal of Consumer Research, 1994, 20(4): 644-656.
② Carter T J, Gilovich T. The relative relativity of material and experiential purchases[J]. Journal of Personality and Social Psychology, 2010, 98(1): 146.
③ Sun M. Disclosing multiple product attributes[J]. Journal of Economics & Management Strategy, 2011, 20(1): 195-224.

Marketing 一书中正式提出"影响者营销"这一概念，将其定义为有影响力的个体实施的一种影响品牌或产品的潜在消费群体来辅助企业进行营销推广的活动，并强调社会化媒体在推动影响者营销发展中的重要作用。结合最近的研究，Campbell 和 Farrell 将影响者营销定义为补偿个体在社会化媒体上发布有关产品或服务信息的实践。也有研究将其定义为一种战略，即公司选择并激励有影响力的人在社交媒体上吸引他们的粉丝，利用其独特的社交资源宣传公司产品，从而达到提升公司业绩的最终目标。结合以上定义可知，在影响者营销中，影响者是有偿履行合同义务，创作内容并推广企业产品。总的来说，我们可以认为影响者营销是一种利用具有影响力的个人或群体（如网红、行业专家等）来推广产品或服务，通过他们的社会影响力和真实体验分享来影响目标受众的购买决策的营销方式。

二、影响者营销的特点

影响者营销作为数字经济时代下一种新兴的营销方式，相较于传统的代言广告以及一般的口碑营销，具有以下特点。

首先，影响者营销一般具有个性化和情感连接的特点。传统广告采取的做法基本上是大范围、标准化传播，而影响者主要通过向消费者分享他们独特的个人风格和真实的生活体验，将品牌信息融入日常分享中，使得信息接收者感受到更加真实、亲切的情感连接。甚至地，影响者营销过程中，如在直播间，影响者还会与消费者进行互动，根据消费者的反馈个性化地进行与产品/服务相关的内容讲解或体验分享，解答消费者密切关注的问题。商家借助这种带有个性化且基于情感共鸣的营销方式，能够更有效地触达并留住消费者。

其次，影响者营销具有较高的信任度，同时容易激发口碑传播。用户的信任构成消费者购物决策的直接影响因素。影响者最初与消费者产生连接的过程大多数情况下与交易无关，因此不存在直接的金钱利益关系。为此，影响者营销更容易在粉丝中建立起高度的信任感。当影响者基于自身的体验向消费者推荐某个品牌或产品时，这种信任会转化为对品牌的认可和支持，进而形成口碑传播。相比传统广告，这种基于信任的口碑传播更具说服力，也更容易引发消费者的购买行为。

再次，影响者营销的内容更具创新性且更加多样化。影响者一般具有较为出色的内容创作能力，能够根据品牌需求和受众特点创作出富有创意和吸引力的内容。并且影响者创作的内容形式多样，包括图文、视频、直播等，能够满足不同受众的偏好和需求。通过多样化的内容形式，影响者能够更好地传达品牌信息，提高用户的参与度和关注度。

最后，影响者营销具有精准定位，目标市场明确的特点。影响者通常在特定领域或兴趣群体中拥有高度的影响力，并且这些影响者的粉丝也是特定领域的爱好者。这使得企业能够通过与这些影响者合作，实现精准的市场定位和目标受众触达。相比传统营销广泛撒网的方式，影响者营销能够更准确地找到并吸引潜在客户，提高营销活动的针对性和效率。通过深入分析影响者的受众特征和兴趣偏好，企业可以制定更加精准的营销策略，实现品牌与消费者的有效连接。

三、影响者影响消费者从众决策的作用机制

相较于一般大众，影响者对消费者的影响主要差别在于影响者的影响力上。聚焦于影响者的影响力，影响者促使消费者做出跟从决策的主要原因在于影响者能够满足消费者的信息诉求和情感诉求。其中，信息诉求侧重于满足消费者功能性和工具性目的，即确认产品是否能很好满足自身需求；情感诉求则侧重于满足消费者的情感和体验需求。[①]

一方面，影响者能够通过发表具有可靠性或实用价值的信息实现对消费者的说服效果。有研究表明影响者通过传递专业性的内容，能提高消费者对该影响者的信任，尤其是能力信任。当消费者认为影响者的推荐是可靠且值得信赖的，他们就更有可能跟从其建议进行购买。

另一方面，随着影响者营销范式对互动元素的强化，越来越多的影响者关注与消费者的交互，进而打造消费者与影响者之间的情感纽带。过往的研究普遍证实了满足消费者情感诉求在促进消费者行为中的重要作用。满足消费者的情感诉求有利于通过关系纽带增强消费者的忠诚度，进而促进购买决策。影响者的个人魅力及娱乐性内容更能有效调动受众情绪，增强受众的体验价值，建立情感联结，使受众产生情感迁移。当消费者与影响者产生价值观认同或产生共鸣时，消费者从情感上更愿意接受并跟从其推荐，进而实现更强的营销效果。[②]

当然，也有部分研究发现，影响者营销也有其弊端，尤其体现在消费者对影响者与企业或影响者与推荐品牌之间的关系的认知上。当前，诸多品牌选择与影响者合作，激励影响者有偿种草的现象日益普遍，这往往会激起消费者对影响者推荐动机的推断，降低对影响者可信度的感知。

综合以上分析，影响者向消费者传递的感知信息质量和感知情感联结构成影响者影响消费者从众决策的作用机制。

四、影响者影响消费者从众决策的边界条件

（一）影响者的粉丝规模

在理论研究上，Campbell 和 Farrell 根据影响者的粉丝规模将影响者划分为五个类型：纳米影响者，粉丝数少于 1 万人；微影响者，粉丝数量为 1 万~5 万人；中型影响者，粉丝数量为 5 万~10 万人；宏观影响者，粉丝数量超过 10 万人；超级影响者，粉丝数量超过 100 万人。不同粉丝规模的影响者给受众感知的专业性、文化资本、可接近性和真实性方面的差异。一般来说，粉丝规模较大的影响者在专业性方面具有优势，而粉丝较少的微影响者则在可接近性和真实性方面具有优势。[③]有研究认为粉丝规模较

① Meire M, Hewett K, Ballings M, et al. The Role of Marketer-Generated Content in Customer Engagement Marketing[J]. Journal of Marketing, 2019, 83(6): 21-42.

② Eigenraam A W, Eelen J, Verlegh P W J. Let Me Entertain You? The Importance of Authenticity in Online Customer Engagement[J]. Journal of Interactive Marketing, 2021, 54: 53-68.

③ De Veirman M, Cauberghe V, Hudders L. Marketing through Instagram influencers: the impact of number of followers and product divergence on brand attitude[J]. International Journal of Advertising, 2017, 36(5): 798-828.

小的影响者更容易让消费者产生可接近性强的感知，从而能够和受众建立更紧密的关系，[①]且不易激起消费者对其功利性或计算动机的推断，[②]因此能够促进消费者跟从影响者的推荐，做出购买决策。粉丝规模较大的影响者往往会传递出专业性更强、更受欢迎的信号，[③]增强消费者对其认同感的感知，从而促进消费者跟从该影响者的推荐，做出消费决策。当然，也有学者提出了一系列边界条件以增强对影响者分类的解释力。例如，研究表明，只有在代言享乐型产品时，微影响者才能促使消费者产生更强的真实性感知。[④]

从实践来看，近年来，随着种草营销方式的兴起，消费者的购物决策越来越受到影响者的影响。除了受到线下社交圈的影响外，在线平台上的影响者也构成消费者购物决策的主要参考渠道。社交平台上的影响者粉丝数量存在差异，有素人和达人之分，从实践来看，素人和达人对消费者从众行为的影响存在显著差异，这些差异主要体现在信任度、影响力范围、内容真实性等多个方面。

首先是信任度上的差异，素人因其更接近普通消费者的身份，往往能营造出一种真实、亲切的感觉。他们的推荐和分享更容易被消费者视为基于真实体验的反馈，从而建立起较高的信任度。特别是在社交媒体平台上，素人的口碑传播往往比传统广告更具说服力，因为消费者更倾向于相信来自同龄人或普通人的真实评价。而达人通常拥有较高的专业知识、技能或影响力，他们在特定领域内具有一定的权威性。但是由于达人与品牌之间的商业合作较为普遍，消费者可能会对其推荐内容产生怀疑，担心其中存在商业利益驱动的成分。

其次，素人和达人在影响力范围上存在差异，素人的影响力范围相对有限，主要集中在其社交圈或特定领域内。然而，这种小范围的影响力往往更加精准和有效，因为素人的推荐更容易触及潜在消费者的实际需求。此外，素人的口碑传播具有裂变效应，一旦获得认可，其影响力可能会迅速扩大。达人拥有更广泛的影响力范围，他们的推荐和分享能够迅速传播到更广泛的群体。这种大范围的影响力使得达人成为品牌营销的重要渠道之一。然而，这也意味着达人的推荐需要更加谨慎和精准，以免对品牌形象造成负面影响。

最后，素人和达人之间在推荐内容的真实性方面存在差异，素人的推荐和分享更多基于个人真实体验，因此其内容更加真实可信。这种真实性使得素人的推荐更能够触动消费者的心弦，激发他们的购买欲望。此外，素人还会在分享中融入自己的情感和体验，使得内容更加生动和有趣。达人虽然也会分享真实体验，但由于其身份和角色的特殊性，其内容可能更多地受到品牌方或商业合作的影响。因此，在评估达人推荐的真实性时，消费者需要更加谨慎和理性。

① Teresa Borges-Tiago M, Santiago J, Tiago F. Mega or macro social media influencers: Who endorses brands better?[J]. Journal of Business Research, 2023, 157: 113606

② Chung Y J, Lee S S, Kim E. The Effects of Influencer Types and Sponsorship Disclosure in Instagram Sponsored Posts[J]. Journal of Current Issues & Research in Advertising, 2023: 1- 19.

③ Zhou L, Jin F, Wu B, et al. Do fake followers mitigate influencers' perceived influencing power on social media platforms? The mere number effect and boundary conditions[J]. Journal of Business Research, 2023, 158: 113589.

④ Linan R, Lee S K, Chun S. The effects of influencer type, regulatory focus, and perceived authenticity on consumers' purchase intention[J]. International Journal of Consumer Studies, 2023: ijcs.12898.

（二）影响者的互动风格

有研究借鉴企业—顾客互动维度经典划分,将影响者与受众的互动类型分为任务导向型和关系导向型两类。任务导向型指影响者以完成某个特定任务为导向,主要分享与产品本身相关的话题和信息,如产品功能、属性、优惠折扣等,帮助观众快速了解产品信息,满足其高效制定消费决策的需求。关系导向型则更注重满足观众的情感及享乐体验,强调与受众的情感连接。①

在理论与实践中,我们也可以根据社交媒体上的影响者信息传播的风格差异,将影响者分为知识型影响者和娱乐型影响者。知识型影响者在社交媒体平台上扮演着专家的角色,注重分享可验证、实用性和专业性较强的知识性内容。这类信息的特点在于其可靠性和有助于决策的实用价值,因而具有较强的信息说服力。②娱乐型影响者则注重分享情感和娱乐内容,这些内容通常结合了个人的情绪体验和日常生活,呈现趣味性和体验性特征③,能够吸引广泛的粉丝群体,并与之建立深度的个人联系和情感联结。

对比这两种风格的特点,消费者对知识型和娱乐型影响者所提供内容的信息质量感知和情感联结感知存在明显差异。这种差异反映了不同类型的社交媒体影响者在塑造受众感知和建立与受众关系方面的独特能力。Ren 等研究发现,在代言功能型产品品牌时,知识型影响者与其专家形象相匹配,比娱乐型影响者更能促进消费决策。在代言温馨或温馨和能力兼具的品牌时,两种类型的影响者对促进消费决策的效果没有显著差异。

第五节　从众发生机制与条件对企业的实践启示与相关案例

一、从众发生机制与边界条件对企业的实践启示

综上分析,消费者做出从众行为的原理是复杂的,既与消费者个体因素相关,也与产品类型或特征相关,此外还与对消费者施加影响的主体密切相关。为此,当企业期望通过大众偏好信息吸引消费者跟从购买,或者期望通过借助影响者的作用吸引消费者做出跟从购买时,需要在以下几个方面把握相应的策略。

第一,企业可根据产品类型差异部署不同的产品策略和营销策略。消费者在购买不同类型的产品时,从众行为表现上存在差异,因此,针对不同的产品类型,企业应该实施不同的策略。消费者购买享乐品时更加关注独特性感知,较不容易产生从众效应,因此,对于享乐品,企业应该更加注重产品的推陈出新,通过加大研发投入,推出具有创新性和差异化的产品。在营销方面,企业更应该采用市场细分的营销策略,可根据消费群体的需求特点推出多种系列的产品,并制定差异化的营销策略,强调产品的特性以及产品给消费者带来的独特体验感,以满足消费者的个性化需求。而对于功能品,消费者

① Yang K, Lau R Y K, Abbasi A. Getting Personal: A Deep Learning Artifact for Text-Based Measurement of Personality[J]. Information Systems Research, 2023, 34(1): 194-222.
② Leung F F, Gu F F, Palmatier R W. Online influencer marketing[J]. Journal of the Academy of Marketing Science, 2022, 50(2): 226-251.
③ Lin H C, Bruning P F, Swarna H. Using online opinion leaders to promote the hedonic and utilitarian value of products and services[J]. Business Horizons, 2018, 61(3): 431-442.

更容易跟从其他群体的行为，表现出从众效应，因此企业应该更加注重品牌建设，通过提升品牌知名度和美誉度吸引消费者关注并引发从众购买行为。在具体营销手段上，企业可以更加强调产品的受欢迎程度，借助销量及销量排名等营销切入点吸引消费者做出从众决策。

第二，企业应该根据产品类型差异强调不同的属性，如针对功能品，消费者更关注其质量、耐用等客观特性，企业可以更多地展示产品受欢迎程度以及在销量榜单上的优异表现，通过高人气信息凸显该产品的可靠性，以及低风险等潜在的好处；而对于享乐品，消费者更关注产品带来的新奇体验，企业可以通过在产品宣传推广中增加"独一无二""摆脱束缚"等字眼，弱化产品广受欢迎的提示，通过强化享乐品为消费者带来与众不同的情感体验的方式激发消费者对该产品独特性的感知，从而增加消费者的购买行为。

第三，企业应该根据消费者群体差异采取不同的大众购买态度/行为呈现策略。在数字经济时代，企业可以通过各类技术手段追踪消费者相关大数据，对消费者的个人特征展开分析并形成消费者精准画像，识别出消费者群体的自我构建类型，并根据类型差异个性化地进行大众偏好相关信息的投放。具体地，对于具有较高的个性化和独特性需求的独立自我消费者群体，企业应该重点满足强调产品的小众、独特、新奇等特点，减少明显人气标签或销量排名等信息对消费者独特性感知的不利影响。但对于关注购物风险、对其他消费群体依赖性较强的相依自我消费者，企业应该重点通过强化产品备受欢迎或广受好评等信息，尽可能清晰呈现产品人气标签、热评或爆款等提示，从而减少消费者对该产品的风险感知水平并做出跟从购物决策。

第四，企业应该给根据产品特征选择合适的影响者进行产品营销。首先，企业需要清晰界定产品的核心特征，包括产品的类型（如实物产品、虚拟产品、服务产品等）、功能、定位、目标消费群体等。例如，如果是一款高端科技型功能产品，其目标消费者可能是对新技术有高度兴趣且购买力较强的影响者，企业应该与知识型影响者合作，从而有效地向消费者传达产品的信息属性，通过他们的专业解读和推荐来提升产品的可信度，进而产生跟从购买行为；如果是一款享乐产品，企业可以与娱乐型博主合作，强化消费者与影响者的情感联结，从而提升消费者的跟从购买意愿。

二、应用消费者决策心理进行有效营销的企业案例

在数字时代，由于数字技术的应用、企业与消费者关系和互动模式的变化，消费者的决策方式也发生了很大的变化，消费者的决策内容变得更加多元化，消费者购物决策

过程也变得更加复杂。本章首先介绍了数字时代消费者的决策环境，其次描述了数字时代消费者购物决策的特征，再次聚焦论述了数字时代他人（从大众和影响者两个角度切入）影响消费者从众行为的作用机制及其边界条件，最后给出一个充分利用消费者从众心理与个性化追求并存特征展开有效营销的企业案例。

1. 数字时代，消费者的决策环境是怎样的？
2. 数字时代，消费者决策为何会呈现出多元化和复杂性的特点？
3. 如何理解消费者既从众又追求个性化？
4. 在什么条件下消费者从众或个性化表现更为明显？
5. 大众和影响者对消费者从众决策的影响有何差异？

自学自测　　　　　　扫描此码

第四部分

数字营销与智能终端篇

第十章

智能终端概述

人们利用科技的力量，发明了各种各样的智能终端产品，并将其应用到商业消费领域。小到智能手机，大到智能家居，多样化的智能终端已融入人们的日常生活，智能终端作为高效的生产力工具，能满足人们通信、游戏、社交、移动支付、娱乐、家庭控制等广泛需求。智能终端作为人们生活工作的重要组成部分，兼具消费产品与流量终端的属性，在全新的营销体系中为企业与消费者营造了无所不在的直连入口和密切的联系，成为企业开展品牌营销的主流阵地。本章将详细介绍与智能终端相关的概念及其营销价值。

学习目标：①了解智能终端的概念和常见形式；②熟悉智能终端和智能终端营销的发展与演变历程；③熟悉智能终端行业发展的驱动力；④了解支撑智能终端的主要技术；⑤熟悉智能终端产业链。

第一节　智能终端简介

一、智能终端的概念

智能终端是指拥有接入互联网的能力、搭载各种操作系统、可根据用户需求定制化各种功能的终端产品。智能终端是信息平台，为用户提供丰富的内容，如人们通过智能手机可以阅读新闻、观看视频、查找资料，获取各种各样的信息和内容；智能终端也是数据中台，与用户进行实时的数据交换与流动，如零售商可以通过智能零售终端采集实时商店数据到后台，从而及时掌握商品库存、销量及盈利情况；智能终端还是渠道载体，产品与服务直接触达，用户即时调取互动，如自动取款机代替银行柜面人员的工作，可为客户提供 24 小时自助式服务，方便客户随时存款、取款、转账、查询余额、修改密码、缴费等；智能终端更是体验空间，为用户打造立体可交互的虚拟世界，如用户使用智能 VR 眼镜观看电影时，仿佛身临其境。

随着智能技术的演变，终端设备已经集成了海量的内容和服务应用，加上日趋智能的操控和交互方式，用户对终端的使用和依赖程度不断提高。一个个外观炫酷的智能终端设备，不再是冰冷的应用工具，而是泛化为一种场景，一种与用户的交互体验。智能终端，让用户和企业更贴近，让品牌以全新的方式与用户沟通和互动，如智能终端能够实现线上与线下、虚拟与现实的融合及视觉、听觉、触觉、体感的交互，给用户带来最大化的沉浸式体验服务，由此吸引用户进而达到营销目的。这个时代智能终端的营销潜力正在不断被激发，智能终端将在企业商业传播的舞台上将扮演着不可或缺的、万众瞩目的角色。

二、智能终端的常见形式及其营销潜力分析

智能终端的常见形式有：智能移动终端、智能大屏终端、智能音箱终端、智能车载终端、智能 VR/AR 终端和智能穿戴终端。

（一）智能移动终端

智能移动终端是指具有开放式操作系统的、可以浏览网站、安装应用程序的电子设备，具有广泛实用性、易操作性、灵活性、便捷性等特点。智能移动终端不仅仅局限于智能手机和平板电脑，电子阅读器、车载导航仪、掌上游戏机也属于智能移动终端范畴。目前，智能移动终端已经是一个提供包括通信、音乐、电视、游戏、聊天、交友、社区等服务的数据中心。

随着智能手机和平板电脑等智能移动终端的普及，移动端网络的访问量急剧增长，用户在智能手机和平板电脑等终端上花费的时间也越来越多，中国移动广告市场呈现快速增长的态势。根据中国互联网络信息中心发布的《第 51 次中国互联网络发展状况统计报告》，截至 2022 年 12 月，我国网民规模达 10.67 亿，短视频用户规模首次突破 10 亿，用户使用率高达 94.8%。[①]智能移动终端成为数字营销的主战场，广告主也在积极调整营销策略、合理分配营销预算，并结合自身特点，积极布局移动营销领域。

目前，中国的智能手机用户数量已突破 9.5 亿，智能手机终端是智能移动终端中最具营销价值潜力的。智能手机厂商主要通过以下 3 个方式提供终端营销。

移动应用商店：手机厂商的应用商店，作为移动应用的大本营，是各类 App 企业进行营销推广的重要选择。以华为为例，经过多年出海历练，2020 年，华为应用市场已经成为全球化的移动应用市场，且是仅次于苹果和谷歌的第三大移动应用市场，用户数量已经超过 7 亿。

系统零件入口：锁屏、开屏、系统 PUSH 等，其中"无需安装，即点即用"的轻应用可视为智能移动终端厂商对移动应用形态的突破性探索，成为各类 App 广告主流量新入口。类似的还有负一屏这样独具特色的触达形式，让用户能快捷地找到信息入口，帮助广告主完成高效自然转化。

原生应用及联盟资源：各家智能移动终端厂商不仅有自家的原生应用，还建立了移动广告联盟来不断整合流量资源。比如，小米全媒体流量，除了小米视频、音乐、画报、主题、浏览器、应用商店、系统通知等小米生态体系下的自有流量外，还引入了小米广告联盟的大量流量资源（图 10-1）。

（二）智能大屏终端

智能大屏终端主要是指在家庭的电视大屏，如互联网电视机、电视机加上机顶盒、

---

① 中国互联网络信息中心. 第 51 次《中国互联网络发展状况统计报告》.

图 10-1　智能手机移动应用商店界面

投影仪等设备，智能大屏与传统电视的主要区别在于智能大屏接入了互联网，它的内容呈现方式、互动方式、数据与技术处理能力相比传统的直播电视而言都有大幅度的升级。

智能大屏产业是一个跨越了网络、平台、内容、终端的崭新产业，从 2014 年开始，智能大屏变成了市场上炙手可热的产品，逐渐成为了客厅场景的代名词，也是客厅经济的主要流量入口，智能投放为广告主带来更多的广告创意、广告形式，以及更多的传播机会，所以智能大屏的价值不断被广告主挖掘，是广告主最为关注、应用最为广泛的营销阵地之一。

智能大屏融合了互联网的可打通、可寻址、可精准定向、可追投、可频控的数字化特征，成为具有家庭属性消费品营销的强大阵地。目前智能大屏的广告分为系统层和内容层两大类，系统层依托于操作系统，如开关机时的广告、桌面的推荐广告和主界面霸屏广告、屏保广告等，内容层依托于视频内容，如应用的启动和退出广告、应用使用时的贴片广告和暂停广告及冠名广告等。随着智能大屏的普及和内容平台的不断发展，广告作为智能平台内容的一部分，越来越被大众所接受。

智能大屏的广告性价比高，市场反响良好，广告主认知度提升快，营销增长空间大。越来越多广告主拥有持续和增加投资智能电视大屏的意愿，根据凯度 2022 年的调研数据发现，77%广告主有计划继续投放 OTT（互联网电视），其中 31%的计划增加投入。[①]根据上海证券发布数据显示，2022 年 OTT 主要为贴片和开机广告，其中开机广告千人成本（CPM）均价 30~35 美元；而传统直播电视广告的 CPM 价格高达 50 美元。二者相比，智能大屏广告性价比凸显。[②]未来，智能大屏仍具有较大营销增长空间，将为营销行业带来新生机。

---

① 凯度.2022 智能大屏营销价值报告.

② 【上海证券】传媒行业动态：白鲸出海举办北美游戏市场洞察峰会，营销新组合为手游出海保驾护航.

（三）智能音箱终端

智能音箱主要是具有互联网服务、信息内容服务、语音交互功能的智能化产品，即具备蓝牙、WiFi、4G 等连接功能的智能终端，可以提供广播节目、音乐、有声读物等内容服务，也具有信息查询、智能提醒、网络购物等互联网服务功能，还能连接智能家居，实现场景化智能控制。

智能音箱作为我国智能家居的核心，随着我国智能家居行业的整体发展，需求快速上升。从 Echo 火爆美国到中国本土品牌崛起，从屈指可数的几款产品到几乎每个互联网巨头都加入战团，智能音箱在中国人工智能应用元年开启了第一个风口。智能终端领域虽然群雄并起，但一个公认的趋势是：未来唤醒万物的方式一定会从指尖转向舌尖，人机交互方式将从屏幕转向语音。

智能音箱作为智能家居的交互入口，是家庭场景中的一种新型媒介，其背后蕴藏的营销潜力不容忽视。在信息爆炸的时代，广告是被消费者注意且接收的关键，既在于其呈现形式，也在于其与消费者的强相关联性。智能音箱则通过日常语音互动的形式植入品牌信息，建立品牌与消费者的关联，激发消费者对品牌的好奇心，进而促使用户对品牌产品的自主探索，加深品牌印象，如小爱音箱在与广汽丰田全新雷凌轿车的合作中就开创了品牌营销与人工智能设备深度结合的先河：营销以生活场景为基础，在全新雷凌轿车的推广期间，通过闲聊、天气询问、语义识别等场景引导用户参与创意语音测试，用户参加完声音测试后，就会开启小爱音箱与全新雷凌轿车的惊喜触发模式。只要用户向小爱音箱说出"全新雷凌""全新雷凌怎么样"等关键词，就可以获知车型的详细信息，让用户通过最趣味、最直接的方式快速了解全新雷凌轿车。

（四）智能车载终端

智能车载终端是一种融合了 GPS 技术、里程定位技术及汽车黑匣子技术的综合设备，它能用于对运输车辆的现代化管理，包括行车安全监控管理、运营管理、服务质量管理、智能集中调度管理、电子站牌控制管理等。随着当前技术的发展与不断创新，智能车载终端已经从早期的系统监测和数据记录设备，发展为集导航、娱乐、社交等功能于一体的综合设备。

随着技术的发展和消费的不断升级，人们对汽车功能的定位从运输工具转为智能移动空间，赋予了汽车更加丰富的内涵。而智能车载终端作为车内升级、车外互联的关键，也由于车内空间场景的延伸而表现出无限的营销潜力。相较于第一空间（家庭）和第二空间（办公），车内空间在更加智能且丰富的智能车载终端的协助下能够最大限度地支撑汽车的休闲属性，成为人们生活的第三空间。

当汽车成为具有休闲属性的生活空间的时候，起到互联互通功能的智能车载终端的商业价值逐步凸显。越来越多的车载终端领域从业者开始将智能车载终端与汽车广告相关联。比如，车载广告公司 Vugo 所研发的 TripIntent 科技就可以基于乘客的目的地来定制不同的广告，如去往食品店和去往上班地点的广告是不一样的。Vugo 正是通过这种技术，在智能车载终端上发布高精准度的广告并实现收益。

（五）智能 VR/AR 终端

智能 VR/AR 终端主要指虚拟现实和增强现实类智能眼镜、头盔、一体机等，VR 是纯虚拟场景，主要用于用户与虚拟场景的互动交互，而 AR 是现实场景和虚拟场景的结合。

VR 不仅可以用于购物或娱乐，还能用于工程建设中。VR 可以通过虚拟场景、增强图像的能力，把人们带入到商店里，让消费者产生逛商店、寻商品的实际体验。在工程建设方面，VR 通过为用户提供远程 3D 展现的模拟，让操作人员完成远程控制真实世界或者虚拟世界的任务。AR 技术也是最近几年的热点。在增强现实系统中，虚拟世界与现实世界叠加在一起，用有用的信息对人们看到的现实世界进行补充。例如，从实体店买回来一个写字台，但只有几块木板、一堆螺丝钉和螺丝帽，需要自己进行组装。这时，你可以使用手机上的 App，扫描材料上的二维码，就会显示出教你进行组装的文字和影像，这就是 AR 的应用。

智能 VR 和 AR 终端正在为零售业创造新机遇。根据 GlobalData 的数据显示，AR 可用于引导商店客户，提供有关商品的信息，而 VR 则可用于身临其境的产品演示。许多公司已经开始将 AR 技术运用至商业服务中，如宜家创建了一个使用 3D VR 展示其产品的高清晰度展示厅。以类似的方式，欧莱雅在巴黎的商店里设立了一个 Make Up Genius 吧，让女性可以使用 AR 技术测试各种化妆妆容。

GlobalData 的数字零售分析师 Andreas Olah 表示：AR 和 VR 已经在零售市场上试运营了一段时间，随着各大超市、百货公司、时尚零售商和 DIY 商店纷纷推出各种 AR 用途：从店内导航和虚拟服装产品演示，到游戏再到与虚拟商店助理的互动，我们预计 AR 技术将会更多地出现在零售业，比如，家具零售商将参与更加激烈的 AR 的竞争，将家具投影到客户的家中以鼓励其在线购买。

（六）智能穿戴终端

智能穿戴终端是一种集传感、处理、存储和通信于一体，通过使用者与设备的接触以获取数据，并将数据进行实时传输或存储的设备。智能穿戴终端主要包括智能手表、智能手环、外骨骼系统、智能鞋垫等，这些穿戴设备涵盖了社交、娱乐、导航、健身等多种功能，其中，健康管理成为诸多可穿戴设备使用者最关注的，且最具革命性的需求，如智能手环、心率监控器、可穿戴式健身追踪器等就是典型的提供健康管理的智能穿戴终端。

智能穿戴设备的便携性、收集数据的丰富性等特征，赋予了智能穿戴设备巨大的商业价值。每个智能穿戴设备都是一台数据收集器，可以搜集大量用户数据，为企业品牌提供营销机遇。比如，智能手环可以搜集用户的运动、睡眠、心率等生理信息和用户所处的环境的天气、湿度、交通状况，这些我们称之为被动数据，大量被动数据的产生可以为广告主提供覆盖行为偏好、生活场景、商业购买力等多重维度的用户标签，帮助广告主精准锁定目标人群、判断用户需求，为营销决策提供真实可靠的判定依据。

三、智能终端营销的发展与演变

每个终端产品创新的关键时刻，都会产生对应的广告市场，随着技术的不断迭代，智能终端的营销价值也会不断地被挖掘出来，并不断地孵化出新的投资方向。在我国，智能终端营销可以分为四个发展阶段，每个阶段都有不同的典型的终端产品及它们的营销应用，但是阶段的更替并不代表取代上一阶段的智能终端及其营销应用，而是对上一阶段的终端和营销应用进行持续的丰富和补充。

（一）第一阶段：传统电视终端

第一阶段始于 20 世纪 80 年代，典型的终端产品是电视机。80 年代中期，国产彩电在数量和规模上已经有了空前发展。1985 年，中国成为世界第二大电视机生产大国，城镇居民彩电拥有量接近 100%，农村的彩电拥有量也已经达到了 32.5%。在互联网，特别是移动互联网还未普及的年代，电视既是人们娱乐生活和获取资讯必不可少的平台，也是那个时代品牌与消费者对话的主要通道。

电视终端的媒介交互特性是一对多的被动静态传播，所以其典型广告业态——电视广告主要有以下特点：视听合一的直观性、表现形式的多样性、接受的被动性、传播的广泛性。在 80 年代初，电视广告是一种对传统吆喝叫卖方式进行的一种改革，它吸引了人们的好奇目光，同时，由于电视节目资源的严重匮乏，更多的人把电视广告当作一种欣赏和娱乐的节目，电视广告在那个时代还有着不错的名声和口碑。在那个时期，电视广告让更多的品牌被观众知悉，走进消费者的选择视野。

（二）第二阶段：计算机终端

20 世纪 90 年代初的计算机革命推翻了大型计算机的统治地位，个人电脑成为计算机世界的新中心。原有的大型计算机和微型计算机厂商纷纷退出了舞台，1999 年，中国的计算机总销量为 500 万台，销售额达 60 亿美元。此时我国的终端产品开始联网，但联网效果差，系统效率低。

计算机的媒介交互特性是一对多的交互动态传播，所以其典型广告业态是门户网站广告、搜索引擎广告。门户网站广告是指新媒体广告人员将文字、图片、视频等广告信息放置在网站的特定位置予以展示，以达到营销、推广目的，门户网站广告的特点有：价格相对电视、报纸、广告牌较低；准确率高，可以精准触达消费者；投放方式和投放周期比较灵活。搜索引擎广告是指在用户搜索特定关键词时触发的广告，搜索引擎广告也可以关联用户的搜索行为、网络浏览行为等数据，从而更加精准地为广告主锁定目标用户。搜索引擎广告具有极强的针对性、可跟踪的广告效果，而且投放门槛低，投入可控。

（三）第三阶段：智能手机终端

2008 年，随着第三代移动通信技术的发展，智能手机逐渐进入大众的视野，智能手机市场规模不断扩大。智能手机不仅仅是通信的工具，更成为人们日常生活中的助手。

2016 年，全球智能手机出货量达峰值 14.7 亿台。此时我国终端产品网速变快、系统升级、媒介平台属性初现。

　　智能手机终端的媒介交互特性是点对点的双向交互传播，移动端的用户行为大多是在应用程序上实现的，所以应用程序营销是智能移动终端营销的主要形式，利用应用程序进行营销活动，具有如下特点：成本低，体现在 App 的开发成本；精准性，体现在能够被目标客户精准受用和提供服务的精准性；持续性，体现在一旦用户下载 App 到手机，那么用户很有可能持续性使用。

（四）第四阶段：全场景智能终端

　　2017 年，互联网行业的发展进入一个新阶段，物联网、云计算、人工智能等技术发展释放了智能终端的巨大潜力，智能终端的市场不断发展壮大，终端产品系统强大、万端互联，其形态不再局限于智能手机和平板电脑，智能眼镜等可穿戴设备、智能家居、智能车载终端不断催生出新的市场。2020 年，中国可穿戴市场出货量为 1.1 亿台，智能音响销量 3676 万台。2021 年，中国的智能家居市场规模近 2000 亿元。

　　现阶段，智能终端拥有了包括语音交互能力、终端互联能力在内的多项优势，其媒介交互特性是语音、肢体、视觉等多元交互方式共存，其营销也随之拥有了更为丰富的形式和可能，典型广告业态有智能大屏终端营销、智能音箱终端营销、智能车载终端营销。智能终端可以作为 24 小时全天陪伴用户生活的媒介，围绕用户一天的行为起止点提供营销服务。利用智能终端互联的能力，多端联合覆盖消费者，让品牌渗透用户生活全场景成为更多广告主的营销选择。全场景智能终端营销的特点有：多端联合营销，如广告主基于多个终端设备开展组合投放，帮助拓宽广告主与消费者的链接广度；无感式营销，如智能音响通过智能语音提醒，适时地激发消费者联想，助力品牌深度融入用户生活。

第二节　智能终端行业发展的驱动力

一、智能终端发展的政策驱动力

　　近年来，国家积极推进网络强国和数字中国的建设，5G、千兆光网等新型信息基础设施建设和应用普及全面加速，宽带入户进一步下沉市场，运营商持续加大 5G 建设力度，促进 5G 产业繁荣。国家出台的一系列积极的政策，对智能硬件、物联网、5G、大数据等新兴技术的发展起到了积极的推动作用，同时，政策的发布也为智能终端产业链相关企业提供了较好的经营环境并指明了发展方向（表 10-1）。

　　在智能商用终端行业，国家对其政策主要体现在国家推动商业零售业政策、信息化发展战略和对软硬件行业发展的支持等方面。比如，国务院和各部委近年来制定发布了对智能商业终端行业及其商业信息化行业的扶持政策，[①]这促进了商业零售业和商业信

---

① 刘九如，尹茗. 我国智能终端产业发展研究及政策建议[J/OL]. 产业经济评论，2022（6）：5-18[2023-01-12].

息化行业的发展，进而带动了商业信息化行业的需求，有利于智能商业终端等各种电子交易终端设备的发展。

在消费电子终端行业，为了促进消费电子市场健康、快速发展，国家先后出台了一系列政策支持消费电子行业的发展，如 2021 年 1 月，中华人民共和国工业和信息化部出台了《基础电子元器件产业发展行动计划 2021—2023 年》，重点推广智能终端市场，瞄准智能手机、穿戴式设备、无人机、AR/VR 设备等智能终端市场，也推动微型片式阻容元件、微型大电流电感器、微型射频滤波器等各类电子元器件应用。

表 10-1   2015—2022 年有关智能终端产业发展政策

时　间	政 策 名 称	主 要 内 容
2015 年	《国务院关于积极推进"互联网+"行动的指导意见》	指出要提升终端产品智能化水平。着力做大高端移动智能终端产品和服务的市场规模，提高移动智能终端核心技术研发及产业化能力
2016 年	《"十三五"国家信息化规划》	提出大力推进高端服务器、智能终端设备、存储设备、网络与通信设备、工控设备及安全防护设备等的开发与产业化
2019 年	《产业结构调整指导目录（2019 年本）》	鼓励类产业：行业（企业）管理和信息化解决方案开发、基于网络的软件服务平台、软件开发和测试服务、信息系统集成、咨询、运营维护和数据挖掘等服务业务。智能设备嵌入式软件、智能移动终端产品及关键零部件的技术开发和制造
2020 年	《国务院办公厅关于以新业态新模式引领新型消费加快发展的意见》	提出丰富 5G 技术应用场景，加快研发可穿戴设备、移动智能终端等智能化产品
2021 年	《中华人民共和国国民经济和社会发展第十四个五年规划和 2035 年远景目标纲要》	提出构建基于 5G 的应用场景和产业生态，在智能交通、智慧物流、智慧能源、智慧医疗等重点领域开展试点示范
2021 年	《基础电子元器件产业发展行动计划（2021—2023 年）》	提出重点推广智能终端市场，瞄准智能手机、穿戴式设备、无人机、AR/VR 设备等智能终端市场
2021 年	《5G 应用"扬帆"行动计划（2021—2023 年）》	提出加快新型消费终端成熟。推进基于 5G 的可穿戴设备、智能家居产品、超高清视频终端等大众消费产品普及
2022 年	《国务院办公厅关于进一步释放消费潜力促进消费持续恢复的意见》	提出加快超高清视频、互动视频、沉浸式视频、云游戏、虚拟现实、增强现实、可穿戴等技术标准预研，加强与相关应用标准的衔接配套

二、智能终端发展的经济驱动力

（一）信息革命的驱动力

21 世纪初，云计算和大数据技术引发的第二次信息革命，是终端产品进行智能化赋能的基础，也是智能终端发展的重要驱动力。首先，大数据、人工智能、5G、云计算、物联网、边缘计算等新一代信息和工业现代化技术的快速发展，推动各式各样的智能终端产品层出不穷，同时智能终端硬件成本、应用软件开发成本也在不断降低；其次，智能终端芯片和智能终端操作系统市场的不断放开，推动着智能终端芯片和操作系统许可使用费降低；最后，随着国内新型信息基础设施建设的加速推进，5G、WIFI6 技术逐步普及，通信运营商降低通信资费，提升网络运营速度，减少了消费者智能终端连接网络的使用成本，带动物联网和人工智能应用的落地和推广，智能终端的市场规模将不断扩大。

在过去的十几年里，这些因素就像是一匹飞驰的骏马，牵动着智能终端快速发展，也推动着智能终端向传统行业的设计、生产、销售、配送等环节渗透，启动了智能终端时代。

（二）交易方式数字化的驱动力

随着移动互联网时代的到来、移动支付方式的出现，交易方式朝着数字化的趋势发展，能够聚合扫码支付、近距离无线通信技术（near field communication，NFC）支付和刷脸支付等多种支付方式的智能商用终端应运而生，包括自助交易终端、智能交易终端、移动 POS 等。

随着移动支付的迅猛发展和交易方式数字化，自助交易终端快速发展壮大，成为智能商用终端重要产品之一。支付宝、微信支付等第三方支付平台为了争夺线下支付场景和消费者，向零售商赠送或补贴购买自助交易终端，极大地刺激了我国自助交易终端的市场需求。2020 年，新冠疫情使消费者的防护意识进一步加强，无接触购物开始流行，自助消费越来越受重视，进一步促进自助交易终端的迅速发展。

（三）企业数字化转型的驱动力

数字化转型是未来十年中国经济的最大主题，而实现数字化转型的重要工具就是商业智能终端，即企业实现数字化转型将需要通过多元化的终端产品实现企业的转型升级。一方面，传统制造业企业通过把移动智能终端等数字设备应用到生产管理中，然后基于移动智能终端的数据采集与传输、处理功能，企业能够实现生产进程的数字化管理，保障各生产环节数据可查可控可溯源的同时，还能满足随时随地进行在线生产调度的需求。另一方面，企业通过将智能终端应用到办公系统中，维护企业信息安全，提高办公效率，发展线上线下融合的智能办公模式，赋能企业数字化转型。比如，2020 年，50%的教育行业和大型企业市场用户考虑使用 VR 或 AR 产品，通过大屏幕、电子白板、平板、智能手环等产品来提升企业的办公效率。

以各类智能终端和新兴技术支持的未来工作（包括未来空间、未来文化、未来员工）也将成为主流，更好地支持企业的数字化转型，而企业数字化转型也在源源不断地创造着对智能终端的需求，驱动智能终端发展。

三、智能终端发展的社会驱动力

（一）消费者生活方式的转变

年轻一代的家庭结构和生活方式正在随着经济结构的发展发生变化，而他们生活方式的转变也驱动着智能终端的变革。处在人生上升阶段的年轻人是引领未来消费风潮和生活方式的主力人群，他们的家庭结构更简单、生活节奏加快且工作压力大，并且追求更加便捷、舒适、品质化的生活方式，这些生活方式的变化导致主要消费者对家居产品的选择也发生了变化，他们更加追求享受慵懒、精致、智能的家居生活，这驱动了智能家居的变革，所以多功能家具、扫地机器人、智能晾衣杆、智能厨房小家电等产品层出不穷且越来越受年轻消费者的追捧，总之，年轻人对于节省家政时间和提高生活质量的需求促进了智能终端的发展。

（二）消费者消费需求的转变

随着收入水平的提升，人们的消费结构持续升级，消费需求也在发生转变，这驱动了多元化的智能终端发展。人们的消费需求由原先的模仿型、同质化、单一化向差异化、个性化、多元化升级，因此单纯的硬件发展已无法满足消费者的需求，智能化、个性化成为消费者追逐的风潮。消费者购买智能终端产品的考量逐渐从简单的产品参数转变为对其能力和服务的需求。

就产品研发层面而言，技术研发和创新尽管偶尔会超越消费者的认知，但大致是在消费者的需求指引之下，因此智能终端行业得以快速发展。比如，消费变革影响了健身智能终端的发展，随着人们越发重视健康生活和身材管理及居家健身的热潮传播，智能健身镜用不到两年的时间实现强势增长，成为健身爱好者的新宠。

（三）社会人口老龄化的趋势

在人口老龄化的社会背景下，医疗服务的社会需求加大和劳动力结构性短缺间接驱动了智能终端发展。现在中国的人口老龄化问题越来越突出，医疗健康问题越发成为公众关注的焦点和政府工作的重点。医疗服务的巨大需求驱动了 PC 端的好大夫在线和以春雨医生为代表的应用程序的发展，也驱动了智能芯片的发展。智能芯片可以放置在随身的手环、腕表、眼睛、戒指、衣服上，用来测量和记录用户的全部健康数据，让医疗服务实时到达老百姓的身边。因此，伴随人口老龄化而来的医疗健康问题，驱动了智能芯片的发展和成熟，提升了智能终端产品的智能化水平，扩展了其应用范围。

伴随着我国人口老龄化的不断加深，劳动力短缺问题愈发严重，这在一定程度上刺激了机器人市场的需求，推动了智能机器人产业的发展。国内人口红利的逐渐消失，促使制造业、服务业等劳动密集型企业为实现降本增效，开始积极引进智能机器人协助或者代替人工作业，如在智能工厂里可以 24 小时高效运转的焊接机器人、搬运机器人、激光加工机器人等工业机器人，以及在餐饮、商场、展厅等场景营业的送餐机器人、迎宾机器人、导览机器人等服务机器人，智能机器人凭借无人值守自动化作业、高交互性等技术优势很好地缓解从业人员缺口。

第三节　智能终端发展的主要技术

一、物联网技术

物联网是在互联网基础上延伸和扩展的网络，具体指通过各种信息感知设备及各类网络接入，连接物、人、系统和信息资源，实现对物理世界和虚拟世界的信息处理并做出反应的智能服务系统。2016 年以后，国内物联网发展进入新的阶段，产业开始向数字化转型，对于物联网建设逐渐深化，多重技术推动物联网技术创新。随着国家相关政策的逐步实施，我国物联网技术将进一步快速发展。

物联网技术作为一种重要的支持技术，已经被广泛应用于智能终端中，终端设备接入物联网，给消费者和传统企业带来了创新、智能、互联的新服务。比如，商用 loT，包括智能金融 POS 机、智能收银机、手持非金融设备、智能路由器、智能防盗设备等，其主要目的是通过物联网技术为传统商业领域提供数字化、智能化的产业升级，通过物联网技术实现对用户的精准匹配，为客户提供高度适配的智能化产品和服务，提升用户的体验并提高经营者的工作效率。

商用 IoT 智能终端广泛应用于家庭、零售、工厂、金融等场景，如在零售场景里，零售按照距离可以分为三种不同的形式：远场零售、中场零售、近场零售，物联网技术可以用于近场和中场零售，且主要应用于近场零售，通过物联网技术，商店可以实现无须人工干预的支付方式，提高支付速度和便捷度。通过物联网传感器和人工智能技术，商店可以实现对店内客流量、商品热度等数据的实时监测和分析，从而优化商品陈列和制定促销策略，为用户提供更好的服务，给商家提供更高的经营效率。

二、人工智能技术

人工智能，通常是指通过普通计算机程序来呈现人类智能的技术，也可以说人工智能就是研究如何使计算机去做过去只有人才能做的智能工作。人工智能学科诞生于 20 世纪 50 年代中期，发展至今已经实现在智能客服、语音识别、自动驾驶、智能医疗、智能家电等诸多服务场景中深入而广泛的应用。可以说，人工智能正在全面进入我们的日常生活。

将人工智能技术引入智能终端使智能终端拥有更为广阔的应用空间，人工智能从计算机视觉、自然语言处理、语音处理等维度全方面推进智能手机、智慧家居、智能车载、智能可穿戴、智能机器人等领域移动终端的发展。例如 2016 年，智能手机引入了人工智能技术——高精度的面部识别，现在已经完全成为主流。智能大屏引入人工智能技术及结合 App 应用可以提升智能大屏的可玩性，可以实现大型云游戏、AI 运动健身、AI 健康、K 歌、在线课堂等需求，同时也可以实现收看直播、点播需求。

人工智能正通过智能终端设备渗透人们日常生活的方方面面，如在智能家居中，人工智能技术能够帮助人们更加智能化地管理家庭设备，为人们带来更便捷、舒适、安全的家居体验，包括人工智能技术丰富家用电器的功能，对家电进行智能化升级实现智能化控制和管理；人工智能和传感器技术对用户自身健康、幼儿和宠物进行监测，保障用户自身和家庭的安全，智能安防系统就属于这一类的应用；通过人工智能技术，智能家电能够通过与智能手机、智能语音助手等设备的连接，实现远程控制和智能化操作，使家庭设备使用更加便捷和灵活。可以说，人工智能的发展已经深刻影响了人们的生活方式和居住环境。

三、5G 技术

第五代移动通信技术（5G）是新一代宽带移动通信技术，是实现人机物互联的网络基础设施。5G 网络主要有三大特点：高速率，5G 通信技术的传输速率峰值可达到 10Gbps 以上，可以使高清视频、虚拟现实、增强现实、全息投影等技术完美应用于生活中。低延时，5G 的网络延时将会低于 1ms，可以满足车联网、无人驾驶等场景对时延的严格要求。大容量，5G 网络可以实现每平方千米支撑 100 万个移动终端的运行，从而形成更广阔和开放的物联网、车联网，真正实现万物互联。

5G 将加速引领终端产业智能化、升级化发展。与传统的通信技术相比，5G 是在传统通信技术的前提下，将多种通信技术有机融合在一起的综合性的新技术，具有速度快、流量密度大、时延短、能效高、支持海量大连接、增强移动带宽等诸多优势。所以 5G 不只是网速的提升，更是结合云计算、人工智能等技术推动万物互联向万物智能跨越式发展，使人们进入一个万物具有感知的智能社会。智能手机、智能电脑、智能家居设备、智能医疗设备、智能网联汽车、智能仪器仪表、智能可穿戴设备、智能机器人等数以万亿计的新终端设备将接入 5G 网络，智能终端产业呈现爆发式增长。

5G 技术的发展不仅让传统终端设备融入万物互联时代，还拓展了智能终端的应用场景。比如，5G 应用于智能医疗终端，实现智慧医疗。5G 技术利用其超低时延的特性使远程操控手术成为可能。患者身边无需手术医生，只需旁边的机器人将患者身体的相关图像远程反馈至医生处，医生通过 5G 网络可以远程操控机器人的机械臂直接对病人进行手术。在远程手术大规模运用后，离医院比较远的病人可以及时得到救治，医生亦能节省大量宝贵时间。5G 技术还可以运用至智能手环上，用户的智能手环可以实时联网，传递用户的血压、心率等健康指标。这样一来，若用户出现紧急状况，医生能及时收到信息提醒并介入处理。

四、云计算技术

云计算是分布式计算的一种，指的是通过网络云将巨大的数据计算处理程序分解成无数个小程序，然后，通过多部服务器组成的系统进行处理和分析得到结果并返回给用户。云计算技术可以在很短的时间内完成数以万计数据的处理工作，提供强大的网络服务。云计算平台可以划分为三类：以数据存储为主的存储型云平台、以数据处理为主的计算型云平台及计算和数据存储处理兼顾的综合云计算平台。

在数字化时代，云计算应用于智能终端已经成为一个非常重要的趋势。一方面，在这个智能终端进一步普及，用户数量水涨船高的时代，终端设备产生的数据量是呈几何倍数增长的，智能终端需要有更强大的计算和存储能力。云计算技术的应用可以将计算和存储交付到云端执行，让用户在使用智能终端设备时所需要的计算能力、存储容量等方面得到保障。另一方面，云平台所提供的数据分析和计算能力越来越丰富，这将会产生更加复杂、更加细致的市场应用需求，从而不断拓展智能终端的市场空间，催生出越来越多的应用场景。

随着云计算技术的不断完善和发展，其在智能终端领域中的应用逐渐得到普及，将给用户提供更加高效、稳定、可靠、智能化和安全的服务体验。比如，在智能家居中，云计算技术可以应用于多个方面。首先，云计算技术可以将智能终端设备连接到智能家居管家平台上，实现各类家居产品远程控制和监测功能。其次，云计算技术可以帮助智能家居设备实现数据传输和存储，借助云计算技术，智能家居设备之间可以方便地进行数据传输，用户可以方便地备份和恢复家庭数据，并随时随地访问这些数据。最后，云计算技术的应用还可以为智能家居带来许多新的应用场景，如智能厨房、智能健身房等。

五、边缘计算技术

边缘计算是指在靠近物或数据源头的一侧，采用网络、计算、存储、应用核心能力为一体的开放平台，就近提供最近端服务。边缘计算是云计算在网络支持下，向边缘延伸的新型计算形态，通过网络和云的去中心化部署，解决云服务在边缘的供应问题，因此边缘计算是云计算的补充和延伸。云计算和边缘计算的区别在于计算资源的位置和处理方式，云计算是通过网络连接远程的服务器和数据中心来提供计算和存储等服务；边缘计算是将计算资源放置在离数据源和终端设备更近的位置，以提高计算效率和响应速度，本质上边缘计算和云计算都是通过重新部署和分配计算资源来更好地满足用户的需求。

相较于云计算，边缘计算有以下优势：具备更多的节点来负载流量，使得数据传输速度更快；更靠近终端设备，传输更安全，数据处理更及时；更分散的节点相比云计算故障所产生的影响更小，还解决了设备散热问题。边缘计算技术取得突破，意味着许多控制将通过本地设备实现而无须交由云端，处理过程将在本地边缘计算层完成。这将大大提升处理效率，减轻云端的负荷。由于更加靠近用户，边缘计算还可为用户提供更快的响应，将用户需求在边缘端解决。

边缘计算的应用场景非常广泛，包括但不限于以下几个方面。①智能制造：边缘计算可以为智能制造提供实时的数据采集、处理和决策支持，从而提高生产效率和质量。例如，工厂中的机器可以通过边缘设备来实现自动诊断和优化，从而降低故障率和维护成本。②智慧城市：边缘计算可以为智慧城市提供实时的数据采集和处理，从而提高城市的管理效率和公共服务水平。例如，交通监控可以通过边缘设备来实现实时的车辆识别和路况监测，从而优化交通流量和安全。③智能家居：智能家居通常通过物联网设备收集和处理数据，这些数据被发送到一个中央远程服务器，在那里进行处理和存储。然而，这种现有体系结构存在回程成本、延迟和安全性方面的问题。通过边缘计算，处理和存储距离智能家居更近，减少了往返时间，而且在边缘端即可处理敏感信息。

第四节　智能终端产业链

一、智能终端产业链图谱

智能终端的产业链上游为硬件及软件，包括芯片、显示屏/面板、传感器、电池、大数据平台、语音交互控制技术等。产业链中游为产品制造，包括智能手机、平板电脑、VR/AR 设备、智能穿戴设备、智能家居、无人机等。产业链下游为销售渠道，包括线上、线下销售渠道及企业、消费者（图 10-2）。

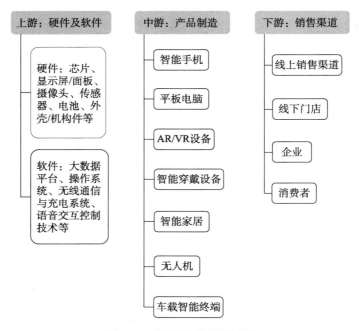

图 10-2　智能终端产业链图

二、智能终端产业链上游

　　智能终端的上游产业以智能硬件为主，智能硬件主要包括芯片、显示器、传感器等。近年来，中国智能硬件市场规模呈高速增长的态势，数据显示，2021 年，中国智能硬件市场规模约为 12003 亿元，2017—2020 年的复合增长率为 39%，预计 2023 年中国智能硬件市场规模将达到 23184 亿元。[①]

（一）芯片

　　芯片技术是智能终端设备发展的核心，芯片的技术成熟度将直接影响智能终端的性能。近年来，得益于国家政策支持，我国芯片行业飞速发展，市场规模呈增长趋势。数据显示，2020 年，我国芯片行业市场规模达到 8848 亿元，2022 年达 11839 亿元（图 10-3）。

（二）显示屏

　　显示屏作为智能终端设备中重要的元器件，是设备和用户交互的重要部分。目前，应用在智能终端行业的显示屏技术主要包括 LCD、LED、OLED、MEMS 显示技术和柔性显示技术等。

[①] 中商产业研究院. 2023 中国智能终端行业市场前景及投资研究报告.

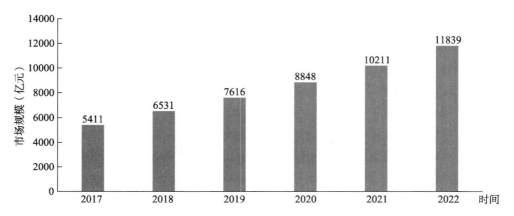

图 10-3　2017—2022 年中国芯片行业市场规模统计（来源：中商产业研究院）

数据显示，我国 LED 行业市场规模总体呈现逐年增长的趋势。由 2017 年 6358 亿元增至 2020 年 8627 亿元，年均复合增长率为 10.7%。中商产业研究院预测，2022 年我国 LED 行业市场规模将突破万亿元（图 10-4）。

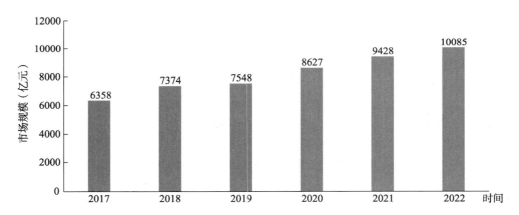

图 10-4　2017—2022 年中国 LED 行业市场规模趋势预测图（来源：中商产业研究院）

（三）传感器

传感器是连接物理世界和数字世界的桥梁，指能感受规定的被测量并按照一定规律转换成可用信号的器件或装置。数据显示，2020 年中国传感器市场规模 2189 亿元，同比增长 12.7%。随着社会的不断进步，传感器行业市场规模将不断增长。预计 2022 年中国传感器市场规模将增至 3150 亿元（图 10-5）。

三、智能终端产业链中游

（一）智能手机

由于宏观经济带来的挑战及疲软的消费端需求影响，中国智能手机市场在近年来持续走低。2022 年 9 月，智能手机出货量 0.2 亿台，同比下降 4.6%，占同期手机出货量的 94.8%。2022 年 1—9 月，智能手机出货量 1.91 亿台，同比下降 21.3%（图 10-6）。

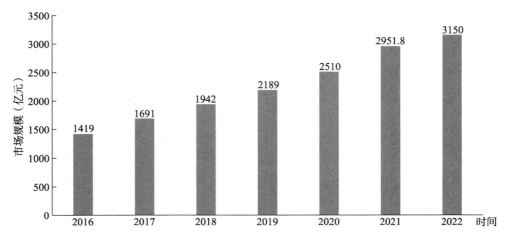

图 10-5　2016—2022 年中国传感器市场规模预测趋势图（来源：中商产业研究院）

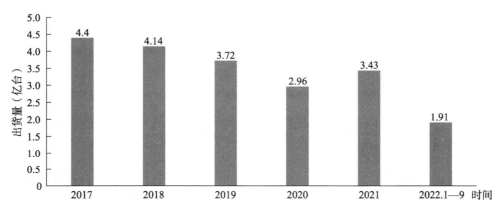

图 10-6　2017—2022 年 9 月中国智能手机出货量统计

（二）可穿戴设备

智能可穿戴设备即直接穿在身上，或是整合到用户的衣服或配件的一种便携式设备。智能穿戴设备不仅是一种硬件设备，更是通过软件支持及数据交互、云端交互来实现其强大功能的智能设备。2022 年前三季度，全球智能可穿戴腕带设备整体同比增长 3.4%，出货量达到 1.32 亿台（图 10-7）。

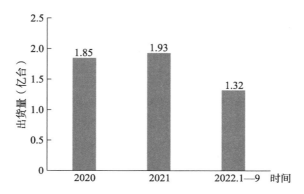

图 10-7　2020—2022 年 9 月全球可穿戴腕带设备出货量统计

（三）智能家居

智能家居终端产品包括智能音箱、智能照明、智能电视、扫地机器人、智能门锁等产品。近年来，我国智能家居出货量快速增长。数据显示，2020年中国智能家居终端设备出货量为2.2亿台，预测2023年中国智能家居设备出货量将达2.5亿台（图10-8）。

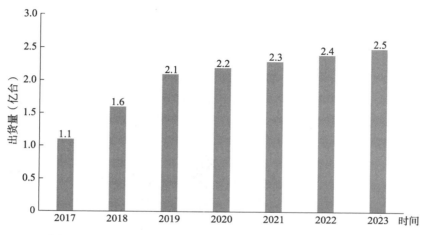

图10-8　2017—2023年中国智能家居设备出货量预测趋势图

（四）智能车联网设备

从长期发展趋势来看，汽车是继手机之后的又一大智能终端赛场。近年来，得益于消费者对汽车智能化接受度的逐渐提高，我国智能网联汽车出货量增速较快。数据显示，2021年我国智能网联汽车出货量达1370万辆。预计在5G和智能网联技术迅速推广的背景下，2023年我国智能网联汽车出货量将达1880万辆，2025年出货量将增至2490万辆（图10-9）。

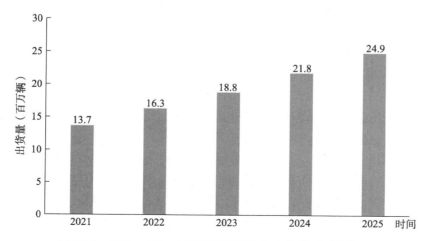

图10-9　2021—2025中国智能网联汽车出货量预测趋势图

（五）智能终端测试服务

智能终端测试服务是指针对智能终端产品的性能、产品质量提供的专业测试服务，覆盖整个智能终端产业链。持续涌现的移动智能终端爆品将进一步带动测试服务市场的发展。数据显示，中国移动智能终端测试服务市场规模由 2017 年的 113.91 亿元增长至 2020 年的 233.06 亿元，年均复合增长率为 27.81%。中商产业研究院预测，2023 年中国移动智能终端测试服务市场规模将达 456.87 亿元（图 10-10）。

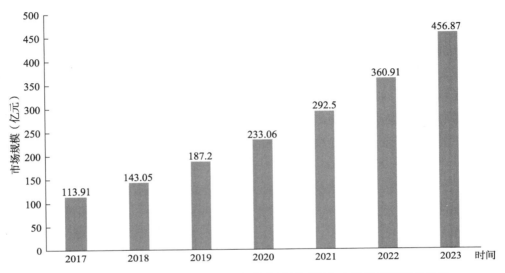

图 10-10　2017—2023 年中国移动智能终端测试服务市场规模预测趋势图

四、智能终端产业链下游

（一）企业级智能终端应用

根据智能终端在应用场景及目标用户的差异，可将智能终端产品分为面向企事业单位的企业级智能终端产品及面向个人消费者的消费类智能终端产品。我国企业级智能终端设备在以银行为代表的金融业率先取得较大规模应用。随着我国信息化、智慧城市等领域建设脚步的加快及新一代信息技术的快速发展渗透，各个行业的生产和服务效率需求不断提高，企业级智能终端开始从金融业向其他领域快速扩张，应用范围扩张到政务、医疗、零售、物流、电信、电力、民航等国民经济的各个行业和领域，功能涵盖从最初的信息查询、自动查询等不断拓展至业务智能指引、业务智能推荐、智能化交易结算、身份远程验证、信息凭证打印、无人值守等多种功能。

下面将以金融领域为例，介绍智能终端在下游的应用。作为世界第二大经济体，我国经济体量巨大，人口众多，具有强劲的银行服务需求，催生了庞大的银行服务市场。银行营业网点是承载银行业务的物理场所，在满足人们日常金融服务需求方面起着不可替代的作用。根据中国银行业协会数据，近年来我国银行业网点数量稳定在 22 万~23 万个，截至 2019 年年末，全国银行业网点数量约为 22.80 万个，为金融智能终端产品提供了广阔的市场空间。企业级智能终端是银行网点智慧化升级的重要组成部分，其替代了传统的银行柜台员工，起着直接与客户进行交互的作用，在打造智慧银行的过程中具有广泛的用途及良好的市场前景。智慧银行网点通常由引导区、等候区、电子银行区、低柜区、可视化金融超市、智能营销区、综合服务区、自助银行等功能区组成，在上述功能区中均需要使用智能自助终端产品。

　　企业级智能终端的发展是一个逐步演变、不断进步的过程。一方面，随着移动互联网、人工智能、云计算、物联网等新技术的不断发展及客户需求多样化，企业级智能终端将会不断升级，功能不断丰富，种类不断推陈出新。另一方面，智能终端的应用场景也会不断拓宽，从智能桌面终端、智能自助终端发展至智能移动终端等新型交互终端系统。

（二）消费级智能终端应用

　　消费级智能终端产品主要包括个人电脑、智能电视等智能桌面设备及智能手机、智能平板、智能穿戴等智能移动设备。在消费级智能终端应用方面，通信社交仍然是覆盖率与使用率最高的应用类别，而视频、游戏、网络购物类应用同属于大众人群使用率及覆盖率较高的应用类别，社交及娱乐作为移动智能终端用户的刚性需求，用户市场基本释放完毕，市场格局基本稳定。而细分类别应用的市场潜力虽仍在释放，但新应用进入门槛越来越高，格局已经趋于固定。此外，在越过了行业爆发式增长的洪峰之后，用户对于移动应用的新鲜感正在逐渐消退，用户流量更加集中于少数稳定老牌应用。

　　本章主要围绕智能终端展开，首先介绍了智能终端的概念和常见形式，并分析了常见智能终端的营销潜力，其次概括了智能终端的发展与演变，并总结了智能终端发展的三种驱动力，再次介绍了支撑智能终端发展的主要技术，最后补充介绍了智能终端产业链和上中下游产业链。

　　1. 举例说明智能终端有哪些应用场景？
　　2. 举例说明企业和消费者如何驱动智能终端发展？
　　3. 智能终端的发展面临什么样的机遇和挑战？

自学自测　　　　扫描此码

第十一章

智能终端驱动的数字营销变革

当你打开智能手机日历功能后收到了某品牌的产品上新通知，当你在家中观看智能大屏播放的电视剧时突然弹出女主角在喝的饮品产品卡片，当你唤醒智能音箱想订外卖时听到某品牌当季新款的汉堡套餐，当你启动智能汽车时大屏幕上显示了附近旅游景区的推荐，说明你已进入数字营销场景了。这些看似已经司空见惯的生活场景，正是智能终端驱动的数字营销落地实现的典型代表。终端是与消费者直接接触的最后一环，是产品或者服务的最终对象，现下的终端，几乎完美地实现了产品与营销渠道的融合，其本质可以视为网络社会的触角和节点，基于这些终端设备开展的商业营销服务驱动着数字营销变革。本章将详细介绍智能终端如何驱动数字营销变革。

学习目标：①理解智能终端引发营销变革的原理与逻辑；②理解智能终端引发的消费变革的过程；③理解智能终端引发营销变革的具体体现。

第一节　智能终端对营销的影响总述

随着技术的发展，终端越来越智能化，除了承载内容外，还具备联网、互动、数据洞察等多样功能。随着智能终端用户覆盖规模的不断扩大，以及软硬件能力的大幅提升，智能终端营销呈现出更为广阔发展空间。在当前的智能终端营销生态中，智能终端厂商、智能应用服务商等多方角色正在探索如何为智能终端赋予全新能力，除了优化传统资源点位广告曝光效果之外，还拓展其场景融合力、影响力及转化力。以相对成熟的智能电视终端为例，当下，智能大屏硬件的加速渗透扩展了品牌投放的认知范围，硬件视觉技术的突破提升了消费者的广告体验，从而在认知基础上进一步提升了消费者兴趣。同时，智能应用服务商也在进一步延展消费者的多样化使用场景，在提升用户黏性的同时将智能大屏从原先单一的视频内容播放器进阶为家庭娱乐、家庭消费与智能家居的中枢。

智能终端呈现出了多元化态势，在网络技术、大数据等的推动下，现阶段智能终端拥有了包括语音交互能力、终端互联能力在内的多项原生优势，其营销也随之拥有了更为丰富的形式和可能。随着用户对传统营销方式的新鲜感的下降，广告主对于营销的需求进入了新的层次，开始由短期曝光向长期效果转化。而为了满足广告主全链路的营销诉求，智能终端正在从硬件到系统再到应用软件服务全方位发展，在终端直观视觉曝光之外打造了一系列非传统的营销曝光方式。

除智能终端自身媒体价值之外，协同合作也正在为智能终端创造更多的营销可能。现阶段，虽然智能终端营销更多还停留在单一终端，但不少消费者有使用多设备的习惯。

在把握单一终端特性的前提下，如果能够合理利用多终端使用的协同性，明确不同终端在营销生态下的价值和作用，有效连接多端设备，则可能实现营销效果的叠加及营销效率倍增。在新情境下，智能终端使营销成为一种服务，终端营销不仅可以传递品牌信息影响用户心智，企业品牌还可基于智能终端对用户进行全生命周期的各种交互体验设计，与客户进行深度沟通或绑定，并因此衍生出新的商业模式。

第二节　智能终端引发营销变革的原理和逻辑

一、智能终端带来链接方式的变革

过去，企业和客户之间的链接方式是单向的，企业主要通过纸质媒体、平面媒体向客户单向推介产品和服务，而现在，通过电脑、手机、智能大屏等智能终端，企业在多种渠道和方式上都有可能触达消费者，这引发了企业与消费者连接方式的变革。在智能经济时代，企业与客户之间是以一种多元化的连接方式进行沟通，这样的链接方式能更好地了解客户的需求，更好地满足他们的需要。

智能终端不仅改变了传统的企业与用户的连接方式，而且通过多样化的链接方式，明确了用户需求，提高了营销推广效率。就零售业务而言，在传统零售业务中，企业与消费者的连接方式主要是线下门店，但随着互联网和智能终端的普及，企业与消费者之间的连接方式也变得多种多样，涉及线上（如电商平台）、线下（如线下门店）、商业（如商业广告）、社交（如微博、社群），多种链接方式组合形成多面化、多角度的网络，构建了企业与客户之间连接的多架桥梁。各种形式不同、维度不同的链接方式形成一个真正数字化的智能网络，各个节点之间相互关联并实时进行数字化运算，根据客户消费场景的变化，进行智能决策调整。

智能终端带来的多样化的连接方式主要是因为智能终端的多元触点和互联互通。一方面，智能终端设备提供多元触点，帮助企业与消费者进行包括触摸、语音、体感等强互动。以智能大屏为例，从开机时具有视觉震撼效果的开机广告，到进入精选频道选择观看内容时的原生广告，以及在切换频道、其他点击行为、观看过程中和观看间隙的不同创意形式的广告，提高用户体验趣味性的同时也能通过语言交互深度触达用户。另一方面，智能设备之间的互联驱动了营销渠道的互联互通，品牌可以通过"搭载"这些设备实现全终端、全时段、全场景链接消费者，帮助企业品牌在不同场景下触达用户。

李宁体育利用智能终端改变与用户传统的、单一的连接方式，通过门店数字化和多种终端与用户建立起形式多样、持续的连接，推动了线上线下销量持续上升。李宁体育用品有限公司成立于 1990 年，经过 30 年的探索，已逐步成为国际领先的运动品牌。李宁公司作为传统零售商的"排头兵"，率先意识到传统零售门店与消费者连接方式单一，存在缺乏对市场的感知力和对全局的把控力、对消费者洞察不足、数据积累零散且碎片化严重、无法快速响应消费者需求的问题。

2015 年，李宁公司开始与阿里巴巴集团合作建设基础设施云化，搭建全渠道、全触点的业务中台与数据中台；2018 年，李宁公司开始门店数字化建设，借助云货架、云码、IoT、刷脸支付等技术，不断升级数据中台，并基于数据中台构建了卖点分析、智能组货等高阶应用。如今，李宁实现了消费者从进店到离店整个过程的实时在线，通过对品类、商品、竞品和消费者需求等数据的深度挖掘，能够快速且准确地分析出不同商品品类受欢迎程度。同时也通过触点的连接加强了企业对消费者的认知，从而更好地服务消费者。

李宁公司还与云码等渠道合作，辐射门店周边 3 千米内的商圈。消费者通过自动售卖机、租借充电宝、分众传媒、OTT 等多种终端与门店实现链接，终端也会利用广告发放、活动通知、优惠券发放等方式主动出击，精准匹配消费者，用互动橱窗趣味小游戏吸引消费者进店。消费者在线下门店选购商品，付款时店员会建议消费者关注"李宁"公众号，免费注册会员；在消费者离店后，李宁公司还可通过会员系统继续触达消费者。当有新品上架或有营销活动时，会员会收到个性化商品推荐或优惠券，持续与李宁公司进行互动。

从 2015 年开始，李宁公司进行全触点数字化转型，会员数量增加到 1000 万人，给线上和线下店铺带来约 5% 的额外销量增长。2019 年上半年，李宁公司盈利 8 亿元，同比增长 123%，平均存货周转天数下降至 74 天，股价与 4 年前的股价相比增长幅度超过 6 倍。

二、智能终端带来链接时长的变革

伴随着移动智能终端技术的不断发展，人们的生活中充斥着诸如智能手机、电子阅读器、平板电脑、智能电视大屏、智能音箱等智能终端，人们已经习惯了在走路、说话甚至睡觉时都使用智能移动终端。据《2022 年移动状态报告》显示，中国人平均每天使用智能手机时长接近 5 小时，已经能轻松挤进全球前十。智能电视的日均使用时长也长达 5 小时。用户在多场景下高频打开使用智能终端产品，使得企业与消费者的连接时长大大增加。

智能终端在给人们带来便利的同时也让人们过分依赖它们，在碎片化时间里使用智能终端成为一种普遍现象，这也导致企业与用户的连接时长越来越碎片化。碎片化时间指的是我们生活中没有被事先安排或计划的短暂时间片段的集合，如通勤路上、午休的茶余饭后、各种排队、等孩子放学等。智能手机的出现和普及使人们能够充分利用碎片化时间链接网络，通过刷视频、浏览社交媒体等方式来获取感兴趣的信息，这导致了企业与消费者的营销触点和链接时间都呈现碎片化的趋势。

从营销角度来看，随着企业与用户连接时间的碎片化，消费者的购物习惯、需求心理、信息获取方式等都发生了变化，传统的营销方式不仅成本越来越高，而且很难将营销内容高效精准地推送至目标群体。在碎片化时代，用户的注意力过度分散。因此，要想使自身在品牌林立的竞争环境中成功突围，企业必须抓住和消费者接触的分分秒秒，使消费者获得最极致的服务体验。

片仔癀就是抓住消费者碎片化的用餐时间，精准地链接消费者，从而有效地营销新产品与建立品牌形象。漳州片仔癀上海家化口腔护理有限公司的经营范围包括牙膏产品及其他口腔护理类产品的研发、生产等。片仔癀牙膏是其研发的中药牙膏，配方中含有国产名药、"福建三宝"之一的片仔癀，是一款具有独特清火功效的牙膏。2019年，片仔癀牙膏借势头部美食平台大众点评网，并结合线下网红餐厅共同发起"清火片仔癀，口口享自在"的数字营销主题活动，大众点评作为国内最大的餐饮分享平台，拥有庞大的用户基数和活跃度。这次营销活动从开屏画面、首页信息流、美食频道首页再到交易成功页面，均有片仔癀牙膏活动信息展示，成功覆盖了消费者从用餐前打开App、用餐中浏览及用餐后消费结账的全过程。与此同时，与线下餐饮门店合作展示广告信息，无疑可以进一步深度触达消费者。此次活动，片仔癀选择了多家"排队王"的重口味餐厅：电台巷火锅、付小姐在成都、沪小胖、九鼎轩脆毛肚火锅等，通过店内易拉宝、海报、收银台卡、桌卡等多触点高频披露活动信息，与消费者进行深度沟通。

衣食住行是人的基本需求，对于一个口腔品牌而言，与其最贴近的当然是"食"，美食与口腔有自然而然的联系，片仔癀牙膏抓住了消费者碎片化的时间，将美食与其品牌牢牢绑定，从挖掘消费者需求，到美食场景传递产品功能，加之完整的O2O闭环，充分地利用碎片化时间完成对消费者的宣传教育，加强与消费者的互动。这一系列精准的市场营销活动，使得片仔癀牙膏的品牌知名度得到持续提升，对比2018年，2019年片仔癀牙膏的品牌认知度提升超过了40%。

三、智能终端带来链接空间的变革

当下，5G和物联网等技术加持下的智能终端在不同空间与用户紧密联结已成为一大趋势，深刻地影响了企业与大众的生产与生活方式。比如，用户出行时沿着智能终端的规划路线行驶，行驶过程中同智能车载终端进行语音交互；办公时使用一体化商务终端设备，并在内置系统中与团队完成协作；下班后打开家中的智能大屏，观看"猜你喜欢"板块中的电影；在商超购物时，与商场中的迎宾导购机器人展开互动；外出用餐时提前使用手机完成餐厅优选和预订；差旅时则会通过酒店机器人自主选房、拿取外卖。

智能终端作为搭载了操作系统与各类应用服务的硬件设备，在不同空间与消费者实现联结，为用户带来连接空间的变革。智能终端对于不同空间中的用户而言，可以是个人健康助理、家庭贴心管家、暖心伙伴陪护、出行全能搭档……智能终端已经从冷冰冰的硬件设备摇身一变成为消费者在各个空间的"知心好友"，持续创造基于人、机、空间的连接方式与价值交换渠道。针对细分市场和特定空间的智能终端产品被不断打磨出来，如智能健身镜对应的健身运动场景、智能音箱对应的教育学习场景、智能汽车对应的出行车载场景……这些智能终端与空间相交融，在特定的空间链接用户，从而更好地满足用户需求，提升服务水平。

第三节　智能终端引发的营销变革具体体现

一、数据收集方式的变化

传统的数据收集方法包括人工录入、调查问卷、电话随访等方式，这些方式虽然能够帮助企业获取一定量的用户数据，但是更多的情况下主观性较强，数据的真实性和可靠性也存在疑问。大数据和智能终端时代到来后，一个突出的变化是数据收集的方法有了质的飞跃。

随着智能终端种类的日益丰富，智能终端与用户直接联结，企业采集用户第一手数据的入口越来越多。以智能移动终端为例，智能手机时代，手机在给我们带来便利的同时，也给企业增加了获取用户数据的方式。企业能够通过用户授权使用手机 App 的方式获得读取通讯录、访问短信、获取地理位置等信息的权限，并且企业能够通过后台获取用户的访问页面、停留时间、点击次数的足迹，从而了解用户的兴趣及行为模式。另外，企业通过各类手机 App 之间数据共享的方式增加了获取用户数据的方式，如用户在使用百度、小红书等软件进行检索相关产品时，一些电商平台也能通过数据共享获取用户的需求信息，然后进行精准营销，如淘宝、拼多多等可能就会推送用户搜索过的相关产品。

通过多种方式收集用户数据，企业可以获取到更为精准、真实的用户行为和购物习惯数据，并结合数据分析技术进行整合分析，从而帮助企业更好地洞悉消费者需求，高效指导企业运营和营销，提高服务质量。同时，用户也可以享受到更为便捷、快捷的服务体验，从而获得更高的购物满意度。但是在收集用户数据的过程中，企业需要确保数据采集的合法性和隐私保护，企业应该遵循相关法律法规，明确告知客户数据的用途和处理方式，并征得客户的同意，同时，企业要确保数据的安全存储和保护，避免数据泄露和滥用。

耐克（NIKE）是全球著名的体育运动品牌。部分人对耐克的印象还停留在一个传统的运动品牌公司。事实上，耐克早已意识到用户和数据的重要性，围绕"用户+数据+服务+终端"的新商业模式，通过多种方式收集分析用户行为，实现精准营销。2017年，耐克携手中国 360 导航进行用户行为链大数据分析。借助 360 行为链大数据分析，耐克对天猫旗舰店与自营电商官网从功能、流量来源和运营策略上进行了深度分析。

首先，通过对耐克官网用户浏览路径的研究发现，导航是耐克官网用户上网的首选，且其中 52.3%的耐克官网用户来自 360 导航，这就意味着过往曾被严重低估的导航媒体资源在拓展网站流量与促进订单转化方面大有可为；其次，通过对覆盖目标人群的分析发现，尽管电商官网在用户规模上远不及天猫旗舰店，但两大电商渠道的重合用户比例仅为 6.8%，这表明差异化渠道分工策略前景明朗。相较而言，耐克电商官网在一线城市更具优势，用户兴趣集中且以初中男生为主，这也为后续差异化推广策略的制定明确了方向；最后，针对目标用户的搜索行为深度分析，帮助品牌更好地了解目标用户行为偏好，为定向人群包投放广告打下了基础。

360 导航对现状进行剖析，经过前期对官网流量的大数据收集，首先帮助耐克将目标人群划分为三类：①潜在人群：耐克电商官网的访客人群及有购物意向的单品访客人群；②意向人群：对耐克各产品线感兴趣的目标检索人群，以及有购买意向的潜在检索人群；③核心人群：对耐克品牌及官网感兴趣的核心目标检索人群。

其次，通过分析三类目标人群的浏览行为及需求，与 360 导航营销资源进行精准匹配，打造"三步走"的营销策略。①针对潜在人群，360 推广使用展示类广告抢镜，直击耐克官网访客人群，促进有高度购买意向的人群转化，360 购物轮播、信息流、今日优选等站内站外展示广告形式多屏覆盖，精准触达受众群体。②对于意向人群，360推广根据他们的搜索行为调整搜索选词策略，并通过凤舞橱窗等搜索创意展示样式，同时适配PC端和移动端，图文并茂地呈现耐克当季主推的产品，带来强效转化。③针对核心人群，360推广使用品牌直达类广告紧跟节点，除了在PC端及移动端对各产品和当季主推产品的长期投放外，更是配合重点大型活动节点使用更具冲击力的高级样式，牢牢抓住核心用户的兴趣点。

数据显示，随着360推广创意样式的上线，耐克品牌搜索推广CTR增长率超过70%，展示广告助力耐克突破ROI瓶颈，ROI提升超过228%，高效实现品牌转化共赢。

二、数据收集维度的变化

随着科学技术的发展，企业收集的数据不再局限于传统的数据，数据的来源和类型变得更加多样，从数据采集的来源上看，互联网的数据主要来自互联网用户和服务器等网络设备，主要是大量的文本数据、社交数据及多媒体数据等，而工业数据主要来源于机器设备数据、工业信息化数据和产业链相关数据。从数据采集的类型上看，不仅要涵盖基础的数据，还将逐步包括半结构化的用户行为数据，网状的社交关系数据，文本或音频类型的用户意见和反馈数据，设备和传感器采集的周期性数据，网络爬虫获取的互联网数据，以及未来越来越多有潜在意义的各类数据。

同时企业收集用户信息时应更侧重数据背后所呈现的个人基本信息，数据收集的维度更加多样。比如，智能家居领域，走进千家万户的智能音箱通过问答交互便能够采集用户的声音、位置信息，还能够根据用户的提问结合算法推测用户喜好。智能摄像头也随着家居安防、逗宠、婴儿/老人看护等场景的规模化应用逐渐走进了更多家庭，所能够采集到的视频数据也更加私密。最近两年，毫米波雷达技术也在智能家居领域得到了进一步应用，可以感知人体的存在与否，判断房间里有没有人；人体的运动信息，速度和方位；人体的姿态，是坐着、站着还是躺着。除此之外，智能门锁、智能门铃等还可以采集用户的指纹、人脸等数据。显而易见，在完整的智能家居系统中，采集的数据维度越来越精细，所训练的"智能管家"也越来越贴心。

大数据时代下的企业在制定营销策略前，利用数据挖掘技术，分析受众的个人特征、媒介接触、消费行为甚至是生活方式等，帮助广告主找出目标受众，然后对广告信息、媒体和用户进行精准匹配，从而达到提升营销效果的目的。2018年，新华书店联手阿里巴巴集团共同打造智慧书店"城市书房"。在助力新华书店门店转型升级的同时，也会全面带动新华书店网上商城的落地推广，加速推进全国新华书店线上线下融合发展。

城市书房引入了人脸识别、语音交互、自助售书等智能化设备，如书店的人脸识别导购系统。该系统采集读者的面部特征数据和购买行为数据，然后根据读者面部特征识别会员信息及以往购买行为进行数据分析，并智能推荐读者可能感兴趣的图书，同时告诉读者图书所在位置，帮助读者顺利找到想要购买的图书。书店通过门店内人脸识别、自助查询、自助借阅等智能终端获取消费者的多维信息，并将消费者信息及时准确地反馈至智慧门店的中台，由阿里巴巴设计的云平台完成整个消费环节。可见，消费者信息数据的收集可以提高消费者多元化需求的适配度，也可使消费者获得体验优化，感受智能荐书等服务。

随着经营数据和用户数据的不断沉淀，智慧书店将逐步呈现出它独有的优势和特色，大幅度提升读者体验和新华书店的经营业绩。首先，通过互联网及计算机技术，书店原本需要人工来管理的部分被智能设备所代替。其次，书店能够通过各种数据采集终端获取所有到店读者的阅读习惯，从而简化采购图书的选品方式。最后，书店能够为用户提供"智慧"的便利服务，如读者再次来到这里，城市书房能马上获悉，并根据读者的历史消费记录，为其推荐可能喜欢的商品。

三、用户连接场景深度与广度的变化

终端是连接消费者的最前端，拥有能左右消费者品牌选择的力量，在万物互联的时代，终端不只是终端，其背后对应的是丰富的需求场景，随着人们生活智能化程度加深，对智能终端设备的需求也会趋向细分、不同场景都有对应的设备，终端与用户链接的广度和深度发生了前所未有的巨变。

智能终端能够通过打造鲜活深入的场景，与用户建立深度链接。智能终端作为可视、可感、可触的"灵物"，其快速反应和交流对话的能力改变了品牌与消费者的沟通形式，因其可以感知情境，不断创新迭代，减少失误率，一个个营销场景也因为其真实感、鲜活感，而使消费者产生代入感，强化了品牌与消费者的沟通黏性，为亲密关系的建立提供可能。一个个营销场景也因为其真实感、鲜活感，而使消费者产生代入感，这不仅是智能时代用户消费的常态，也是企业品牌商业传播的拓展。可以说，这些搭载了操作系统的智能终端，已成为各类信息服务的综合平台，在全新的营销体系中为企业与消费者营造了息息相关的深度关系，促进了数字营销变革。

智能终端的广泛应用，能够与用户建立范围更广的连接场景。例如，手机负责社交互动，平板则主打办公学习，家庭大屏主打影音和娱乐，智能音箱主打助手和陪伴。全场景意味着企业品牌借助智能终端实现单空间场景的强力渗透或者是某个特殊时刻、场合的自然融入，如家庭派对、娱乐健身或某种睡眠模式，抑或是不同家庭成员之间的活动体验感受；其营销场景既能辐射到家庭内的客厅、厨房、卧室，也能延伸到户外，包括车载出行、楼宇、商场、酒店等。基于智能终端强大的计算、感知和连接能力，智能终端广告平台正致力于完善自身基于场景的营销工具和解决方案，真正释放智能终端的场景价值。

智能技术赋权下的终端营销将不断拓展，结合更广泛更深入的链接场景，能够实现覆盖面更广、程度更深、更具个性化的营销。因为许多场景都有智慧终端，可以在不同场景中根据各个场景的属性与人群分布特点来智能推送相对应的广告内容，使广告的投放与所触达的人群达到精准契合。营销不受空间限制，可以渗透消费者生活的方方面面，能够进行无感化营销植入、沉浸式品牌触达。比如，对处于购物环境下的消费者来说，广告内容不再令人避之不及，而是成为有价值的参考信息。消费者在优质内容的助推下可以迅速完成品牌认知——产品种草——购买成交的全链路，大大地提升转化效率。

HUAWEI Ads，汇聚华为 $1+8+N$ 全场景生态布局下的媒介流量，是流量快速增长的数字化营销平台。针对目前智能终端的变化，华为消费者云端服务总裁张平安认为可以总结为三点：一是智能终端的全场景化，华为的 $1+8+N$ 的全场景智慧生活战略，全面覆盖了消费者生活的各个场景；二是基于智能终端数字服务的全场景化，针对运动健康、智能家居、移动办公、影音娱乐、智慧出行等不同场景，智能终端能够提供不同的个性化的数字服务；三是科技与艺术的结合，如华为的美学研究所、心理学研究所就一直在致力于将美学艺术融入科技设计之中。

华为在中国有数亿用户，平均每人每天使用产品时间为五六小时，其中，每天有数以亿计的用户使用华为应用市场下载软件、使用华为视频看视频、使用华为音乐听歌。这些庞大的数据表明，华为终端已经形成了一个庞大的媒体阵地，而如何利用好终端媒体打造更好的产品、营销、服务，是 HUAWEI Ads 一直努力的方向。

目前华为有着多样化的终端，能够全场景触达，可以深入到大众的方方面面，与消费者进行深度沟通。在 HUAWEI Ads 与沃尔沃（瑞典著名汽车品牌）全新 S60 合作的案例中，这一优势得到充分的发挥。HUAWEI Ads 通过 AI 算法引擎，分析用户需求，将信息推送给有兴趣的用户，达到自然的交互。此外，借助 5G 技术，结合华为首款 VR 眼镜，为用户打造一场在北欧多场景驾驶的视觉盛宴，具象化地呈现沃尔沃 S60 产品功能特性。同时结合业界领先的 AR 技术、3D 识别与运动跟踪、5G 云渲染技术，更直观展示其汽车特性。HUAWEI Ads 联合沃尔沃所积极探索的全场景品质营销，为数字营销行业带来全新的借鉴。

第四节 智能终端引发的消费变革

一、消费渠道的变化

从产品进入消费市场的模式来看，中国的消费渠道分为四大阶段：2000 年以前，消费渠道是以线下渠道为主的传统模式；2000—2010 年，互联网的发展和渗透催生出线上消费渠道，如电商网站，促使消费渠道开始互联网化与碎片化，但线下消费渠道依然占大头；2010—2020 年，随着移动终端的普及，线上消费渠道占比越来越大，消费场景加速向线上转移；2020 年后，受新冠肺炎疫情影响及传统零售与数字化技术的结合，线上线下消费渠道加速融合发展，为消费者提供线上线下全场景、全渠道深度融合的全新购物体验。

互联网等技术的发展和智能终端的普及引领消费渠道发生了两次重要的变革，首先是随着互联网的发展，消费者从传统的线下购物方式向便捷高效的线上购物方式转变；其次是消费渠道由独立走向融合，这一融合，不仅仅是指线上和线下两个渠道的融合，更是指线下和线上的全场景和全渠道的深度融合。这两个变化不仅改变了消费者的购物体验和行为，也促进了商家的技术创新和业务发展，为商家带来了更多的商机和潜在价值。

（一）线下消费转向线上消费

自 1998 年阿里巴巴注册成立以来，中国电子商务已经发展 20 多年，随着互联网和智能终端普及程度持续加深，居民越来越依赖线上消费渠道。根据中国互联网络信息中心（CNNIC）数据显示，截至 2023 年 12 月，中国网络购物用户规模达 9.15 亿人，较 2022 年 12 月增长 6967 万人，占整体网民的 83.8%。而 2013 年中国网络购物用户规模仅为 3.02 亿人，占整体网民的 48.9%。中华人民共和国商务部数据显示，我国电子商务市场交易规模由 2004 年的 0.93 亿元增长至 2023 年的 50.57 万亿元，较 2022 年的 47.57 万亿元同比增长 6.31%。

得益于互联网技术、智能终端的普及和数字支付的广泛应用，人们的消费习惯发生了很大的改变，从购物到支付，从吃饭到出行，衣食住行都能足不出户地利用一部智能手机得以解决，这代表了居民衣食住行需求的线上商品销售和服务市场规模越来越大。根据企业财报数据显示，以商品销售为主的阿里巴巴平台的 2022 年商品交易总额达到约 8.3 万亿元。服务市场方面，美团作为服务类电商的龙头，2022 年全年营收 0.22 万亿元，2023 年净赚 139 亿元，到店酒旅交易额增长超 100%。

新的消费渠道，如传统电商、短视频带货、直播带货、社区团购成为越来越多人的选择。通过新的消费渠道能够节约更多的时间，也可以选择更多物美价廉的产品。消费者线上消费习惯的形成，一方面是因为网络平台交易省时省力的便捷化模式和智能终端的便捷操作降低了居民实体店消费的必要性，另一方面是因为网络购物的多元化选择和低成本消费进一步强化居民线上消费的意愿。因此，很多消费者从线下购物转向线上购物。

（二）线上线下融合发展

狭义的购买过程包括三个阶段：订单、付款、收货等。过去这三个阶段基本上都是在一个时间和空间完成的。也就是说，这一购买过程是通过单一渠道完成的，而在多屏幕的互联网时代，普遍存在全渠道购买的现象。举一个简单的例子：消费者先在网上挑选令自己满意的商品，然后去实体店铺查看、试用、试穿实物，同时用手机拍照发给闺蜜征求意见，如果满意，才会到网店下订单，用手机支付，通过快递公司将商品送达自己指定的位置。消费者购买过程的完成，无论是下订单，还是付款、取货，都面临着多种渠道选择，因此，线上线下全渠道融合发展将是发展趋势。

随着典型的远场电商发展越来越充分，电商平台将把更多精力放在短途的同城零售上，包括短时配送的即时零售、次日自提的社区团购等。同城零售的发展代表着电商业务从线下走到线上后，再次回到线下，通过线下渠道的赋能和合作，进一步扩大业务范围，并促进线上线下融合发展。

此外，将传统零售与数字化科技相结合，为消费者提供线上线下全场景、全渠道深度融合的全新购物体验，已成为商业零售企业探索数字化转型的必选题。传统的实体零售店通过引入智能技术和互联网技术，提升购物的便利性、效率和体验，增加购物的趣味性和满意度，同时也将推动零售业的转型和升级。其中，人脸识别付款、云货架和小程序扫码是消费者在线下使用频率最高的智能化设备。

二、消费时间的变化

在互联网和智能终端广泛普及之前，消费者大多在线下实体店进行购物消费，消费时间集中在白天，而晚上大多数商家都已经停止营业。但是，随着互联网和智能终端的普及，许多人已经逐渐适应了线上购物的方式，消费的时间段也更加自由和灵活。如今，人们只需有智能手机就可以在任何时间段，任何地点进行购物和消费。除此之外，24小时零售店、无人便利店的兴起为消费者提供 24 小时的便利服务，这种便利性也使得人们的消费时间越来越碎片化，中国消费进入了碎片化时代。

碎片化的消费模式已经在消费者的日常消费中占领了一席之地，带给消费者新鲜的消费体验，也让商家从碎片化消费中挖掘出更多的商业潜力。在城市的许多地方，商家抓住消费者购物、候车、观影中空闲的几分钟推出越来越多的服务项目，让消费者在碎片化时间里除了刷手机外，还能进行碎片化消费。商家将早些年出现在游戏厅、电玩城的娃娃机，安置在商场的各个角落，将迷你 KTV、VR 体验游戏、自助式的按摩椅，变成电影院的标配……这些服务机器或场景，无须专人看管，通过移动支付或是自动售币设备即可使用，非常方便。

碎片化的消费模式带给消费者的新鲜体验，在消费者的日常消费中占领一席之地。在日常中，消费者拥有众多零碎的时间，随着互联网技术的发展和应用，消费者利用零碎时间进行消费的项目种类以及数量明显增多，服务质量也得到大幅度的提升，消费者的喜爱或满意程度也明显高于传统情境下的碎片化消费项目，其中一个重要的原因就是手机支付极大程度提高了消费者的体验便捷度。综合来看，移动智能终端和移动支付的普及很大程度上构成推动碎片化消费兴起和壮大的核心因素。

三、消费场景的变化

随着互联网的快速发展和智能终端的广泛普及，人们的消费场景也正变得越来越多元化。除传统的实体店外，直播间、无人零售店、社区团购 App、微信小程序等新型消费场景正在变得越来越受欢迎。通过这些新型消费场景，人们可以获得更为多元、便捷和个性化的购物体验。通过直播间购物，消费者不仅可以获得丰富的商品信息和折扣优惠，还能够与主播进行互动交流，增添购物乐趣；无人零售店的出现，则使得人们可以随时随地进行购物，无须考虑营业时间和距离远近的限制；社区团购 App 和微信小程序则更加注重本地化服务和消费者的个性化需求。

随着数字技术和 AR/VR 等智能终端的发展，企业还将虚拟场景与现实场景进行融合，打造虚实共生的消费场景。在知萌咨询机构《2022 年消费趋势报告》所发布的十大消费趋势中，虚实共生便是其中之一。[①]比如，元宇宙赋能消费场景虚实共生，为文旅产业提供了实时性、空间感、沉浸感、定制化、3D 渲染和动态交互的解决路径。利用元宇宙多维的数字虚拟环境、开放式的文创生态、独一无二的数字资源，能构建出一个可广泛存在、自由发展的旅游虚拟世界。作为入口而言，在未来技术条件允许情况下，用户可以通过元宇宙进入虚实融合的社会形态，线上场景将成为用户获取文旅内容，产品和体验的新入口。作为工具而言，元宇宙也是文旅产业当下应用较为广泛的工具之一，具体体现在丰富用户的多元沉浸体验，优化文旅企业的业态和运营模式，同时也是品牌建设和获客的重要营销工具。

① 知萌咨询.2022 中国消费趋势报告.

数字经济、人工智能、云计算、AR、VR等新一代信息技术及智能终端设备不仅促进了消费场景的多元化和虚拟化，还打破企业营销活动的技术壁垒，助力企业打造虚拟营销新生态。如今的店铺直播已经成了商家日常经营的一种方式，并为淘宝直播贡献了七成的商品交易总额，淘宝直播间成了90%新品牌开售的第一站。在直播经济崛起的同时，直播的形式也在进化，虚拟人物＋虚拟场景这种形式正逐渐成为各大企业、品牌重要的直播方式之一。随着虚拟制作和虚实融合技术的不断发展，直播场景越来越丰富多样，线上直播也有了新的打开方式。在用户消费场景、企业营销场景与虚拟技术结合的大趋势下，可以预见虚拟数字人与虚拟场景的完美融合，线上的各类直播场景、营销活动，都将带来颠覆性的改变。

第五节　智能终端驱动商业变革的经典案例①

本章首先介绍了智能终端引发营销变革的原理与逻辑：智能终端的发展带来的链接时长、链接方式、链接空间的变革；其次概括了智能终端引发了消费渠道、消费时间、消费场景的变化；再次阐述了智能终端引发的营销方式变革的具体体现，包括数据收集方式、数据收集维度、用户连接场景的变化；最后列举了智能终端驱动商业变革的经典案例。

1. 智能终端发展与营销变革有什么样的关系？
2. 传统企业如何通过智能终端驱动商业模式转型？
3. 举例说明智能终端营销与传统营销相比有哪些优点？

自学自测  扫描此码

---

① 马天慧. 华为广告平台：打造智能终端营销新增长极[J]. 国际品牌观察，2022（22）：43-50.

第五部分

数字营销与智慧零售篇

第十二章

智慧零售概述

打开手机小程序，推荐界面立刻弹出你最近经常购买的一款水果茶的相关信息。动动手指点击下单，便可在家品尝到清凉新鲜的水果茶，这是我们生活中习以为常的场景，也是智慧零售的典型消费场景。智慧零售是商业智能技术发展下的产物，在先进的技术和数字化解决方案的支持下，零售业实现快速地智能化、智慧化发展。到底什么是智慧零售？其发展现状如何？未来发展趋势是什么？又该如何增强智慧零售的发展动能？本章引入智慧零售这一新场景，介绍智慧零售相关的基本情况，带读者更好地认识智慧零售。

学习目标：①了解智慧零售的定义及形态；②理解智慧零售的本质特征；③认识智慧零售的发展历程及当前现状；④深刻领会智慧零售的发展动能及未来发展趋势；⑤结合智慧零售的经典案例，应用本章所学，深入理解智慧零售的概貌及内涵。

第一节　智慧零售基础知识

一、智慧零售的定义

智慧零售，也称智慧新零售，是以信息技术为基础的零售管理模式。当前，国内外学者对智慧零售的研究还未形成体系，业界和学界对智慧零售的定义也暂未形成统一的表述。

2017年，苏宁控股集团董事长张近东在全国两会上发表了《大力推动实体零售向智慧零售转型》的演讲，首次提出智慧零售这一概念，认为智慧零售是运用互联网、物联网技术，感知消费习惯，预测消费趋势，引导生产制造，从而为消费者提供多样化、个性化的产品和服务。①这一概念一经提出便在国内引发诸多关注，得到广泛认可。腾讯研究院与科尔尼管理咨询公司在其联合发布的《构建智慧零售完整图景——2018智慧零售白皮书》中更进一步指出，智慧零售的核心是以消费者为中心的零售活动的生态化，将生产设计、物流仓储、集中采购、场景售卖、服务活动、经营管理、资金流转等环节都逐渐融入数据化和智能化的平台，最终达到零售商效益优化，消费者体验优化，实现万物互联智能决策的自主商业。②

---

① 张近东. 大力推动实体零售向智慧零售转型[R]. 北京：全国政协十二届五次会议，2017.
② 贺晓青，凌佳颖，孟祥巍，等. 构建智慧零售完整图景——2018年智慧零售白皮书[J]. 科技中国，2018，No.250（7）：63–70.

同时期，国内外诸多学者对智慧零售做出了概念界定。Vazquez et al.（2017）在研究消费者使用移动即时通信渠道时的行为反应这一问题中，提出智慧零售是运用智能技术，如云计算和移动应用等，来感知消费者在多大程度上愿意体验企业的产品与服务。Hammond （2017）明确指出智慧零售线上线下渠道融合的特点，强调消费者的需要对企业而言的重要性。[1]高凯（2017）也指出智慧零售就是实现线上线下相融、信息共享、品牌推广、产品销售和服务立体化。[2]杜睿云和蒋侃（2017）对智慧零售的内涵做了具体的描述，认为这是企业借助于网络载体，通过人工智能和大数据等前沿科技手段，进一步将产品的销售、流通和生产全过程进行改革升级，从而将生态圈及其结构进行重组，同时将现代物流、门店体验及线上服务等进一步统一结合的全新的零售模式。[3]

根据上述定义可知，总体而言，学界和业界对智慧零售所形成的认识普遍强调以消费者需求为中心，以现代科技为手段，以优化消费者体验为目标，并兼顾零售商效益。

二、智慧零售的关键要义

根据智慧零售的定义，可将智慧零售的关键要义概括为两方面的内容，一方面是零售核心要素的数字化，另一方面是零售业务运作的智能化。由此，可将"智慧"二字的内涵理解为数字化和智能化。

（一）零售核心要素的数字化

零售的核心要素即人、货、场，零售要素的数字化具体表现为用户、商品、场景的数字化，即对消费者、供应链和场景运营的全方位数字化管理和控制。下面对这三大要素做进一步分析。

1. 用户要素的数字化：用户精准画像

用户的数字化管理，体现在消费者洞察上。企业需借助线上线下渠道，充分获取和利用消费者的海量行为数据资源，借助大数据挖掘，清晰勾勒消费者画像，深度分析消费者需求，科学预测消费者行为，以便开展个性化营销、精准营销，达到增强消费者体验的效果。

2. 商品要素的数字化：供应链数字化管理

商品的数字化管理，集中体现为数字化供应链管理。企业需要融合线上线下渠道，整合众多流量入口，提升供应链的整体效率。在智慧零售场景中，产品从生产后端到消费者购买前端之间的链条实现了极大的简化，因此，供应链管理的关键是提高生产、流通和销售这三大环节的效率。这就要求企业应以消费者的需求为中心，精准匹配供给和需求两端的信息，实现产品供应、流通及消费者需求之间数据的实时畅通交互。要保证数据的实时畅通交互，不仅在于保证信息传输效率，还在于零售商和生产商需加强与消

① Hammond R. Smart retail: winning ideas and strategies from the most successful retailers in the world[M]. Pearson UK, 2017.
② 高凯. 移动互联网背景下零售商业模式创新路径分析[J]. 商业经济研究，2017（12）：17–19.
③ 杜睿云，蒋侃. 新零售：内涵、发展动因与关键问题[J]. 价格理论与实践，2017（2）：139–141.

费者的沟通对话，切实了解消费者多方面的需求，明确商品在设计、生产、运输、销售等各个环节中的管理重点。

3. 场景要素的数字化：精细化运营

场景的数字化管理，突出表现为精细化运营。企业通过打造门户购物、垂直购物、社交购物等多样化的购物形式，布局大型场景、特色场景及无人模式场景等多种业态场景，以推动零售场景的重塑和业态细分。企业立足于将购物中心做大、专业店做精、小店做便利，以满足消费者的即时性、多样化需求，从而有效节省运营成本、提升运营效率。

社区门店是场景精细化运营的重要形式，如苏宁首先开创的苏宁小店，瞄准社区市场，采用线下便利店+线上 App 的 O2O 模式，线上 App 实现商品或服务的销售，线下小店实现门店自提、扫码购物和社区上门服务。依托苏宁智慧零售体系，苏宁小店与苏宁共享人工智能、云技术和大数据等数字化技术创新零售形态和改造业务流程，通过智能化运营来推动商品和服务的多元化和个性化。大型场景主要表现为大型购物广场、大型商超等，在该场景下，优化产品及其品类的货架摆放是关键。特色场景主要表现为新型便利店、精品超市，如 7-Eleven 便利店、山姆会员商店及 Ole' 精品超市等。零售商根据大数据分析，了解消费者的生活习惯，为消费者提供丰富的、高品质及便利性需求的产品。无人模式场景，则主要体现为无人零售，零售商借助数字技术，实现无服务员的零售服务，打造高效的购买场景。

（二）零售业务运作的智能化

零售业务运作的智能化，贯穿在对消费者、供应链和场景运营的全方位数字化管理和控制的过程中，建立在海量数据和新兴技术的基础上，以增强用户体验，提升服务价值为目标。

首先，零售业务运作的智能化需以大数据为前提，需要收集、分析和利用海量数据来辅助决策。企业利用商业智能工具和技术，对销售数据、库存数据、消费者行为数据等进行分析，整合多渠道数据，帮助管理层做出基于数据的科学决策，并及时调整、优化运营策略，如腾讯智慧零售借助整合的数据资源管理，打破传统的多系统并行局面，从而提高运营效率，实现多方有效统一。作为智慧零售解决方案实现手段之一的微信支付+，以移动支付为切入口，打通全渠道，将微信、企业微信、微信支付、腾讯数据、直播等基础设施有机融合，更好地服务于品牌商，帮助商家实现数据、场景、交易、营销闭环。

其次，零售业务运作的智能化，离不开数字技术的支撑，如在供应链管理上，须应用物联网、云计算等技术来实现供应链的可追溯和智能化管理。通过实时监测货物流向、库存情况及生产进度，提高供应链的可见性和信息传递效率，降低库存成本和运输成本。在无人场景中，引入智能支付技术，如移动支付、扫码支付及线上支付平台，提供便捷快速的支付体验，如无人收银系统、自动化仓储系统等，达到降低运营成本、提高服务效率和质量的效果。此外，借助智能结算系统实现对销售数据的自动化处理和统计，简化结算流程，减少人工错误。

最后，零售业务运作的智能化，广泛体现为增强用户体验，提升服务价值这一核心目标，例如：①利用数据分析和人工智能技术，深入了解顾客的购买喜好、偏好和需求，并将这些信息应用于个性化的营销活动中，企业借助精准的推荐系统、定制化的促销策略和个性化的沟通方式，提升顾客满意度，增加购买转化率和忠诚度；②应用机器学习和自然语言处理等人工智能技术，改善客服体验和售后服务，企业借助智能客服系统、聊天机器人等工具，快速响应顾客问题，为其提供个性化建议和解决方案；③利用虚拟现实和增强现实技术，提供更丰富、沉浸式的购物体验，顾客可以通过虚拟试衣、虚拟演示等方式，更全面地了解产品，以提高购买决策的准确性。企业综合应用形式多样的体验和服务方式，实现产品价值的升值。随着移动互联网、物联网、AI、大数据等技术持续成熟，应用门槛逐渐降低，智能试装、隔空感应、拍照搜索、语音购物、VR 逛店、无人物流、虚拟助理等图景已真实呈现，未来极有可能获得大范围的应用与普及，消费者也将更多依赖于智慧型的购物方式。

根据上述内容，可以看见，零售要素的数字化是智慧零售落地的基础，运营流程的智能化是智慧零售实现的关键，多渠道、多业态和多场景的融合是智慧零售的新常态，构建以用户为中心的价值网是智慧零售的核心目标，由此，零售商在数字技术的支撑下推动着零售业态不断升级。

三、智慧零售的常见形态

根据本节开篇介绍的智慧零售定义可知，智慧零售的实践形式即借用人工智能、云计算、物联网等先进技术为零售商提供数字化的解决方案。当前，较为常见的智慧零售解决方案有智能货架、智能售卖机、无人店、智慧门店等，这些方案让零售场景实现智能化，提升了消费者的购物体验。

（一）智能货架

智能货架采用物联网、传感器技术等多种技术手段，具有自动补货、实时监控及数据分析等功能。具体而言，借助物联网技术，可实现货架与云端服务器连接，实时传输和处理数据。智能货架会自动检测商品库存情况，借助传感器、摄像头等装置可实时监控货架内的商品情况，进而根据实时销售情况自动分析顾客喜好、需求和行为，实现自动补货。借助人工智能技术，通过对库存及历史销售数据分析，智能货架还可制定精准的商品补货策略及个性化推荐以优化运营方案。

（二）智能售卖机

智能售卖机与智能货架所采用的技术手段相似，但两者的应用场景有所差异，智能货架呈半开放状，一般用于超市、便利店等实体店面，其主要功能是自动补货、库存监测、数据分析，实现自动化管理。而智能售卖机被广泛投放到公共开放场所，其能够为消费者提供 24 小时自助服务，满足消费者的即时所需。智能售卖机的体量更轻，是无人零售不可或缺的形态，如可口可乐公司推出的连接云端服务器和瓶装饮料售卖机的智能系统，实现了波动性销售策略、自适应定价等功能。麦当劳启用的自助售卖机，消费者通过扫码的方式就可快速完成选购和支付，自助售卖机还能提供个性化菜单推荐的服务。

（三）无人店

无人店采用物联网、人工智能、传感技术等多种技术，能够实现自动售货、自助结算、自动补货及自动维护等全流程的自动化管理，消费者可以随时随地购物，这极大地提高了购物效率。根据智能化程度，可将无人店划分为半智能以及全智能两类，其特征如表 12-1 所示。

表 12-1　无人店的两种类型特征比较

	全　智　能	半　智　能
代表	Amazon Go 和 Take Go	阿里"淘咖啡"、苏宁"未来店"
典型特征	运用当今最先进的摄像捕捉技术、生物识别技术及云端自助扣费技术	是当前发展最成熟、消费者接受程度最高的无人零售商店
支付流程	即拿即走、无须排队、直接支付 绑定手机端，在入口打开手机或者通过人脸识别技术即可进行身份确认	机器上通过扫码进行身份确认，选购商品后需要消费者将其放置收银台由机器自动检测并扫描付款二维码进行支付
实现成效	实现全程自助采购商品，无须排队支付便可以完成整个购物过程	不能做到即拿即走，但相较于传统便利店仍可以有效提升店铺的管理效率，减少人力成本

目前，最具智慧化的智慧零售企业当属无人零售店，无人零售店通过信息系统、机器来替代传统的人力收银、理货与出货，降低了人力资源成本。无人零售店应用了条码技术、智能传感器、智能终端、库存管理系统及视觉识别等技术，让消费者在挑选完商品后，可以直接通过支付系统来交易。无人零售店这种新型模式大大简化了消费者的购买流程，缩减了购物等待时间，满足了消费者碎片化、场景化的购物需求。2022 年"8·18"期间，备受关注的苏宁首个全数字化视觉无人店在南京正式开业，据悉，这是全国首家与世界最新无人科技技术平行的全场景应用无人店。相比于传统无人店的射频识别（radio frequency identification，RFID）标签识别方式，该无人店采用苏宁科技大数据、人工智能、物联网和苏宁专有的人机耦合视频交互等技术手段，结合苏宁金融支付和风控平台实施落地。该无人店采用视觉识别+重力感应的技术，可让消费者实现即拿即走、无感支付，且支持同步单人单账户、多人单账户等支付方式，最快 1 秒即可完成支付结算。

（四）智慧门店

智慧门店最为典型的特点是借助了新零售的概念体验优势，占领用户的线下场景，挖掘新的增长方案，通过每一款精心挑选的产品，精心设计的装修风格和陈设布局来输出价值理念和生活方式。智慧门店是目前移动互联网最新的 O2O 创新模式，是一套通过融合人工智能、物联网、大数据、5G 等先进技术，旨在重构门店人、货、场，助力品牌和门店建立起与用户的深度链接，实现软硬件一体化的解决方案，有助于推动零售商门店数字化智能化转型。智慧门店的核心是希望解决消费者在店时的用户体验和离店后的连接和服务等问题，对传统门店的会员、体验、导购和运营四要素进行了重构。

1. 会员：进行客流分析及会员识别

基于人脸与人体识别、大数据分析能力，智慧门店往往会在出入口、室内安装摄像头，布设 WiFi，实时监测客流量，分析消费者属性特征和行为轨迹。与此同时，智慧门店通过打通顾客线上线下行为数据，挖掘其消费水平、兴趣偏好、购买意图等深层属性。此外，智慧门店会建立线下店客群人脸库，有效区分 VIP、回头客、新客，将顾客的人脸信息与会员账号、消费记录等数据进行结构化整合，实现客群精细化管理、运营。

2. 体验：提升顾客的购物过程体验

智慧门店通过应用先进的技术和创新的解决方案，提升顾客购物过程的便利性、个性化和互动性，以提升顾客的购物过程体验。具体表现为以下几点。①引入虚拟现实或增强现实技术，让顾客不用花费时间亲自试穿衣服，只需依据投影或显示器上的影像所呈现出的衣服上身效果就可以作出购买决策。这种虚拟现实体验可以节省消费者的时间和精力，让其具有更丰富的选择。②借助自助结账台，让顾客得以自主完成购物结算，减少排队时间，提高结算便捷性。③在门店内部布置物联网设备，如智能货架、传感器等，监测商品库存和顾客流量，及时调整商品陈列和补货，确保商品充足，并利用智能货架、VR 互动、溯源机等智能设备增加顾客的停留时间和激发购物欲望，营造有趣的互动氛围，为顾客提供更好的购物体验。

3. 导购：智能导购实现精细化运营

智能导购助手融合了多方面的门店运营管理经验，有便捷的信息交互、导购成长学习、导购激励、导购社群、任务管理、店务管理、运营决策等功能，以导购为中心，可实现精细化运营。智能导购有完善的会员信息，顾客进店后商家会及时提供会员关怀、针对性导购等个性化服务，促进消费转化，同时借助导购大屏、溯源机、智能货架、VR 试衣镜、VR 试妆镜等智能设备打造虚拟场景，帮助导购销售，提高转化率及实现千店千面。

4. 运营：开发智能数据分析平台

未来数字化驱动的精益供应链，互联网的场景、渠道将变得无处不在。在科技加持下的智慧门店，拥有智能摄像头、智能互动设备等许多高科技设备，能够帮助门店实现较为精准的客流分析、竞争分析、顾客动线分析、商品互动分析等，还能融合线上线下数据。基于这些分析结果，品牌能够优化动态引导、优化选品，并通过调整商品陈列来提高销售量，从而优化经营管理，实现个性化营销。

第二节　智慧零售的发展背景、发展历程与趋势

一、智慧零售业的发展背景及意义

（一）智慧零售发展的背景

第一，国内市场消费升级加速。以"90 后"为主体的新一代消费者崛起，成为拉

动市场经济增长的主要力量，他们的消费价值取向和购买行为都有很大的不同，在个性化、参与性、体验感等方面都有新主张，要求原生态、高品质、新科技、高颜值等魅力化产品和服务。

第二，新生代国内消费者属于数字原住民，已经习惯在移动互联网电商环境下进行消费和体验，其生活的数字化程度较高，品牌认知渠道丰富，购物路径凸显新零售的全渠道特色。

第三，互联网的快速发展推动虚拟零售业基础建设规模化和超前化，如移动支付、各种网贷等互联网金融、基于大数据的运营体系、高效物流配送体系等，这使得新零售的发展有了基础，而国内实体零售业渠道离散、效率低，面对消费升级和电商冲击急需变革创新。

第四，国家大力推动的供给侧结构性改革，加速行业的整合与优胜劣汰，加上经营环境越来越规范，环保要求提高，企业各项运营成本及费用在不断提高，主力品牌企业普遍升级产品，需要新零售相应特点的渠道和推广手段来助力供给侧结构性改革。

（二）智慧零售的发展意义

数字经济日益成为驱动全球经济和社会发展变革的重要力量，党和政府多次强调要抢抓发展机遇，做大做强数字经济，通过数字经济推动经济增长、新旧动能转换、布局新兴产业，形成更多新的经济增长点。智慧零售基于数字化技术的应用，打通了零售产业的上下游，引领新型消费快速发展。在培育我国经济发展新动能方面发挥着重要作用。具体体现为：在微观层面上，能够助力消费品质与用户体验的升级、协同上游企业推动智造升级；在中观层面上，能够加快传统线下业态的数字化改造和转型升级、加快推进农产品市场与乡村振兴战略；在宏观层面上，能够有效扩大内需，提升国内消费水平，助力构建以国内大循环为主体、国内国际双循环相互促进的新发展格局。

1. 智慧零售促进线上线下融合，提升消费者体验

智慧零售融合、协同了供应链、物流、商品、用户渠道等各个方面，为用户提供全品类、全渠道的服务，为消费者搭建从线上到线下一体化的购物体验，促进零售全场景创新，充分满足消费者到店、到家的购物需求，极大地提升了消费者的体验感，如苏宁通过将数字化技术与应用场景融合，构建了全渠道、全场景、多业态的智慧零售完整生态圈。目前，苏宁的零售场景已经覆盖了从线上到线下，从城市到县镇郊区，从核心商圈到社区，从综合广场到商超、家电 3C、生活服务、内容服务等几乎所有品类和场景。2019 年"双 11"，苏宁推出"场景零售"战略，全力打造线上线下融合的"1 小时场景生活圈"，从购物、服务、娱乐、社交等角度全面满足消费者潜在的需求，在 1 小时内解决生活中所有的场景痛点，满足了消费者对于便利、价优、新鲜、多样的需求，做到省时、省心、省力、省钱，真正提升了用户的服务体验。

另外，利用商业智能工具，零售商可以对销售日志、客户反馈、库存管理系统和 CRM 系统等各种来源的零售数据展开分析，获得相应的优化建议，做出提升客户体验的决策，如创建个性化的产品推荐和开展量身定制的营销活动。了解客户趋势和偏好、优化定价和促销活动及改善库存管理是零售商利用商业智能创造更佳客户体验的一些方式。借助商业智能技术的力量，企业可以获得有关目标受众的宝贵数据，从而与客户进行更加个性化的互动。有了这种独特的洞察力，零售商就有机会通过定制化的体验提高客户的参与度。

亚马逊等零售巨头提供的令人印象深刻的统计数据显示了商业智能工具的实用性，亚马逊利用商业智能工具检查客户评论和反馈，以确定哪些产品最受用户喜爱。这一策略使亚马逊对其产品搜索引擎进行微调，从而使客户能够轻松找到所需产品，无须浪费时间。据亚马逊的报告显示：在实施个性化产品推荐后，销售额增长了29%。同样，沃尔玛在采用商业智能工具进行数据驱动决策后，其线上销售额增长了15%。此外，星巴克也应用商业智能技术，根据个人客户的购买趋势发送个性化的优惠信息，这一技术有助于维持现有客户的忠诚度，同时吸引潜在的新客户。

2. 智慧零售助力零售企业效率提升

零售场景的数字化是智慧零售的重要部分，而零售场景数字化最主要的表现形式之一便是数字化门店。数字化门店通过数字化设备、集成化系统，将每个经营环节的经营数据、用户数据、消费数据，通过数字化集成应用连接和管理，同时将 AI、大数据、云计算等技术运用到消费者服务、商品运营、场景体验、门店管理中，真正实现精准获客、销量预测、智能运营、反向定制等功能，助力门店的降本增效。

3. 智慧零售驱动制造行业智能化发展

大数据、5G、人工智能、物联网等新技术在制造领域的应用呈现加速和不断深入的态势，在用户直连制造（customer to manufacturer，C2M）等新兴模式的驱动下，智能制造与消费服务的强耦合性趋势显著增强。智慧零售企业在运营中积累了关于用户、商户、商品、供应链及门店等各层面的海量大数据资源，这些数据构成驱动智能制造发展升级的重要生产资料，而智慧零售企业也越来越成为智能制造的先导。当这些智慧零售企业将自身的数据资源与能力不断向上游制造商开放时，就能够进一步驱动上游制造业的数智化升级。

以苏宁为例，苏宁平台上有6亿多会员用户、数万家平台商户、数以千万的商品品类及线下的10000多家智慧零售门店等资源和场景，已经建立了完善的零售行业的大数据系统。基于这些数据资源，苏宁打造了 C2M 智能制造产业集团，为生产制造商的智能制造服务，目前已形成近千亿元的规模。苏宁协同上游合作伙伴进行生产制造的优化，推动着供给侧的结构性改革，同时也助推了一批有创新力、创造力的品牌制造企业，这种从消费端出发的模式，同样也助力了中国智能制造的创新发展。

4. 智慧零售促进中小微零售实体创业

智慧零售企业的开放赋能模式有效促进中小微零售企业的创业活力。对于一些智慧零售龙头企业而言，可以将自身所积累的零售能力对外开放，如通过 SaaS 产品化的形式对外赋能，将业务中台、门店数字化、会员营销、物流、供应链等系列能力对外输出，助力中小微企业创造更大的商业价值，如苏宁推出了针对中小微企业、品牌、工厂等小程序智慧零售解决方案，帮助企业一键生成小程序，助力中小微企业提升"在线化"

能力，促进企业生产经营降本增效，推动着更多平台商户、零售网点等中小微个体创新创业。

5. 智慧零售助力构建双循环战略格局

在国内大循环方面，智慧零售能够打通生产、流通与消费各环节，赋能产业的数字化升级与效率变革，能有效实现国内供给与需求之间的精准匹配和相互促进，提高产业链的整体协同性，加快供需两端的多元化、高质量发展，畅通国内大循环体系。在内外循环的连接上，智慧零售借助于新一代信息技术的使用，能够进一步优化对外开放水平，通过打造数字化的跨境供应链来优化全球资源的配置，实现更为便捷和安全的全球供应链协作。

苏宁利用大数据、AI、云计算等新兴技术，已实现商品陈列智能化、行为可视化、体验流畅化、营销精准化、购物方式多样化及购物过程准确化，是典型的智慧零售龙头代表。一方面，通过打造开放式的全场景智慧零售模式、C2M 反向定制模式等开放性赋能举措，苏宁不断为国内零售企业及上游生产制造商数字化转型升级赋能。另一方面，苏宁已成为嫁接海外品牌和中国消费者之间的桥梁，通过建立全球化供应链体系，引入海外好物来满足国内消费者的品质消费需求，同时也通过本土化全场景、全链路、全渠道的智慧零售解决方案，帮助海外品牌打开在中国市场的知名度，更快、更精准地触达中国消费者。

6. 智慧零售推动农产品上行与乡村振兴

农村电子商务通过网络平台嫁接各种服务于农村的资源，扩展农村信息服务业务以及服务领域，使之成为遍布乡、镇、村的三农信息服务站。近年来，农村电商的模式不断创新，除了电商服务站、村淘等较为成熟的模式，直播电商、短视频卖货、社区团购等新模式也快速涌现，为乡村振兴提供了强有力的支撑。尤其是 2020 年以来，各平台纷纷开启直播带货助农，联合各地政府机构及基层干部开展一系列直播活动，进行特色农产品推广，帮助农户增收。各电商平台还通过打造数字农场、搭建农业数字分销平台等方式助力数字农业的建设。

智慧零售从电商助农、物流建设、农产品供应链打造等方面有效地推动了农产品市场的拓展与乡村振兴，如苏宁布局农业电商，依托全场景的智慧零售布局优势，搭建起了一个渠道丰富、触达便捷、运行高效的农产品销售网络。一方面，苏宁通过打造中华特色馆、苏宁村等特色兴农项目，结合苏宁易购、苏宁拼购等多个渠道，为农户解决了"农产品进城难"的问题，也为众多地区打造出具有县域特色农产品品牌。另一方面，苏宁用智慧零售赋能县镇市场，布局苏宁零售云等数字化门店，推动着乡村零售业态的全面升级，助力乡村振兴。

7. 智慧零售创新业态催生新就业形态

2020 年 7 月，中华人民共和国发展改革委、中央网信办、工信部等 13 个部门印发《关于支持新业态新模式健康发展激活消费市场带动扩大就业的意见》，通过政策支持新业态新模式健康发展，激活消费市场带动扩大就业。

　　智慧零售的发展，为以即时配送、直播电商、智慧门店、短视频营销等为代表的新业态开辟了新的市场需求，与此同时也创造出诸多就业形态容量大、就业门槛低、灵活性和兼职性强的新岗位，容纳了诸多城市及农村创业者、参与者，如即时配送的发展让外卖骑手这一新就业形态得以快速发展，满足了从业者就业门槛低、时间灵活、补充家庭收入等多方面的需求，成为社会就业的重要组成部分；直播带货模式催生了海量的新型人才需求，如助播、选品、脚本策划、运营、场控等多种新职业百花齐放。

　　此外，智慧零售的发展催生了灵活用工模式，提高了人们的就业弹性。智慧零售企业的门店员工、分拣、配送人员等岗位适用共享用工的模式，当某一行业出现劳动力过剩时，可以将其暂时转移到劳动力紧缺的新兴电商零售平台进行灵活就业，这样解决了双方企业及员工的需求。随着智慧零售行业为共享用工提供了契机，共享模式渗透到各行业中，如逐渐推广至物流、制造业等众多其他行业。共享用工、灵活用工的模式借助数字经济的发展，解决资源壁垒，实现供求双方快速、精准匹配，让劳动力资源得以更有效地流动，提升就业弹性，有效促进了就业市场的稳定。

8. 智慧零售推动供给侧结构性改革

　　C2M 反向定制是智慧零售的重要价值体现，能够为用户带来更贴合需求及更具性价比的品质供给。C2M 模式通过直连消费者与上游制造商，一方面，减少中间环节，节约流通成本，让生产者获得更多利润，也让消费者得到更多实惠；另一方面，通过提供大数据分析得出的消费趋势预判与产品需求，C2M 模式下的制造商可以实现更精准的研发，并且能实时获取生产、流通、销售等流程的数据反馈。

　　例如，苏宁积极推进 C2M 模式的布局，积极打造 C2M 基地建设，探索出苏宁村、拼工厂、C2M 产业带、C2M 扶持外贸转内销等多种产品供应链模式，全方位扶持合作商户，为厂商提供流量、物流、资金、技术等支持。苏宁借助 C2M 平台进行大数据洞察，集 IP 打造、目标市场预测、精准投放及用户数据回流为一体，助推制造企业数字化转型的同时，从消费者端的需求出发实现对市场需求的高质量供给。

二、我国零售业的发展阶段及智慧零售的阶段特征

（一）我国零售业的发展阶段

　　改革开放以来，我国零售业经历了四个典型的发展阶段，在发展过程中，受市场环境和技术变革的重大影响，其变迁历程阶段概括如图 12-1 所示。

　　1953—1977 年，这一时期，被称为中国的"票证时代"，当时，百货商店的存在可以促进社会资源的均衡分配。从 1978 年改革开放以来，我国的百货商场开始大规模兴起，到 20 世纪 90 年代早期，我国的零售业主要是以国有大型百货商场为主体的单一业态。

　　1992 年，中国吸引外商直接投资，进入新的发展阶段。1995 年 12 月，首家外资超市家乐福进入中国，在北京开业，这家商场比当时本土百货商场的商品价格低两三成，给我国的零售市场带来了较大冲击。随后，沃尔玛、万客隆、麦德龙、乐天等外资超市

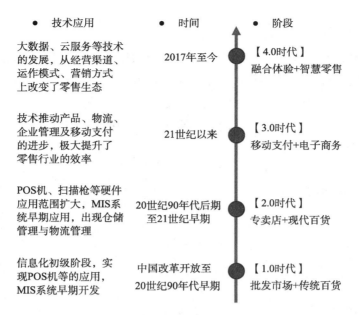

技术应用　　　　　时间　　　　　阶段

大数据、云服务等技术
的发展，从经营渠道、　　2017年至今　　　【4.0时代】
运作模式、营销方式　　　　　　　　　　融合体验+智慧零售
上改变了零售生态

技术推动产品、物流、
企业管理及移动支付　　　21世纪以来　　　【3.0时代】
的进步，极大提升了　　　　　　　　　　移动支付+电子商务
零售行业的效率

POS机、扫描枪等硬件
应用范围扩大，MIS系　　20世纪90年代后期　【2.0时代】
统早期应用，出现仓储　　至21世纪早期　　　专卖店+现代百货
管理与物流管理

信息化初级阶段，实　　　中国改革开放至　　【1.0时代】
现POS机等的应用，　　　20世纪90年代早期　批发市场+传统百货
MIS系统早期开发

图 12-1　我国零售业的变迁历程阶段概览

纷纷进入，并迅速成长为我国零售商超领域的主导力量。外资零售企业的进入推动我国的零售业形成百货超市、便利店、专卖店等多种业态并存的格局。

2003 年，淘宝成立，中国进入电子商务时代。在 4G 网络和新技术的支撑下，零售业加快了发展步伐，据艾瑞咨询数据显示，2015 年，中国网络购物市场交易规模为 3.8 万亿元，较 2014 年同期增长 36.2%，其中移动网购市场交易规模达 2.1 万亿元，同比增长 123.8%。2010—2016 年，我国网络购物市场的复合年均增长率高达 47.17%，而 2016 年，我国百家重点线下零售企业增速跌至–0.5%。我国网络零售业进入发展的"黄金时期"。

2016 年 10 月，阿里巴巴创始人马云提出新零售概念，并将 2017 年定义为新零售元年。2017 年 3 月，苏宁控股集团董事长张近东提出智慧零售的概念。随着以阿里、京东为代表的电子商务模式日渐成熟，在物联网、云计算、人工智能等新兴技术的驱动下，我国的新零售模式拉开序幕。2017 年是中国线上线下融合的实践年，在消费升级的大背景下，智慧零售推动实体门店体验再升级。一方面，线上品牌逐渐布局线下渠道，形成全渠道资源共享；另一方面，消费者不再受区域、时段和店面等因素的限制，零售行业逐步向全渠道、全品类、全时段的新型零售模式转变。

此外，我国零售业态的商业模式呈现出由以货为中心，生产什么卖什么，到以场为中心，线下实体+线上电商发展，打破了时空界限，再到以人为中心，消费者需要什么，企业就尽可能提供什么的转变。竞争格局由以国有大型百货店为主体的单一业态转变为多种业态并存的格局，当前我国零售业市场集中度高，竞争激烈，形成行业竞争梯队。智慧零售时代，企业将进一步实现线上线下深度融合，以大数据、物联网等新兴技术为基础，整合多方数据信息，优化顾客购物体验。

（二）智慧零售的阶段性特征

《2018 年智慧零售白皮书》中指出，智慧零售是最终达到消费者体验优化，零售商效益优化，实现万物互联智能决策的自主商业。而在这个过程中，随着科技手段不断增强，数据来源不断拓宽，经营者的人力投入逐渐减少，可将智慧零售的现阶段发展和未来应用分为雏形期、成长期和成熟期三个阶段，[①]详情见表 12-2 所示。

表 12-2　我国智慧零售的阶段性特征概览

发展阶段	雏 形 期	成 长 期	成 熟 期
阶段说明	• 以传统企业的数字化转型为主 • 利用 ERP 等信息系统收集、整合、展示企业内部数据	• 整合应用大数据和数字化工具 • 分析数据背后的含义，指导商业决策，提升运营效率	• 全渠道、数字化、场景化改造，重构人、货、场三要素 • 以消费者为中心的线上线下融合
应用科技	• Excel 表格 • 传统 ERP 系统 • 办公自动化系统	• 商业智能（BI）系统 • 大数据分析软件 • 云计算平台	• 人工智能 • 增强/虚拟现实 • 物联网
数据来源	• 企业内部数据，如渠道销售额、用户信息、材料采购、生产成本、管理费用等	• 整合价值链各环节数据，如上游供应商、企业内部数据、下游经销商和零售网点数据等	• 广泛的数据触点，包括直接相关方和非直接相关方的多维度数据
连接界面	• 零售商、品牌商自行建立会员体系	• 移动支付、微信公众号、服务号、小程序、会员卡等高频互动场景	• 物联网、更丰富的社交场景
特征	• 以管理者为中心	• 人机协同	• 数据驱动算法自主决策
典型企业	• 国内大部分传统零售企业	• 山姆会员店、苏宁小店 • 永辉超级物种、京东等	—

来源：科尼尔、腾讯研究院

智慧零售发展的雏形期以传统企业的数字化转型为主，以管理者为中心。零售企业利用 ERP 等信息系统搜集和整合企业内部数据，利用集成多种办公软件和工具的传统办公自动系统分析和处理企业数据。

而在成长期，智慧零售人机协同的特点凸显，部分业务实现智能化和网络化。零售决策者从是什么向为什么转变。企业借助各种商业智能系统和大数据分析软件，整合价值链各环节的数据，分析数据背后的含义，指导商业决策、提升运营效率。

在智慧零售发展的成熟期，将是数据驱动算法自主决策的时代。在人工智能、大数据、物联网等新技术和新的商业模式的双重驱动下，企业实现了对零售人、货、场三要素的重构（即在第一节中提及的零售核心要素的数字化）。传感器、计算机视觉等技术的应用形成了广泛的数据触点，企业所能获取的数据日趋丰富且多维。总之，企业通过全渠道、数字化及场景化的改造，将实现对全链条活动的运营效率的提升和改善。

---

① 贺晓青，凌佳颖，孟祥巍，等. 构建智慧零售完整图景——2018 年智慧零售白皮书[J]. 科技中国，2018，No.250（7）：63–70.

三、智慧零售的未来发展趋势

2022 年，全球智能零售市场规模为 302.5 亿美元，预计从 2023 年到 2030 年将以 29.1% 的复合年增长率增长。人工智能、虚拟现实、增强现实和物联网等技术的日益融入，以提高消费者的购物体验，加强库存管理，并改善商店的运营，是推动市场增长的重要趋势之一。智慧零售引领着零售业迈向数字化、智能化。未来，新兴技术的不断迭代将进一步激发智慧零售的活力，智能化将成为发展重点。新兴技术的应用将驱动零售业呈现出新的模式，这些新模式以更加精细与个性化的方式服务消费者，重塑人们的购物方式和习惯。技术的创新必将催生零售业商业模式进一步的深度变革，智慧零售的未来将呈现以下趋势。

（一）人工智能技术广泛应用，提升客户体验

对于零售品牌而言，人工智能最常见的应用就是聊天机器人或者智能客服，智能客服系统可以通过自然语言处理技术和语音识别技术，自动识别并回答消费者的问题，减少等待时间和人力成本，零售商可以引入 AI 技术，打造智能客服系统，帮助消费者快速解决问题，提高消费者的满意度。这项技术会出现在公司网站、电商平台和售后客服等多个互动场景下。在这些场景中，品牌可以主动为访问者提供自动化服务和支持，其中的语言分析则是改善客户体验的重要技术。而对于企业而言，人工智能则能帮助预测用户需求，更好地优化产品存储、检索和交付过程，帮助零售团队以最合理的方式完成营销任务。

（二）可视化虚拟购物

增强现实和虚拟现实等技术的推广与应用，能够支撑消费者实现可视化的虚拟购物体验，如可以让消费者在店或者在线体验虚拟服装，评估上身效果。可视化虚拟购物技术可以展现更丰富的商品选择，同时为消费者节省在店试衣的时间成本，优化购物体验，减少退换货的成本。例如，宜家一直在开发和优化其应用程序，允许消费者通过 App 实现在线虚拟放置和定位物品，以确定适合的家庭布置，同时消费者也可以通过 App 的产品链接快速导航到官网的相应页面，完成购买。同样地，耐克也在 App 推出了 Nike Fit 扫描技术，通过增强现实技术支持消费者在家就能试穿产品，并且即时购买，在该场景下，用户可以使用 App 来扫描自己的脚，通过一系列算法，系统会告知用户，每双耐克运动鞋最合适的尺码是什么。这种可视化技术打破了长期以来线上线下的零售体验壁垒，帮助消费者更好地做出购买决策。

（三）云计算的广泛应用让小型零售商也能智能化

中小企业往往缺乏较强的 IT 技术能力，在传统 IT 模式下，中小企业面临着海量的数据如何提取使用、高额的数据成本如何维系的问题。云计算是一种按使用量付费的模式，这种模式提供可用的、便捷的、按需的网络访问，由云服务商提供专业的技术支持，帮助解决难题，使 IT 系统上运行的业务更加高效和安全。中小零售商进入可配置的计

算资源共享池（资源包括网络、服务器、存储、应用软件、服务），这些资源能够被快速提供，只需投入很少的管理工作，或与服务供应商进行很少的交互，就能快速的处理事务。云计算为中小企业创造了稳定、安全的基础环境，云服务商会根据企业业务特点，制定云解决方案应对个性化 IT 需求，使得中小零售商上云轻松，云计算增强了当代零售商收集、存储、访问、应用各类数据的能力，可以有效帮助中小零售商以低成本和高效率的方式从海量的数据中提取出富有价值的建议和见解，即使是资金紧张的初创公司也能从中提取大量数据并采取行动。当诸多零售商解决了大规模集中数据存储和数据价值提取的问题时，就会自然而然地转向机器学习和人工智能，进而促进整个零售业的智能化转型。

（四）物联网的应用强化顾客购物体验

物联网会将我们带入一个万物互联的世界，RFID 技术的应用可以帮助仓库和实体店快速地进行产品定位，为实现门店无接触购物提供支持，在物联网技术的支撑下，智能购物车在诸多超市被投入使用，消费者只需要将商品扫码放进购物车，就可以快速自助结账离开超市。除了消费者端的物联网体验外，企业端也可以借助物联网技术为超市货架安装货架传感器，及时获取哪些产品被消费者拾取、放回等，这一系列数据的获取可以帮助零售商改进选品、包装设计及商品摆放策略等，进而增加销售额。

（五）智慧物流深入零售每一个环节

传统的储配方式是商家先将商品进行储存，待消费者购买后再进行分拣和配送，这无疑延长了商品送达时间。在数字技术的支撑下，未来物流系统将是全渠道型的，物流园区、仓储中心、运输枢纽、配送等各个环节都将实现智慧化。在消费者订单数据深度分析的基础上，提高全渠道物流系统的预测、调配和运输能力，不断缩短商品的送达时间。和传统电商物流对比来看，智慧物流将实现渠道的不断下沉，融合线上和线下优势，直接将门店变成了物流系统的前置仓库。为此，当消费者下单后，企业可以根据消费者的收货地址，选择就近的门店直接发货，大幅缩短了商品的配送时间。

京东物流是我国业内最早实践 5G+智能物流的企业，在其智能物流园区构建了包裹、场地、车辆、人员和设备全面高效连接的"智能物流世界"，全面提升物流运营效率。在 2023 年"6·18"期间，京东智能物流园区正式投用百余台应用 5G 技术的"地狼"智能拣选机器人，使搬运效率提升了 200%。此外，有一些公司已经开始试验通过无人机和无人驾驶车辆系统来实现"最后一公里"的送货。

（六）区块链技术强化产品溯源

供应链是零售业的支柱。供应链和库存管理运作优化是智慧零售的核心之一。全球各地领先的零售商现在都在投资先进技术以优化供应链，其中一项核心的技术就是区块链。区块链技术可以为零售行业带来永久、透明、高安全性的交易记录。零售商运用该技术可以实现包括产品溯源在内的功能。通过区块链技术，零售商可以明确所销售产品的产地、发货时间、发货批次等信息，如对于农产品水果而言，还能获取关于果农平时几点浇水？什么时间喷洒的什么农药？种植的土壤信息如何？成长过程如何？整个水果的成长过程变得更加清晰。此外，区块链技术还可以保证货物在零售商、客户、供应商等多方交易过程中的信息记录透明，将信息差降到最低，降低商业欺诈的可能性，提升供应链品质。

（七）线上线下深度融合

2022 年 12 月中旬召开的中央经济工作会议提出，要把恢复和扩大消费摆在优先位置。增强消费能力，改善消费条件，创新消费场景。线上线下融合是指通过数字技术将线上和线下销售渠道有机结合，实现信息互通和资源共享。零售业展开的线上线下一体化、全渠道化是未来新零售领域不可逆转和不可或缺的一个趋势。在线上线下深度融合的场景下，企业为消费者提供的是全渠道、全品类、全时段、全体验的新型零售模式，消费者不再受区域、时段和店面等因素限制。有调查数据显示：约 62.5% 比例的消费者觉得零售业线上线下融合带来的最大优点是体验式消费，53.4% 比例的消费者认为零售业线上线下融合能便利购物，即零售业线上线下的融合可以填补网上商品不能体验的缺点，整合了实体店购物的优势。线上线下有机融合能够实现优势互补，通过建立线上商城、社群团购+到店自提、优惠券+到店消费等创新模式，零售企业能够更好地触达消费者，提供多样化的购物体验（图 12-2）。

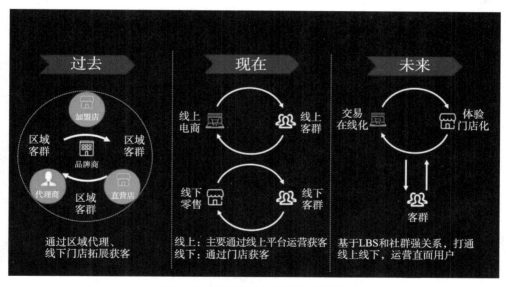

图 12-2　零售业线上线下关系变迁

第三节　智慧零售经典案例

本章主要探讨数字营销在智慧零售场景中的应用，带同学们认识了智慧零售的内涵。引入我国零售业发展概况，带同学们了解了智慧零售的由来及其阶段性特征。在更进一步探讨智慧零售的未来发展趋势的基础上，让同学们能够更深刻地领会支撑智慧零售发展的关键要素及其深刻内涵。更清晰地了解了什么是智慧零售，以便能更好地理解智慧零售场景中的数字营销。

1. 智慧零售的本质是什么，应如何理解其内涵。

2. 试试用一句话概括智慧零售的未来发展走向，你认为未来智慧零售还会衍生出什么样的新形态？

3. 结合本章末的经典案例，重温我国零售业的发展历程，并思考实体零售的数字化转型和智慧零售的发展两者间的联系。

自学自测　　扫描此码

第十三章

智慧零售中的数字营销

　　智慧零售是数字营销的典型应用场景，借助数字营销相关手段，智慧零售可以更好地发挥优势。想象一下：当你进入某大型的连锁卖场，走向常去的一家门店，在购物前，商家便能识别出你的消费特征，如消费能力、消费偏好、购物频次、是否为本店会员等；在购物过程中，商家可以根据所掌握的信息及时为你提供精准的个性化推荐和服务；在购物结束后，你的短信、邮箱或微信就会及时收到商家的新品试用及优惠活动信息，若你感兴趣，便可通过"配送到家"或"到店"等渠道复购。若你经历了一次很满意的购物旅程，大概率会通过分享链接和身边的亲朋好友分享，为商家带去新的客源。以上这些场景就是全旅程的数字化购物体验，是智慧零售的具体表现形式。在数字技术的支撑下，新颖的营销场景及生态布局应运而生，促使零售业的营销模式发生巨大的变革。

　　本章学习目标：①理解智慧零售业态下，营销模式变革的表现形式；②了解智慧零售中新颖的营销场景及生态布局；③加深对智慧零售场景中数字营销的系统认知；④能够应用本章所学内容分析本章经典案例。

第一节　智慧零售场景中的营销模式变革

　　相比传统的零售，智能零售意味着新的销售场景、新的商家与消费者关系、新的供应链流程。智慧零售下的营销模式变革可理解为，在市场和消费者需求快速变化的影响下，零售企业通过技术、数据、渠道、服务等方面的持续创新，推动企业营销模式变革与创新，进而更好地满足市场需求，优化客户体验，最终能够提高自身竞争力，获取更高的商业利润。本节将分别从流量导入模式变革、消费者体验变革及主体间关系变革三方面展开叙述。

一、流量导入模式变革

（一）流量获取渠道从公域流量转向私域流量再至全域流量

　　公域流量是指互联网上提供的各种公共服务，如新闻、网站、电子邮件、搜索引擎等，这些服务可以免费被任何人使用；公域流量更多地附着在品牌曝光及品牌引流的作用上，公域的流量是无限流动的，也可以理解为它不是固定的，企业只有更多的反复在公域曝光才会吸引更多用户自愿进入并成为企业私域流量的成员。私域流量是指企业或个人拥有的专属流量，如企业私有网络、云服务、私密网站等，这些服务只有被授权的人才可以访问和使用。私域流量可以更加有效地控制信息的流动，还可以有效保护企业或个人的机密信息，企业可以在私域里与用户进行直接的交流和沟通，有助于企业的业务发展或者反复成交。此外，它还能帮助企业更加有效地利用网络资源，为企业发展提供更大的支持。

私域流量经营具有以下优势。①能够高效触达用户。对于公域流量里的用户，企业只能通过某一个节点或某一个场景去影响他们，而私域流量里的用户，企业可以在任意时间去影响他们。在企业自主经营的平台上，企业对用户的行为了解程度一般更加深入，能够更加便捷地直接与用户取得联系。②私域更利于做裂变。私域流量能够利用裂变来降低获客成本，这是私域流量最为核心的优势，可以通过内容服务来提升转化率和复购率，还能衍生出更高级的 KOC 模式，帮助品牌培养自己的超级用户。③通过私域有利于开发用户的终身价值。私域流量的本质是开发客户的终身价值，是经营客户的全生命周期，经营客户关系，提高体验和口碑，促进复购和转介绍。④形成流量闭环。微信号+朋友圈+公众号+视频号+小程序能够形成一个完整闭环，整合具有高忠诚度的粉丝和用户。⑤私域流量能够实现数据赋能 C2M 模式。经营深入的私域社群用户往往会成为新产品开发的冷启动群，实现企业与社群里的用户价值共创，探索出一个大家共同期望的社群模式。

随着自媒体的不断发展和成熟，仅凭经营私域流量已经难以应对当今日益激烈的竞争，在这一背景下，全域经营为企业增长开辟了新的突破口。全域经营，是企业凭借数字化手段建立的，以消费者为中心的，整合线上线下场景，整合公域、私域触点的一体化经营模式。无论是从消费者还是企业的角度来看，全域经营都蕴藏着巨大价值。在消费者价值方面，全域经营拥有全新的体验，能满足消费者需求的升级；在企业价值方面，全域经营能实现全新的智慧运营与长期效益的提升，比如提升经营效率、扩大营收、积累核心资产等。

全域流量有效经营的实现有几个关键的方面。①企业以数字化为基础。经营过程中的引流、用户特征分析、触点打造、售后服务，每一个环节都需要数字化工具的支撑，为此，数字化是实现全域经营的基础。②公域私域联动，公域和私域不是割裂的，二者之间是相辅相成的关系，一方面，企业在公域投放获客，不断为私域流量池带来新用户，让私域用户的规模获得增长；另一方面，精细化运营私域用户能获得可观的利润，再到公域流量中进行付费获客。如此，公域流量与私域流量的经营将形成良性的闭环。③线上线下互动。线上和线下都是触达客户的渠道，在客户经营时，应该以用户为中心，用户在哪里，触点就在哪里，整合线上与线下场景来促进用户经营。

（二）流量运营重心从扩充数量转向培育质量

在百货时代，企业通过不断扩张和跑马圈地的方式，如抢占大型商超、核心小区附近便利店等方式抢占销售渠道，进而赢取竞争优势；在电子商务发展初期，我国市场需求快速膨胀，在这种情形下，企业赢取竞争优势的关键在于通过不断拓展线上渠道，借助各类线上渠道获取更大数量、更优质的流量资源，增加线上门店或者产品的曝光度。

例如，在电子商务发展初期，除了个别中大型企业自建网页外，众多传统企业通过入驻淘宝、京东、唯品会等几大电商平台获取相应的公域流量，随着微信平台用户使用量的不断上升及公众号、小程序等技术的不断成熟和应用的不断推广，诸多企业又延伸至微商，或者通过自己经营公众号、小程序等方式来获得私域流量；当抖音、小红书等社交平台逐步兴起时，诸多商家又开始通过开设抖音账号或者邀请相关达人代言或直播带货等方式来增加店铺曝光度。

然而，伴随着零售业电子商务业态的不断发展和成熟，零售业各业态的增幅都明显减缓，持续保持快速增长的线上零售，2022年同比增长仅为6.2%。权威的大数据服务商QuestMobile统计的数据显示，2023年中国移动互联网市场复苏态势明显，但增长依然微弱，截至2023年5月，移动互联网月活用户规模达到12.13亿，同比增长仅为2.2%。这也就意味着当原有线下消费者大多已经转移至线上，或者线上消费者的消费模式和习惯已经养成之后，零售业整体进入存量时代，企业在市场上的获客成本增加，引流面临着越来越大的挑战。在流量越来越稀缺、流量红利下降的大背景下，企业必须转变流量运营的方式，将重心放在培育企业现有流量及潜在流量的质量上，做好精细化的用户运营，更充分地利用数据价值，维护好顾客关系，以提高顾客忠诚度和留存率。以下，分别从店铺、品牌及用户三个层面阐述精细化运营的内涵。

店铺层的精细化运营，指企业针对进入店铺访问的顾客特征，为其优先推荐与需求相匹配的产品、给予不同的活动权益等，进行精细化触达，如许多平台为吸引新顾客，会发放新人大礼包，为刺激老顾客回归，会发放回归大礼包。认养一头牛旗舰店通过智能人群导购工具，能针对不同标签的人群，优先推出不同的产品信息，如给精致妈妈群体推荐全脂纯牛奶，家庭共享装，美味可口；为都市蓝领推送含糖酸奶，用来作早餐面包等。分人群运营，使得该旗舰店的页面转化率提升7%～10%，大幅提高推广的有效率。

品牌层的精细化运营，首先，需要明确品牌的细分群体定位，再根据目标用户的特征进行一系列相匹配的营销活动，如完美日记的定位是大牌平替彩妆，瞄准国内追求性价比的年轻女性群体。在内容传播上，完美日记会更多地瞄准年轻女性群体聚集的小红书、抖音、快手等平台，以"种草"、直播及短视频等形式为载体，向年轻女性群体推广此品牌。在私域运营上，建立公众号矩阵，开设海量的"小完子"客服号和社群，通过内容和社群的运营，增强用户对品牌的忠诚度，以提升用户长期价值。

用户层的精细化运营，指企业针对新老顾客、潜在顾客，在种草、拉新、收割及巩固等各阶段对顾客关系进行经营和维护，如在种草阶段，企业依据"达摩盘八大策略人群"对目标人群的标签进行组合与筛选，从用户特征、品类特征、渠道特征、私域特征四个维度，结合不同的优质关键词，一步步测试和优化数据，找出对本企业产品感兴趣的人群，进行更精准的触达与种草。在拉新和收割阶段，企业可结合消费者在某一时间段内的加购、收藏、访问频次、下单未支付等数据，进行更精准的二次触达，让潜在顾客变成新客户。在关系巩固阶段，企业则可通过持续上新、专属福利、内容创新等形式，增强对新老顾客的吸引和激励，让新客户变成老客户，让老客户进行更多的复购。

（三）价值挖掘对象从产品本身转向用户价值

过去，零售企业为吸引流量，更多借力于产品本身的改良。随着科技进步，生产力发展，企业的生产工艺、流程得到极大改进，所生产的产品质量趋于稳定，企业要想在引流中持续获取竞争优势，必须注重挖掘消费者价值。企业流量导入所关注的焦点的转变表现为以下两点。

第一，体现在企业的引流工具上。在过去，零售企业主要通过让渡商品价值吸引流量，借助各类促销活动，如打折、满减、赠品等，提高商品的性价比，增强消费者对商品的感知价值，吸引消费者前来购买。企业普遍建立起会员制度，设置会员专属优惠，采取积分返利等措施，吸引消费者注册会员，以增强消费者复购率，提升用户忠诚度。当进入智慧零售时期，企业则更多借助大数据及新兴技术驱动引流，如诸多企业深度挖掘海量数据，获取消费者行为、偏好等信息，并利用大数据分析技术，深入分析目标用户的兴趣和潜在需求，从而实现产品和服务的精准广告投放，提高流量转化率和用户满意度。在技术应用方面，企业利用人工智能技术，提高零售货架的陈列效率，优化陈列布局。人工智能技术可捕捉顾客拿取货架商品的动作，自动记录商品被拿取的次数及其缺货补货次数，还可根据企业的任务要求，智能判断货品陈列是否符合标准，并基于市场真实需求，实时调整布局。由此，企业借助人工智能技术，可优化销售策略，以更智慧的方式吸引消费者流量。

第二，体现在企业的引流方式上。在过去，零售企业主要借助优质的商品和服务，赢取顾客的好评，实现口碑传播，企业在依赖顾客进行口碑传播的过程中相对处于被动地位。而当前，零售企业则更加注重利用消费者的资源和深层次需求进行引流。一方面，借助消费者的力量进行产品推广。企业普遍与网红达人、关键意见领袖等特殊消费者群体合作，利用这些具有一定影响力和信服力的特殊消费群体所拥有的社会关系及资源，加强与其他消费者群体的互动，间接地与消费者建立起长期可持续的顾客关系，以提高消费者忠诚度，如当前许多企业都在小红书上寻找优质的合作博主，利用博主的力量和资源吸引消费者，获得消费者流量。

另一方面，利用消费者需求进行裂变营销。现实中，企业往往通过让渡补贴、减免、免费等多种活动方式吸引消费者，常见的活动形式有砍价、拼团及邀请有礼等。拼多多便是利用老带新和分享的玩法在短期内获得用户量的爆炸式增长，如拼多多风靡一时的"天天领现金"活动，该活动以 100～800 元不等的微信现金红包为驱动力，要求用户邀请新老朋友助力以获得抽奖次数。用户在 24 小时内通过抽奖赢取的奖励凑足活动开场设定的目标金额，便可进行微信提现。活动规则还特别指出，用户邀请到新人注册，成功赢取现金的概率会更大。另外，随着消费者社交需求和心理需求的增加，社交式裂变营销也逐渐兴起，常见的活动形式有年度账单（如歌单）、心理测试及游戏成就等。如网易云音乐就抓住用户自我了解和自我自表达的心理需求，2016 年便上线了年度听歌报告——音乐日历，每到年底，朋友圈便能迎来网易云音乐用户年度听歌报告的刷屏时刻。七年来，网易云音乐不断丰富和升级年度歌单报告形式，2022 年底的年度听歌报告，用户可查看在云村留下的温暖、有趣的回忆。社交式裂变营销充分利用了社交平台的互动性及人们强烈的社交需求，通过满足消费心理来设置营销方式和流程，达到产品或服务传播裂变的营销效果（图 13-1）。

图 13-1　网易云音乐年度听歌报告

二、消费者体验变革

（一）场景升级，优化购物过程体验

将新兴技术应用于零售场景中，可以极大优化消费者在购物过程中的体验，如在线下购物场景中，在店内部署物联网设备、智能传感器等技术，可以实现以下功能。①客流量感知功能。这有助于商家了解客流量高峰时段、热门区域客流量分布情况，以便优化人员调度和资源分配，为顾客提供更高效的服务。②购物路径统计功能。商家可跟踪顾客在店内的移动路径和停留位置，利用行为数据，可分析顾客的购物习惯和行为模式，进而优化店铺的布局和陈列方式，提升产品曝光度和销售效果。③实时推荐功能。基于顾客的购买历史、个人偏好和实时定位等数据，系统可以实时为顾客推送个性化的商品推荐和优惠信息，引导顾客购买。此外，企业还可借助无线定位技术，为顾客提供店内的定位服务和导航指引，帮助顾客轻松找到所需商品或特定区域，减少迷路等浪费时间的情况发生。

世界 500 强企业昕诺飞，是一家世界领先的 LED 照明产品、系统和服务厂商。在数字技术革新所推动的零售行业转型下，昕诺飞制定 Interact 智能互联零售照明解决方案赋能可持续的智慧零售。昕诺飞通过分区和灯光分层设计，营造亮丽、灵活的零售空间，激发消费者特定的购物行为；将室内导航应用与手机 App 联动，可帮助购物者获取店内相关商品的优惠活动，并引导顾客前往；设计的 Interact 零售软件应用程序可以完全控制互联照明系统，从系统中收集数据加以分析，能够帮助企业进行深入的消费者洞察，了解消费者需求，为实现精准的个性化推荐提供支撑；互联照明系统还可灵活适应不同零售品牌间多变的门店设计风格，确保灯具享有较佳的使用寿命，赋能企业节约能耗、减少碳排放，进一步强化品牌绿色可持续性标识。如此，昕诺飞凭借 Interact 智能互联零售照明解决方案，极大地优化了客户在购物过程中的体验，且极大助力了企业节能，提升了品牌独特性。

此外，通过 AR/VR 技术，商家可以创造更加生动和沉浸式的购物体验。顾客使用 AR/VR 设备与产品进行互动、试戴试用或体验特定场景，可更好地了解产品特性并进行购买决策，如美国美妆集团科蒂（Coty）旗下的彩妆品牌 CoverGirl 推出了一项基于增强现实技术的在线试妆服务，让消费者只需借助移动设备或电脑的摄像头，打开浏览器就能完成全妆试用。这极大地简化了试妆的体验步骤，让消费者可以更快速地选购合适的产品，高效地制定购买决策。总的而言，将新兴技术应用于零售场景中，实现场景升级，能有效优化消费者在购物过程中的体验，同时，也有助于提升店铺的运营效率，促进商家的销售增长。

（二）响应升级，增强售后服务体验

智慧零售在增强售后服务体验方面，同样依靠数据和技术实现服务升级。具体表现如下。①精准售后。企业通过大数据分析和人工智能技术，对消费者的购买行为、偏好和反馈进行深入分析，根据分析结果为消费者提供个性化、精准的售后服务。②即时响应。通过智能化服务手段，如引入智能客服机器人，智能客服通常能够自动应答常见问题，并具有实时学习和提升解决问题的能力，为消费者提供快速、专业的售后支持，实现即时响应，提高服务效率和质量。③多渠道售后支持。智慧零售凭借线上和线下渠道的无缝衔接，可为消费者提供多个渠道的售后支持，让消费者可选择最方便的方式进行退换货和售后咨询。④实现实时跟踪。智慧零售可通过物流跟踪系统和智能通知，让消费者实时了解退货或维修进度，提高售后服务的透明度和可靠性。一旦出现售后问题，企业也能够及时为消费者提供补偿措施。由此，进一步提升消费者的满意度和忠诚度。⑤及时改进优化。智慧零售通过收集消费者的评价和反馈数据，对售后服务进行分析和改进优化，不断提高售后服务的质量和效果，并基于数据洞察预防售后问题的发生。

例如，京东在售后服务中引入智能客服机器人，为消费者提供 24 小时在线的售后支持，消费者可以通过京东 App 或官网与智能客服机器人交互，获取订单状态、申请退换货等较为常见的问题的解决方案。京东还通过全链路数据追踪和智能配送系统，使退货包裹得以自动化分拣，进行仓储系统处理，实现高效、快速的退款和退货流程。在退货或维修过程中，京东客户端会及时推送通知给消费者，以便让消费者了解最新进展和处理结果。此外，京东还建立了完善的质量监控系统，通过数据分析来监测产品质量和用户满意度，如果有用户出现多次相似投诉或退换货情况，京东会及时发出警报并对供应商进行跟踪调查和整改，以监督和规范供应商行为，督促其为消费者提供更好的售后服务和更高品质的商品。

（三）互动升级，提升消费情感体验

在智慧零售下，企业进行消费者体验变革的目标是为了最大可能地贴近和满足消费者的需求，通过加强与消费者互动，可增强消费者的归属感，赢得品牌忠诚度。具体表现为：在线上，企业可创建互动分享活动唤醒消费情绪，如企业在购物场景中融入社交元素，让消费者可以在购物过程中与朋友分享心得、评价商品、参与抽奖或团购活动等，

增加与消费者之间的联结和互动，由此，增强消费者的参与感和归属感，激发消费者的分享欲，与品牌产生情感链接。而在线下，企业可打造具有互动性的零售实体店铺，提供更加多样化和创新性的消费体验。例如，设置虚拟导购员、智能展示柜、互动游戏区、体感设备等，让消费者可以参与其中，与产品进行互动并感受产品的特点和优势。由此，激发消费者的兴趣和好奇心，提高他们对品牌和产品的认知和情感投入。

例如微软积极利用各种社交媒体平台如微博、微信、脸书等，与消费者建立连接和互动。通过发布产品信息、故事分享、用户案例等内容，引发消费者的共鸣和情感共享。微软非常重视消费者的反馈和意见，会积极回应和处理用户的问题和需求，并在适当的时候进行改进和更新。这种关注和回应体现了微软对消费者的重视和关心，增强了消费者对品牌的情感认同。在线下，微软则开设了 Microsoft Store 零售店，这些店铺提供了丰富的互动体验项目。例如，虚拟现实游戏体验、与 Surface 设备互动的活动等，这些项目使消费者可以亲身体验微软产品的功能和性能，激发他们的兴趣和好奇心，进而加深对产品的情感认知。与此同时，微软在零售店内采用智能化的产品展示方式，如使用交互式屏幕、触摸显示器等，让消费者能够自由地了解和探索微软的产品。这样的展示方式增强了消费者的参与感和互动性，为消费者提供了更具吸引力和娱乐性的购物环境。

三、主体间关系变革

在零售业态中，涉及三类关键主体：零售商、供应商、消费者。其中，零售商指超市、连锁店及店铺等，供应商则主要指生产商、批发商和经销商。随着零售业不断发展，零售供应链也在不断升级，供应链上各主体间的关系也随之发生变革。以下，将从供应商与零售商、零售商与消费者及供应商与消费者这三组主体出发，分别阐述两者间关系发生变化的背景及具体表现。

（一）供应商与零售商：从零和博弈转变为深度合作

在零售业中，零售商和供应商的合作模式可分为分销和入驻两种，在这两种模式下，零供双方在供应链上的分工界限明晰。供应商通常负责商品的设计研发、生产制造和品牌建设等，零售商则面向终端消费者，负责广告与销售等。在传统的供应链里，零售商的主要盈利点是差价，由于零售价格通常由市场调控，所以零售商获取的商品进价越低，盈利就越大，由此，零供双方利益关系对立，长期处在零和博弈的困境中。而在智慧零售背景下，消费者的需求成为主导，数据驱动决策、技术驱动创新、市场竞争加剧，这要求零售商和其供应商应建立深度合作，利用供应链的数字化协同，不断提升供应链能力，增强供应链响应度，共同应对行业发展变化，实现成本、效率和用户体验全面优化，营造多方共赢的局面。零供双方深度合作主要体现在以下两个方面。

第一是数据共享。借助云计算、大数据等技术，零供双方都可更及时地获取多方不同类型的信息，如零售商可以获取更多的销售信息、渠道信息，发现新奇的、热卖的、销量不佳的产品，而生产商则能够及时获得消费者反馈及宏观的市场需求等信息。双方通过数字化平台建立其沟通渠道，进行销售、库存和消费者洞察等信息共享，并对数据加以分析利用，便可更好地了解市场需求，优化商品制造流程、提高广告活动精准度、提升销售管理效率等，从而不断提高产品和服务质量，切实满足消费者的需求。

第二是供应链合作。具体表现为，零售商和供应商可以共同投资资源、制定营销策略、进行品牌推广及开展联合营销活动。零供双方还可以共同协调物流、库存管理和订单处理等环节，提高供应链效率、降低供应链成本，缩短产品交付时间，如中国水果零售龙头企业百果园，为加强供应链合作，利用自身积累多年的果品相关技术经验为供应链伙伴提供各种帮助，如为种植基地提供培训及咨询服务，输出定制的解决方案，通过以农业技术、信息技术及资本资源赋能种植基地合作伙伴，并对水果全生长周期进行严格品质管理，由此，围绕百果园建立一个大型标准化优质的供应商生态网络。据统计，2022 年，百果园集团向提供各类农业技术相关服务的供应商采购的金额约占同年水果采购总额的 35%，同比增长 5%。百果园于 2022 年年末建立起了一个全国性的仓储网络，且拥有高效的仓配冷链体系，使其能够实现对水果从入仓到出货全过程的成熟度和新鲜度监控，保证水果的质量，这极大增强了百果园在水果零售行业的竞争力。

（二）零售商与消费者：从买卖关系升级为信任关系

过去，零售商和消费者是独立的关系，两者的互动主要围绕商品交易来进行，即企业向消费者提供商品、服务，消费者按商品和服务的价格支付金钱，一桩买卖就完成了。而在智慧零售场景下，消费者占主导地位，零售企业利润主要来自为消费者所提供的商品和服务的增值，而不再是从供应商那争取来的差价。因此，企业在提供商品、服务之余，还需要重视顾客关系管理，与消费者产生更多维度、更紧密的联系，进行深度互动和交流，以便对消费者的需求有更全面深入的理解，为消费者提供更满足其需求的优质服务。总体而言，当前，企业致力于成为消费者的朋友，获取消费者的信任，使消费者成为企业的长期顾客，从而助力企业的长远发展。零售商与消费者所形成的更深层次的信任关系可从以下两个方面来理解。

第一，更深层的产品信任。在新型的零售顾客关系中，商家不仅是在推出产品或服务，更是在向顾客传递商家对产品、市场、行业、消费者的深度了解及带给消费者的价值，表现出真正以消费者为中心，满足消费者需求的强烈意愿。当消费者感受到零售商的真诚时，便能建立起信任链接，减少购买过程中的犹豫和顾虑。此外，零售商在和消费者沟通的过程中，还应特别注重对企业定位及经营理念的输出，让消费者了解企业的价值观，与消费者达成共识，消费者便能形成合适的顾客期望，从而保证顾客满意度。例如，苹果品牌营销理念是追求高端、完美的品牌形象。其产品设计、制造工艺及售后服务质量均可称得上是行业内顶流，消费者自然愿意为其价格不菲的产品买单。而宜家的经营理念是提供种类繁多、美观实用、老百姓买得起的家居用品，要保持产品在价格上的竞争力，出于成本考虑，便没办法为消费者提供细致周到的服务，如上门安装需要额外收费。消费者购买了宜家的家具通常需要自己动手组装，理解宜家经营理念的顾客也愿意为无法提供细致周到的服务的宜家产品买单。

第二，更深层次的情感信任。例如，零售商日益重视通过建立社群进行精细化运营，拉近与消费者的距离，与消费者直接互动，加强与消费者的情感链接。在这种运营模式下，零售商关注的是用户的长期价值。在社群运营中，零售商通常会为消费者设置专属会员，并为消费者提供一个可以共享购物经验、交流意见和分享资讯的平台，零售商通过与消费者积极互动，不仅可以加强情感联结，还能更精准地定位消费者的需求和偏好，为其提供个性化的产品推荐和服务。此外，通过社群的口碑传播和活跃的用户参与，零售商能够将品牌形象和宣传信息更有效地传递给消费者，由此增加用户转化率和留存率。

（三）供应商与消费者：从间接弱关联到直接强关联

尼尔森调查数据表明，目前零售业是顾客流失率最高的行业。因此，零售企业竞争的核心在于顾客，未来的零售市场中，流量、客流将变成稀缺资源，零售业最本真的定位是一切行为都以消费者需求为导向，打破技术和渠道等壁垒，创造最好的品牌体验。不管零售业的生态怎么变，这个根本出发点不会变。那么在智慧零售场景下，如何重构商家与消费者之间的关系呢？核心在于要围绕着消费者的支付偏好、消费路径、消费习惯，做到运营、营销、服务体验等方面的优化升级。零售企业要思考如何更有效地吸引顾客；如何在流量、顾客资源稀缺的环境下，挖掘和提升单客贡献度。

长期以来，零售商的角色更多是渠道商，即负责把商品从生产者手中转移到消费者手中。在新的市场环境下，零售商需要完成由渠道商、搬运工向为消费者提供生活价值的创造者的身份转变。现在的顾客，不仅是消费者，更是生活者，需要有人能够提供满足他们对更多生活追求的服务。过去，零售商具有强势的渠道资源，供应商大多会选择借助零售企业来触达终端消费者，而智慧零售借助数字化和智能化手段缩减了多级零售渠道，建立起供应商与消费者之间直接连接的信息纽带，由此，供应商与消费者的关系从弱关系转变为强关系，具体表现为以下两个方面。

第一，在生产和销售模式上，反向定制和直销模式变得更为普遍，直销模式即生产商（供应商）不经过任何中间渠道，让产品直达消费者。在智慧零售背景下，供应商利用大数据和人工智能等技术，对消费者数据进行分析，可实现对单一个体和单一产品的精准洞察，可以依据消费者需求进行反向定制式的生产制造，也可以更准确快速地对产品和服务进行改进。此外，许多供应商甚至与消费者共同开发新产品，让消费者参与设计过程，以满足消费者的独特需求。

第二，在沟通互动上，依托数字技术，消费者和供应商之间的直接交流和互动途径变得更加便捷和广泛。消费者可以通过线上渠道，与生产商建立起点对点的交流，直接向供应商提供反馈和意见，获得技术支持、售后服务等附加价值。供应商还可选择提高信息透明度，让消费者更深入地了解其原材料来源和生产制造过程，向消费者展示他们的产品质量、环境友好型生产和企业社会责任。

第二节　智慧零售中的营销场景布局

想象一下以下场景：放假了，你想约和你在同一个城市的三五个同学，两天后在线下一同探讨暑假社会实践的安排。你们约好时间为后天中午，正好你们已经有一段时间没有聚了，想着顺便一起吃个午餐，于是你打开手机中安装的一款本地生活信息及交易平台 App。当你打开时，这个 App 就自动定位到你所在的位置，你打开美食界面，输入"聚餐"关键词，App 根据你的消费习惯、口味偏好，向你推荐了一系列适合聚餐的餐馆，同时还可以根据距离远近、评分高低、价格高低等自由排序。其中一家连锁中餐馆显示有 8 折优惠且距离 500 米，而你刚好是它的会员，你自知自己可以走路到达，于是你把该餐厅链接发给你的同学们，同学们打开链接中的地图，都反馈说这个中餐馆离自己的距离不远，于是你就提前购买了该店的一个六人套餐，并向店家预约了后天中午11 点半到店用餐，随后，你的手机收到了店家后台系统发来的一条预订成功的短信，信息里包含就餐时间、地点及餐馆附近的公共交通站点等内容，你将该短信信息转发给了你的同学们，同学们看完短信后就知晓一切已经安排就绪了。以上这个场景无论是该款 App 的页面布局，还是服务流程之间的衔接设计，都体现了智能的成分，且充分考虑了消费者的消费场景需求。在智慧零售情境下，企业应该如何做好场景营销布局呢？这是本节所要介绍的主要内容。

一、场景营销的概念

（一）场景的内涵

"场景"一词原属于戏剧和影视范畴，指在特定时间、空间背景下由一定人物行动或人物关系所构成的具体的画面。社会学家欧文·戈夫曼在早期就提出过场景理论，他认为人际互动的场合有前台和后台之分，在不同场合下人会扮演不同的社会角色，人要根据不同的场合进行不同的角色表演，并根据所处场合调整自己的行为，即著名的拟剧理论，他对场景的理解侧重于时空角度。

传播学者梅罗维茨（Meyrowitz）认为场景不仅指具体的时空环境，还包括行为与心理构成的环境氛围，不仅是空间指向，还包括感觉范围。梅罗维茨认为：在现代社会，媒介的变化必然导致社会环境的变化，而社会环境的变化又必然导致人类行为的变化，其中尤其是电子传播媒介对社会变化所产生的巨大影响更令人瞩目，因为它能更有效地重新组织社会环境和削弱自然环境及物质情境间一贯密切的联系。在梅罗维茨看来，媒介、场景和行为之间的关系可以理解为以下三个方面。[①]

第一，把情境视为信息系统。梅罗维茨认为，由媒介造成的信息环境与人们表现自己行为时所处的自然环境同样重要；在确定情境界限中，应把接触信息的机会考虑进去并当作关键因素。第二，每种独特的行为都需要一种独特的情境。梅罗维茨认为，对于每一种社会情境来说，人们都需要一种明确的界限，因为人们需要始终如一地扮演自己的角色；不同情境的分离使不同行为的分离成为可能。当两种或两种以上的情境重叠时，会混淆不同的社会角色，令人们感到困惑、不知所措。第三，电子传播媒介促成许多旧情境的合并。[②]由于电子传播媒介代码的简单性，它们能将来自不同的经验世界的视听

---

① Meyrowitz J. No Sense of Place: The Impact of Electronic Media on Social Behavior[M]. New York: Oxford University Press, 1985: 209-223.

② 刘茜. 传媒场景力：概念、维度与构建路径[J]. 传媒经济与管理研究, 2018（00）：43-50.

形象呈现给许多不同的受众群，造成不同阶层的受众群对信息更大程度的分离，从而促成许多公众活动领域的合并。由于电子传播媒介造成的社会情境形式的变化，人们的社会角色形式也在变化。

清华大学教授彭兰认为，与 PC 时代的互联网传播不同，移动时代场景的意义大大加强，场景成为继内容、形式、社交后移动媒体的另一种核心要素。除此之外，彭兰还提出场景由空间与环境、用户生活习惯、用户实时状态、社交氛围四个要素构成。空间与环境指具体的空间位置，从这个角度看，场景可以分为固定场景和移动场景；人的生活习惯、需求与行为模式则渗透进生活的方方面面，使用移动媒体的行为也会受到生活习惯的影响，因此用户生活习惯成为场景的要素之一；用户实时状态包括用户在此时此地的各种行为、需求等数据；社交已经成为移动媒体的重要功能，因此社交氛围也成为场景的要素之一。[①]

除了可以根据环境的固定性和移动性进行场景划分外，场景的类型还可以分为：内容场景、消费场景、使用场景和即时场景。其中，用户在各大资讯平台或短视频流媒体上看到的内容和信息被称为内容场景。用户在什么地方会选择购买商品是消费场景，如想到母婴产品就会联想到专卖店或电商平台等。而使用场景多半是在什么类型下使用，一些创意产品的推出往往结合了消费者的使用场景，如自拍杆设计的核心主要结合团体合照或者游客单独出行时的照相需求展开的。而我们出行选择地铁还是单车，使用地图导航还是边看视频边刷 App 购物，此类均属于即时场景。

综上所述，尽管不同学者对场景内涵的理解略有不同，但基本都是从客观存在与主观感受两个层面来理解场景：一方面是基于客观时空的环境氛围；另一方面是受众在客观环境氛围中的主观感受，这种主观感受可能是某种心理状态或是情感状态，被称为场景感。所以，场景是基于客观时空的环境氛围及在此环境氛围中受众产生的主观感受，即场景感的总和。

（二）场景营销的内涵

现代的场景营销是移动互联网技术和智能移动设备应用普及的产物，是一种较新的营销理念。或者我们可以将场景营销通俗地理解为一种基于网民的上网行为并始终处在输入场景、搜索场景和浏览场景这三大场景之一的新营销理念。从实用的角度来看，所谓的场景营销就是将品牌提供的产品服务，按照消费者使用时面临的各类情景来梳理划分，并结合场景提炼关键卖点，进行差异化营销。按照人们生活的场景，可以将场景营销划分为两类，一类是现实生活场景里的场景营销；另一类是互联网使用场景里的场景营销。按互联网的种类，此类又可细分为 PC 场景营销和移动场景营销。

就场景营销的学理性概念而言，Kenny 和 Marshall（2000）最早提出场景营销。他们认为场景营销意味着对消费场景需求的智能化响应，其本质是顾客导向的营销战略，[②]同时作者指出新出现的移动化无线设备使企业随时随地都能接触其顾客，企业应发挥移

---

① 彭兰. 新媒体用户研究[M]. 北京：中国人民大学出版社，2020.

② Kenny D, Marshall J F. Contextual marketing: The real business of the internet[J]. Harvard Business Review, 2000, 78(6): 119–125.

动互联网的创造能力,把握基于消费场景的营销智慧和机遇,以取得先发优势。Chihani 等(2011)从场景视角切入,认为场景营销就是在互联网系统、大数据和移动应用软件的支持下,通过场景信息的推送和反馈来激活用户的场景感知并进行有效的场景化沟通的过程。该视角认为场景营销的重要工作是场景信息分析,提示营销者关注场景分析技术和方法的创新应用。① 罗伯特·斯考伯和谢尔·伊斯雷尔在 2014 年出版的《即将到来的场景时代》一书中就明确指出,大数据、移动设备、社交媒体、传感器和定位系统是构成场景的五种技术力量。

Luo(2015)以电子商务为研究背景,关注到消费者可能面临的信息超载认知挑战,认为消费者需要在特定需求时点精准适配的场景化产品和服务,这既是用户体验的基础,也是场景时代顾客满意和忠诚的来源。② 艾瑞咨询在《2016 年中国场景营销市场研究报告》中对场景营销做了更为具体的阐述,认为这是一种基于对用户数据的挖掘、追踪和分析,在由时间、地点和关系构成的特定场景下,连接用户线上和线下行为,理解并判断用户的情感、态度和需求,为用户提供实时、定向、创意的信息和内容服务,通过与用户的互动沟通,树立品牌形象或提升转化率实现精准营销的营销行为。于萍(2019)结合过往相关研究,将场景营销高度概括为企业在移动互联网和场景技术力量的支持下,通过场景分析与消费者进行沟通,目的在于激发消费者的场景感知并引导消费行为。③

从以上学者或者相关研究机构对场景营销含义的解读可知:场景营销以智能场景技术为支撑,其目的是通过优化场景布局增强消费者场景感知,以增强消费者购物体验。结合数字营销的概念界定,可将场景营销视为数字营销的表现形式之一。随着新兴技术的不断发展和迭代,场景营销将迎来广阔的发展机遇。

(三)场景营销下消费者体验的特征

在新消费时代,消费者对于品牌的产品与服务的要求开始变化,变得越来越高,也越来越感性,大众更加青睐情感式的交流、共情式的体验感受。品牌该如何把产品和服务的体验感受传递给消费者呢?其中一种有效的方式就是为消费者提供场景化的体验模式。相较于传统的品牌体验、产品或服务体验,场景化体验具有以下几个特征。

第一,场景化体验的执行需要公司将营销和产品脱钩,要尤其重视消费者体验价值的营造。在体验消费时代,打造全方位的消费者体验不仅是营销的重点,也是业务本身的重点。当企业们将注意力转移到创造体验上,并依照革新后的营销理念去做时,企业的财务收益将远远超过同行。水印咨询公司(Watermark Consulting)在 2016 年的一项研究发现:在过去 7 年的时间里,专注于消费者体验的汽车保险公司的股价,会比专注于道琼斯财产和意外事故指数高 129 个点。在汽车保险这一垂直领域,这些公司的业绩水平是那些不关注客户体验公司的 3 倍。更令人信服的是,这一发现适用于该研究涵盖

---

① Chihani B, Bertin E, Jeanne F, et al. HEP: Context-aware communication system[J]. International Journal of New Computer Architectures and Their Applications, 2011, 1(1): 15–24.

② Luo X M. Contextual marketing: The new business model for electronic commerce[A]. Spotts H E. Creating and delivering value in marketing[C]. Cham: Springer, 2015.

③ 于萍. 移动互联环境下的场景营销:研究述评与展望[J]. 外国经济与管理,2019,41(5):3–16.

的十几个行业的 200 家公司。

　　为了更加直观地理解该特征，我们以大家熟悉的外卖服务作为例子，点外卖可以让人足不出户就享受到周边的各种美食，还避免了排队等待和日晒雨淋等令人不悦的经历。美团和饿了么是两个典型的外卖平台代表，从消费者的角度看，这两个平台所提供的产品类型并没有太大的差异，消费者在选择平台的时候，也主要取决于优惠券的状态，或者其他同事点餐的选择和分享，即消费者对于外卖的品牌并没有明显特殊的忠诚度，产品和服务的优势不能完全占据用户的心智。假设有一天美团或者饿了么中的某一家企业不再提供外卖服务了，相信大部分消费者不会觉得由于失去了某个品牌自己的生活就受到了很大的影响。但假设说外卖服务这种形式已不再存在了，消费者一定会因为失去外卖这种消费体验场景而感到不方便。这个例子告诉我们，现今判断消费体验带来的价值的视角正在发生变化，不再拘泥于某个品牌、某个产品或者某项服务，而更多的是对某个场景的依赖。

　　第二，场景化的体验不是单一的。它们是一系列无缝的、高度关联的事件，包括观众体验、购物体验、购买体验、客户体验、支持体验，而这些体验的综合才是构成消费者体验价值的核心。宜家就是一家致力于打造无缝体验的企业，专注于将线上和线下体验贯穿消费者旅程。为实现这一目标，宜家正在减少开设新店的数量，并鼓励消费者使用 App 来浏览产品，在家中体验虚拟产品、管理购物车，然后雇人送货和组装商品。这样一系列的连续性体验帮助消费者实现了每一刻的目标，激发了消费者的购买动机，并促进了业务增长。

　　第三，场景化体验是动态的。例如，当 Room & Board（北美经典家居领导品牌）想通过自己的渠道创造更好的体验时，它会直接向消费者询问如何做到这一点。Room & Board 认为，人们访问网站看上去是为了寻找一件特定的家具，如桌子或沙发，但实际上，大家是在寻找使房子看起来更漂亮或实现更多功能的方法。他们的需求的本质是布置一个房间。而不同的个体对布置一个房间的具体诉求是存在差异的，他们喜欢的风格和价格等都存在差异，因此企业所提供的产品或服务必须是动态的。这就要求企业须采用一系列智能技术，以及一系列的数据输入，包括店内销售数据及用户的在线行为，如消费者浏览相似产品的行为等数据集。以便给消费者提供动态化和个性化的场景化体验。Room & Board 与 Salesforce 合作，使用算法实时分析不同的消费者互动，并为每个人创造动态连贯的体验。最终，这种体验使商店销售额增长了 60%，线上销售额增长了 50%。

二、场景营销的核心要素

　　纵观目前市场上比较成功的互联网商业案例，都是捕捉到了各个生活消费场景下的需求痛点，并用对应的产品解决了这些场景的部分痛点，如淘宝围绕着消费者在线购物场景，其页面布局、跳转设置、购物车及支付界面设计等都必须围绕着消费者在移动端或 PC 端在线浏览和购物场景展开。去哪儿和携程是围绕着用户出游场景的，其 App 和产品设计必须围绕着消费者出行场景部署，如在用户搜索机票或者火车票时，页面进行酒店信息的推荐，或者用户在搜索酒店时，界面进行相关景点及机场或火车站到酒店的出行方式的购买渠道推荐或捆绑优惠等。吃饭场景的大众点评、美团或者饿了吗则围绕着外卖、聚餐等具体不同的情形展开相应的界面和产品布局。代驾相关的 App 则围绕着顾客开车喝酒的场景部署相关的服务设计。无人售卖机或者无人超市常出现在政务服务场所、写字楼等办公场所，以及机场、火车站等交通枢纽，其核心解决的就是消费者快拿快走、便捷自主的购物需求。那么，要做好场景营销，需要从哪些要素入手呢？场景化营销的要素可以归结为 4W，即时间（when）、人物（who）、地点（where）、事件（what）。

第一个要素是时间（when），时间是场景化营销极为重要的一个因素。这里的时间指的是你的营销推广时间，即你在什么时间推出你的营销，如一个品牌要强化某款产品或服务的营销效果，则必须考虑以下问题。用户在一天之中的哪个时间段可能会用到自己的产品？公交车上、用餐期间、下班的路上，还是晚上躺在床上之后？或者当一家企业或者某品牌选定某个渠道进行场景化营销的时候，则必须考虑该营销渠道的受众在此类渠道上活跃的大致时间段是什么时候，进而针对性地设计出容易激发用户参与的营销策略。

根据国内外主流研究机构的调查数据显示，移动互联网用户在各大平台的工作日，用户活跃度较高的时间段主要包括以下几个时间段。第一个时间段是 7:00—9:00，即起床+早餐+通勤时间。该时间段适合推送碎片化、提升类视频内容，类似每天一个冷知识，养成用户观看习惯。第二个时间段是 11:30—14:00，即午餐+午休时间。放松休息时间，适合推送轻松娱乐的内容；第三个时间段是 17:00—19:00，即下班+通勤时间，适合推送一些时长短的娱乐型内容；第四个时间段是 20:00—23:00，即睡前空白时间，这个时间段空闲时间较长，是短视频推送的黄金时间。适合推送一些相对长的教学类视频内容，娱乐内容、购物内容等。在休息日，移动互联网用户的活跃时间段主要包括以下三个：10:30—14:00、16:30—19:00 和 20:00—24:00。以上用户群体整体的活跃时间分布能够为企业进行场景化营销时间选择提供指引，但不同的垂直领域存在信息发布黄金时间段的差异。详见表 13-1。

第二个要素是人物（who）。人物是场景化营销的核心因素。要把握场景营销中的人物要素，重点是要思考营销对象的特征，即受众分析或者用户画像，包括摸清楚产品和服务的受众群体的年龄层次、性别、地域分布及爱好等。借助用户画像能够为营销方案的设计和执行指明方向，以更少的营销成本直达用户。在互联网时代，场景化营销中任务要素的把握除了要从消费群体角度进行用户分析外，更重要的是要进行千人千面的个性化营销。

以母婴产品为例，从消费主力人群主要是 20~34 岁生育主力年龄的角度看，现在"90后""95后"正处于生育年龄，"85后"生育二胎。"85后"处于财富积累的初级阶段，具备了一定经济实力，消费能力较强；"90后"逐步进入收入增长的快速时期，消费水平也水涨船高；"95后"工作后收入边际变化明显，消费意愿显著，她们都是母婴产品和服务的重要目标客户。

表 13-1　主要垂直领域在线平台信息发布黄金时间段

类　型	细　分	信息发布黄金时间段
个人护理类	美妆类	11:00—14:00，19:00—22:00
	护肤类	11:00—14:00，20:00—22:00
	穿搭类	12:00—13:30，19:00—22:00
	美容类	11:00—14:00，20:00—22:00
运动放松类	运动健身类	12:00—14:00，17:00—20:00
	萌宠萌娃类	11:00—13:00，17:00—20:00
	美食饮品类	11:00—13:30，19:00—22:00
	家居好物类	11:00—13:00，18:00—22:00
	搞笑剧情类	11:30—14:00，19:00—22:00
个人提升类	职场提升类	11:00—13:30，17:00—21:30
	学习干货类	7:00—8:00，17:00—20:00
	情感故事类	20:00—23:00
旅行玩乐类	探店类	11:00—14:00，17:00—21:00
	旅游类	12:00—14:00，17:00—22:00

　　第三个要素是地点（where）。场景本身离不开场，无论是线上营销还是线下营销都需要依托一定的空间，即场景营销发生的具体地点和环境。比如说线下营销，选择什么样的入口，什么样的环境和氛围，对营销效果有着至关重要的作用。再比如线上营销，是选择抖音直播，还是选择天猫或者京东专卖店，还是选择小程序，不一样的平台和渠道结果是截然不同的。

　　同样以母婴平台为例，该类平台用户的主要使用场景为家庭，社交信息分享为"Z世代"主要使用目的之一。"Z 世代"母婴人群大多数有着上网分享的习惯，使得社交信息分享成为其使用互联网母婴平台的主要目的之一，其次为获取母婴信息、使用孕育工具和记录孩子成长等（图 13-2）。

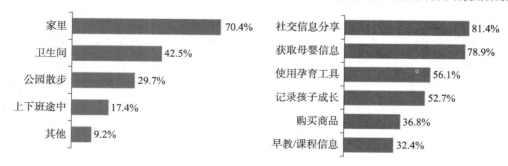

图 13-2　互联网母婴平台用户主要使用场景及使用目的

数据来源：比达咨询数据中心

　　就母婴用品的主流购买渠道来看，"Z 世代"最常购买渠道为综合电商网站和商超，综合类电商网站占比已经与线下商超平齐，其次是线下母婴店和母婴 App 自带商城。

在用户常关注购买母婴品类中，儿童口罩较上一年关注度有所下降，纸尿裤依旧占比最高，其次是婴儿湿巾、洗护、背带、衣着等（图13-3）。

第四个要素是事件（what）。事件是场景发生的主要动机，也是场景中的一系列可能产生的动作。比如，就超市购物的场景来说，取购物车、挑选商品、扫码结账、打包

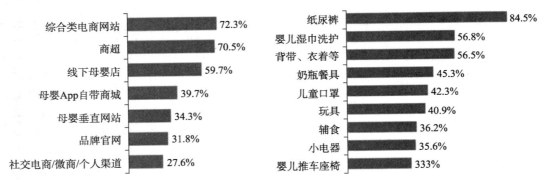

图13-3 "Z时代"母婴用品购买常用渠道及用户关注的主要品类

数据来源：比达咨询数据中心

等一系列动作都是事件。就线上购物平台而言，登录平台、搜索产品、浏览产品、咨询客服、查看评论、加入购物车、购买结算、售后退货等也都是事件。企业在做营销策划的时候，场景中的每一个动作都不可忽视，因为任何一个动作都有可能成为撬动营销增长的关键点，如在用户与平台界面、客服互动中的任何一个触点产生的不愉悦的情绪，都会阻止用户继续进入下一道程序，如浏览产品时关键属性介绍不详，或者图片不清晰，在咨询客服非标准化问题时，如果是机器人客服自动回复非相关的内容时，都可能促使消费者离开该购物场景。

在智慧零售背景下，企业要做好场景营销，需要针对以上四个要素进行综合性的考虑和分析。需要企业结合产品或服务的特性，以及目标消费者的特点、信息触达消费者的时间、信息传达渠道的特性、潜在消费者在购买决策中的事件（系列动作），甚至是信息传达的方式（视频、语音、文字或者图片等）等方面综合设计，如对于一款中高端洗衣机产品而言，其目标受众是中产以上的家庭，那这类目标受众常用的家电购物平台可能是哪类，他们习惯的搜索和浏览偏好是怎样的？是喜欢视频讲解，还是喜欢文字阅读自己对比相关属性？这类用户从产生购买需求到最终下单的主要决策思路是怎样的？是否会去关注社交平台其他用户的评论？是很容易受到其他在线用户的影响还是自主性比较强？以上这些关于场景营销四要素的相关内容都是一个企业或品牌进行场景化营销布局时需要考虑的。

三、构建场景的策略

（一）场景细分，精准识别用户需求

场景细分的方式主要有两类，其一是根据消费者所处的消费旅程中的不同阶段细分

场景，其二是根据目标消费群体的特征和需求细分场景。

消费者的消费旅程大致为了解产品—主动搜索信息—仔细斟酌咨询—多方比较—最终购买。在不同的阶段，消费者的诉求存在差异，企业在场景化营销布局中必须结合消费者在每个阶段的核心诉求进行合理的回应，并且要注重前后阶段的衔接顺畅，而不能只关注产品质量本身或者仅关注最后成交阶段，如消费者在决定购买某款产品前，可能会通过各类触点了解拟购买的产品，会在主流购物平台上搜索同类产品的介绍，当出现疑问时，可能会通过咨询客服、查看评论、在互动社区上与其他用户进行互动等方式做进一步了解，甚至会在不同平台或者同类产品间进行比较，并且以上各步骤还会出现循环反复。就消费者所关注的核心属性而言，这些不同触点呈现给消费者的信息是否一致，是否及时，能否解决消费者的困惑，这些都是企业在设计场景化营销时需要重视的。如，需要确定消费者咨询时，客服回答的内容是否跟消费者在产品界面自行查看的内容一致，为何会出现其他消费者提供的内容与客服提供的信息不一致的情况。也就是说，企业要根据消费者的消费旅程，实现在特定的时间、空间下唤起或者满足消费者相应阶段需求的效果，助力消费者顺利推进旅程进度，更高效地完成一次消费旅程体验。我们可以将这一点简单理解为，企业应在合适的时间，通过合适的渠道向消费者提供恰到好处的信息，以便更精准地吸引消费者的注意力。

场景细分的另一个方式是针对用户人群差异展开细分。客户的细分与分层是差异化营销制定的关键，如银行是以客户在银行的资产对客户进行分层，就像意大利经济学家提出的"二八定律"成为银行业黄金利润的分割点，20%的利润来源于优质客户，80%的利润来源于普通客户，多数银行将这20%的客户区分为私人银行和财富管理。在智慧零售背景下，在各类智能技术如移动设备、大数据、社交媒体、传感器和定位系统等支持下，企业可以针对用户人群形成用户画像，根据不同特征的用户画像，构建与目标消费群体需求相契合的营销场景。可从消费者的实时状态、空间环境、生活习惯及社交关系几个方面着手，考虑用户处于动态还是静态；位于办公室、商场还是在通勤的路上；消费偏好、饮食作息习惯如何；热衷于各种社交活动或是喜欢安静独处等。例如，美团利用定位系统、用户的历史搜索和消费记录进行内容推送，当识别到消费者有饮食或娱乐等特定需求时，便会适时地向消费者推荐附近商店的优惠信息。

壳牌劲霸润滑油从特定场景出发，利用百度地图进行由精准定向到精准场景的营销。针对润滑油的两类潜在消费者：卡车司机与货车司机，在百度地图中基于城市限高、限重、限行等货车导航功能的应用找到他们，同时基于百度大数据，圈出过去60天内曾经检索过相关产品的人群重点触达。在锁定核心需求人群后，围绕需求人群定向推送，传递产品信息；框内预置词展示优惠，提升转化率；语音覆盖全程导航，提供关怀体验，最终实现润滑油的全链路营销闭环。

（二）场景营造，增强沉浸体验与参与感

场景营造可以引导消费者更快地进入特定情景，是企业主动激发和创造消费者需求的方式。企业通过打造与消费者内心潜在需求相适配的浓厚场景氛围，从而增强消费者的沉浸体验和参与感。对场景氛围的营造，可以从现实场景和虚拟场景两类来考虑。

第一，基于现实场景打造氛围并植入营销，使现实场景与拟促销产品或服务形成关联。此类策略主要是从潜在消费者当前所处的现实环境出发，基于当前消费者所处的场景，制造出能够与当前消费者所处的环境或者心境产生链接的内容，激发消费者潜在的需求或者激起情感共鸣，进而产生后续产品或服务购买行为。

在中国传统节日或周年庆典等时间节点，融入节庆相关元素，营造浓厚的节日场景氛围，同时植入拟营销的产品或服务，使得传统节庆元素与拟营销的产品或服务形成关联，这就是一种典型的场景营造的例子。例如，2023年春节期间，抖音推出"温暖中国年"系列活动，其中，生肖游乐园大型主题营销活动以地图模式推出12种生肖主题趣味玩法，借助浓厚的"中国年味"及丰富有趣的互动形式累计吸引了14亿流量，大幅提高了用户留存率，构建了品牌与消费者紧密连接的创新模式（图13-4）。

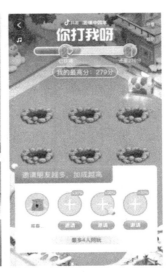

图13-4　抖音"生肖游乐园"大型主题营销活动界面

UGC（用户生成内容）是营造与消费者相关的场景氛围、引起消费者的情感共鸣的有效形式。这种内容来源于消费者的做法，所以更容易形成产品/服务与消费者间的内在关联，让消费者从情感上产生认同感，如在2017年3月，网易云音乐发起了名为"看见音乐的力量"的场景营销活动，将点赞数最高的5000条优质乐评，印满了杭州地铁1号线和整个江陵路地铁站。结果显示，此次活动引起众多消费者线下打卡乐评地铁专列，让网易云的歌曲评论数量翻至以往的3倍，发布在网易云官方微信公众号上的传播文案成为了网易云首篇突破10万阅读量的文章。

第二，虚拟场景的氛围营造。企业可以应用虚拟现实、增强现实、人工智能等沉浸式技术，为消费者创造丰富多彩的场景体验。2021年，腾讯音乐娱乐集团（TME）推出国内首个虚拟音乐社交平台TMELAND，引起各界的广泛关注。通过端云协同3D互动技术，该平台构建的海量用户+庞大场景+同屏互动+多端接入全新3D体验，打造出全新沉浸式的3D虚拟音乐世界，实现了"社交+视频+游戏"的创新融合。2022年，TMELAND助力可口可乐粉丝节活动，特别打造了元宇宙宠粉街区，粉丝们可以创造属于自己的可口可乐虚拟形象，化身数字居民，享受沉浸式逛街、抽奖、娱乐、和明星虚拟形象合影的无限乐趣。

四、场景营销在智慧零售中的应用

（一）到店场景营销模式

线下实体店承载着许多独特的优势和价值，如能够给消费者提供真实的触感、即时的购物体验及人际间真实的互动和沟通。到店场景营销模式主要是通过场景营造来增强消费者的沉浸感及参与积极性，使零售商能够最大限度地发挥实体店铺的优势，为消费者提供独特的购物体验，并与消费者建立更紧密的关系。以下将从现实生活型及虚拟现实型两类场景入手进一步展开介绍。

首先是现实生活型的到店场景营销模式，这是一种基于现实环境条件所构建的生活化场景形态。以家居生活场景为例，可以通过添加主题元素、节日元素的场景布局，为消费者创造深刻的互动体验，如全球知名家具和家居零售商宜家便是到店场景营销的典型企业，宜家开创了许多行业内全新的场景营销，被视为场景体验的专家。宜家的经典做法就是通过营造家居生活场景来带动家居销售，从物品、关系、空间和场所四个维度来进行家的场景构建，即将产品按照一定的关系摆放在由特定空间和场所组成的不同家具场景中。宜家遵循"消费者只会购买适合自己家的产品，而不是看起来很孤独的东西"这一营销逻辑，向消费者传递"家的模样由你定义"的品牌理念。这种基于消费者日常触手可及、有深刻感知的生活场景所进行的场景化构建，能够触发消费者的直观体验，有效地向消费者传达产品卖点。通过场景化营销设计，消费者购买宜家家居产品不仅会认可产品本身的实用功能，更会被产品营造的一系列家居场景和生活氛围所诠释的生活方式所打动，并且在家的场景中使用该产品的时候，会与该企业或品牌形成强关联。

其次是虚拟现实型的到店场景营销模式，即利用虚拟现实、增强现实、人工智能等沉浸式技术，进一步丰富现实的场景内容，升级现实环境的呈现效果，提高消费者对现实生活中具体场景的感知水平，达到加深消费者的品牌认同及情感认同的效果。我们同样以家居生活场景为例，2022 年 6 月，宜家推出一款名为 IKEA Kreativ 的虚拟现实工具，这是一种数字设计工具，使用该工具后，用户只需上传一组房间照片到宜家网站的设计工具上，该工具就会自动生成一张可以与 3D 物体交互的房间图像。该工具采用了机器学习和空间计算，让消费者可虚拟摆放家具，由此，消费者可自行获取宜家家具来设计房间，预览并体验一些家具摆放的效果，从而更快速地作出购买决策。

（二）O2O 场景营销模式

O2O 场景营销模式，是一种通过线上线下共同作用，为用户生活提供便利的模式。该模式通过线上线下全渠道联动，连接产品和用户，引起消费者注意，促成消费者完成在线支付。

盒马鲜生是生鲜电商 O2O 新模式的开拓者，也是 O2O 场景营销模式的典型实践者。盒马鲜生的线下门店大都布局在核心商圈，通过整合营销吸引客流。消费者到店，不仅可以买到所需的生鲜、食品半成品，还可以将挑选的海鲜当场在餐饮区加工，直接堂食或者带回家吃，为消费者提供一站式多场景的购物体验。在线上渠道，盒马鲜生除了自有 App，还拥有淘宝首页独家流量入口。盒马鲜生基于场景定位，围绕随时"吃"开展生鲜零售，如消费者可在生鲜区挑选新鲜的食材，交由负责烹饪的工作人员进行现场制作并在指定餐饮区就餐，还能观看食物的现场烹制过程。这种具有特定情境的消费更容易激发消费者的消费热情。盒马鲜生 App 上所展示的产品，有的是在实体店中所存储的商品，只要消费者处于实体店配送范围内，就可以在 App 中下单购买，由专门的配送人员配送到指定地点，实现生鲜产品线上、线下的全场景购买。

（三）社群场景营销模式

社群场景营销模式是指通过社交媒体等渠道建立消费者社区，为消费者提供个性化、优质的购物体验并实现销售目标的一种模式。在社群时代，场景是触发社群成员情感的切入口，社群营销缩减了产品和用户的沟通路径，能够实现人和物的快速链接，从而促进消费者购买行为。当社群营销与场景相融时，企业便不再需要过多地对产品进行广告宣传，而是需要精选有创意的、能触发消费者情感的产品，激起消费者的参与热情。此外，企业通过社交平台整合用户数据，有利于基于用户的兴趣、习惯等挖掘消费者更精确及更多的潜在需求。

国际知名运动品牌耐克是品牌社区建设的典型模范。耐克于 2006 年创建 Nike+社区，这是一个为运动爱好者提供相互支持和鼓励的社群平台。这个社区中的用户可以设置运动目标、记录和分享自己的运动数据，还能参加各种挑战活动。在这个社群平台，耐克通过鼓励用户之间进行互动和竞争，激发他们的运动热情，以增强用户对耐克品牌的认同感。耐克于 2012 年发布了一款重量级产品——Fuelband 运动功能手环，完成了对非运动人群的覆盖，实现了移动运动社区完整布局。耐克实现了产品与应用程序相结合，让运动痕迹清晰可见。耐克还提供了个性化的运动指导，根据用户特征和身体素质制订合理的运动计划，帮助用户获得更好的运动体验。耐克于 2016 年推出菜鸟跑者成长计划，用 10 个不同的主题跑，引导更多用户养成跑步习惯。自此，耐克建立了一个积极向上的社群环境，激发了用户的运动热情，并与用户建立了更紧密的关系。

第三节　智慧零售对零售业营销的影响及企业营销创新要点

一、智慧零售对零售业营销的影响

传统的实体零售店为了加强对消费者行为数据的收集和分析，一般采用会员制、客户满意度调查等方法来获取有关消费者的信息，而这些传统方式存在数据完整性较差、数据实效性较弱、数据分析成本大等种种问题。为此，传统的实体零售在现实中面临以下诸多困境。首先，正如奥美之父大卫·奥格威（David Ogilvy）所说，所有不能被计量的东西都不能被优化，即没有消费者行为数据，零售店很难准确评估营销活动（促销、销售人员、导购服务）的效果，无法快速调整营销策略以提高效益。其次，缺乏消费者行为数据会导致零售商难以预测商品需求，从而无法进行科学的库存管理，最终导致商品积压或断货的问题。再次，在数据缺失的情况下，实体零售店难以对客户进行精准画像，在无法准确了解消费者的购物习惯、需求和偏好的情况下，也就难以根据消费者类型的差异提供精准的营销策略和个性化服务。

通用人工智能（artificial general intelligence，AGI）的迅猛发展，推动了传统实体零售业向智慧零售业的改革。智慧零售业的本质在于使用更先进的技术手段，如物联网、人工智能和视觉大数据等全新的技术和相应的算法，来收集、分析和利用消费者行为数据，从而克服传统数据的劣势，大幅度提高数据的准确性、时效性和可靠性。智能零售业的价值来源于对商家的赋能，通过获取全新而深刻的顾客洞察，并基于这些顾客洞察更好地经营客群，为消费者和商家提供新价值，使消费者线下购物体验度大幅提升，为商家提供更为精准的客流预测和客流管理方式，从速度、数量、规模发展模式，向效益、质量、价值发展模式转换。以实体商业中购物中心为例，智慧零售业的技术渗透主要体现在人、店、场、车、屏的数字化与智能化，目前主流的智慧应用包括精准客流系统、智慧导览导视系统及触点应用（智慧屏等）、智慧停车场系统、AIoT（三维重建、数字孪生应用带来的物联网管理）。

通过对不同维度的客流数据进行深入分析与挖掘，零售商可以清晰地理解不同客流群体的消费心理与行为模式，针对性地进行精准营销与运营。例如，可以为购买频率较高的客流群体推出会员积分活动，在客流驻留时间最长的区域设置新品体验区，根据不同客流的品牌偏好进行个性化的品牌推荐等。通过对客流数据的分析挖掘，企业可以形成关于客户、品牌与店铺关系的知识图谱，为实施精准化营销和加强流量变现奠定基础。例如，在数据驱动的知识图谱指引下，商家可以设计吸引特定客群的营销活动，并做到动态调整，增强品牌影响力。

大数据赋能的智能零售业为企业提供了丰富的价值场景。表 13-2 提供了数个有代表性的场景。通过对传统零售模式和数据赋能智慧零售业的比较，不难看出，智能零售业能够帮助零售商开发全新的工具箱和方法论，有针对性地解决传统零售业态的盲点和痛点，助力企业不断优化营销策略，从而提升顾客体验和营销效果。

表 13-2　数据赋能智慧零售业的代表性价值场景

价值场景	传统零售模式	数据赋能智慧零售业
影响品牌招商的全面客群洞察	客群标签匮乏或仅局限于基于会员数据及销售数据构建的标签	能够产生丰富的线下客群标签，包括性别、年龄、同行关系、游逛业态、游逛品牌级次、到访日期、到访时间、全场停留时长、到访方式等基础标签，以及职场白领、有车一族、活动粉丝、美食饕餮、居家女性、时尚潮男、科技玩家、浪漫男士、贵妇名媛、运动达人等衍生标签
针对店铺运营的销售额精准估算模型、商户运营平台	商场对于店铺运营的情况只能根据店铺的上报销售额做粗略的了解和分析，实际运营情况、销售额情况很难精准把握	可以基于先进的时空序列智能预测模型，通过客流数据精准推演销售额，帮助商场了解实际运营及营收状况。与此同时，发现运营问题后，不再像过去难以归因，自动化的运营工具可以下钻问题原因，对症下药，帮助商业实现科学运营

续表

价 值 场 景	传统零售模式	数据赋能智慧零售业
针对营销推广的线下活动评估	商业营销活动（PR/SP 活动）的效果难以量化	通过对线下活动区域的空间围栏划定，结合活动参与人群的画像特征及在全场的游逛行为，精准量化活动效果，科学制定活动目标。借助数据工具进行活动前期目标客群的圈定，活动中期效果的实时量化，活动后期的效果评估，量化程度不次于互联网运营
针对广告点位的流量变现估值和管理	线下商场是天然的流量场，但其场内的广告投放因效果难以量化，所以商家投放意愿不强，无法为实体商业创造收益	基于智慧屏幕的广告投放系统及多点位量化工具，能够对广告内容、位置、时段进行评估、监测、优化，提升广告投放效果，激活场内流量，最终推动实体商业通过流量变现，增加收入

二、智慧零售场景下企业营销创新要点

1. 增强产品现场体验感

在当前商品市场品类十分丰富的情况下，消费者有很大的商品选择空间，仅突出商品功能性上的特点难以给消费者留下很深的印象，必须为产品赋予更多的现场体验感，当消费伴随着超值的互动体验时，消费者更喜欢分享这段购物体验和经历，并再次选择该品牌。体验式消费已经成为一种潮流，零售企业要在竞争中脱颖而出，就必须更加注重消费者的体验，以消费者需求为核心，打造体验式消费。

在新零售场景下，企业不仅要将商业空间视为商品展示区，更要将其升级为多元化、多层次的体验性空间。围绕着产品所展开的一系列的服务与体验（参与度、互动性、个性化、文化属性）成为决定企业生存与价值创造的重要选项。因此，品牌终端商业空间呈现的不仅仅是视觉体验，而是要更多思考其中的商业逻辑、经营逻辑及消费者体验。具体地，企业要完善购物场景，将购物和体验相融合，实现消费者在体验中购物、在购物中体验的目标。例如，通过对卖场的精心布置和装修，使置身其中的消费者仿佛进入了一个个或时尚、或高雅、或温馨的休闲空间，他们可以在这里喝茶畅聊、听音乐、商谈事情，而完全不觉得这仅仅是一个卖场。消费者在这里获得了良好的体验，自然也就希望把这种体验搬回到自己的家中，从而也就产生了购买意愿。在体验馆中，消费者可以直观感受各款产品的使用效果，体验更为细致周到的服务。

营销人员向消费者认真介绍不同产品的使用方式和特色，使他们买得更加放心。营造出氛围，搭建起消费者深入体验产品的场景并凸显产品本身的娱乐性和互动性，从而吸引消费者参与以延长消费者的逗留时间，因而增强了消费者的购买乐趣，更好地促使消费者现场购买。其打造体验式卖场的目的，就是为了让消费者在体验中购物、在购物中体验。对于消费者来说，冷冰冰的家居产品是没有任何情感的，但是采用情景化的布置，就能够给消费者带来更极致的购物体验。

2. 适应新零售，拓展新渠道

自从智慧零售概念提出后，消费场景在不断创新和重构，技术赋能下的传统零售业和电商正通过构筑这一全新的消费场景，深化供应链整合，建立全渠道布局。以手机零

售行业为例，传统手机店门店虽然体验好、服务周到、氛围感强，但租金高、到店客流小，价格与线上相比不占优势。线上手机销售虽然存在价格优势，但消费体验差、获客成本高却是难以解决的问题。在新零售情形下，商家立足线下，依托互联网，将传统手机实体零售与线上互联网营销相结合，整合资源实现全渠道发展，从而改变线下单一的零售格局，同时节省线上平台推广和物流成本，提升门店盈利能力，完成实体手机品牌的创造和升级。

在拓展和延伸渠道过程中，要注重渠道一体化。一是商家要同时对接线上商城、微店、实体店、连锁店等，打通各类零售渠道，以智能终端作为载体，实现线上线下一体化运营，保证数据的深度融合，实现线上下单、线下取货、极速配货等购销模式；依据功能性分工，线上可以进行产品宣传和引流，线下则可以进行区域布点及曝光体验。对于线下卖场要重视其智能化，应引入智能终端设备，增强卖场智能化体验感，利用人机互动及活动体验提升购物的便捷性与趣味性。利用后台的大数据分析技术，便捷有序地进行库存管理、销售管理等。二是要重视渠道经营数字化，即要通过数据化管理，构筑多种零售场景，沉淀商品、会员、营销、交易、服务等数据，为运营决策提供数据依据，促使商家真正做到数据化管理和精细化运营。三是要注重社群互动，要借助微信小程序、第三方社交平台等渠道，促进消费者的社群化分享，提高消费者的购物乐趣，通过社群链接创造营销体验，同时也打造品牌传播载体。四是要注重商品社会化，组建商品共享联盟，售卖现货、预售货、极速达等，最终达到去库存、降成本的效果。

3. 提高互动性

互联网正在改变企业与消费者之间的关系，互联网的连接正在重建一个新的营销体系，未来更有价值的新营销体系必须是基于互动的营销体系。传统营销是以企业思维为主和单向主导的营销模式，互联网环境下的营销模式必须成为一个以消费者为中心、以消费者为主导、在互动环境中建立的参与式营销系统。在链接和交互环境中，消费者可以参与产品创新和研发的全过程，参与整体营销设计，使这些产品可以成为消费者自己的产品。这样的产品和营销是消费者最能接受的产品和营销模式。

随着传统零售向新零售转型、发展，互联网技术背景下社交平台和交易平台基础设施的完善，一种依靠互联网技术与时代特色的新商业形态也应运而生，即新零售与社交商业交融的产物——社交新零售电商。所谓零售，不外乎包括人、货、场，而社交新零售电商其零售的本质不变，它是将社交媒体和电商相结合的新型零售模式，能实现更低成本的获客，更高效率的零售，更低成本的运营。通过社交媒体平台（例如微信、微博、抖音、快手等）为用户提供购物体验。商家将商品信息发布在社交媒体平台上，让消费者通过添加好友、分享、点赞等方式与商家进行交互，获取商品信息，进行下单购物。同时，新零售社交电商还会结合消费者的社交行为和偏好进行个性化推荐，提供更好的购物体验。

社交新零售电商有助于增强用户的购买欲望和信任感，缩短用户与商品之间的距离，从而增加消费者和商家之间的互动性和黏性。对于商家来说，可以提高流量转化率，将公域流量转化到私域中自循环，有助于提升品牌知名度，同时更好地洞察消费者的需求和行为，更加准确地进行市场定位和产品设计，拓展产品卖点，提高服务质量。

4. 注重物流

新零售是传统零售业的进化与革命，零售业的革命使得行业内原有供应链和物流体系必须改变。在新零售模式下，消费者的需求变得多样化，库存单位量变多，产品的生命周期变短，传统的大规模生产、大批量配送被小批量、多频次订单取代；传统经销商的市场份额逐渐被电商平台取代，线上线下融合加剧，购物由固定场所延伸到泛零售、多元化场景中，电商开始直接对接零售店，供应链环节被压缩，消费者对缺货容忍度降低，对时效性、便捷性要求变高，对物流时效的要求已经从以天为单位提升为以分钟为单位。

新零售模式下消费者需求的多样化、交付场景的差异化对物流服务水平提出了更高的要求，传统的全国仓网+快递、城市仓+落地配模式已无法满足消费者的需求，全渠道物流支撑体系成为新零售业的重要需求。全渠道物流共享体系在配送方面采取的是配送中心集中配送+门店即时配送模式。传统线上订单配送采取的是从配送中心到消费者的小批量、多频次的配送模式，由于订单分散，无法形成规模经济，使仓储、配送成本较高。而传统线下物流系统具有较好的配送体系，其规模化程度高，因此，将线上配送系统和线下配送系统进行整合，由共享配送中心将区域内线上线下的需求货物进行合并，统一配送到各个门店，然后再由门店将负责的区域范围内（例如不超过 5 千米）的线上消费者的订单进行即时配送（例如外卖模式），成为目前最主流的新零售物流运作模式。

新零售模式的转变要求物流技术与物流服务升级，需要企业不断强化升级信息系统与物流系统，形成统一的信息系统、统一的商品采购体系、统一的库存管理架构、统一的物流配送、统一的会员组织，为企业发展提供技术支撑。例如，以智能化、数据化技术为核心的无人零售解决方案、智能门店解决方案、业务中台解决方案等的应用，提升了企业运营、管理效率；自动化、智能化物流技术设备在物流中心与门店都得到了越来越广泛的应用，大幅提高了物流作业效率，使消费者购物更便利。[①]

第四节　智慧零售中的数字营销创新案例

---

① 李伟春，李伟，邓桂玲. 新零售驱动下全渠道物流支撑体系重构[J]. 商业经济研究，2020（13）：101-104.

本章小结

　　本章围绕智慧零售场景中的数字营销，首先从流量导入模式、消费者体验及主体间关系三个方面阐述了智慧零售场景中的营销模式变革；其次结合典型的场景营销及其布局策略，介绍其与到店、O2O 及社群营销结合的具体实例；最后介绍了智慧零售的生态布局，使读者对智慧零售中数字营销有了更全面系统深入的了解。

思考题

　　1. 智慧零售下的营销模式变革在助推智慧零售的未来发展中起着什么样的作用？

　　2. 请尝试思考：场景营销在智慧零售中的其他应用主题。

　　3. 在章末经典案例中，沃尔玛实施了数字营销策略，做了怎样的谋篇布局，使其业绩获得强劲的增长？

即测即练

　　自学自测　　扫描此码

教师服务

感谢您选用清华大学出版社的教材！为了更好地服务教学，我们为授课教师提供本书的教学辅助资源，以及本学科重点教材信息。请您扫码获取。

▶▶ 教辅获取

本书教辅资源，授课教师扫码获取

▶▶ 样书赠送

市场营销类重点教材，教师扫码获取样书

 清华大学出版社

E-mail: tupfuwu@163.com
电话：010-83470332 / 83470142
地址：北京市海淀区双清路学研大厦 B 座 509

网址：https://www.tup.com.cn/
传真：8610-83470107
邮编：100084